◇现代经济与管理类规划教材

普通高等教育"十三五"规划教材

# 企业战略管理

（第4版）

主 编 丁 宁

清华大学出版社
北京交通大学出版社
·北京·

## 内 容 简 介

本书对企业战略管理的基本理论作了系统的阐述,具体介绍了企业战略管理的基本知识、企业环境分析、企业战略选择、企业战略制定、实施和控制。本书的最大特点不仅体现在其清晰的脉络上,即企业战略的概念及其演进→企业战略分析→企业战略选择→企业战略实施,更重要的是,本书通过大量资料收集与整理而形成的大小案例始终贯穿于内容的主线,使全书通俗易懂,且颇具启发性。

本书可以作为管理类的本科生、专科生及其他相关各层次学生的教材,也可以作为有关管理课程的参考用书,还可以供广大企业管理人员、科研人员及其他对管理知识感兴趣的人员学习和参考。

本书封面贴有清华大学出版社防伪标签,无标签者不得销售。
版权所有,侵权必究。侵权举报电话:010-62782989　13501256678　13801310933

**图书在版编目(CIP)数据**

企业战略管理/丁宁主编. —4 版. —北京:北京交通大学出版社:清华大学出版社,2019.5
(2020.9重印)
(现代经济与管理类规划教材)
ISBN 978-7-5121-3904-6

Ⅰ.①企… Ⅱ.①丁… Ⅲ.①企业战略-战略管理-高等学校-教材　Ⅳ.①F272.1

中国版本图书馆 CIP 数据核字(2019)第 082909 号

**企业战略管理**
QIYE ZHANLUE GUANLI

| | |
|---|---|
| 策划编辑:吴嫦娥　责任编辑:刘 蕊 | |
| 出版发行:清华大学出版社　邮编:100084　电话:010-62776969　http://www.tup.com.cn | |
| 　　　　　北京交通大学出版社　邮编:100044　电话:010-51686414　http://www.bjtup.com.cn | |
| 印　刷　者:北京鑫海金澳胶印有限公司 | |
| 经　　　销:全国新华书店 | |
| 开　　　本:185mm×260mm　印张:18.75　字数:468 千字 | |
| 版　　　次:2019 年 5 月第 4 版　2020 年 9 月第 2 次印刷 | |
| 书　　　号:ISBN 978-7-5121-3904-6/F·1873 | |
| 印　　　数:3 001~6 000 册　定价:49.00 元 | |

本书如有质量问题,请向北京交通大学出版社质监组反映。对您的意见和批评,我们表示欢迎和感谢。
投诉电话:010-51686043,51686008;传真:010-62225406;E-mail:press@bjtu.edu.cn。

# 前　言

本书第 3 版于 2014 年 1 月发行后，仍然得到广大读者的认可，被许多院校选为教材使用；第 3 版先后印刷 4 次，总计销售 10 000 册之多。本次修订除保留了原书的特色和风格外，一是对第 3 版中的案例及相关内容进行了修订，以适应时代的要求；二是采纳了一些高校教师提出的宝贵建议，对有些内容进行了重新的整合，并增加了新的内容。

全书共分 4 篇 12 章，具体介绍了企业战略管理的基本知识，企业环境分析，企业战略选择，企业战略制定、实施和控制。本书的特点是简明易懂、深入浅出，并强调系统性和综合性。

本书第 1 版由丁宁总策划，闫红、赵汝芹、孟煦、陆昱博、李密、徐宏涛和穆志强具体负责各章节内容的编写工作。初稿完成后，由丁宁统稿并担任主编。

本书的第 2 版仍然由丁宁总策划，并负责完成了全书修订版的审稿、定稿和绝大部分的修订工作。另外，王卓、肖志文、刘伟婕作为主要成员参加了本书第 2 版的修订工作。

本书的第 3 版仍然由丁宁总策划，并负责完成了全书第 3 版的审稿、定稿和绝大部分的修订工作。另外，崔绍莹、高雪、张领、赵晨作为主要成员也参加了本书第 3 版的修订工作。

本书的第 4 版仍然由丁宁总策划，并负责完成了全书第 4 版的审稿、定稿和绝大部分的修订工作。另外，张敬洁、张安妮、田秀英也参加了本书第 4 版的修订工作。

在完成本书的过程中，得到了许多同人的帮助。他们为本书提出了许多建设性的意见和想法。特别是为本书案例研究直接提供帮助的同人。同时，本书的出版及再版得到了北京交通大学出版社的鼎力支持。在此一并表示衷心的感谢。

本书配有教学课件，可以从北京交通大学出版社网站（http：//www.bjtup.com.cn）下载或发邮件至 cbswce@jg.bjtu.edu.cn 索取。

由于时间紧迫，加之水平所限，书中错误遗漏之处敬请广大读者批评指正。如果本书的再次出版能对广大读者有所裨益，我们则不胜欣慰。

编　者
2019 年 3 月于大连

# 目　录

## 第1篇　企业战略管理的基本知识

**第1章　企业战略概述** ⋯⋯⋯⋯⋯⋯⋯⋯⋯⋯⋯⋯⋯⋯⋯⋯⋯⋯⋯⋯⋯⋯⋯⋯⋯⋯⋯ 3
　◇ 导入案例 ⋯⋯⋯⋯⋯⋯⋯⋯⋯⋯⋯⋯⋯⋯⋯⋯⋯⋯⋯⋯⋯⋯⋯⋯⋯⋯⋯⋯⋯⋯ 3
　1.1　企业的远景与使命 ⋯⋯⋯⋯⋯⋯⋯⋯⋯⋯⋯⋯⋯⋯⋯⋯⋯⋯⋯⋯⋯⋯⋯⋯⋯ 3
　1.2　企业战略 ⋯⋯⋯⋯⋯⋯⋯⋯⋯⋯⋯⋯⋯⋯⋯⋯⋯⋯⋯⋯⋯⋯⋯⋯⋯⋯⋯⋯⋯ 15
　1.3　企业战略的层次 ⋯⋯⋯⋯⋯⋯⋯⋯⋯⋯⋯⋯⋯⋯⋯⋯⋯⋯⋯⋯⋯⋯⋯⋯⋯⋯ 23
　◇ 案例分析 ⋯⋯⋯⋯⋯⋯⋯⋯⋯⋯⋯⋯⋯⋯⋯⋯⋯⋯⋯⋯⋯⋯⋯⋯⋯⋯⋯⋯⋯⋯ 26
　◇ 本章习题 ⋯⋯⋯⋯⋯⋯⋯⋯⋯⋯⋯⋯⋯⋯⋯⋯⋯⋯⋯⋯⋯⋯⋯⋯⋯⋯⋯⋯⋯⋯ 27

**第2章　企业战略管理与战略管理者** ⋯⋯⋯⋯⋯⋯⋯⋯⋯⋯⋯⋯⋯⋯⋯⋯⋯⋯⋯⋯ 29
　◇ 导入案例 ⋯⋯⋯⋯⋯⋯⋯⋯⋯⋯⋯⋯⋯⋯⋯⋯⋯⋯⋯⋯⋯⋯⋯⋯⋯⋯⋯⋯⋯⋯ 29
　2.1　企业战略管理 ⋯⋯⋯⋯⋯⋯⋯⋯⋯⋯⋯⋯⋯⋯⋯⋯⋯⋯⋯⋯⋯⋯⋯⋯⋯⋯⋯ 30
　2.2　企业战略管理的5项任务 ⋯⋯⋯⋯⋯⋯⋯⋯⋯⋯⋯⋯⋯⋯⋯⋯⋯⋯⋯⋯⋯⋯ 33
　2.3　战略管理者 ⋯⋯⋯⋯⋯⋯⋯⋯⋯⋯⋯⋯⋯⋯⋯⋯⋯⋯⋯⋯⋯⋯⋯⋯⋯⋯⋯⋯ 37
　2.4　战略管理理论的发展与演变 ⋯⋯⋯⋯⋯⋯⋯⋯⋯⋯⋯⋯⋯⋯⋯⋯⋯⋯⋯⋯⋯ 45
　◇ 案例分析 ⋯⋯⋯⋯⋯⋯⋯⋯⋯⋯⋯⋯⋯⋯⋯⋯⋯⋯⋯⋯⋯⋯⋯⋯⋯⋯⋯⋯⋯⋯ 50
　◇ 本章习题 ⋯⋯⋯⋯⋯⋯⋯⋯⋯⋯⋯⋯⋯⋯⋯⋯⋯⋯⋯⋯⋯⋯⋯⋯⋯⋯⋯⋯⋯⋯ 52

## 第2篇　企业环境分析

**第3章　企业外部环境分析** ⋯⋯⋯⋯⋯⋯⋯⋯⋯⋯⋯⋯⋯⋯⋯⋯⋯⋯⋯⋯⋯⋯⋯⋯⋯ 57
　◇ 导入案例 ⋯⋯⋯⋯⋯⋯⋯⋯⋯⋯⋯⋯⋯⋯⋯⋯⋯⋯⋯⋯⋯⋯⋯⋯⋯⋯⋯⋯⋯⋯ 57
　3.1　环境的不确定性分析 ⋯⋯⋯⋯⋯⋯⋯⋯⋯⋯⋯⋯⋯⋯⋯⋯⋯⋯⋯⋯⋯⋯⋯⋯ 58
　3.2　企业宏观环境分析 ⋯⋯⋯⋯⋯⋯⋯⋯⋯⋯⋯⋯⋯⋯⋯⋯⋯⋯⋯⋯⋯⋯⋯⋯⋯ 61
　3.3　企业行业结构分析 ⋯⋯⋯⋯⋯⋯⋯⋯⋯⋯⋯⋯⋯⋯⋯⋯⋯⋯⋯⋯⋯⋯⋯⋯⋯ 65
　◇ 案例分析1 ⋯⋯⋯⋯⋯⋯⋯⋯⋯⋯⋯⋯⋯⋯⋯⋯⋯⋯⋯⋯⋯⋯⋯⋯⋯⋯⋯⋯⋯ 78
　◇ 案例分析2 ⋯⋯⋯⋯⋯⋯⋯⋯⋯⋯⋯⋯⋯⋯⋯⋯⋯⋯⋯⋯⋯⋯⋯⋯⋯⋯⋯⋯⋯ 80
　◇ 本章习题 ⋯⋯⋯⋯⋯⋯⋯⋯⋯⋯⋯⋯⋯⋯⋯⋯⋯⋯⋯⋯⋯⋯⋯⋯⋯⋯⋯⋯⋯⋯ 81

**第4章　企业内部环境分析** ⋯⋯⋯⋯⋯⋯⋯⋯⋯⋯⋯⋯⋯⋯⋯⋯⋯⋯⋯⋯⋯⋯⋯⋯⋯ 83
　◇ 导入案例 ⋯⋯⋯⋯⋯⋯⋯⋯⋯⋯⋯⋯⋯⋯⋯⋯⋯⋯⋯⋯⋯⋯⋯⋯⋯⋯⋯⋯⋯⋯ 83
　4.1　企业的资源、能力与竞争优势分析 ⋯⋯⋯⋯⋯⋯⋯⋯⋯⋯⋯⋯⋯⋯⋯⋯⋯⋯ 84
　4.2　企业市场份额和市场地位分析 ⋯⋯⋯⋯⋯⋯⋯⋯⋯⋯⋯⋯⋯⋯⋯⋯⋯⋯⋯⋯ 99

| | |
|---|---|
| 4.3 SWOT 分析 | 104 |
| ◇ 案例分析 | 107 |
| ◇ 本章习题 | 109 |

# 第3篇　企业战略选择

## 第5章　企业竞争战略 ... 113
- ◇ 导入案例 ... 113
- 5.1 基本竞争战略 ... 116
- 5.2 攻防战略 ... 122
- 5.3 动态竞争战略 ... 127
- ◇ 案例分析 ... 131
- ◇ 本章习题 ... 133

## 第6章　不同行业竞争战略 ... 135
- ◇ 导入案例 ... 135
- 6.1 新兴行业中的竞争战略 ... 137
- 6.2 成熟行业中的竞争战略 ... 141
- 6.3 衰退行业中的竞争战略 ... 144
- 6.4 分散行业的竞争战略 ... 147
- 6.5 全球性行业的竞争战略 ... 151
- ◇ 案例分析 ... 156
- ◇ 本章习题 ... 158

## 第7章　企业跨国经营战略 ... 160
- ◇ 导入案例 ... 160
- 7.1 经济全球化与企业跨国经营 ... 161
- 7.2 跨国经营战略环境分析 ... 164
- 7.3 国际市场进入方式 ... 167
- 7.4 国际化经营的战略类型 ... 170
- 7.5 跨国公司的组织和控制 ... 171
- ◇ 案例分析 ... 175
- ◇ 本章习题 ... 177

## 第8章　企业成长战略 ... 179
- ◇ 导入案例 ... 179
- 8.1 密集型成长战略 ... 181
- 8.2 一体化战略 ... 186
- 8.3 多元化战略 ... 192
- 8.4 企业实现成长战略的方式 ... 198
- ◇ 案例分析 ... 203
- ◇ 本章习题 ... 204

# 第4篇　企业战略制定、实施和控制

## 第9章　企业战略制定与选择 ········ 209
◇ 导入案例 ········ 209
9.1　企业战略制定 ········ 210
9.2　战略选择 ········ 212
9.3　战略选择模型 ········ 219
9.4　企业战略选择的原则与战略选择误区 ········ 222
◇ 案例分析 ········ 224
◇ 本章习题 ········ 226

## 第10章　企业战略实施 ········ 228
◇ 导入案例 ········ 228
10.1　企业战略与组织结构 ········ 229
10.2　企业战略与企业文化 ········ 237
10.3　战略实施与资源配置 ········ 242
10.4　战略实施的绩效管理 ········ 246
10.5　领导与战略管理 ········ 258
◇ 案例分析 ········ 263
◇ 本章习题 ········ 264

## 第11章　企业战略控制 ········ 266
◇ 导入案例 ········ 266
11.1　管理控制基础 ········ 267
11.2　战略控制的过程 ········ 270
◇ 案例分析 ········ 275
◇ 本章习题 ········ 276

## 第12章　战略管理咨询 ········ 278
◇ 导入案例 ········ 278
12.1　管理咨询服务 ········ 279
12.2　战略咨询服务 ········ 282
◇ 案例分析 ········ 288
◇ 本章习题 ········ 289

**参考文献** ········ 291

# 第1篇 企业战略管理的基本知识

兵者，国之大事也。
死生之地，存亡之道，不可不察也。

——《孙子兵法·计篇》

# 第 1 章 企业战略概述

**在本章中，我们将要学习：**
- 企业远景、企业使命与相关概念
- 什么是战略、企业战略
- 企业战略的层次

 导入案例

### 联想与华为的战略差异

作为经典商业案例的联想与华为一北一南两家企业，它们的过去有太多相似的地方：同样靠"代理"赚取了第一桶金，同样经历了由野蛮生长到文明生长的"蜕变"，同样取得了令许多企业难以望其项背的商业成就，同样有一位"教父"般的精神领袖，同样怀有基业长青的梦想……但是，人们注意到，近年来，这两家企业的发展轨迹正在悄然发生变化。

华为业绩逆势上扬，销售收入和净利润连年保持高速增长，2015 年更是创造了销售收入 3 950 亿元和净利润 369 亿元的惊人业绩。反观联想集团，2015 年财年营业收入和利润均出现同比下降，全年净亏损 1.28 亿美元（亏损约合人民币 8.4 亿元），令人大跌眼镜。比较一下华为移动业务和联想移动业务的业绩差距也许更为直观。联想集团和华为分别在 2002 年和 2003 年进入手机业务领域，至 2015 年，华为宣布终端出货量突破 1 亿部大关，在国内市场超越三星成为第一名，并确立中高端手机品牌形象，成为全球第三大手机厂商。而联想集团 2015 年只售出 6 600 万部手机，在国内市场仅卖出了 1 500 万部手机，且同比呈下降态势。种种迹象表明，过去并驾齐驱的两家优秀企业，现在正呈现分化和差距扩大的发展态势。这究竟是为什么呢？对联想控股和华为两家企业的发展战略进行解构，尤其是对两家企业的核心价值、核心能力和业务结构进行比较分析，不难发现，两家企业选择的发展战略存在较大差异乃至明显差距。

【资料来源】 何腊柏. 联想与华为的战略差异. 企业管理，2016（9）：14-17.

## 1.1 企业的远景与使命

企业是社会的细胞，可以看作是社会系统的一个子系统。企业在整个社会系统中起什么作用，到底担负着何种使命呢？这是战略管理首先应考虑的问题。目前，越来越多的企业都意识到文化理念在企业发展、经营管理中起着不可缺少的导向、激励等积极作用，而企业文化理念里最高层次的文化理念主要是企业远景和企业使命。

### 1.1.1 企业远景的概念

企业远景（vision）又称为企业愿景，是企业在未来期望达到的一种状态。远景是人们的一种意愿的表达，它概括了企业的未来目标、使命及核心价值，是一种企业为之奋斗的心愿和远景。一般来说，企业远景被看作是企业的一种远大的目标或追求，它明确界定企业在未来社会范围里是什么样子，是企业需要花几年甚至十几年来实现的目标。

### 1.1.2 企业远景的要素及描述

一个企业的远景应具备 4 个基本特征：清晰、持久、独特、服务精神。企业远景不仅是独特的，而且是清晰而持久的，并辅以服务精神。

清晰、持久、独特和服务精神便构成了远景的四大要素。这 4 点构成了企业远景的 4 根支柱。

1. 清晰

企业远景让所有的员工知道每天都在忙什么，为什么而忙，热情从哪里来。

2. 持久

远景是员工不断奋斗的内心原动力，而且像指南针一样，牢牢地指向企业的远景。当企业家把"个人远景"放大成与员工共享的"共同远景"，企业就有了灵魂。管理大师加里·胡佛对企业远景的注解是：企业成功的真正原因。远景就像灯塔一样，始终为企业指明前进的方向，指导着企业的经营策略、产品技术、薪酬体系甚至商品的摆放等所有细节，是企业的灵魂。

3. 独特

伟大的企业为什么能成功？是因为它们能够看到别人看不到的东西，将洞察力与策略相结合，描绘出独一无二的企业远景。这样的企业远景是企业发展中的共同目标、不变的理念和核心的价值观，甚至是企业的灵魂。它时刻说明着企业存在的目的和理由，随时激励着企业中的每一个人。企业领导者必须培养独特的视角和敏锐的洞察力，找出未能获得满足的消费者需求，并据此创意组合成企业的独特模式，形成独一无二的远景。

4. 服务精神

远景是理想，让人被认可，觉得在做了不起的事情，而不是只知道每天做细枝末节的具体的事情。远景使人内心渴望能够归属于一项重要的任务、事业或使命。

企业远景在描述中主要包括：企业长期的发展方向、目标、目的及自我设定的社会责任和义务。企业远景要素的描述主要是通过以下 3 个方面来体现远景的 4 个要素的。

① 企业对社会（包括具体的经济领域）的影响力、贡献力。例如，麦当劳的远景是：控制全球食品服务业。

② 在市场或行业中的排位。例如，柯达的远景是：只要是图片都是我们的业务。

③ 与企业关联群体（客户、股东、员工、环境）之间的经济关系。例如，索尼公司的

远景是：为包括我们的股东、顾客、员工，乃至商业伙伴在内的所有人提供创造和实现他们美好梦想的机会，"Dream In Sony"。

### 1.1.3 企业远景的作用

企业远景主要考虑的是那些对企业有投入和产出等经济利益关系的群体产生激励、导向、投入作用，让直接对企业有资金投资的群体（如股东）、有智慧和生命投入的群体（如员工）、有环境资源投入的机构（如政府）等产生长期的期望和现实的行动，让这些群体、主体通过企业使命的履行和实现感受到实现社会价值的同时，自己的利益的发展得到保证和实现。

企业远景要实现以上作用，应当表现出高度的想象力并能够给予人们巨大的鼓舞。远景不是赌博，而是企业必须坚信自己能够实现的目标。这样的目标的制定要求企业的高层领导者必须具备相当的远见卓识。

福特公司（Ford）在 20 世纪初提出了"使汽车大众化"的远景；而波音公司在 1950 年提出的远景则是"在民用飞机领域中成为举足轻重的角色，把世界带入喷气式时代"。

上述企业远景都给出了关于企业的方向和特征的一个独特的视界。每一个企业远景都向顾客和职工传达了企业将向何处去的一个总的印象。对于这些企业来说，企业远景向其提供了一个清晰的图景，描述了企业将往何处去，以及为何要到那里去。好的远景表述应当充满鼓动力，且在整个组织中为人们所共有。许多企业在提出其远景时，还会对之加以生动形象的描述，使之形成一幅装入人们头脑中的立体图像。

企业有了远景能否就万事无忧了呢？答案是否定的。有了远景后更关键的还在于执行。因为找到了自己的远景并不表示就走向了成功，保持执行并实现这种远景更加重要。企业远景界定了企业未来业务范围，企业使命使界定的已有业务范围更具体，并保证企业远景在确立之后的执行。

### 1.1.4 企业使命的概念

企业使命指出企业之所以存在的目的或理由，说明企业的经营领域、经营思想，为企业目标的确立与战略的制定提供依据。如果说企业远景回答的是"我是谁"的问题，那么企业使命回答的就是"企业的业务是什么"这一关键问题。

企业使命是指在界定了企业远景概念的基础上，具体地定义企业在全社会经济领域中所经营活动的范围或层次。也就是说，企业使命只具体表述企业在社会中的经济身份或角色，在社会领域里，该企业是分工做什么的，在哪些经济领域里为社会做贡献。企业使命主要考虑的是对目标领域、特定客户或社会人在某确定方面的供需关系的经济行为及行为效果。比如美国红十字会的使命是：改善人们的生活质量；提高自力更生的能力和对别人的关心程度；帮助人们避免意外事故，为意外事件做好充分的准备，处理好意外事故。

管理大师彼得·德鲁克说过，定义一个企业不是用它的名称、规章制度或公司章程，而是用它的使命。只有那些清晰界定了使命和组织目的的企业，才能制定出明确、现实的经营目标。导致企业失败最为重要的原因就是缺乏对企业使命的充分思考。任何企业的存在都有其特定的使命，例如，一个软件企业的使命必定是向社会提供有应用和经济价值的技术或手段，一个快餐企业的使命则是提供健康快捷的食品服务。

一个企业只有明确了自己存在的使命，才能够着力去"做正确的事"。企业使命不仅仅是描述企业的产品或目标顾客，它更应反映的是企业的灵魂所在。

## 1.1.5 企业使命内容与界定

企业使命指企业在社会中赖以存在的根据，或者企业在社会中所应担当的角色和责任。那么，确定企业使命就决定了企业的发展方向，是企业战略目标制定的前提，是企业战略方案制定与选择的依据，是企业分配资源的基础。

企业使命主要包括企业哲学、企业宗旨、企业形象这3个方面的内容。企业使命内容的界定，必须包括客户的需求、客户、技术和活动。企业使命的任务主要是明确企业未来的发展方向，确定企业未来的经营地位，增强企业的识别度。

1. 企业哲学

企业哲学是指一个企业为其经营活动方式所确立的价值观、态度、信念和行为准则，是企业在社会活动及经营过程中起何种作用或如何起这种作用的一个抽象反映。企业哲学是对企业经营活动本质性认识的高度概括，包括企业的基础价值观、企业内共同认可的行为准则及企业共同的信仰等在内的管理哲学。企业哲学的描述不宜过多，超过了五六条，则可能与经营活动、企业战略或文化规范混为一谈了。大多数企业都在其企业哲学中表达其对于人、诚信等这些根本性问题的看法。此外，客户、社会责任、创新、团队精神等也是常见的主题。例如，松下电器公司的经营哲学就是：作为工业组织的一个成员，努力改善和提高人们的社会生活水平，要使家用电器像"自来水"那样廉价和充足。莲花超级购物中心的经营哲学是：吸收、培训和发展各个层次的高素质人才，与供应商建立良好关系，坚持公司内每个员工高度的正直和诚实等。

2. 企业宗旨

企业宗旨是指企业现在和将来应从事什么样的经营活动，以及应成为什么性质的企业或组织类型。如果没有具体的宗旨，就不可能制定出清晰的战略目标和达到目标应采取的战略。确定企业宗旨应避免两种情况。

一是将企业宗旨确定得过于狭隘，如一个生产洗衣机的企业如果将其宗旨只定义在清洗衣物上，则不可能去开发其他相关联的家电产品。表1-1表述了狭隘的和合适的企业宗旨的定义。

表1-1 狭隘的和合适的企业宗旨定义的比较

| 公司 | 狭隘的宗旨 | 合适的宗旨 |
| --- | --- | --- |
| 1. 化妆品公司 | 我们生产化妆品 | 我们出售希望和美丽 |
| 2. 复印机公司 | 我们生产复印机 | 我们帮助改进办公效率 |
| 3. 化肥厂 | 我们出售化肥 | 我们帮助提高农业生产力 |
| 4. 石油公司 | 我们出售石油 | 我们提供能源 |
| 5. 电影厂 | 我们生产电影 | 我们经营娱乐 |
| 6. 空调厂 | 我们生产空调 | 我们为家庭和工作地点提供舒适的气候 |
| 7. 旅行社 | 我们提供旅游服务 | 我们丰富休闲生活 |

【资料来源】杨锡怀．企业战略管理理论与案例．北京：高等教育出版社，2003．

二是将企业经营宗旨确定得过于空泛，如一个出版商将自己的宗旨定为亚洲语言交流公司的话，则对企业发展方向的决策没有什么实际意义。如美国艾维斯汽车租赁公司的宗旨是：我们希望成为汽车租赁业中发展最快、利润最多的公司。这一宗旨规定着艾维斯公司的经营业务，它排除了该公司开设汽车旅馆、航空线、旅行社等业务的考虑。

确定企业宗旨必须看企业与顾客的关系，要回答两个大问题：我们现在的企业是什么，即分析现在的顾客；我们的企业将来应该是什么，即要分析和确定潜在的顾客。

**【小资料】**

美国电话电报公司（AT&T）的宗旨是：加强和提高公司核心业务的盈利性和市场地位。核心业务包括：

① 国内长途电话服务；

② 为运营公司设计、制造和销售电信网络设备；

③ 设计、制造和销售以顾客为前提的电信设备，这包括信息系统中的独立计算机和部件计算机；以 AT&T 的优势和信誉为我们的客户创新出新一代数字网络技术。

在信息移动和信息管理的国际市场中建立起一个主要的市场地位。为此目的，我们将积极寻求在信息工业中已建立起来的海外合作伙伴。

**【小资料】**

## A 对外贸易公司使命与愿景的陈述

我们是一家立足于纺织品和服装领域快速发展的、逐步在相关领域实行多元化的贸、工、技一体化集团。

我们将在全球范围内展开运作，致力于通过合作、并购等多种方式，与各种可能的企业形成战略联盟，追求在关键价值环节方面培养企业的核心竞争力。

客户导向是我们发展的基本要素，作为纺织品服装的供应商和服务商，我们将竭尽全力为客户提供增值的差异化服务。

我们必须要追求超常规的发展和可持续的增长，立志成为行业内优秀的领先企业。为此，我们要培养资本运作的卓越能力，还要保持整体组织机构的优化和精简。

我们崇尚创新、变革的企业家精神。

企业员工是我们最大的财富，他们将与企业一起共同成长。

一个企业的宗旨不仅要在创业之初加以明确，而且在遇到困难或企业繁荣之时，也必须经常地再予以确立。一般来说，一个企业的哲学应保持稳定，然而企业宗旨应定期进行分析，以决定它是否需要改变。因为竞争地位、高级管理层、新技术、资源的供给和消耗、市场人口统计特征、政府法规及消费者需求等方面的变化，都会导致企业宗旨的改变。英特尔公司在20世纪80年代中期以前，其经营宗旨定位于存储器上；而80年代中期之后，它放弃了存储器业务，而选择了新的经营宗旨：成为个人计算机领域的著名的微处理器供应商，使得个人计算机成为工作场所和家庭的重要工具，成为驱动个人计算机技术发展的领导者。

3. 企业形象

企业使命定位的第 3 部分是企业公众形象的定位，特别是对于一个成长中的企业。对公众形象的重视反映了企业对环境影响及社会责任的认识。

企业形象是指一个企业在社会公众心目中的总体印象和综合评价。它是衡量企业经营管理优劣的一把尺子，也是展现企业精神风貌的一面镜子。例如，提到精工，代表的就是高级电子表；提到奔驰，代表的就是豪华型轿车。

企业试图建立一个怎样的社会形象，是企业使命的一项重要内容。企业形象通过理念识别（MI）、视觉识别（VI）、行为识别（BI）这 3 个部分来体现。企业的外部社会形象的形成与其内部风格的形成是分不开的。每个企业都有各自不同的风格，其形成既是企业的领导贯彻其经营哲学的产物，又是企业全体职工长期努力和培育的结果。

4. 企业使命内容的界定

企业使命内容在确定时，需要综合考虑到与企业有利害关系的各方面力量的要求。除了内部关系（包括董事会、各管理阶层、股东及员工），主要还要考虑企业的外部关系，那就是企业客户的要求、客户群的要求及满足客户需求的方法。例如，北方九星把企业使命分成为客户、为社会、为股东、为员工 4 个方面来表述：

为客户——提供可信、可用、有品质的防伪激光全息技术产品，使人们的生活因此更安全和多彩；

为社会——服务社会，回报社会；

为股东——与股东利益共享；

为员工——创造发展空间，提升员工价值，提高工作生活质量。

企业使命的内容界定确切地体现在以下 3 个方面：客户的需求、客户、技术和活动。

(1) 客户的需求

明确解决客户的哪些方面的需求。比如英特尔公司的使命是：设计、制造、销售和支持高精密电子产品和系统，以收集、计算、分析资料，提供信息作为决策的依据，帮助全球的用户提高其个人和企业的效能，创造信息产品以便加速人类知识进步，并且从本质上改善个人及组织的效能。又如，波士顿咨询公司的使命是：协助客户创造并保持竞争优势，以提高客户的业绩。

(2) 客户

明确为哪些客户提供服务。麦当劳的使命是：在全球范围内建立一个广泛的快餐食品客户群，在气氛友好卫生清洁的饭店里，以很好的价值提供有限系列的、美味的快餐食品。

(3) 技术和活动

明确提供怎样的技术、产品和服务活动。微软公司的使命是：每个家庭、每台桌子上都有一台计算机，使用着伟大的软件作为一种强大的工具。上海家化公司的使命是：奉献优质产品，帮助人们实现清洁、美丽、优雅的生活。

## 1.1.6 企业使命表述应注意的问题

企业在确定使命时，应注意以下几个方面的问题。

(1) 以消费者的基本消费需求为中心确定企业使命

企业在确定使命时，应尽量按照消费者的需求来确定。因为产品和技术的生命周期相对比较短，以产品和技术为中心确定企业使命，容易使企业使命变动频繁，在经营上陷入被动。而消费者的基本需求有的持续不变，有的延续时间较长。例如，前面描述企业宗旨时，曾提出狭隘的宗旨将会使企业的宗旨不断变动。生产算盘的企业若确定其使命是生产算盘，当市场上出现了新产品（如电子计算器）时，企业在经营上就容易陷入被动；如果当初把企业使命定为向消费者提供计算工具，这样的使命对市场变化的适应性就比较大，在经营上就能比较主动。例如，迪士尼公司的使命是：让人们快乐。

(2) 正确的企业使命必须具有约束力

正确的企业使命首先应明确在经营上应该干什么，还应指出企业不应该干什么，以便明确企业的任务，集中企业所有的资源去完成这些任务。避开短处，这就是约束力的内涵。例如，美国著名学者托夫勒为贝尔系统（即美国电话电报公司）设计的企业使命是："贝尔系统的目的不是生产设备，不是经营一个网络，不是为每个家庭提供第二或第三部电话，也绝不是满足某人想到并愿意付酬的每一通信需要。贝尔系统的使命是：通过那些（而且仅仅是那些）其他公司以同样的成本、质量和社会效益所无法提供的产品和服务，以确保美国的音频和数据方面拥有技术最先进的通信系统。"

(3) 企业使命要具有鼓动性

在企业使命中，如果能够指出企业为社会、为大众、为国家经济发展、为社会文明进步做出某种贡献，这样的使命就具有鼓动性。例如，美国杜邦公司的使命是：以优良的化学产品提高生活素质；日本 TDK 生产厂的使命是：创造——为世界文化产业做贡献，为世界的 TDK 而奋斗。这样的使命使人感到比较高尚。企业使命具有鼓动性的作用是：一方面可以树立企业为社会、为大众服务的良好形象；另一方面，企业的职工也会产生一种使命感、光荣感、自豪感，从而更自觉地为实现企业使命而努力工作。例如，索尼公司的使命是：体验发展技术，造福大众的快乐。

总之，一个企业若要生存下去并繁荣兴盛，那它就有理由、有必要自觉地确定其使命，并不断地进行重新审查与调整。

## 1.1.7 企业远景与使命的关系

企业远景和企业使命都是对一个企业未来的发展方向和目标的构想与设想，都是对未来的展望与憧憬，也正是因为两者都是对未来展望的共同点，人们很容易把两者理解为一个意思或一个概念，因此在很多不同的企业之间或在一个企业内部经常出现企业远景和企业使命等互相通用或混用的现象。这使员工在对企业的文化理念的理解上产生厌烦甚至是抵触情绪。为了真正挖掘、提炼、运用、发挥好企业远景和企业使命的作用，有必要具体分析、理解企业远景和企业使命的异同点及其相互之间的关系。

企业使命是企业远景的一个方面。换句话说，企业远景包括企业使命，企业使命是企业远景中具体说明企业经济活动和行为的理念的部分，如果要分开来表述企业远景和企业使命，企业远景里就应不再表达企业经济行为的领域和目标，以免重复或矛盾。在一些企业中，企业的远景和使命是互通的。例如，福特公司远景（使命）是：汽车要进入家庭。由此也可以看出来，虽然福特的远景与使命是一致的，但从理解上则更偏重于远景。

当企业在设计和展示企业文化理念时，如果一个企业的员工大多数都不能较准确地、清晰地理解两者的概念和内涵的区别，最好是选用一个有关企业未来发展情形的文化理念，或者企业使命，或者企业远景。比如，中国移动通信的企业使命是：创无限通信世界，做信息社会栋梁。在其企业经营宗旨中再次强调追求客户满意服务。如只用企业使命一个概念来设计或说明企业未来的发展方向，在企业使命里面可以再具体分解到"社会使命""产品使命""经济使命"3个方面，这样一来，员工理解有关企业未来的文化理念就很清晰了。比如，海尔的企业文化理念设计就分开来设定，在隐含中体现了企业的远景和企业的使命；安徽和威集团的企业使命分别用社会使命、产品使命和经济使命来进一步强调。

**小资料**

## 阿里巴巴企业文化

1. 远景目标

    成为一家持续发展102年的企业

    成为全球十大网站之一

    只要是商人就一定要用阿里巴巴

2. 使命

    让天下没有难做的生意！

3. 阿里巴巴"六脉神剑"的价值体系

    客户第一：关注客户的关注点，为客户提供建议和资讯，帮助客户成长

    团队合作：共享共担，以小我完成大我

    拥抱变化：突破自我，迎接变化

    诚信：诚实正直，信守承诺

    激情：永不言弃，乐观向上

    敬业：以专业的态度和平常的心态做非凡的事情

**小资料**

（1）和威集团社会使命：带动产业，致富一方；推进行业，贡献社会。

（2）和威集团产品使命：协助客户形成并保持竞争优势，促进人们改善生活质量。

（3）和威集团经济使命：保持盈利能力增长，实现企业上市并使股票增值，让每个员工都实现成功、致富并享受快乐。

一个企业的使命是其存在的规定，决定了之所以是它而不是任何别的机构。它是确定业务优先顺序、制定战略、拟订计划和分配工作的基础，是设计管理工作岗位和进一步设计管理组织结构的起点。许多企业建立了有关自身使命的正式文件，这样的文件一般称为使命陈述。企业使命陈述具有非同寻常的意义，它以集中的表述使员工认识企业的目标和发展方向，防止员工在不了解企业前景的情况下开展活动，保证企业内部经营目的的一致性，为企

业配置资源提供基础依据或标准。此外，还能够细化企业目的，并将这些目的扎成可以进行成本、时间进度和业绩衡量与控制的目标，便于企业目标向工作单位的转移，包括在企业内部责任单位之间分配工作任务。

## 1.1.8 企业目标

企业要制定正确的经营战略，仅仅有明确的企业使命和企业宗旨还不够，还必须把使命转化为企业目标。企业宗旨和企业使命比较抽象，企业目标的作用就是将其具体化。一般来说，企业的目标由4个部分组成：一是目的，这是企业期望实现的标志；二是衡量实现目的的指标；三是企业应该实现的指标，或者企业希望越过的障碍；四是企业实现指标或越过障碍的时间表。无论怎样，目的和目标是相互一致、相互支持的。目的必须根据已确定的使命来制定，而目标则必须支持企业已确定的目的。

1. 企业目标的概念

企业目标是企业在一定时期内为完成企业使命，预期所要达到的结果。企业目标具有可接受性、可检验性、可实现性、可挑战性的特征。

2. 企业目标体系

企业的目标是在企业使命的总框架中，为企业和员工提供具体方向，有自己完成的时间。就企业目标体系来看，它分为战略目标、财务目标和长期目标。

1）战略目标

战略目标是指企业在其战略管理过程中所要达到的市场竞争地位和管理绩效的目标，包括在行业中的领先地位、总体规模、竞争能力、技术能力、市场份额、收入和盈利增长率、投资回收率及企业形象等。制定战略目标，能使企业进入一个长期的动态平衡中去平稳发展。最关键的一点是，它使企业使命中的企业经营宗旨更加明确，并为战略方案的决策和实施提供了评价标准和考核的依据。

战略目标的制定要讲求以下原则。

系统原则：企业是在开放环境下运行的组织，战略目标的制定必须建立在实事求是地对内外环境进行分析、预测的基础上。

关键原则：必须突出有关企业经营成败的重要问题。

可行原则：必须保证能够如期实现。

定量原则：必须使目标定量化，具有可衡量性。

一个比较典型的企业战略目标体系，如下所述。

市场：4年内微波炉的销售量增加到100万台/年。

产品：5年后淘汰利润率最低的产品。

生产：5年内企业生产能力提高20%。

生产率：4年内每个工人的日产量提高10%。

资金：5年内流动资金增加到了1 000万元。

研发：5年内陆续投资50万元开发一种新型产品。

盈利能力：5年内税后投资收益率增加到15%。

组织：4年内建立一种分权制的组织机构。

人力资源：5年内以每人不超过8 000元的水平对所有员工实行不少于3个月的培训。

社会责任：5年内向"希望工程"捐助增加到200万元。

2) 财务目标

财务目标是指公司财务管理预期实现的结果，也是评价公司财务管理效果的基本标准。包括利润最大化、权益资本利润率或每股利润、企业价值最大化和股东财富最大化。例如，企业开辟新的业务，要求每年的租金收入达到2 000万~3 000万元。在一年之内达到每股收益增长幅度前1/4的位置，企业保持每年8%的收入增长。

3) 长期目标

长期目标规定企业执行其战略时在各阶段所预期的成果，它通常超出该企业一个现行的会计年度。长期目标不能过于含糊和抽象，它应该是特定的、具体的和可以衡量的。例如，通用电气公司的长期目标是：在公司进入的每一项业务上，占有第一或第二的市场份额，成为全球最具竞争力的公司。在1998年之前，达到存货周转率10倍、营业利润率16%的目标。3M公司的长期目标是：每股收益平均年增长率10%或10%以上，股东权益回报率20%~25%，营运资金回报率27%或27%以上，至少有30%的销售额来自最近4年推出的产品。

企业的决策者应从以下6个方面考虑建立自己企业的长期目标。

(1) 获得能力

在长期生产经营中，企业都会要求获得一种满意的利润水平。这种目标可以用企业每份股票或其他证券的收益来表示。

(2) 生产能力

在平稳的环境中，企业提高单位产出水平是增加获得能力的一种方法。为此，企业在建立生产能力目标时，需要改进自己的投入与产出的关系，制定出每单位投入所能生产的产品或提供服务的数量，作为衡量的标准。同时，企业也可以根据降低成本的要求来制定自己的生产能力目标。

(3) 竞争地位

企业在市场中所占有的地位，是衡量企业绩效的一个标准。企业往往根据竞争地位来确立自己的目标，判断与评价自己企业在增长和获利方面的能力。企业的销售总量或市场占有率常常被用来作为评价这种目标的标准。

(4) 技术领先

企业自身的技术状况关系到企业在医药市场中的竞争地位，而竞争地位又关系到企业的战略抉择。因此，许多企业把技术领先作为自己企业的目标。

(5) 职工发展

在企业里，生产能力往往会与职工的忠实程度及企业为职工提供的发展机会和福利密切相关。当职工感到自己在企业里有发展的机会时，他们往往会促进生产能力的增长和资金周转额的下降。因此，在长期计划里，企业决策者要考虑满足职工的期望，确立职工参与制，制定有关职工发展的目标。

(6) 公共责任

企业必须认识到自己对客户和社会负有的责任，企业不仅要通过优质的产品和优良的服务来提高自己企业的声誉，还应通过参与社会活动、公共福利等事务来扩大自己企业的影响。

企业目标因战略而异，企业可以通过以下几个方面将其战略具体化。

(1) 盈利能力

用利润、投资收益率、每股平均收益、销售利润率等来表示。例如：

① 4 年内使税后投资收益率增加到 15%；

② 3 年内使利润增加到 1 500 万元。

(2) 市场

用市场占有率、销售额或销售量来表示。例如：

① 3 年内使销售总额中的民用品销售额增加到 85%，军用品销售额减少到 15%；

② 4 年内使 X 产品的销售量增加到 50 万单位。

(3) 生产率

用投入产出比率或单位产品成本来表示。例如：3 年内使每个工人的日产量（每天按 8 小时计）提高 10%。

(4) 产品

用产品线或产品的销售额和盈利能力、开发新产品的完成期表示。例如：两年内淘汰利润率最低的产品。

(5) 财力资源

用资本构成、新增普通股、现金流量、流动资本、红利偿付和集资期限等来表示。例如：

① 5 年内使流动资本增加到 1 000 万元；

② 3 年内使长期负债减少到 800 万元。

(6) 物质设施

用工作面积、固定费用或生产量来表示。例如：

① 3 年中把储存能力增加到 1 500 万单位；

② 3 年内把市区工厂的生产能力降低 20%。

(7) 研究与创新

用花费的货币量或完成的项目表示。例如：5 年内以不超过 300 万元的费用，开发一种中等价格的发动机。

(8) 企业结构与活动

用将实行的变革或将承担的项目来表示。例如：3 年内建立一种分权制的企业结构。

(9) 人力资源

用缺勤率、迟到率、人员流动率或有不满情绪的人员数量来表示，也可用培训人数或将实施的培训计划数来表示。例如：

① 3 年内使缺勤率降低到 8%；

② 4 年之内以每人不超过 4 000 元的费用对 300 个班组长实行 40 小时的培训计划。

(10) 客户服务

用交货期或客户不满程度来表示。例如：3 年内使客户的抱怨减少 40%。

(11) 社会责任

用活动的类型、服务天数或财政资助表示。

长期目标必须支持企业的战略,而不应与之发生冲突。它应清楚、简洁和尽可能定量化,并且应足够详尽,使企业成员都能清楚地知道自己企业的意图。长期目标应遍布于企业内所有重要部门,而不要局限在某一领域。不同领域的目标可以相互制约,但它们应协调一致。此外,目标应是动态的,可以随情况的改变而调整。

**小资料**

### 印度尼西亚苏玛银行倒闭

谢建隆,在印度尼西亚乃至东南亚可以说无人不知。30 年前,谢建隆以 2.5 万美元起家,经过不懈努力,终于建立起一个以汽车装配和销售为主的王国。

但自从著名的美国王安公司申请破产以来,与其"遥相呼应"的是印度尼西亚第二大集团企业——阿斯特拉国际有限公司也陷入了"泥潭"……一些有识之士毫不客气地指出:酿成这一悲剧的症结完全在于该公司的创业者——印度尼西亚华人富商谢建隆患上了严重的"家族企业症"。印度尼西亚谢建隆的衰败归结为两个原因。其一,其 1990 年年底苏玛集团发生危机时,低估了事态的严重性,把长期问题当作短期问题来处理,直至 1992 年年底仍不能完全清醒。这样,悲剧发生也就不足为奇了。其二,他不轻易将企业的"权杖"交给儿子,固然不错。但是,作为识途的老马,他理应告诫或阻止爱德华不能靠过度借债来扩充事业。这些原因归结起来都是缺乏战略目标造成的。

4) 短期目标

短期目标是执行性目标,其时限常在 1 年以内,是管理者用来实现企业的长期目标的。短期目标应来自对长期目标的深入评价,这种评价应按照各目标的轻重缓急顺序进行。顺序一旦确定,即能建立短期目标,以实现长期目标,从而实现企业战略目标。

企业内各部门、各单位的长短期目标应以整个企业的长、短期目标为依据。企业中任何层次的长、短期目标必须从属于上一级的长、短期目标,并与之协调。这样的目标体系就能确保所有目标的一致性(即相互不矛盾)。

一些短期目标的例子有:

① 下一年使利润增长 5%;

② 本年第 3 季度在华北的几个省会城市开设办事处;

③ 本年内使新客户增加 10%;

④ 下一年开设 10 个新的零售商店。

3. 目标体系制定的原则

在设立目标时,要注意目标要表示到某一时间需要达到的特定业绩目标,必须以定量的术语进行陈述,并且有实现的期限,还要说明到什么时间需要达到多大的什么目标。

(1) 适合性

企业所处的生命周期阶段的不同导致其目标设定会有很大的差异,所以制定企业的目标体系应注意企业所处的发展阶段。不同的发展阶段,有不同的目标设定。通常,成长期企业的目标主要是通过开发新产品或提供新服务来赢得市场和客户,构建起企业发展所需的各方面,以期获得长期的回报;维护期企业的目标主要是提高生产能力,保持或增长市场份额，获得丰厚的利润；成熟期企业的目标主要是收获前两个阶段中投资所产生的利润。

（2）可衡量性

指目标的完成与否是可以用数据衡量出来的。例如，在设定与客户建立关系的目标时，如果只写"与客户处理好关系"这一句话是不够的。应该与多少客户建立好关系？这些客户中有多少是新客户，多少是老客户？怎样才算处理好了关系？显然，没有明确衡量标准的目标是没有实际指导意义的。

（3）合意性

与企业的宗旨和企业的使命一致并能体现出来，符合企业股东、董事、客户的想法。

（4）易懂性

作为企业共同实现的目标，要保证企业各个部门和各个层次的员工都能够理解，并且朝着所达到的目标前进。

（5）激励性

使企业的目标激励企业全体成员朝着组织所期望的目标前进，需要一种组织给予动力，这种组织动力就是企业目标所达到的。

（6）灵活性

不应过于死板，要考虑各种情况引起的影响，在综合各种影响目标实现的因素之后，确定组织目标。影响因素里面有很多可预知的因素，也要适当考虑不可预知因素的调整。

对于诸如远景、使命、目标和这些根本性问题的思考是管理一个企业逻辑的出发点。它们在企业中起着指南针、火车头、推动力和黏结剂的作用，它们为企业的成员指出方向，使企业成员聚集为一个具有高度一致性的集体，同时还起到了决策和行动的指南及坐标的作用。自古成大事者必为有大志者。一个企业所具有的使命、价值观和远景便是其志向的体现。

# 1.2 企业战略

战略是竞争的产物。在我国古代就有"田忌赛马"的故事。现在，我们也常常接触到一些公司或企业采取这样或者那样的方式获取目标市场，调整企业发展目标等。例如，联想并购IBM公司PC业务，波导、TCL与国外手机品牌企业的手机大战，沃尔玛与家乐福在中国市场的较量等，这些例子都让我们或多或少地看到了一些战略的影子。

## 1.2.1 战略的概念

无论国内还是国外，战略一词原来都是军事用语。毛泽东同志经常说"从战略上藐视敌人，战术上重视敌人"。我国古代，先是"战"与"略"分别使用，"战"指战斗、交通和战争，"略"指筹略、策略、计划，后来才合二为一，一起使用。在中国它起源于兵法，古称韬略，指将帅的智谋，比如我们平时所说的《孙子兵法》用兵的战略，还有诸葛亮的"空城计"等。后来战略指军事力量的运用。《中国大百科全书·军事卷》中对战略一词的解释是："战略是指导战争全局的方略,即战争指导者为达成战争的政治目的,依据战争规律所制定和采取的准备和实施战争的方针、政策和方法。"

西方的战略也起源于古代的战争,在英语中战略一词为 strategy,来源于希腊语的 straragia。在美国传统词典中,对战略一词的解释是:"The science and art of military command as applied to the overall planning and conduct of large - scale combat operations."指用于全局性策划与指挥大规模作战的军事指挥的科学与艺术。

现在,战略一词已经开始泛化,除军事领域之外,战略的价值同样适用于政治、经济等领域。政治领域的,例如我国提出的三步走战略和可持续发展战略;经济领域的,如我国 2001 年制定的新的"十五"发展规划。很多的企业借鉴了战略的思想,广泛地运用于企业领域,如海尔的名牌战略、多元化战略和国际化战略,TCL 的名牌化战略,跨国公司如 IBM、HP 的全球化战略等。目前企业战略的确定与执行已经成为决定企业竞争成败的关键性要素。因此,可以用这样一句话概括描述战略:战略,往往是有竞争倾向的双方为达到某一目标而采取的计策或行动。

**小资料**

大约在公元前 400 年,齐国出现了一位将军——孙子。他为其君主赢得战争胜利的能力为他带来了声望和权力。

孙子为了将他在多年的战争中总结出的智慧传给后人,写了一本书,这就是《孙子兵法》,它成了中国的一部有关战略的经典名著。

在中国,第一个皇帝秦始皇就研究过《孙子兵法》,他正是运用这些原则才在约公元前 200 年第一次统一了中国。21 个世纪之后,毛泽东运用《孙子兵法》在 1949 年打败了蒋介石和国民党人,建立了新中国。

《孙子兵法》大约于公元 760 年被引入日本,日本的将军们很快将它奉为至宝。在西方,《孙子兵法》于 1772 年首次出现在欧洲。鉴于拿破仑对一切军事事物都有的浓厚兴趣和对中国文化的浓厚兴趣,他很可能读过《孙子兵法》并受到该书的影响。

《孙子兵法》里讨论的原则已经在各个时期被成功地应用在无数的战役中。成吉思汗、罗马帝国、第二次世界大战中的许多重要战役、诺曼底登陆、古巴导弹危机、苏联红军在斯大林格勒给德国第六集团军以毁灭性的打击、在沙漠风暴行动中施瓦兹科普夫将军在攻击地点上对萨达姆·侯赛因的愚弄等都是《孙子兵法》原则的成功运用。

现在,《孙子兵法》的魅力早已经超出了军事领域而延伸到了工商业领域中,因为工商业的本质就是竞争,孙子的原则非常适合于这种竞争的商业环境。在美国和欧洲,《孙子兵法》在无数关于战略、组织和竞争的书籍中被广泛引用,其中的精彩字句被论述工商业问题的无数文章所摘录。

无数的 CEO 们运用这些原则使他们的公司走向了繁荣。经商和战争一样,都是建立在士气和装备基础之上的意志、活力和速度的竞争,都要高效率地使用稀缺资源,都是不断变化的,全球的许多工商业人士都发现了孙子的教诲的价值。

战略思想运用到企业经营管理之中,便产生了企业战略这一概念。

## 1.2.2 企业战略的概念

那么，什么是企业战略（business strategy）呢？不同的学者与企业的经营管理人员赋予企业战略以不同的含义，可以说是众说纷纭，莫衷一是。讨论的焦点在于企业战略与目标的包含关系，广义的企业战略包括企业的目标，狭义的企业战略不包括企业的目标。在本书中，我们认为企业目标的确定过程与战略制定过程虽然互相有联系，但它们是两个截然不同的过程，即狭义的企业战略。

根据理论界和企业界多数人的意见，企业战略可定义为：企业战略是企业在考虑各种资源的情况下，根据企业的目标、目的制定实现这些目标、目的的方式。简而言之，企业战略是企业发展的长期性和全局性的谋划。

## 1.2.3 企业战略的特征

1. 全局性及复杂性

企业战略具有全局性和复杂性，这是从企业战略所涉及的部门和内容来考虑的。它不是企业单一的一个部门的谋划，不是单纯的技术部门、财务部门或者是行政部门的谋划，而是包括考虑到企业各部门的战略。形象地说，企业战略就是企业发展的蓝图，制约着企业经营管理的一切具体活动。全局性是指企业战略事关企业的总体发展，追求的是企业发展的整体效果。企业战略是对企业的未来经营方向和目标的纲领性的规划和设计，对企业经营管理的所有方面都具有普遍的、全面的、权威的指导意义。

2. 未来性及风险性

企业战略具有未来性，是指战略制定的着眼点是企业长远的发展，企业应谋求短期效率和长期效能的协调统一。它是企业长远的一个战术，不是眼前的。在未来性上，体现在战术的不同。根据不同公司的规模不同，一般指三年到五年以上。有时，也称它为企业战略的长远性，考虑的是企业未来相当长一段时期内的总体发展问题。

企业战略具有风险性，是对企业在将来情况的一个预测和谋划，存在着很多的不可预知性，而不可预知性带来的就是风险性的存在。企业战略是以对环境的估计为基础的，然而环境总是处于不确定的变化趋势中，任何企业战略都伴随着风险。

3. 系统性及层次性

企业战略作为企业和企业管理的一部分，或者说作为企业和企业管理系统的子集，其所涉及的因素及其相互关系的复杂要求我们不能仅把它看作企业的一个子系统来考察和研究。战略的研究还要考虑不同层次战略主体、公司层战略、经营层战略和职能层战略。

4. 竞争性及合作性

战略的制定和实施注重与竞争对手的抗争，目的就是要击败对手，获得竞争优势，保持企业的生存和发展。企业战略像军事战略一样，其目的也是克敌制胜，赢得市场竞争的胜利。但有些时候，也会因为有共同竞争对手而考虑合作的可能。

5. 稳定性及动态性

战略模式的概念已经揭示出，企业战略一方面是有意识地对企业长期行为的计划，具有稳定性的特点；另一方面，它也可以是企业无预先计划地对环境变化的反应的行为方式。在这里，企业战略反映了企业对环境变化的动态性适应，而这种动态性是由企业具有持续性、稳定性的长期行为方式决定的。企业战略一经制定后，在较长时期内要保持稳定，以利于企业各级单位、各部门努力贯彻执行。它又区别于传统的年度计划和长期计划，因为外界环境变化也会对其进行局部调整，企业战略更为强调创新和变革，以获取与环境的适应性。

**小资料**

中国企业在发展过程中，企业战略具有以下特征。

（1）变动性及短期性

处于转型期的中国，变动性及短期性是企业战略的主要特征，对我国传统产业来讲企业战略期限应以5年为宜，对第5~10年有一个展望即可；对高新技术产业，企业制定战略期限应以2~3年为宜。

（2）生存性及保守性

很多企业在制定战略的时候往往倾向于目前企业的生存，相对来说制定得比较保守，往往表现为只注重短期的一个生存目标的实现。

（3）调整性及重组性

由于在企业战略制定时，考虑到更多的是由于生存带来的问题，所以必然导致在企业的长期发展过程中短期的一种战略会不稳定，要及时调整重组。

## 1.2.4 企业战略的构成要素

与战略的概念一样，企业战略的构成要素也没有统一的说法。但是，尽管不同学者的论述差异较大，但大都以美国著名战略学家安索夫（H. I. Ansoff）的产品市场战略为核心展开。

1965年，安索夫在其著作《企业战略论》一书中，把企业战略构成要素概括为4个方面，即经营范围、成长方向、竞争优势和协同效应。他认为这4种要素可以在企业中产生一种合力，形成企业的共同经营主线。

所谓共同经营主线，是指企业目前的产品与市场组合和未来的产品与市场组合之间的关联。企业在制定战略时，应当从产品、技术及市场营销等方面的类似性，为企业确定出一条共同经营主线。

1. 经营范围

企业经营范围是确定企业的产品与市场领域。这里，产品与市场领域不仅包括企业现在所从事的事业活动（企业"正在做什么"），而且还包括企业将来的事业活动范围（企业"应该做什么"），以便使企业具有十足的成长空间。

2. 成长方向

成长方向是指在上述产品与市场领域，企业的经营活动应该向什么方向发展。安索夫根据企业现有的产品、市场和将来发展的新产品、新市场的组合，指出企业可以采取4个方向发展的战略，见表1-2。

**表1-2 企业4个战略发展方向**

| 组 合 | 现有产品 | 新产品 |
|---|---|---|
| 现有市场 | 市场渗透战略 | 产品开发战略 |
| 新市场 | 市场开发战略 | 多元化战略 |

1) 市场渗透战略

这是通过目前产品与现有市场领域组合而产生的一种企业成长战略。也就是说，在现有市场和产品下，使更多的消费者使用本产品。很多企业在这种情况下更多地运用企业的品牌来进行市场渗透，例如，企业往往通过密集的连锁店来加强对消费者的消费吸引。可口可乐凭借在中国超过600个销售办事处的网络，向中国广阔的农村市场渗透延伸。

2) 市场开发战略

这是由现有产品领域和新市场领域组合而产生的一种企业成长战略。确切地说，就是为企业产品寻找新的消费群。如星巴克咖啡在美国的市场已经饱和的情况下，对亚洲市场的扩张就属于开发新的市场领域。

3) 产品开发战略

这是通过向现有市场投放新产品、改良产品或追加不同规格的产品，实现扩大销售额和市场占有率的成长战略。即创造新的产品以替代现有产品，从而保持企业成长的态势。如娃哈哈通过生产乳酸奶到娃哈哈果奶，进而开发产品市场，后又通过纯净水市场开发娃哈哈非常可乐市场。娃哈哈先后开发的产品，有诸如儿童营养液、果奶、纯净水、可乐、八宝粥、绿豆沙等30多种。

4) 多元化战略

这是由新产品领域和新市场领域组合而产生的成长战略，它是通过向未曾涉足的新市场投放新产品，开发新的经营领域而使企业获得发展的战略。用通俗的话来说，就是为了避免风险，"将鸡蛋放到不同的篮子里面"。

前3种选择，企业的共同经营主线很清晰，或者开发新市场或者开发新产品，企业的共同经营主线是明晰的。但是多元化战略，企业相对的共同经营主线就不是很明晰了。根据企业新的产品与市场领域与原有产品与市场领域的"关联性"，可分为以下3种具体形式。

(1) 水平多元化（horizontal diversification）

即企业利用原有市场，采用不同的技术来发展新产品，增加产品种类。针对与老顾客同类的顾客开发出新产品。

(2) 垂直一体化（vertical integration）

指具有投入产出关系的相邻上下游两个生产阶段或企业合二为一的过程。它起源于资本密集型技术。

20世纪初，自由资本主义转向管理资本主义，企业实行垂直一体化经营，包揽了生产的全过程：从设计开发、零部件加工、成品装配，一直到产品包装、营销和售后服务，并实行多种经营，公司成为多种行为和多个单位组成的企业。这种生产组织方式以大规模生产为基础，对提高劳动生产率，推动经济增长，做出了贡献。但是，它也有弊病，即经营管理具有专制性。垂直一体化经营实行的是自上而下的管理。大型企业由一些不同的经营单位组成，由专职的高级经理组成的等级制管理班子负责。每一个职能由一个部门来管理，总经理统领部门经理，中层管理人员协调并监督低一层的管理人员的活动，以权威和指令完成整个生产过程；处于最下层的是劳动者。

正如美国经济学家钱德勒所说："因为新的大量生产工业成了资本密集型和管理密集型工业，它引起了固定成本的增加和充分利用其机器、工厂和管理人员的迫切需要。这样一来，也就对老板和经理形成一股压力，要求他们控制自己的原料和半成品的供应，并接管自己产品的营销和零售。资本—劳动比率与经理—劳动比率的变化，也产生了一股压力，要求把大量生产和大量销售的作业结合在一家企业之内。"

（3）同心多元化（concentric diversification）

指以企业原有能力为基础的多元化，又可细分为3类：销售技术相关型、销售相关型、技术相关型。即企业利用原有的技术、特长、经验等发展新产品，增加产品种类，从同一圆心向外扩大业务经营范围。同心多元化，简单地说，就是产品的相关多元化，最典型的例子就是宝洁洗涤产品到化妆产品的重点转移。我国的TCL集团从生产电视机、计算机到生产手机产品；长虹集团为实现"进入世界500强"的成长目标，于1997年开始进行多元化经营，进入VCD、空调及计算机行业。这些都属于同心多元化。

（4）集团多元化（conglomerate diversification）

又叫混合多元化，指向不相关的多种行业发展。即大企业通过收购、兼并其他行业的企业，或者在其他行业投资，把业务扩展到其他行业中去，新产品、新业务与企业的现有产品、技术、市场毫无关系。比如麦当劳宣布正式进军儿童服装、玩具领域；巨人集团从计算机领域的产品跨越到"脑白金"的生物工程方面。从获利性和风险性来说，同心型比混合型多元化要强一些。

以上各种战略的目的是企业在市场中获得市场优势，有关战略的更具体内容将在后面的章节中加以详细介绍。

**小资料**

诺基亚的发展的过程是从多元化转向专业化的过程，见表1-3。

表1-3 诺基亚业务发展变化

| 时　　间 | 业　务　发　展 |
| --- | --- |
| 1865年（诞生） | 生产纸和纸浆的木材加工厂 |
| 1917年 | 通过合并成为橡胶、电缆与电器制造商 |
| 1967年 | 通过并购成为横跨造纸、化学药品、橡胶与电缆等产业的大集团 |
| 20世纪80年代 | 开始了它从多元化转向专业化的道路 |
| 20世纪90年代 | 成为移动通信领域的全球领导者 |

诺基亚20世纪80年代主要业务分布见图1-1，诺基亚2000年主要业务分布见图1-2。

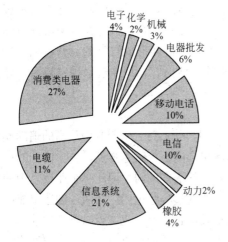
图1-1 NOKIA 20世纪80年代业务分布

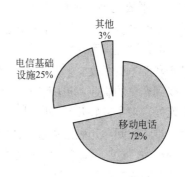
图1-2 NOKIA 2000年业务分布

3. 竞争优势

它是战略管理的目的。是指在特定的产品与市场领域中，企业具有比竞争企业优势的特征和条件。它常常表现为企业所拥有的资源与竞争企业相比，在数量上或质量上形成的有利差别。关于竞争优势，在4.1节中有更详细的论述。

企业的竞争其实是在两个层面展开的：第一个层面是企业家的战略洞察力和判断力，这可以使得企业获得先行一步的优势；第二个层面却是业务一线的实施能力，这是企业组织性的能力，这种能力的获得需要建立在制度、程序和文化基础上。第一个层面可以使企业成功，第二个层面可以使企业持续。

4. 协同效应

也就是通俗所说的1+1>2的效果。这是指若干因素的有效组合可以比各个因素单独作用产生更大的效果，也就是可以取得1+1>2的效果。企业中的这种协同效应可以表现在多个方面，如销售协同效应、生产协同效应、投资协同效应、管理协同效应。

## 1.2.5 企业战略的基本内容

归纳前面学习的内容，可把企业战略概括为以下5个方面的基本内容。

1. 企业的远景目标

远景目标勾画出了企业未来的蓝图，体现着企业的经营宗旨。它是把企业的未来收进现在的视野之内，可以使企业成员更关心企业的长期发展，并要求企业领导者在实现手段上表现出高度灵活且富有弹性的创造力。同时，设定远景目标可以帮助企业领导者认清目前资源条件与远景目标之间的差距，这个目标一经确立，企业领导者就必须系统地考虑如何缩小这种差距，以便在企业的资源与外部环境之间建立起适应关系。另外，设定远景目标本身就是一个积极的管理过程，这一过程包括：将企业成员的注意力集中到成功的关键要素上；企业成员在经营哲学的基础上相互沟通，并从中受到激励。

2. 市场定位

在企业与外部环境的关系中，企业选择哪些客户作为目标客户，提供什么样的产品来满足目标客户的需求,是一个根本性的问题。所谓市场定位,就是要明确企业的目标客户,认清他们的需求,以及企业能够从哪些方面来满足这些需求。企业只有充分考虑到目标客户的特点,针对他们的某种需求不断推出新产品或服务,才可能形成自己的经营特色,在未来的竞争中立于不败之地。把市场定位作为企业战略的一项内容,意味着必须坚持客户导向,把客户利益贯穿于全部生产经营活动之中。

3. 创造价值的方式

从市场竞争的角度看,新产品一旦叩开市场之门,就不免会引起其他厂商的追随模仿,它们越是受到客户的欢迎,追随者希望占有相同市场机会的要求就越强烈。一项成功的产品不只为企业发展带来了良好开端,同时也带来了激烈竞争的潜在威胁。因此,企业战略中的另一个重要而又难解的问题是确定创造价值的方式,即企业通过哪些生产经营活动创造出能够满足顾客需求的产品,这些活动将由自己承担还是委托给其他企业,企业能否以更高的效率或与众不同的做法来完成这些活动,等等。在大多数情况下,这些活动将成为竞争优势的直接来源。

4. 关键性资源的扩充途径

企业在创造价值过程中投入的资源,有相当一部分需要从外部获取,常见的方式包括向银行借款,购买技术专利,获准使用其他企业的品牌等。但从长远来看,使用外部资源固然可以取得事半功倍的效果,但企业却很难利用这些资源构筑起持久的竞争优势。原因显而易见,外部资源不可能为企业所独占,它们可以带给其他企业相同的优势。在决定持久竞争优势的各种因素中,内部资源才是根本。企业要实现远景目标,必须把竞争优势构筑在内部资源的基础上,特别是要不断扩充那些对竞争优势有着决定影响的关键性资源。企业战略应该对这些资源的开发、积蓄、整合等工作做出合理的安排,并研究管理机制的变革方向,因为内部的权责关系、协调机制、解决问题的方式等都会影响到资源扩充的效率。

5. 实现远景目标的具体计划

企业要从目前状态走向远景目标,还要周密地计划各项工作。远景目标需要被展开为一组阶段性目标,再被分解为部门乃至具体岗位的工作目标,这样员工才能看清当前的工作与企业战略之间的关系。没有阶段性目标,远景目标就变成了空洞的设想。在编制计划的过程中,将各种可行的方案进行相互比较,把不切实际的设想抛弃。另外,战略决策通常是在信息不充分的情况下制定的,企业的外部环境中包含相当一部分不确定因素,而通过编制和落实计划,这些因素的影响将被限制在最小范围内。

**小资料**

1. 亚华集团发展远景

以轿车和重型卡车为发展重点,以存量资产的盘活和优化配置为手段,通过国际合作全面提升核心竞争能力,力争在2010年以前实现国际市场占有率超过15%,主营业务合并销售总额相对于2005年提高两倍的战略目标。以提高整体竞争能力和经济效益为目标参与汽车行业的重组和整合,通过建立自己独特的品牌及价值定位确立亚华在东南亚乃至世界汽车行业的市场地位,力争在2015年以前成为真正具有国际竞争力的汽车集团。

2. 重点目标市场

(1)重卡和轿车市场是亚华未来发展的重点,首先体现在市场增长快、市值高,并且从亚华的竞争能力来看,亚华在这两大市场上均属于前3大企业之一。

(2) 轻卡、客车将作为次重市场，在资源允许的条件下也应着力提高竞争优势发展轻卡和客车。

3. 亚华战略措施的优选

战略措施一：通过改善营销系统、拓宽产品系列、降低价格/成本等手段提高子公司的竞争力，增大产能利用率。为实现子公司销售额和销售量的目标，必须调整和提高子公司的整体营运水平，特别是改善营销职能。子公司的产品要达到多产品宽系列，才能跟上快速发展的市场需求，尽快提高产销量，充分利用价格杠杆，抢占市场份额，增加产能利用率。

战略措施二：尽早开辟第二条轿车合资产品线，成为全系列轿车生产商。

战略措施三：拓宽重卡产品线，着重解决生产能力中的瓶颈问题，通过国际合作提高高档重型卡车的技术水平，提升销售系统的运营水平，拓展和提升现有业务。

战略措施四：尽量保持中卡的市场份额，改善中卡销售水平，"紧跟"市场领导者，改善运营系统，降低单车成本。

4. 职能规划

研发：加大研发投资并进行国际合作提高研发水平。

生产制造：严格管理制造工艺，保证质量管理措施的严格执行。

市场营销：在整顿利用现有营销网络的同时，有针对性地建立并完善适合重卡的营销体系。

分销管理：整顿分销体系，严格要求分销商进行市场信息的采集和反馈，并有针对性地建立适合重卡的营销渠道。

售后服务：切实制定政策以鼓励"四位一体"经销商的发展，建立专业服务站，特别是在市场销量集中的地区，形成服务体系。

财务管理：项目投资和最低的现金保有量要求亚华在2010年和2013年分别有约10亿元和6亿元的资金缺口，亚华必须找到低成本融资的方案以获得所需的现金。

# 1.3 企业战略的层次

一般来说，一个现代化企业的企业战略可以划分为网络层战略、公司层战略、业务层或者事业部级战略及职能层战略4个层次，如图1-3所示。过去，人们往往把企业从周围的环境中独立出来，忽略网络层战略，随着跨国企业业务的不断拓展，越来越多的企业注意到战略联盟在市场的作用。

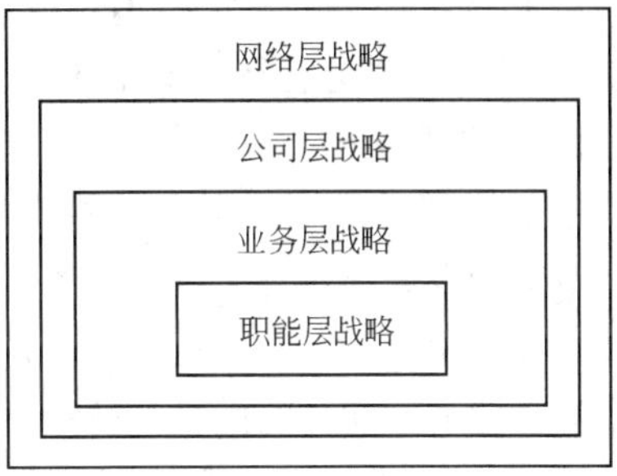

图1-3 企业战略层次

## 1.3.1 网络层战略

1. 网络层战略的概念

过去没有网络层战略（network strategy）的说法，战略的最高层就是公司层战略。网络层战略就是两个大的企业联盟之间的竞争和合作问题。这些联盟包括技术的联盟、市场的联盟等。联盟中的战略,包括企业如何选择联盟及在联盟里选择什么样的姿态等问题,是企业的最高层的战略。

2. 网络层战略的特点

① 从性质上来说,它属于联合型,战略在其执行的明确程度上属于抽象。
② 所承担的风险、代价最大,但盈利潜力比其他层次的战略相对较大。
③ 其衡量程度以判断评价为主,所起的作用可以说是巨大的。

### 1.3.2 公司层战略

1. 公司层战略的概念

公司层战略(corporate strategy)指企业选择什么样的行业和经营领域。一般来说,公司层战略至少要阐明以下 3 个问题。

(1) 企业的发展方向

一个从事多种经营的企业,它的发展总是伴随着经营领域的调整。那些市场前景看好、充满发展机会的领域会被优先考虑,企业也可能进入某些新领域同时撤出另一些领域,还可能向某些领域的上游或下游扩张。企业对发展方向的选择决定了它将如何配置资源,特别是资金和人力资源。

(2) 不同的业务单元之间的协调机制

不同业务单元之间的相互协作,包括销售网络、生产设备、采购或技术资源的共同使用,它们无疑是降低企业经营成本,增强整体竞争优势的重要手段,而实现这种资源共享的前提是克服企业内的组织障碍。这就要求企业建立起有效的内部协调机制。企业战略中应该指出那些可共享的资源及共享方式,设立必要的横向协调机构来促进协作,消除可能出现的组织内摩擦。

(3) 关键资源的开发与积蓄

企业的一些关键资源,如人力资源、资金、商誉、公共关系和技术等资源,可以在两个层面上进行开发和积蓄,即在企业层面和业务单元层面。企业一般要直接担负起一些资源的开发积蓄功能,如许多大企业都设有直属企业总部的规模庞大的科研机构,负责研制重大技术项目和技术成果的推广。但就许多关键资源而言,业务单元是开发和积蓄这些资源的基本组织。企业的功能主要体现在选择、组织与协调上。在这些方面做出明确的规划,也是企业战略的一项任务。

它的研究对象是一个由一些相对独立的业务或事业单位(strategic business units,SBU)组合成的企业整体。一个大公司有很多事业部,每个事业部都要确定领域和行业,以及在选定的业务领域里怎样与对手竞争。公司战略是一个企业的整体战略总纲,是企业最高管理层指导和控制企业的一切行为的最高行动纲领。公司战略主要强调两个方面的问题:一是"我们应该做什么业务",即确定企业的使命与任务,产品与市场领域;二是"我们怎样去管理这些业务",即在企业不同的战略事业单位之间如何分配资源及采取何种成长方向等。

公司层战略又包括成长型战略、稳定型战略和紧缩型战略。成长战略和稳定战略并不是矛盾的关系,企业成长到一定阶段追求稳定是很有必要的。成长战略犹如体育比赛的马拉松,而不是百米冲刺式的。

2. 公司层战略特点
① 从性质上来说属于观念型，战略在其执行的明确程度上属于抽象。
② 所承担的风险属于较大的风险，对其他层次的战略执行具有导向和决定意义。
③ 其衡量程度以判断评价为主，所起的作用是开创性的。

### 1.3.3 业务层战略

1. 业务层战略的概念

业务层战略也称事业部战略（SBU strategy）、竞争战略或分公司战略，是在企业公司战略的指导下，各个战略事业单位（SBU）制定的部门战略，是公司层战略之下的子战略。业务战略作为企业战略的一项子战略，必须遵从企业设定的发展目标，因此它需要阐明以下几个问题：
① 在特定的领域内，宏观经济与社会环境和产业结构变化中孕育着哪些机遇和威胁；
② 这一领域当前和未来的竞争焦点；
③ 目标顾客群体的主要特征与他们需求之间的关系；
④ 需要改进产品或服务的哪些内容以赢得顾客；
⑤ 竞争对手的优势和劣势，以及可能采取的对抗性行动；
⑥ 经营单位如何进行资源的开发和积蓄等。

业务层战略主要研究的是产品和服务在市场上的竞争问题。它的重点是保证战略经营单位在它所从事的行业中或某一细节分市场中的竞争地位。它通常强调：如何贯彻企业使命；业务发展的机会和挑战分析；业务发展的内在条件分析；业务发展的目标和要求；业务发展的重点、阶段和措施。

2. 业务层战略的特点
① 从性质上来说属于中间型，战略在其执行的明确程度上属于中间类型，介于抽象和确切之间。
② 所承担的风险属于中等程度的风险，盈利程度相比网络层和公司层也是一般。
③ 其衡量程度以半定量化为主，所起的作用也是中等程度的。

### 1.3.4 职能层战略

1. 职能层战略的概念

职能层战略（functional strategy）是为贯彻、实施和支持公司战略与竞争战略而在企业特定的职能管理领域制定的战略。每个部门为了完成上级目标需要确定自己的竞争策略，像市场部的营销策略、人事部的人力资源开发策略、财务部门的投融资策略等。职能层战略的重点是提高企业资源的利用效率，使企业资源的利用效率最大化。职能层战略一般可分为营销战略、人事战略、财务战略、生产战略、研究与开发战略、公关战略等。

2. 职能层战略的特点
① 从性质上说属于执行型，战略在其执行的明确程度上属于确切类型。
② 所承担的风险属于较小的风险，盈利程度相比其他层是最低的。
③ 其衡量程度以定量化为主，所起的作用是改善增补性的。

网络层战略、公司层战略、业务层战略与职能层战略一起构成了企业战略体系。在一个企业内部，企业战略的各个层次之间是相互联系、相互配合的。企业每一层次的战略都构成下一层次的战略环境，同时低一级的战略又为上一级战略目标的实现提供保障和支持。4种战略之间的关系不仅层层递进，而且自下而上、自上而下地相互影响。所以，一个企业要想实现其总体战略目标，必须把4个层次的战略结合起来。

## 案例分析

### 苹果公司品牌战略的实现

在当今时代，苹果手机是手机中的品牌之一。苹果公司通过差异化战略取得了品牌战略的巨大成功，其中最重要的因素是因为产品的创新，这是科技企业安身立命的根本。而苹果公司无论从产品的设计还是从用户体验度都比它的竞争对手高出许多。其次是它对待消费者的态度——用户至上，最后是它的特色营销手段。

1. 注重品牌文化

创始人乔布斯成立苹果公司时，以电脑为轴心业务，以用户个人化引导服务和产品的发展。苹果公司一开始就以消费者的使用需要为基础，设计一连串充满创意且符合使用者操作习惯的界面，使苹果电脑由强大功能性的商业电脑走向较为家庭化、普及化的个人电脑。追求创新、时尚、特立独行是苹果公司一贯的运营理念与品牌文化。

2. 凸显用户至上

在1983年底，乔布斯在对Mac电脑编写一个营销口号就说过，在广告中增加性能、好处或内存、显卡，引起客户关注的机会是很小的，唯一能赢得客户青睐的机会就是让用户体验说话。从那之后，苹果公司产品的设计和制作就从之前的技术导向型向消费导向型转变。

3. 强调特色营销

苹果公司营销的特色体现在广告、保密文化和专卖店上。首先，苹果公司在广告制作上和它制作的产品一样都可以说是堪称经典。1984年，苹果公司在美国橄榄球超级碗大赛的广告时间，推出了它的第一个经典广告——"1984"，在广告当中并没有出现苹果电脑，而是一个健美女性把电幕砸碎。苹果想告诉人们的就是苹果公司就是要把人们从政府和大公司的控制当中解脱出来。这种设计和美国崇尚的"英雄主义"是相符合的。这则广告出来以后，造成了空前巨大的影响，报纸杂志、电视、网站都重复播出苹果公司的这个广告，为它免费宣传。其次就是"保密文化"。苹果公司有严格的保密制度。苹果公司为了达到"饥饿营销"和"病毒营销"的目的，对于它即将开发和发布的新品都会做到严格的保密。比如说iPhone的保密期就达到了30个月。这种保密制度对于苹果公司的营销是有帮助的。最后是专卖店。苹果的专卖店，并不真正以出售商品为目的，而是一个推广商品的体验地。在专卖店里还会有热心的客户服务区，这些服务人员针对的是进店的所有人员，他们有义务为人们解答关于苹果产品的任何疑惑。苹果公司的这一做法大大降低了人们的转换成本，赢得了顾客的认可，苹果专卖店的销售收入也很可观。

【资料来源】杨光文. 苹果公司品牌战略研究. 江西财经大学, 2017.

**案例分析题**

1. 苹果公司的差异化战略取得成功的原因是什么？
2. 面对如此激烈的全球化竞争，苹果公司如何保持现有的竞争优势？
3. 结合案例，谈谈苹果公司的品牌战略对其他企业有什么启示？

# 本 章 习 题

## 一、判断题

1. 一般来说，企业远景被看作是企业的一种远大的目标或追求。（　　）
2. 企业战略是企业发展的短期性和全局性的谋划。（　　）
3. 远景是人们的一种意愿的表达，它概括了企业的未来目标、使命及核心价值，是一种企业为之奋斗的心愿和远景。（　　）
4. 企业战略具有全局性和复杂性，这是从企业战略所涉及的部门和内容来考虑的。它不是企业单一的一个部门的谋划，而是包括考虑到企业各部门的战略。（　　）
5. 职能层战略（functional strategy）主要研究的是产品和服务在市场上的竞争问题。它的重点是保证战略经营单位在它所从事的行业中或某一细节分市场中的竞争地位。（　　）

## 二、选择题

1. 企业远景的基本特征是（　　）。
   A. 清晰　　　　B. 短暂　　　　C. 独特　　　　D. 持久
2. 企业战略构成要素是（　　）。
   A. 经营范围　　B. 成长方向　　C. 竞争优势　　D. 财务目标
3. 企业最高层战略是（　　）。
   A. 公司层战略　B. 网络层战略　C. 职能层战略　D. 业务层战略
4. 公司层战略至少要阐述（　　）。
   A. 企业发展方向　　　　　　　B. 不同业务单元之间的协调机制
   C. 关键资源的开发与积蓄　　　D. 产品和服务在市场上的竞争问题
5. 企业目标具有（　　）的特征。
   A. 可接受性　　B. 可检验性　　C. 可实现性　　D. 可挑战性

## 三、思考题

1. 什么是企业远景？企业远景的作用有哪些？
2. 根据你对企业远景、使命、宗旨的理解，分析以下企业对这些概念的描述。

**A 集团**

企业远景：A 集团是企业家创新的舞台，是明星企业的孵化器，是创业者梦想成真的家园，是具有高成长性和鲜明文化个性的国际化企业。

企业使命：A 集团致力于人们生活质量的改善、提升和创新，以及高品位生活氛围的营造，致力于将自身的发展融入中国现代化事业推进的历史过程中。

企业宗旨：

致力于顾客利益的最大化；

致力于所有者权益的充分实现；

致力于与员工共同成长；

致力于为社会做出贡献。

**B 企业**

企业远景：以品质提升价值，做中国最受信赖的地产企业，以卓越的品质提升产品价值、员工价值和企业价值，从而赢得社会的信赖，既是我们坚守的信条，也是我们事业的目标。卓越的品质，不仅仅是地产作品的优异质量，还包括到位的服务、高尚的生活品位。

我们为员工提供实现自我价值的舞台，对客户信守承诺，为股东提供稳定持续的投资回报，对社会尽职尽责。

企业使命：创造生活新空间。

3. 什么是企业战略？具有怎样的特征？其构成要素有哪些？

4. 企业战略分为哪 4 个方面的层次？各有什么特点？

**参考答案**

一、1. √  2. ×  3. √  4. √  5. ×

二、1. ACD  2. ABC  3. B  4. ABC  5. ABCD

# 第2章 企业战略管理与战略管理者

**在本章中，我们将要学习：**
- 战略管理与战略管理过程
- 战略管理的5项任务
- 战略管理者的构成、角色、技能、特征、风格与社会责任
- 战略管理理论的发展与演变

 **导入案例**

2017年12月13日，贾跃亭又一次被北京市第三中级人民法院列入失信被执行人。据悉，这已是贾跃亭第四次被列入被执行人名单了。当初，贾跃亭的乐视帝国"七大生态"遍地开花，其市值曾逼近2 000亿元，一度坐上了创业板的"头把交椅"。但好景并不长，乐视旗下诸多业务资金链紧张、融资无望，大都遭受了灭顶之灾。据公开资料显示，自乐视上市以来，乐视在一级市场的融资以及有担保的融资达到千亿元。

虽然乐视自上市后，对它的商业模式质疑声从来没停止过，但这并没能阻止贾跃亭疯狂的扩张。让人担忧的是，除了乐视网外的其他业务板块，几乎没有任何的自我造血功能，从疯狂融资到债务风险爆发，乐视只用了一年不到的时间。自2017年7月开始，舆论几乎"一边倒"，贾跃亭出走美国、乐视体育拖欠付款、庞氏骗局等负面消息此起彼伏，从此乐视再无往日光辉。事实上，乐视网业绩持续下滑依然没有停止，2017年前三季度，营业收入60.94亿元，较2016年同期减少63.67%，净利润亏损16.51亿元。

值得关注的是，乐视之所以会陷入危局，除了漏洞百出的商业模式外，很重要的一点是只重扩张，不重经营。"乐视系"的7个子生态，涉及的是7个完全不同的行业，其中错综复杂的关联公司多达上百家，而想要做好任何一个板块都殊为不易。在贾跃亭的"7大生态一个都不能少的"错误决策下，乐视7大生态大规模扩张，最终导致了顾此失彼，一个也没做成功。

【资料来源】王占锋.乐视败局：乐视败局的启示.企业观察家，2018（1）：1.

经营企业的根本问题仍然是：为什么有些公司能够长盛不衰，为什么一些公司却昙花一现？战略是企业对未来的一种选择，战略管理使企业将自己的精力集中于未来的选择。

战略管理固然重要，对各项战略进行决策的战略管理者在企业持续过程中的作用也将不可忽视。

## 2.1 企业战略管理

### 2.1.1 战略管理

战略管理是由美国企业家安索夫在其 1976 年出版的《从战略计划趋向战略管理》一书中首先提出来的。1979 年,安索夫又出版了《战略管理论》一书。安索夫认为:战略管理,是指将企业日常营运决策同长期计划决策相结合而形成的一系列管理业务。美国学者斯坦纳认为:战略管理是确定企业使命,根据企业外部环境和内部条件认定企业组织目标,保证目标的正确落实并使企业使命最终得以实现的一个动态过程。此外,还有其他许多学者和企业家也提出了对战略管理的不同见解。综观不同学者和企业家的不同见解,可以归纳为两种类型,即广义的战略管理和狭义的战略管理。广义的战略管理是指运用战略对整个企业进行管理,其代表人物是安索夫;狭义的战略管理是指对管理战略的制定、实施、控制和修正进行的管理,其代表人物是斯坦纳。目前,居主流地位的是狭义的战略管理。

通常,将企业战略和战略管理混为一谈,但可以认为战略管理是对企业各战略的一种宏观系统的管理。战略管理是对企业战略的管理,它包括企业战略的制定和实施过程中的一个全过程管理,强调的是一种对战略的管理过程。

综合了国内外学者对企业战略的解释和理解,把战略管理定义为:战略管理是企业为实现战略目标,制定战略决策,实施战略方案,控制战略绩效的一个动态管理过程。

(1) 战略管理是一种高层次性管理

战略管理必须与企业管理模式相适应,不应脱离现实可行的管理模式;同时,管理模式也必须适应战略管理的要求而调整。战略管理的主体是企业的高层管理人员。虽然战略决策需要企业各层管理者和员工的参与和支持,但企业的高层管理人员介入战略决策是非常重要的。这不仅是由于他们能够统观企业全局,了解企业的全面情况,而且更重要的是他们具有对战略实施所需资源进行分配的权力。

(2) 战略管理是一项整体性管理

战略管理不仅涉及战略的制定和规划,而且也包含着将制定出的战略付诸实施的管理,因此是一个全过程的管理。战略管理与战术、策略、方法、手段相适合。一个好的战略管理如果缺乏实施的力量和技巧,也不会取得好的成绩。战略管理绝不仅仅是企业领导和战略管理部门的事,在战略管理的全过程中,企业全体员工都应参与。当然,在战略管理的不同阶段,员工的参与程度是不一样的。在战略制定阶段,主要是最高层经营者的工作和责任,一旦进入战略实施的控制阶段,企业中基层经营者及全体职工的理解、支持和全心全意的投入是十分重要的。

(3) 战略管理是一种动态性管理

强调战略管理不是静态的、一次性的管理,而是一种循环的、往复性的动态管理过程。任何外部环境的变化、企业内部条件的改变,以及战略执行结果的反馈信息等,都将使战略管理进入到新一轮战略管理中去,是不间断的管理。

为了更好地理解企业战略管理，下面针对战略管理与生产管理和经营管理的区别来加深理解。

### 2.1.2 战略管理与业务管理的联系与区别

1. 战略管理与企业战略

通过前面对企业战略与战略管理概念的定义与理解，两者之间的区别就已经非常明显地表现出来了。企业战略实质上是企业的一种"谋划或方案"，而战略管理则是对企业战略的一种"管理"，具体来说就是对企业的"谋划或方案"的制定、实施与控制。企业战略强调的是单一的一个目标方向，而战略管理是朝着这一目标方向将其实现的动态的过程。

2. 战略管理与经营管理

经营管理是企业对目前的投入、物质转换和产品产出的管理，而战略管理则从时间上和范围上扩大了投入产出的管理过程。

当然，战略管理与经营管理也有着密切的联系。首先，企业经营管理是企业战略管理的基础；其次，有效的经营管理是实施企业战略管理的重要前提条件；最后，战略管理为经营管理提供了实施框架。

为了深入理解，可以打一个比方：我们面前有一条大河，大河的源头是企业的内部环境分析，下游就是企业的目标，整个河床是企业的战略管理，河道里面流淌的水是经营管理。战略管理规定了经营管理的方向，经营管理在战略管理的框架内实施运作。

战略管理规定了经营管理的方向，规定了企业应该做正确的事情；经营管理是实现战略管理的具体的方法和步骤，经营管理规定了企业正确地做事情。

3. 战略管理与长期计划

长期计划考虑的是组织的发展方向、实现长期目标的方针政策及资源的分配方针和实施方案，它更多的是与过去或现在的状态有关；而战略管理则着眼于未来，更具前瞻性。从制定的程序上说，长期计划主要由单位高层提出，程序上主要表现为由下而上；而战略是由单位最高决策层制定，程序上表现为由上而下。从内容上看，战略是为整个企业提供一个明确一致的发展方向，保证企业整体效益的最大化；而长期计划则往往是各部门计划的合并或折中，计划中的整体性、协同性相对较弱。从内容的关注程度上看，长期计划主要关注计划期的投入产出比，而战略更加强调经营理念和战略意向。

企业的战略管理究竟是管什么的呢？这就是企业战略管理的任务要回答的问题。首先应了解企业的战略管理过程。

### 2.1.3 战略管理过程

要想取得战略管理的成功，必须将战略管理作为一个完整过程来加以管理，忽视其中任何一个阶段都不可能取得战略管理的成功。例如，许多企业也制定了发展战略，但忽视了战略实施，从而使战略管理成为纸上谈兵。

战略管理是一个过程，大致包括3个关键要素：

① 战略分析——了解组织所处的环境和相对竞争地位；

图 2-1 战略管理过程图

② 战略选择——涉及对战略的选择与评价;

③ 战略实施——采取怎样的措施使战略发挥作用。

战略分析、战略选择和战略实施之间的关系见图 2-1。

从图 2-1 中不难看出,战略管理过程的 3 个环节是相互联系、循环反复、不断完善的一个过程,所以也可以说,战略管理是一个动态的管理过程。

(1) 战略分析

战略分析要了解企业所处的环境正在发生哪些变化,将要面对怎样的市场竞争。它包括确定企业的使命和战略意向,分析外部环境存在的机会和威胁,评价企业内部条件,特别是对企业优势和劣势进行分析。通过分析外部环境因素,可以明白企业面临的机会和挑战;通过分析内部环境,可以明白企业的优势和劣势。将内外因素结合起来,就为战略选择提供基础。

(2) 战略选择

战略分析为战略选择提供了坚实的基础,根据战略分析阶段确定的战略目标,制定可供选择的几种发展战略方案;根据一定的评价标准和资源约束条件,对战略方案进行分析评价;对选定的方案进行资源分配,确定战略实施的政策和计划,并对战略目标进行层层分解,制定相应的策略和计划。战略选择主要包括 3 部分内容:公司战略、竞争战略及跨国战略的选择。

(3) 战略实施

这一阶段包括战略的执行和执行过程中的控制。所谓战略实施就是将战略转化为行动。一个企业确定方案之后能否取得预定的效果,还要看战略实施的过程。企业战略方案一经选定,管理者的工作重点就要转到战略实施上来。战略实施是贯彻执行既定战略规划所必需的各项活动的总称,也是战略管理过程的一个重要部分。战略管理实施是借助于实施体系和实施措施来实现战略管理目标的过程。这里的实施体系主要指战略实施的组织体系。它包括内容有:中间计划,即介于长期战略和行动方案之间的计划;行动方案,即完成任务的活动和步骤;预算,即一定时期内的财务收支预计;程序,即具体的操作步骤。

显而易见,如果精心选择战略而不付诸实施,或不认真地组织实施,则以前的努力将付诸东流;反之,不但可以保证好的战略取得成功,而且还可以克服原定战略的某些不足,使之趋于完善,同样获得成功。战略实施主要包括战略实施及战略控制两部分内容。如果在实施的过程中出现新的问题,可能还要重新进入新一轮的战略规划过程。这样,新一轮的战略管理过程就又开始了。

战略实施也包括战略控制和战略修正。战略控制就是将战略实施的实际结果与预定的战略目标进行比较,检查两者的偏差程度,并采取有效措施予以纠正,以保证战略目标的实现。

当战略实施结果与预定确定的战略目标出现重大差距时,如果规划的结果是由于内外环境因素的变化而使战略目标不恰当,则必须修改原来确定的战略目标,这一过程就是战略修正。

**小资料**

全球著名能源公司——美国安然公司破产案,引起世界石油业广泛关注。很多人认为安然公司破产的一个重要原因是企业的战略决策出了问题，而方向性的错误是很难补救的。

有专家分析认为，安然这样一家在全球拥有3 000多家子公司的能源大公司的破产，原因是很多的，其中一个重要原因在于公司盲目放弃了自己的主营业务，而转向了电子交易等新领域，导致公司失控。

安然破产给我国企业发出了警示：战略管理是企业管理的核心，战略决策上的失误是致命的。

## 2.2 企业战略管理的5项任务

**小资料**

针对中国企业的战略制定与执行的有关数据分析。

中国企业战略的制定和执行成为企业家群体思考和行动的重心。在参与调查的中国企业中，有近70％的企业有比较清晰的远景，超过50％的企业为达到远景而制定了比较清晰、明确的战略，但是只有约18％的企业认为战略得到了比较有效的执行。在拥有比较清晰、明确战略的企业中，仅有1/4比较有效地执行了既定战略。执行有效性与战略的落差也在逐渐加大。在战略基本清晰、明确的企业中，有46％的战略执行效果未能达到相应的战略规划水平。这一比例在战略比较清晰、明确的企业为80％，在战略非常清晰、明确的企业达到了89％。

【资料来源】 长江商学院的一项调查数据.

麻省理工学院教授、学习型组织提出者彼德·森（Peter Seng）认为，许多企业领导人都有自己的远景，但是这些个人的远景却从来没有转化为大家共同的远景而进入组织的血液。对于大部分企业来说，企业家会经常为员工大讲特讲"公司的伟大远景"，实际上更多是他们自己设想的远景，而真正的问题是，这些企业家从来没有致力于去建立大家共同认可的价值体系和制度体系，结果是企业的经营成了一场大家跟着跑的马拉松。

那么怎样使企业的战略比较明晰，为企业的员工所认可并且朝此方向去努力呢？企业的战略管理将战略实施过程分解为相互联系的5项管理任务，见图2-2。

图2-2 企业的战略管理过程的5项任务

如同我们到了一个陌生的城市，首先面临的一个问题就是我们在这里想获得什么？为了想获得的东西我们将要做什么？在战略制定的最早阶段，企业要面临的问题就是企业的战略展望是什么？企业竭尽全力所要进入的事业是什么？这就是企业面临的第一个任务。

### 2.2.1 战略远景和业务使命的提出

在第1章中曾深入学习了企业的远景与使命，寻求为其客户所做的一切通常被称作公司的业务使命。使命宣言往往有利于清晰地表达公司现在所做的业务及公司竭尽全力要满足的客户的需求。它指明公司的未来业务和公司前进的目的地，从而为公司提出一个长期的发展方向，清晰地描绘公司将竭尽全力所要进入的事业，使整个组织对一切行动有一种目标感。

业务使命表达了公司当前为其客户所做的一切，而战略展望则阐明了其前进的方向和未来的业务范围。如："在未来，公司要竭尽全力成为一个什么类型的公司？""公司究竟要占领什么样的市场位置？"战略展望的提出必须考虑公司未来的战略路线，才能为其管理者指明前进的航线和制定各项政策的基础，它是公司有效的战略领导的前提条件。

在实践中，公司的使命宣言更多地涉及"我们现在的业务是什么"，而较少地涉及"我们往后的业务是什么"。如果公司的管理者对公司将来前进的方向不了解，对公司为满足客户需要所具有的能力没有全面的了解，那么公司的管理者在领导公司和制定战略方向方面就不可能获得成功。如果对此有了一个清晰、明了、缜密、周全的战略展望，公司的管理者就有了一个真正能指导公司决策的灯塔。

如果公司的业务使命表述了现在的业务，而且阐明了其前进的方向和未来的业务范围，那么它的业务使命和战略展望就合二为一了。

### 2.2.2 设立目标体系

将公司的战略远景和使命转换成公司要达到的各项具体业绩标准。公司业绩目标的建立需要战略管理的执行者付出很大努力，尽可能地在目标体系中体现公司远景和使命所要表达的意思。其目标体系的建立需要所有管理者的参与，它将分解为公司层目标、事业部目标和各项职能单位的目标。例如，公司层目标是"提高市场占有率3%"，产品事业部实现该目标的方针是"提高A产品的销售"，职能单位就应根据公司层目标，制定自己的目标为"提高A产品的市场占有率5%"。实现该目标的方针是"开发西部市场"。A产品市场部目标制定为"在西部新开分店4家"，方针是"与当地商家合作"等。目标体系的作用就是使公司的战略分解为各项目标，目标实施的过程还要注意各项目标为其战略的实现所起到的作用。在实践过程中，企业往往通过目标体系图把总目标同下级各单位目标的连锁关系用组织图的形式表现出来（见图2-3）。

在图2-3中，把企业全部资源整合成一个组织整体，部门之间互相支援与配合、加强沟通与协调，因此，公司的整体目标体系必须具备"横向"沟通。如销售部提出"上半年交货延迟错误不超过1次"，要实现这个目标，就要与横向联系的部门——制造部、市场部等进行沟通。

总之，企业只有对各层次的目标进行纵向整合和横向整合，才能加强彼此间的联系，发挥出整体力量。其中，把握目标、远景和使命的承接关系是整合的关键。

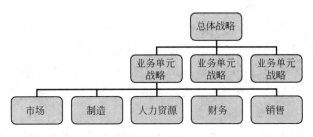

图 2-3　企业战略经营层次图

## 2.2.3　制定战略完成目标

这一任务是表明设定达到期望的效果。企业战略就是企业管理层给出对业务、市场、客户、产品等关键的业务问题的答案。战略实际上反映了公司管理者所做出的各种选择，表明企业将要致力于某些特定的产品、市场、竞争策略和公司经营之道。它涉及企业发展中带有全局性、长远性和根本性的问题。

战略制定的最主要作用就是使公司的业务经营有一个明确的指导，获取竞争优势的经营途径，对顾客的要求、目标的达成形成明确的策略计划。公司战略还使公司各个部分所做出的各种决策和采取的各种行动协调一致，形成一个完整的战略实现整体。

战略制定解决的是在组织现有状况和未来状况下达到既定目标的这个问题。公司的目标体系是"目的"，战略是达到目的的手段。公司的战略基本要解决企业面临的问题有：

① 如何对外界条件的变化做出适当的反应；
② 在不同业务、部门之间分配自己的资源也就是企业资源的优化问题；
③ 企业与竞争对手的竞争问题，这将是企业长期需要解决的问题，它影响着企业的长期战略规划。

**小资料**

### 李嘉诚通过战略转移继续蝉联首富

2007年美国《福布斯》杂志公布了最新一期"大中国地区40大富豪"榜单，李嘉诚蝉联首富。李嘉诚先生当年从零开始，白手起家，到今天身兼香港长江实业与和记黄浦两大集团主席。业务除了在中国的香港和内地之外，还在欧洲、加拿大、巴拿马进行了巨额投资，创立了庞大的企业王国。李嘉诚征战商场四十多年，其中两次经营战略转移，都使他的事业发生了重大转折，出现了跳跃式的发展。

1. 第一次战略转移——踏入房地产

李嘉诚的企业王国，是从塑料花生产起步的。正当香港塑料花行业蒸蒸日上，成为世界上最大的生产出口基地时，李嘉诚却看到这个行业的前途有限。于是他作出了经营领域战略转移的重大决策，转向房地产业，大力拓展房地产市场。1967年香港时局动荡，地产、股票市场大跌，许多富豪世家纷纷移民，贱价变卖房产物业。李嘉诚抓住时机，买入大量地皮、旧楼和厂房。此后，香港房地产随形势好转而高涨，李嘉诚发了大财，跻身于香港富豪的行列。

2. 第二次战略转移——跨出房地产

20世纪90年代，当香港房地产业处于巅峰时，他看到了这个行业的隐忧。1997年，在公布长江实业、和记黄埔的业绩时，李嘉诚以集团主席的身份表示，未来的主要盈利将来自电信业务。同年，他不断出售手中的物业，把资金投向电信、基建和服务等领域。这次战略转移，不仅使两大集团避过了亚洲金融风暴中楼价大跌的沉重打击，而且从新兴业务中获得了巨额收益。

李嘉诚先生统率的企业王国，通过两次战略转移得到了快速发展，并由此奠定了今后在我国香港和内地的重要地位。

---

### 2.2.4 战略实施和执行

企业战略的实施是企业利用其内外部资源，运用目标体系实现其所制定的战略的过程。实施和执行一个既定的战略就是按照一定的日程达到既定的业绩目标，这个过程要求管理的重点转向第一线，监督战略在实施和执行过程中存在的问题并及时调整和解决。这项任务执行的好坏主要取决于以下3个方面。

① 执行战略的组织结构体系。

② 营造一种有利于战略实施和执行的公司文化和工作环境，包括执行过程中需要获得支持的各项政策、制度和执行程序。

③ 公司员工。引导他们努力地向公司所建立的目标而奋斗；同时，如果有必要，对他们的职责和工作行为进行修订，使其能更好地满足战略的成功实施所要求的必要条件。

战略的执行过程就是一个协调的过程。包括战略和组织能力之间的协调，战略和奖惩制度之间的协调，战略和内部支持体系之间的协调，战略和组织文化之间的协调。将组织的内部运作方式同战略成功的必要条件协调起来有助于将整个组织统一起来，去完成战略的实施。从根本上说，战略实施的特点是以行动为导向的。

战略的实施是战略管理中最复杂、最耗时的工作。这项工作实际上包容了管理的所有要素。越来越多的企业也意识到战略实现和组织文化体系之间建立起来的必要关系。这一点在第1章也提到过。一旦确定了必要的组织内部变革，公司的管理层就必须严格地监管战略实施的各个细节，施加压力，使组织将目标转换成结果。由于战略实施依靠内部的变革程度，所以战略实施的时间长短从几个月到几年不等。

### 2.2.5 业绩评估与战略发展调整

在这一任务中，主要是评价公司的经营业绩，采取完整性措施，参照实际的经营事实、变化的经营环境、新的思维和新的机会，调整公司的战略展望、公司的长期发展方向、公司的目标体系、公司的战略及公司战略的执行。战略的调整有可能会回到任务1到任务3，开始新一轮的战略；也有可能回到任务4，重新进行任务的实施和执行。

总结这5项任务，可以看出，制定组织使命、建立公司目标体系和制定公司战略的公司发展方向、选择任务要结合起来，作为一个整体来进行，而不能割裂开来。从整个公司的成败这个角度来讲，将企业战略放到战略的管理中去是至关重要的一项管理职能，这也是之所以认为企业战略和战略管理不同的其中的一个原因。

战略在实施过程和执行过程之前之所以会重新回到前一轮的任务中，就是因为战略是个长期的过程。在这一过程中，各种变化的发生是无序的，是不可预见的。它们对战略的影响可能是易于估计的，也可能很难。因此，对公司战略计划的评价和调整，有时可能要花费大量的时间，而有时则片刻足矣。

最后，战略管理中的一个持久耗时的侧面是：使每一个人取得对战略起支持性作用的业绩，做出最好的贡献，不断地改善当前战略的内容和执行效果，从而使当前的战略渐入佳境。管理者往往将他们绝大多数的精力花费在一点一滴地改善公司的战略，而不是花费在对当前的战略进行一些根本的变化。过多的变化往往搅乱公司的员工，给公司的顾客造成一片混乱，这通常是没有必要的。在大多数情况下，不断地改善当前战略的执行情况往往会有很多好的结果产生。持之以恒地改善一个优秀战略的实施和执行，通常是通向战略管理成功的道路。

## 2.3 战略管理者

> **小资料**
>
> 中国企业在执行战略的过程中，战略共识从上至下逐渐减弱：从高层管理者开始，战略在向中下层员工和外部利益相关者传递的过程中共识程度逐步下降。作为战略制定者的高层管理人员自然非常了解企业战略；但是到了中下层员工，对于企业战略只达到基本了解的水平；外部的利益相关者对企业战略则了解更少。均值检验显示，这3个不同的层面对战略的了解程度明显递减。此外，高级管理层对战略的认同程度低于了解程度，说明企业高层内部对未来企业的发展战略存在着相当程度的分歧。
>
> 这不单单是中国企业在战略执行过程中面临的问题。在企业的各项战略目标设立好之后，要想使其完整有序地执行，战略管理者应担当起自己的角色。

### 2.3.1 战略管理者的构成

战略管理者的构成包括企业的董事会、高层管理者、各事业部经理、职能部门管理者、专职计划人员。

1. 董事会

由于战略制定和实施的主要责任在一些关键的管理者身上，所以公司董事会的战略角色就是对他们进行监督，确保战略的5项任务的完成是有利于股东利益或者有利于利益相关者的。公司的董事会成员对公司所采取的战略行动承担最终的责任。

董事会的董事在战略管理过程中的角色是评价并最终批准战略行动计划，而很少制定其中的细节，他们只需判断管理层的战略提案是否经过了充分的分析，管理层所提出的战略方案是否比其他可行的方案有更大的前途。董事几乎不能或不应该在战略制定和战略实施上扮演直接的角色。绝大多数外部的董事缺乏特定的行业经验，董事会的成员很少对公司的战略问题有着详尽的了解。

董事会成员的真正角色是评价高层执行人员制定战略和实施战略的能力和技能。董事会的责任永远是判断公司目前的首席执行官的战略管理工作是否做得出色。近年来，在世界的很多大公司如苹果计算机公司、通用汽车公司、IBM、康柏计算机公司，公司的董事都认为高层执行人员对公司战略的调整速度和深度都还不够，不足以适应市场上的变化。他们对公司的CEO施加压力，要求其退位，启用新的领导，增加公司的活力，对公司的战略进行根本性的变革，从而更新公司的战略。

所以，董事会的战略角色是双重的。

① 不断地审查公司长期发展方向和战略的合理性。给予高层执行人员权力，但是对他们进行监控，并在必要的时候进行直接的干预。

② 评价现任首席执行官及现任首席执行官的继任者的领导能力，一旦公司的业绩没有达到它应该达到的水平就及时进行恰当的人事变动。这样一来，董事会的监督和警觉就在战略领域里发挥着重要的作用了。

2. 高层管理者

首席执行官及其他的公司高级经理人员，对于影响整个公司所进入的所有多元化业务的大战略决策拥有主要的责任与权力，包括公司的首席执行官、各方面首席官及副总。

公司的首席执行官就像船长一样，是公司最明显、最重要的战略制定和战略实施者。但它并不局限在首席执行官、公司副总裁和小型公司的所有者和企业家身上。

公司中的每一个主要的单位——业务单元、部门、参谋人员、支持小组，或者地区分公司——在公司的战略计划通常都有一个主要的或支持性的角色。一般来说，生产副总裁在生产战略的制定中承担着主要的责任，市场营销副总裁在市场营销战略的制定中承担着主要的责任，财务副总裁则往往负责制定恰当的财务战略等。一般情况下，首席执行官级别以下的高层管理者也参与整个公司战略中关键要素的提出和确定，参与战略性的策划，同首席执行官紧密合作，寻求一致，达成统一，有效地协调战略的各个侧面。

公司的经营在地理上越分散越多元化，处于公司总部的高层管理者就越难制定和实施所有必要的行动和项目。高层管理者将一部分战略制定的责任下放给下一级的管理者，他们管理公司的下一个层次的组织单元，从而让他们在这一个层次上取得特定和明确的战略结果。把战略责任下放到现场的管理者，让他们担负起实施在他们领域里所制定的战略行动，这种做法实际上建立了一种成败权责制度。如果执行的管理者也是该战略的制定者，他们很可能对该战略有很强的支持，而这一点却是有效地执行战略的一个重要前提条件。

3. 各事业部经理

各事业部经理作为主要的经营单元的管理者（工厂、销售区域、地区分公司），他们往往承担一种现场责任，在他们的领域里制定"细节"战略，在基层实施和执行整个战略计划中由他们承担责任的那部分内容。负责具体战略单元的管理者在上级的指导下，通常完成该部门的部分或绝大部分战略的制定工作，并选择执行所做出的战略抉择的途径和方法。

虽然处于公司组织结构底层的管理者的战略制定和执行的角色要比公司组织结构顶层的管理者的战略制定和执行的角色明显要窄一些，要明确一些，但每一个管理者在其所管理的领域里都是一位战略制定者及其实施者。

4. 职能部门管理者

在某一个特定的业务单元内的职能领导和部门领导，他们对该业务单元的某一部分有着直接的权力（如制造、市场营销和销售、财务、研究与开发、人事），他们的职责就是在其各自的领域里执行各自的战略，支持整个业务单元的整体战略。这种管理者往往对某一项特定的业务承担自负盈亏的责任，在这个业务单元内拥有主要的领导权。

5. 专职计划人员

有些公司的业务较为繁忙时，往往倾向于成立专门的战略部门、战略小组或者战略规划部专职负责战略的执行和协助高层进行战略的审定工作。它可以是公司高层管理人员兼职构成的小组方式，也可以是由专职的战略人员组成的部门。

以上所提到的5个方面的战略管理者，在大型业务公司中较为常见，但在一些小型的企业，其战略管理者的层次就会很少，可能只局限于前两个层次。一般来说，战略管理者的队伍包括：首席执行官、公司主要的战略家，主要对战略的制定和执行有着最终的权力；副总裁和部门领导，主要负责公司的重要活动，如研究与开发、生产、市场营销、财务、人力资源等；各个经营单元的管理者，像各个工厂的管理者、销售部门的管理者、分销中心的管理者及参谋部门的管理者，主要负责具体管理公司的业务经营范围。

## 2.3.2 战略管理者角色

战略管理者在企业的管理中承担着很多的角色：有效领导角色、人际角色、决策角色，以及负责战略管理过程角色。

1. 有效领导角色

所有成功的组织都拥有一种相同的资产，那就是一群有能力领导团队的人。他们的领导能提升个人、团队和组织的绩效，激发出所有相关人员的潜力。组织的每一个阶层都需要好的领导。

**小资料**

当45岁的杰克·韦尔奇执掌GE时，这家已经有117年历史的公司机构臃肿，等级森严，对市场反应迟钝，在全球竞争中正走下坡路。按照韦尔奇的理念，在全球竞争激烈的市场中，只有在市场上领先对手的企业，才能立于不败之地。韦尔奇重整结构的衡量标准是：这个企业能否跻身于同行业的前两名，即任何事业部门存在的条件是在市场上"数一数二"，否则就要被砍掉——整顿、关闭或出售。于是韦尔奇首先着手改革内部管理体制，减少管理层次和冗员，将原来8个层次减到4个层次甚至3个层次，并撤换了部分高层管理人员。此后的几年间，砍掉了25%的企业，削减了10多万份工作，将350个经营单位裁减合并成13个主要的业务部门，卖掉了价值近100亿美元的资产，并新添置了180亿美元的资产。可当时正是IBM等大公司大肆宣扬雇员终身制的时候，从GE内部到媒体都对韦尔奇的做法产生了反感或质疑。也正是由于不为所动的铁腕裁员行动,韦尔奇还得了个"中子弹杰克"的绰号。如今,韦尔奇为当年的决断寻找的理论依据是:这是一个越来越充满竞争性的世界,游戏规则在发生变化。没有一个企业能够成为安全的就业天堂,除非它能在市场竞争中获胜。更让韦尔奇自豪的是——"在 GE,我不能保证每个人都能终身就业,但能保证让他们获得终身的就业能力。"

2. 人际角色

战略管理者在处理组织成员和其他利益相关者关系时,他们就扮演着人际角色。这种角色包含 3 种:代表人角色、领导者角色、联络者角色。作为所在企业的最高职权者,战略管理者需行使某种象征性的职能,代表企业出席某种公开场合。由于战略管理者对企业成败负有重要责任,所以他必须扮演领导者角色,通过时刻提醒,带领大家朝着目标前进并且纠正每个人的方向,确保组织目标的实现。最后战略管理者还扮演联络者角色,他是内部成员沟通和组织内部与外部沟通的桥梁,所以这就要求战略管理者在企业外部建立一个良好的关系网,在企业内部能协调上下左右的关系,特别是通过与基层建立良好的联系,确保企业内部信息渠道的高效畅通。

3. 决策角色

战略管理者通过处理信息得出结论,然后以此作为依据决定组织的方向。决策角色有以下 4 种。

(1) 企业家角色

对所发现的机会进行投资,利用这种机会取得相应的收益。

(2) 对抗者角色

战略管理过程中总会遇到各种冲突和矛盾,战略管理者必须解决好这些矛盾,平衡好各方面利益关系,协调部门、员工间的各种争端,保证组织沿着正常轨道运转。

(3) 资源分配者角色

组织的五大资源用在哪里?用多少?这些都是战略需要管理者来分配的。

(4) 谈判者角色

战略管理者在每天会见人和与之进行谈判方面消耗了大量时间和精力,这些人有企业内部员工,也有作为利益相关者的团体、工会、股东,也有整个产业链上游的供应商、批发商,还有新闻记者等。

4. 负责战略管理过程角色

这是战略管理者最基本的角色,负责战略管理过程的分析、选择和实施。

## 2.3.3 战略管理者技能

在上述角色的执行过程中,尤其是战略管理过程中,又需要各层战略管理者具备 3 项基本的技能:专业技能、人际技能、概念技能,见图 2-4。

(1) 专业技能 (technical skills)

专业技能是指使用某一专业领域内有关的工作程序、技术知识完成组织任务的能力,即操作能力。它与一个人所做的具体工作有关。在 3 种技能中,专业技能是最具体的。随着管

图 2-4　战略管理者具备的 3 项基本技能

理层次的逐步上升,专业技能的重要性逐步下降,对其他技能的需要开始增加,这时战略管理者越来越多地依赖底层管理者的专业技能。

(2) 人际技能 (human skills)

人际技能是指与处理人事关系有关的技能,即理解、激励他人并与他人共事的能力。它涉及管理人员和与之接触的人们之间的人际关系。是一个人与他人共事、共同完成工作任务的能力。正如图 2-4 所示的那样,在所有的管理层次中,人际技能同样重要。战略管理者必须对人们的态度、感情和需要反应灵敏,以估计人们对管理人员的言行作何种反应。

(3) 概念技能 (conceptual skills)

概念技能是指纵观全局,认清为什么要做某事的能力,也就是洞察企业与环境相互影响的复杂性的能力。它是把观点设想出来并加以处理及其将关系抽象化的精神能力。具有概念技能的管理者通常把组织看成一个整体,了解组织内部的相互关系,能把握单位之间、个人之间、单位与个人之间的关系,了解组织行动的过程和结果,能识别问题,发现机遇和威胁,选定方案进行决策。它具体包括:

① 理解事物的相互关联性从而找出关键影响因素的能力;
② 确定和协调各方面关系的能力,权衡不同方案优劣和内在风险的能力。

处于较低层次的管理人员,主要需要的是技术技能与人际技能;处于较高层次的管理人员,更多地需要人际技能和概念技能;处于最高层次的管理人员,尤其需要较强的概念技能。概念技能实质上是一种战略思考及执行的能力。例如,一名销售业绩不错的销售员,如果不能将其专业技能转换为一种分析、逻辑思考能力,就无法成为一名称职的地区销售经理。

从图 2-4 中,可以看出越是高层的管理者其所需的概念技能越大;相反的是,层次低的管理者,其专业技能的要求在 3 项技能中占的比重较大。因为越是高层的管理者其在战略制定过程中所具有的技能不是单纯的专业技能所能解决的。

战略管理者必须跳出现有业务使命的圈子,战略性地思考新技术的演进将如何影响公司的业务范围,多变的客户需求和期望,新市场和竞争环境的出现等。他们必须做出一些基本的决策,决定公司的经营方向,提出一个战略展望,确立公司必须进入的事业。换句话说,公司管理者对公司现有业务使命的设想还要加上公司管理者对公司未来业务的组成、产品线和客户群的设想。公司的业务环境变化越快,公司局限于公司的业务现状就有可能成为灾难的征兆,公司管理层就越有必要考虑公司应该在未来执行什么样的战略路线以适应变化着的外部环境和新出现的市场机会。

## 2.3.4 战略管理者特征

战略管理者主要在3个领域进行活动，一是确定个人和企业当前的位置，即彻底地全面考虑企业的方向和前进的道路。二是提供条件，使个人和企业得到发展必备的东西，决定需要什么帮助和资源，开发一种活动框架和方案，以实现更好的目标。三是制定条令，它的含义就是采取行动，维持企业当前的发展。保持工作的程序，维护一个良好的组织，在重大问题上做出决策使企业向前发展，制定各种规范、流程和框架。战略管理者在这3个活动领域的任务达成，主要体现在以下3个方面的特征。

1. 魅力

自信、远大的目光、沟通远大目标的能力、对理想和目标的自信，被认为是改革或革新的代表和先锋、智慧冷静的分析能力与政治家的手腕集聚于一身，令部属觉得具有领导魅力，成为部属的一种精神依托。战略领导者是以一种富于个性化的、积极的态度对待目标，并以其自身的魅力激励下属、激发创新。

**小资料**

### 思科：卓越的领导者和独特的经营理念

思科的总裁兼首席执行官（CEO）Chambers 被认为是全球实业界最具革新意识、最充满活力的领导者之一，美国广播公司称他为"美国最佳老板"，克林顿说他是"美国经济和世界经济中名副其实的领袖。"Chambers 1991 年初到思科，1995 年接替 John Morgridge 成为 CEO，当时思科年经营收入仅为 13 亿美元。其后思科的高速增长得益于 Chambers 的成功并购。Chambers 有多方面的才能，引导思科在惊涛骇浪中驶向胜利的彼岸。此外，Chambers 还做了一项成功的工作，就是使公司的每个人都认为自己是销售人员。思科经常听取用户意见，甚至根据用户意见收购公司。他一直认为自己有一个成功的公式：与其注重细枝末节的技术，不如和用户建立一种长久的关系。Chambers 提出"付出努力，关注客户，以良好的技术追求高品质，采用独特的创造力和战略主导市场"的经营方针，并很有远见地规划了公司未来的蓝图。在 Chambers 的领导下，思科公司继续购买并创建保持其目前网络霸主地位所需的东西。可以说，没有 Chambers，就没有思科辉煌的今天。

【资料来源】徐光华，暴丽艳. 管理学. 北京：清华大学出版社，2004.

2. 信息灵通

企业的策略管理者无论对企业的经营环境或企业内的情况均能够保持消息灵通，能有前瞻性的掌握。因为管理本身就是一种信息传递的行为。信息接收的效果不仅取决于传递的内容、方式、途径，还取决于信息的发送者和接受者。高效战略管理者会确保自己的行动计划和信息需求得到别人的理解。他们会与上司、同级和下属分享各类信息，并征询这些人的意见。他们会让每一个人知道，为了完成任务，自己需要哪些信息，并主动索取，不断敦促，直到得到这些信息。

3. 分析问题能力强

由于企业的战略管理者面对的是整个企业的生存和发展问题，所以必须内外兼顾，使自己能掌握最重要的，用以分析和决策的关键问题。企业期望的结果和实际的成绩常有偏差，企业战略管理者需分析造成偏差的原因，包括表象原因和相关原因。

### 2.3.5 战略管理者风格

战略管理者的风格可分为关系导向风格、分工导向风格、全方位导向风格和任务导向风格4种。按"建立与别人关系的行为"和"制定工作任务的行为"两个属性划分，它们之间的关系如图2-5所示。

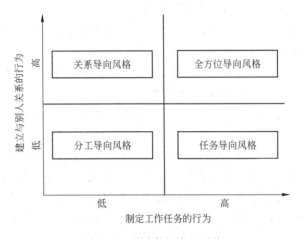

图2-5 战略管理者的风格

（1）关系导向风格

战略管理者表现出他关注别人对人际关系的需求及感受，以营造出亲和、友善、和谐的气氛，使别人与自己的关系是交心的关系。领导者注重人与人之间的关系。当处于有些有利、有些不利的情况下，便采取关系导向的领导风格。

（2）分工导向风格

战略管理者与别人接触时，会尽量保持简单和低调。

（3）全方位导向风格

战略管理者除了花费大量的时间和精力与别人理清工作的目标和计划以外，还替自己树立一个既理智能干又关怀别人的形象，能满足自己和别人在人际关系方面的需求。

（4）任务导向风格

战略管理者会尽量地保持自己的冷静、理智和分析能力，会花很多的时间和精力，使别人觉得十分关心工作任务，并希望别人和自己一样看重、冷静、理智地完成任务，相当于领导者来关心任务。当战略管理者处于有利或不利的情况下，采取任务导向的领导风格。

**小资料**

1. 海尔张瑞敏侧重于全方位导向和分工导向风格

(1) 全方位导向风格

① 树立品牌意识。1985年，为了提高工人的质量意识，张瑞敏带领工人亲手砸毁了76台质量不合格的冰箱；1989年，张瑞敏逆市场而上，在同行都降价的情况下，宣布产品涨价10%。

② 张瑞敏的"品牌扩张，以人为本的OEC管理，三大战略转移"。

(2) 分工导向风格

①"作为集团最高首脑，张瑞敏从不具体管这管那、事必躬亲。"

② 他从不亲自抓生产、抓建设、抓销售；他只抓管理，但也从不抓具体的管理，而只是抓管理之魂——管理体制和管理文化的构建与拓展。

2. 长虹倪润峰侧重于全方位导向和任务导向风格

(1) 全方位导向风格倪润峰的"定位"工作

包括"企业家本身的定位"，"对经营的定位"，对"管理的定位"及对"工作的定位"。

(2) 任务导向风格长虹的目标体系

长虹制定的最高目标："以民族昌盛为己任，振兴民族工业"；发展目标："进入世界工业500强"；产品目标："创世界名牌"；全员目标："追求卓越""长虹长远发展战略占有国内50%以上的彩电市场，才能真正地、有效地控制国内彩电市场，从容跨进世界500强、挺进世界彩电3强"等。

---

战略管理者的风格均与战略管理者的个人经历、素养、性格、个人的理想、秉性等诸多因素有着直接的关系。而有效的管理风格应根据世界经济环境、企业内部环境的变化，企业所处行业的处境，适时分析、适时调整，采用灵活的管理风格，才是有效的管理风格，才有利于企业的稳定发展。

## 2.3.6 战略管理者与社会责任

无论是个人、非营利性团体，以及以追求利润为本的企业，都是社会的一分子，都和整体社会有着无形的契约关系。企业是社会的一分子，与身处的社会是互动的。社会是一个群体，容许个人和团体在这社会的保护下活动，追求各自的目标。自然，这个社会也会要求个人和团体对整体社会有所贡献，或者起码不要损害社会的利益。这也是战略管理者不能不知的社会责任。

企业最基本的社会责任是提供有价值的产品或服务。企业能适当关心照顾其他相关的利益团体，是企业能长远生存发展的重要支柱。这些利益团体包括：股东、客户、员工、政府、供应商、债权人、竞争者、特殊团体（如环保组织）、社区等。既然企业的战略制定和执行能辐射社会和个人的利益，越来越多的学者也更加注意到战略的管理者在其中所起的作用。那么，战略管理者所应承担的社会责任有哪些呢？目前有以下4种观点。

(1) 功利道德观

这种观点认为企业战略管理者决策时，必须以事件的结果或后果为考虑重点，使结果能符合多数人的利益。

（2）权利道德观

这种观点主要考虑的是个人或团体基本权利的保障。认为决策要在尊重和保护个人基本权利的前提下做出。

（3）公平理论道德观

这种观点认为企业分配利益或承担成本时，必须公平地实施规则和程序。

（4）综合社会契约理论观

这种观点主张把实证（是什么）和规范（应该是什么）两种方法并入商业道德，即要求决策人在决策时综合考虑实证和规范两方面的因素。

这种道德观综合了两种"契约"：一种是经济参与人当中的一般社会契约，这种契约规定了做生意的程序；另一种是一个社区中特定数量的人中较特定的契约，这种契约规定了哪些行为方式是可接受的。

研究表明，大多数的生意人对道德行为持功利主义态度。这不足为奇，因为功利主义与诸如效率、生产率和高额利润之类的目标相一致。例如，在追求利润最大化的过程中，战略管理者可以从容地争辩说他正在为尽可能多的人谋求更多的好处。

**小资料**

### PPG工业公司：我们的核心业务就是社会责任

2008年11月17日，刚从美国匹兹堡总部飞临北京的PPG工业公司政府及公共事务副总裁Lynne D. Schmidt女士在接受记者的专访时提到——

PPG是一个以自己的道德标准为自豪的公司。

PPG一直倡导科学的企业社会责任观，即将履行社会责任与公司核心业务紧密结合。

公益事业与企业社会责任并不矛盾，同样能给公司带来机会，同时树立其品牌形象。融入公司核心业务的社会责任，是最长效的公益事业。

社会责任已经成为PPG生存的"血液"，是公司成长、发展的DNA。

在中国，政府直接参与到市场活动中的机会非常多，空间非常大，所以对引导和监督企业履行企业社会责任非常有利。

正直和高道德标准要求我们努力工作、具有勇气和做出艰难选择。有时，为了确定正确的行动路线，员工、高层管理人员和董事会之间进行磋商是必要的。有时，正直和道德可能要求我们放弃商业机会。但是，从长远看，做正确的事比做不正确、不道德的事对我们更有利。

以上4个观点并非互相排斥，反而能互补不足。企业战略管理者必须同时从这4个观点来考虑决策，这样就可以符合企业的社会责任和期望。

## 2.4 战略管理理论的发展与演变

战略管理理论从发展的先后顺序看，大体上经过了3个阶段的演变：以环境为基点的经典战略管理理论；以产业（市场）结构分析为基础的竞争战略理论和以资源、知识为基础的核心竞争力理论。与西方市场经济发达国家不同，我国企业界直到20世纪90年代才真正开始接触国际先进的企业竞争战略理论。

### 2.4.1 以环境为基点的经典战略管理理论

1962年，美国著名管理学家钱德勒（Chandler）《战略与结构》一书的出版，首开企业战略问题研究之先河。钱德勒在这部著作中，分析了环境、战略和组织结构之间的相互关系。他认为，企业的经营战略要适应环境的变化，企业的组织结构形成必须随企业的战略需求的变化而改变。因此，他被公认为研究环境—战略—结构之间关系的第一位管理学家。

其后，就战略构造问题的研究，形成了两个学派："设计学派"（design school）和"计划学派"（planning school）。

1. 设计学派

设计学派的代表人——哈佛大学商学院的安德鲁斯（Andrews）在1965年编写哈佛教科书时，提出了战略的4种构成要素：市场机会、公司实力、个人价值观和渴望、社会责任。其中市场机会和社会责任是外部环境因素，公司实力与个人价值和渴望则是企业内部因素，这4种构成要素充分考虑了企业的内外部环境对制定战略的影响。此外，他还把战略分为制定和实施两个阶段，认为制定战略就是围绕发展核心能力，在内外部进行平衡，实现匹配的过程。

设计学派认为战略制定是领导者有意识的但非正式的构想过程，并建立了知名的SWOT（strength, weakness, opportunity and threat）战略形成模型。这一模型也是计划学派的基础。该模型表明，形成战略最重要的因素是对外部因素和组织因素进行匹配。正如安德鲁斯所指出的那样，"战略是对公司的实力和机会的匹配。这种匹配将一个公司定位于它所处的环境之中"。因此，该模型考虑了企业面临的威胁与机会（外部评价）和企业本身的优势与劣势因素（内部评价）。

有关这一模型的主要假定也反映了该学派的主张，具体如下所述。

① 战略形成应当是一个受到控制的有意识的思想过程。企业组织既不能靠直觉发展战略，也不能以自然形成的方式实现；相反，企业组织应当经过尽可能仔细慎重的考虑才能形成战略。

② 主要的领导人应当承担整个战略形成过程的责任。他不承担具体战略计划的制定工作，但他应当是整个战略计划的设计者。

③ 制定战略时，必须经过充分的设计。在勾画和选择了某种特别的战略，即完成"决策"过程之后，制定过程也就告以结束。

④ 战略应该是清晰的、易于理解和传达的。正如通用电气公司的一名计划人员所说的那样，"一个好的战略应当能用两页纸说清楚；否则，就不是一个好战略"。因此，战略必须简明扼要。只有这样才能对其进行争议或检验，使其不断得到改进。同样，战略的形成模型也应当是简单的。

设计学派对于战略管理理论的发展做出了很大贡献，尤其是SWOT模型的建立充分体现了组织内外部关系对制定战略的重要性。但是，设计学派将战略管理静态地划分为两个阶段，从而割裂了战略形成和实施间的动态联系，只能是对管理现实的初步反映。

2. 计划学派

计划学派与设计学派的出现时间大体相近，其最早的代表著作当属安索夫1965年出版的《企业战略》。安索夫提出，战略应当包括以下4个构成要素。

① 产品与市场范围，即确定企业在所处行业中的产品与市场的地位。

② 增长向量，即企业经营的方向和趋势。

③ 协同效果，即"大于由公司各部分资源独立创造的总和的联合资源回报效果"。在各业务间存在资源、技术、管理和价值链活动的各环节间的匹配关系时，可以实现各因素的联合、共享和节约，产生$2+2>4$的效果。

④ 竞争优势。这是指企业及其产品和市场所具备的不同于竞争对手的能够为企业奠定牢固竞争地位的特殊因素。这不仅发展了战略理论，而且对当时西方企业的管理活动以至现在的企业管理都起到了很重要的指导作用。从战略要素的内容可以看出，设计学派和计划学派都将市场环境、定位和内部资源能力视为战略的出发点，并且这两个学派对于战略形成的看法也是很相似的。

不同于设计学派，计划学派认为：

① 战略的形成应当是一个受到控制的、有意识的、详细具体的、正规化的过程，该过程可以分解成几个主要的步骤，每个步骤要考虑大量的因素和各种技巧；

② 原则上是由主要领导人承担整个过程的责任，在实践中则由计划人员承担实施的责任；

③ 需要详尽清楚地阐明这一过程形成的战略，以便具体地落实目标、预算程序和各种运作计划，并加以实施。

在此观念指导下，计划学派在最大程度上追求战略决策过程的正规化、条理化。相对于设计学派那种松散的战略形成框架，计划学派则列出了一系列精心设计的步骤和必须考虑的因素。安索夫最早描绘的战略计划模型使用了57个小方块和大量的箭头及图解详细地描述了战略决策的过程，充分地体现了这一点。在以后的10年中，计划学派的理论得到广泛的推广。在斯坦纳（Steiner）、艾考夫（Ackoff）等人的推动下，该理论进一步与实践相结合，产生了如经验曲线、增长-份额矩阵、市场份额与获利能力的联系（PIMS）等概念和研究方法，大大丰富了战略管理理论。

计划学派的战略过程是制定战略—战略实施—实现战略的过程。但根据对战略过程和效果的研究，在现实中，许多企业组织预先制定的战略并未得到实现，却实现了一些没有经过正式制定过程而自然显现的战略。

尽管这一时期学者们的研究方法各异（有"方法丛林"之称），具体主张不尽相同，但总体上说，其核心思想是一致的，这主要体现在：

① 企业战略的基点是适应环境；

② 企业战略的目标在于提高市场占有率；

③ 企业战略的实施要求组织结构变化与适应。

3. 以环境为基点的经典战略理论存在的不足

需要指出的是，以环境为基点的经典战略理论至少存在以下不足。

第一，该理论缺少对企业将投入竞争的一个或几个产业进行分析与选择。它从现在的产业市场出发，要求企业所适应的环境实质上是已结构化的产业市场环境，这势必导致：一方面，企业所追求的生存与发展空间十分有限；另一方面，企业往往被动地适应环境，处于被动地追随领先者的困境之中，充其量只能是战略的追随者。

第二，该理论缺乏对企业内在环境的考虑。它只是从企业的外部环境即现存的、已结构化的产业市场环境来考察企业战略问题。但从某种意义上说，正是这些不足之处才为推行企业战略管理理论的发展提供了契机。

## 2.4.2 以产业（市场）结构分析为基础的竞争战略理论

经典战略理论缺陷之一是忽视了对企业竞争环境进行分析与选择。在一定程度上弥补这种缺陷的是美国著名战略管理学家、哈佛大学商学院的迈克尔·波特（Michael Porter）教授。他将产业组织理论中结构（S）—行为（C）—绩效（P）这一分析范式引入企业战略管理研究之中，提出了以产业（市场）结构分析为基础的竞争战略理论。

波特认为企业战略的核心是获取竞争优势，而获取竞争优势的因素有两个。一是企业所处行业的盈利能力，即行业的吸引力。二是在行业内的相对竞争地位。如美国汽车市场的通用公司、计算机软件市场的微软公司、软饮料市场的可口可乐公司、剃须刀行业的吉列公司及快餐市场的麦当劳公司等，几乎各行各业都有，它们的地位是在竞争中自然形成的，但不是固定不变的。

因此，企业要获得竞争优势就必须选定有吸引力的行业。这就是说，战略管理的一项首要任务就是选择有着潜在高利润的行业。

围绕这一命题，该学派采用了各种方法和技巧，分析企业所处行业的状况。其中，最著名的方法是波特行业 5 方面竞争力量模型。这一模型说明行业的盈利能力主要取决于供应商（供应商讨价还价的能力）、购买者（客户）、当前的竞争对手（现有竞争对手的竞争）、替代产品（替代威胁）及行业的潜在进入者（进入威胁）5 种因素。认为产业的吸引力、潜在利润是源于这 5 个方面的压力所产生的相互作用的结果；而其中每种作用力又受到诸多的经济技术因素和特征的影响，如"进入威胁"就受到规模经济、专卖产品的差别、商标专有性、转换成本、资本需求、分销渠道等因素的制约。上述 5 种竞争作用力共同决定着一个产业的竞争强度和最终利润潜力，其中最强的一种或几种竞争作用力占据着统治地位并对一个企业战略的形成起着关键作用。

企业需要考虑的第二个战略任务就是如何在已选定的行业中进行自我定位。企业的定位决定了其盈利能力是高于还是低于行业的平均水平。在行业不理想、平均盈利能力低的情况下，定位适当的企业仍然可以获得较高的盈利。此时，企业可以结合具体形势，选择适当的战略，以增强或削弱其在行业内的竞争地位。低成本、差异化和集中 3 种战略则为最常用的一般战略。

当然，实施这 3 种战略不仅需要不同的资源和技能，同时还存在着程度不同的风险。然而波特强调指出：一般而言，一个企业"保持采用其中一种战略作为首要目标对赢得成功通常是十分必要的"；否则，如果一个企业未能沿着3个方向中至少一个方向制定自己的竞争战略，即一个企业被夹在中间，那么这种企业的利润注定是低下的，因为"一个企业对3种基本战略均适宜的情况绝无仅有"。

继产业结构分析之后，波特详尽阐述了关于企业竞争战略理论的另一个重要组成方面——竞争对手理论分析模式。这主要包括3个方面内容：一是如何辨识竞争对手；二是如何分析竞争对手；三是如何把握竞争对手的市场行动信号。对于我国许多面临市场激烈竞争而又试图保持相对竞争优势的企业来说，波特的许多精辟论述和分析技巧则具有很强的现实针对性和操作借鉴意义。在我国，华为选择了一条自主研发的道路。华为内部达成了这样一种共识：要在目前的主流产品上超越主要对手思科是相当困难的。因此他们采取了紧随策略：只要思科有新产品出来，3个月到半年内华为也会推出同类产品，从而保证在现有技术上跟上竞争对手。此外，由于华为已经发展到一定规模，可以支持研发方面的两线作战，因此也尝试在下一代技术上寻求突破，力争和思科站在同一起跑线上。

与经典战略理论相比，竞争战略理论前进了一大步。它指出了企业在分析产业（市场）结构竞争环境的基础上制定竞争战略的重要性，从而有助于企业将其竞争战略的眼光转向有吸引力的产业的选择上。

按照竞争战略的完整概念，战略应是一个企业"能够做的"（即组织的强项和弱项）和"可能做的"（即环境的机会和威胁）之间的有机组合。波特理论从产业结构入手对一个企业"可能做的"方面进行了透彻的分析和说明，但对企业"能够做的"方面却语焉不详。同经典战略理论一样，竞争战略论仍缺乏对企业内在环境的考虑，因而无法合理地解释下列问题：为什么在无吸引力的产业中仍能有盈利水平很高的企业存在，而在吸引力很高的产业中却又存在经营状况很差的企业。

在这样的情形下，以资源、知识为基础的核心竞争力理论便迅速地发展起来。

## 2.4.3 以资源、知识为基础的核心竞争力理论

20世纪90年代以来，在激烈动荡的市场环境中，企业竞争呈现出动态化特征，类似于迅速多变的电视节目一样，已变成一场"运动战"。人们通过对制药业内若干企业的研究，发现企业的特殊能力是造成它们业绩差异的重要原因。竞争能否成功，取决于企业能否将公司范围内的技术和生产技能合并成能使其业务可以迅速适应变化的能力。也就是说，资源的差异性和公司运用这些资源的独特能力成为公司竞争优势的来源，即核心能力。在客户眼中，这种能力是将一个企业与其竞争对手区分开来的标志。

领先企业也正开始向掌握核心技术过渡。2003年TCL与法国汤姆逊成立了合资公司，TCL希望借此获得关键技术，此举也被业界认为是中国企业收购跨国企业的开端。然而这一合作主要在传统彩管的彩电领域，TCL最想获得的液晶和等离子技术均未能进入合资项目；此外，汤姆逊的专利和品牌只能无偿使用两年。随着更多细节的被公布，人们逐渐发现这样的合作似乎并不是一条理想的道路。

有关学者曾对企业核心能力、核心产品、最终产品及其关系作过一个著名而生动形象的比喻："一个实行多角化经营公司犹如一棵大树，树干和主树枝是核心产品，较小的树枝是

事业单元，树叶、花和果实就是最终产品，提供养分、支撑和稳定性的根部系统就是核心能力。"

例如，本田公司在引擎和牵引动力系统方面的核心能力就使该公司在轿车、摩托车、割草机和发动机行业中也具有特别的优势。核心能力实际上是企业在特定经营中的竞争力和企业的多方面技能、互补性资产和组织运作机制的有机融合。

在我国，海尔集团通过发展技术和服务这一核心能力，不断推出新产品，实施相应的营销战略，成功地占领了国内的洗衣机和电冰箱市场，并向海外拓展；联想集团通过分析我国计算机行业和市场的竞争特点，将自己的战略方针定位于"做外国有实力的大公司所不能或不愿做的事，做国内小公司或者短视公司做不了的事"，从而实现了国产品牌计算机国内市场占有率最高的骄人业绩；邯钢则以其严格的成本管理在行业中取得了竞争优势，为国有大企业如何面对市场机制下的激烈竞争做出了榜样。

资源价值的评估不能局限在企业自身，而要将企业的资源置于其所面对的产业环境，并通过与其竞争对手所拥有的资源、知识进行比较，从而判断其优势和劣势。为此，他们进一步提出资源价值评估的5项标准：

① 进行不可模仿性评估，即资源是否难以为竞争对手所复制；
② 进行持久性评估，即判断资源价值贬值的速度；
③ 进行占有性评估，即分析资源所创造价值为谁占有；
④ 进行替代性评估，即预测一个企业所拥有的资源能否为另一种更好的资源代替；
⑤ 进行竞争优势性评估，即在自身资源和竞争对手所拥有的资源中，谁的资源更具有优越性。

该理论认为，企业经营战略的关键在于培养和发展企业的核心竞争力。所谓核心竞争力是"组织中的积累性学识，特别是关于如何协调不同的生产技能和有机结合多种技术流的学识"。该理论进一步认为，并不是企业所有的资源、知识和能力都能形成持续的竞争优势，而只有当资源、知识和能力同时符合珍贵（能增加企业外部环境中的机会或减少威胁的资源、知识和能力才是珍贵的）、异质（企业独一无二的，没有被当前的和潜在的竞争对手所拥有）、不可模仿（其他企业无法获得的）、难以替代（没有战略性等价物）的标准时，它们才成为核心竞争力，并形成企业持续的竞争优势。

## 案例分析

### 雷军的企业家思想

根据 IDC 市场研究公司 2014 年第三季度发布的数据，小米的国际占有率由 2.1% 上涨到 5.6%，一跃成为世界第三大智能手机生产商。2015 年小米手机出货量达 6 490 万部，以 15% 的市场份额蝉联国内第一，如今小米估值已超过 450 亿美元，成为全球估值最高的科技初创企业。如今，小米从最初的手机核心业务拓展到电视、路由器、耳机、随身 WiFi、空气净化器等诸多产品系列，打造移动互联网生态圈、智能硬件生态圈以及电商平台生态圈的市场布局。而这仅仅是一家成立六年的公司,却在竞争激烈的智能手机市场中脱颖而出,以至于美国时代周刊这样评价小米——"中国手机之王"(China's Phone King)。

在小米传奇般的发展历程中,创始人雷军发挥了至关重要的作用,可谓是小米的"灵魂人物"。以下是雷军的企业家思想的概括。

1. 飞猪理论

经历了两次不同时代背景的创业,雷军的人生经历融入了中国互联网行业发展历程的色彩,这使得雷军具备了独到的企业家思维。经历了金山上坡式的艰难发展历程,身处颠覆式互联网行业的雷军领悟出了广为人知的"飞猪理论"。他多次在公开场合谈论飞猪理论,"我现在最大的感受是顺势而为。台风来了,猪都会飞起来。"20世纪80年代做企业与今天做企业完全不是一个思路,曾经他坚信聪明与勤奋必将获得胜利,而几十年的发展历程让他对能力和时势有了更深刻的认知——大势才是首位,尤其是在当今风起云涌的移动互联网时代更是如此。但是,雷军并非只谈时势重要性的机会主义者,他还强调风口上的猪都是"功夫猪"。"一万小时"的成功定律表明,要想在任何一个领域获得顶级成功至少需要一万个小时的苦练,而如今在空中的这些猪不止练了一万个小时,甚至是十万个小时以上。小米的创立,恰恰是雷军在飞猪理论的引领下找准的风口,正是在移动互联网的助力下获得引人瞩目的成就。

2. 少即是多原则(Less is more)

雷军创办小米取得了成功,这离不开他在金山以及在整个互联网行业中十几年的积淀和认知。雷军承认,金山给予他的最大帮助是在战术层面的修炼,无论是在面向内部核心的软件工程管理、人员管理,还是在面向外部的市场管理、用户管理都积累了很多经验。在如何做产品、带队伍、管市场上,雷军都有一套不同于以往的管理哲学,即"少即是多"原则。雷军一直非常推崇苹果公司,其他手机厂商每年推出几十款产品,消费者根本记不住这么多型号,而苹果只推出一款手机,却收获了全球的果粉。雷军也是如此,始终提倡"少即是多"原则,即专注把复杂的事情简单化,简单才是核心竞争力。因此,雷军在小米内部也一直传播克制贪婪的理念,只专注于该做的事情,并把事情做到极致。几年来,小米始终坚持着这一理念,并在一次次市场实践的成功中得到验证。

3. 互联网思维

雷军沉浸于互联网行业二十多年,见证了其跌宕起伏和日新月异的发展历程。离开金山之后的雷军成为了一名天使投资人,却依然坚守在互联网行业,投资了众多互联网企业,如卓越网、凡客诚品、乐淘和YY多玩等。这些经历使得雷军逐渐形成了成熟的互联网思维。雷军在《关于互联网思维如何改造传统行业》演讲中提出了互联网思维的内涵,"互联网思维的核心在于专注、极致、口碑、快",这七个字也被奉为小米的成功之道。其中,专注极致与少即是多原则有着同样的思想起源,即专注地做事并且做到极致。此外,雷军始终坚信口碑是最好的互联网营销工具,其核心在于超出用户预期的口碑管理,这一理念也在雷军的小米粉丝经营中随处可见。而快也是雷军多年来互联网经历的感悟之一,过去互联网行业内3~4年更新一次的迭代速度早已落后,唯有快才能适应当前瞬息万变的时代。小米快速迭代的开发模式也正是雷军这种互联网思维下的产物。"专注、极致、口碑、快"的互联网思维是雷军企业家思想的特色所在,并在雷军创办、经营和发展小米的过程中展露无遗、发挥极致，促成了小米的成功。

小米的顺势而为、专注极致、粉丝经营、快速迭代吸引了大众的注意，但从更为长远的视角来看，小米本身就是一家战略驱动型公司，以未来需求为导向，唯变不败。第一阶段："流量分发、服务增值"战略。雷军的着眼点不在于手机盈利，而在于服务增值。雷军以天使投资人身份介入的涵盖移动互联网、电子商务、社交领域的几十家公司成为小米的流量入口，其中以小米的MIUI和米聊为代表，这些"雷军系"公司成为服务的入口，打造了依托手机的服务增值盈利模式。然而，微信一年内突破3亿用户的不可抵挡之势，冲击了第一阶段所倚重的两大软件MIUI和米聊，迫使小米进入第二阶段：爆品扩张战略。以小米手机的火爆为代表，小米在一年内陆续推出了小米盒子、路由器、电视以及平板电脑，同时加速国际化扩张进程，进军中国香港、中国台湾、马来西亚、新加坡、泰国和印度尼西亚等区域。但快速扩张的步伐打乱了小米原有的专注极致策略，并未取得预期成效。不久后小米转向了收缩战线，进入第三阶段：打造"生态链"。小米专注于手机、电视、路由器三大产品线，控制小米网、MIUI和供应链等核心环节。为了迎合智能家居风口，小米宣布未来五年以"生态链"投资的方式培育100家智能硬件公司，形成一个数管齐下的强大硬件网络平台。截至目前小米已经孵化出了55家公司，推出的产品也受到了市场的认可和热捧，例如小米手环、空气净化器、移动电源等，其"生态链"模式已初具成效。基于对未来大数据时代的考虑，雷军也正在同步布局小米的第四阶段：云服务与大数据。2014年12月，小米与金山共同投资世纪互联公司，金额达2.3亿美元。小米的未来定位着眼于智能设备的互联，并最终成为大数据的汇集终端。唯快不破、唯变不败，这一理念伴随小米走过了六年来的战略历程，并将引领小米在未来征程中越战越勇，所向披靡。

【资料来源】 王云万，彤彤. 雷军的企业家思想与小米的经营哲学体系研究. 中国人力资源开发，2016（10）.

**案例分析题**

1. 结合案例，谈谈小米的战略管理过程。
2. 作为一个战略管理者，你认为雷军是怎样的一个战略管理者？

# 本章习题

## 一、判断题

1. 战略管理必须与企业管理模式相适应：战略管理不应脱离现实可行的管理模式；同时，管理模式也必须适应战略管理的要求而调整。（　　）
2. 企业战略实质上是企业的一种"谋划或方案"，而战略管理则是对企业战略的一种"管理"，具体来说就是对企业的"谋划或方案"的制定、实施与控制。（　　）
3. 各事业部经理在战略管理过程中的角色是评价并最终批准战略行动计划，而很少制定其中的细节，他们只需判断管理层的战略提案是否经过了充分的分析。（　　）

4. 战略管理者在企业的管理中承担着很多的角色：有效的领导角色、人际角色、决策角色、负责战略管理过程的角色。（　　）

5. 制定组织使命、建立公司目标体系和制定公司战略的发展方向相一致。（　　）

## 二、选择题

1. 战略管理过程包括以下（　　）三个关键要素。

　　A. 战略分析　　　　B. 管理咨询　　　　C. 战略实施　　　D. 战略选择

2. 战略实施和执行的好坏主要取决于以下的哪些方面：（　　）。

　　A. 执行战略的组织结构体系

　　B. 业绩评估

　　C. 公司员工

　　D. 利于战略实施和执行的公司文化和工作环境

3. 下列战略管理者中最底层管理者为：（　　）。

　　A. 董事会　　　　　　　　　　B. 职能部门管理者

　　C. 各事业部经理　　　　　　　D. 专职计划人员

4. 在战略实施过程中首要的管理任务是（　　）。

　　A. 设置目标体系　　　　　　　B. 制定业务使命和战略远景

　　C. 制定战略完成目标　　　　　D. 战略实施和执行

5. 管理者的特征主要体现在（　　）。

　　A. 绩效　　　　B. 魅力　　　　C. 信息灵通　　　D. 分析问题能力

## 三、思考题

1. 企业战略管理的5项任务是什么？
2. 战略管理有哪3个过程？
3. 企业的战略管理者有哪些特征？他们在战略制定和执行过程中所起的作用是什么？
4. 在过去20年中，工商企业变得更不愿承担其社会责任了吗？请解释一下。

**参考答案**

一、1. √　2. √　3. ×　4. √　5. ×

二、1. ACD　2. ACD　3. D　4. B　5. A

# 第2篇

# 企业环境分析

随着互联网兴起的新经济体系将对市场竞争策略造成重大影响,企业若不快速跟上变化的脚步,可能会沉没在时代洪流里!

——刘易斯

# 第3章 企业外部环境分析

**在本章中，我们将要学习：**
- 环境的不确定性
- 宏观环境分析
- 行业结构分析

 导入案例

## 零售云平台波司登向互联网"迁徙"

波司登从 1995 年至 2016 年连续 21 年稳居中国羽绒服行业第一阵营，是行业领军企业，在全国共设有 4 000 多个零售网点，产销规模巨大。对于很多老牌企业来说，在"新零售"来临时，面临的挑战比新企业要大，对波司登来说，也是如此。波司登的零售体系以前采用离线客户端与后台服务器定期同步更新数据的做法。经过多年实践，发现离线方式存在数据传送一致性和及时性的问题，还有在线处理会员与促销的业务协同效率等问题，导致离线数据只能用于事后分析，很难做到在线实时分析和预测，更无法实现线上线下全渠道服务消费者。这些问题亟待解决。

2016 年初，波司登确定建设零售云平台开始，用了不到 5 个月的时间，就完成了云 POS、会员系统、智能供应链、全渠道 O2O 系统的云上重构和迁移，并在数据精细化运营方面取得显著进展。借助阿里云的互联网中间件技术，依托企业级互联网架构建设波司登"零售云"平台，基于中台架构思想结合波司登的业务特性，建立起波司登"零售业务共享服务层"，包括全局共享的用户中心、交易中心、库存中心、订单中心，然后基于共享中台构建上层业务模块，这些业务模块灵活适应不同业务项目、零售云平台。波司登依赖零售云平台，在 2016 年"11·11"大促中快速推进 O2O 业务，会员活动、门店销售都能够弹性支持波司登业务的快速增长。网络时代改变了人们的生活方式和消费习惯，而企业必须站在更高点，一起来改变这个时代。

【资料来源】 桂益龙. 零售云平台：波司登向互联网"迁徙". 企业管理，2017（11）：100 - 103.

任何一个组织都不是孤立存在的，总要与它周围的环境发生这样或那样的联系。换句话说，组织的生存和发展要受到其所在环境的影响和制约，而且一般来说，环境的影响力量远比某一个组织对环境的影响力要大。

企业的外部环境因素是指存在于组织外部的、影响企业经营活动及其发展的各种客观因素与力量的总和。对企业外部环境因素的分析，可以从宏观环境和行业环境两方面来进行。企业的管理者对外部环境诸因素进行正确的识别、分析和判断，从而找出对企业发展和构建竞争优势有利的方面（机会）和阻碍的方面（威胁），然后将这些环境因素纳入战略管理的视野中。

## 3.1 环境的不确定性分析

### 3.1.1 环境的不确定性

环境分类的目的在于帮助我们认识环境具有怎样的不确定性，这种不确定性使企业面临极大的经营风险。了解了环境的不确定性，企业据此推断出自己处于何种环境，以此制定战略。环境的不确定性、变化无常对企业的影响是巨大的。譬如说，一个巨大的海外资源开发项目可能因战争毁于一旦，新建的用于扩大生产规模的工厂可能由于新技术的发明和应用而不得不停产或下马，国产百年老字号不得不面对来自异国新品牌的竞争，以及消费者偏好和口味变化的挑战。为了应付这种不确定性，首先要认识环境变化的特点和规律。

环境领域发生的事件和类型可以从两个方面来分析。一个是组织所面临的环境影响因素的多少，它们之间的相互关联性及处理这些环境影响所需要知识的复杂性，这方面的变化可用复杂性和简单性表示。另一个是上述环境影响因素随时间的变化趋势，如果其不随时间而变化或变化的幅度不足以影响企业的经营，那么则可以认为环境是稳定的；反之，则认为环境是不稳定的。

1. 概念

1）简单—复杂维度

简单—复杂维度指的是环境的简单性与复杂性，即与组织运营有关的外部环境要素的数量与不相似程度，通常也称作环境的异质性。复杂的环境，意味着有许多不同的外部要素与组织发生相互作用并影响到组织；而简单的环境，只有三四个相似的外部要素影响组织。像美国电话电报公司、英国电信公司这样的电信企业，都面临一个复杂的环境。大学也是一样：它横跨大量的技术领域，并且是文化和价值观变化的聚焦点，政府制定规章的机构和资助单位，以及各种职业与科学学会、校友会、学生父母、基金会、立法者、社区居民、国际机构、捐资者、公司、运动队等也都与大学发生相互作用。这大量的外部要素便构成了组织的环境领域，产生一种复杂的环境。与此对照，位于郊区的家庭所有的五金店就处于简单的环境之中。对它们来说，真正重要的外部环境因素不过是为数很少的竞争者、供应商和顾客。政府管制很少，文化变迁对它也几乎没有影响。

2）稳定—不稳定维度

稳定—不稳定维度（stable-unstable dimension）指的是环境要素是否是动态的、多变的。如果在几个月或几年时间内环境领域一直保持不变，这就是稳定的环境。不稳定的情况是指环境要素突然变化。当竞争对手在广告宣传或新产品方面采取进攻性的举措或反竞争举措时，就可能产生环境的不稳定。例如，可口可乐公司在其尚处于劣势的纽约市散发 200 万张可口可乐卡以建立市场，并推出巨浪品牌（Surge）新产品与百事可乐公司的山露品牌

(Mountain Dew)竞争,这样的事件就导致了环境的不稳定性。有时,一些特定的不可预见事件,如有关百事可乐罐冲洗问题、格伯公司婴儿食品有玻璃碎片、泰利诺(Tylenol)药品受污染的报道及基督教科学派教会对普罗扎克(Prozac)抗抑郁药的攻击,这些都造成了不稳定的环境。

虽然今天的大多数组织都正在面临越来越不稳定的环境。但是,传统的稳定环境在某些地区或者某些行业也还是存在着,公共事业就是一个例子。在中西部农村,公共事业的供求因素相对稳定,虽然需求可能渐长,但还是容易用时间顺推法来预测的。相比之下,玩具公司则面临不稳定的环境。热销的新玩具难以预见,这是与玩具作为时尚消费品的事实相伴而产生的问题。因为玩具业环境的不稳定性,使很多知名企业破产,并被新兴的玩具企业所取代。

2. 分析框架

简单-复杂与稳定-不稳定两维度相结合,可以形成一个评价环境不确定性的分析框架,如图3-1所示。简单、稳定环境中的不确定性很低,只有少量外部要素需要应对,而且这几个要素都是趋于稳定的。复杂、稳定的环境,在某种程度上具有更高一层的不确定性。组织为了取得好绩效,必须调查和分析大量的环境要素,并作出反应。但这种环境中的外部要素并不迅速地或不可预见地变化。

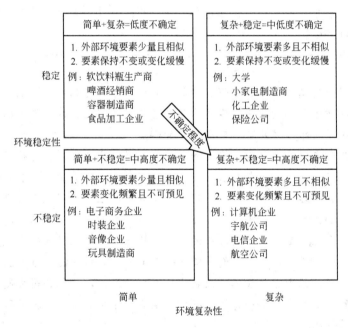

图3-1 环境不确定性分析框架

资料来源:"Characteristics of Perceived Environmental Uncertainty" by Robert B. Duncan, published in *Administrative Science Quarterly* 17 (1972): 313-327, by permission of The Administrative Science Quarterly. Copyright 1972 by Cornell University.

更大的不确定性存在于简单、不稳定的环境中。环境的迅速变化给管理者带来了不确定性。尽管组织只面临为数不多的几个外部要素,但这些因素不仅难以预见,而且会对组织的创新行为产生意料之外的反作用。对组织而言,最大的不确定性出现在复杂、不稳定的环境中。这是因为不仅有大量的外部要素冲击着组织,而且这些要素频繁地变化,并对组织的创新行为产生强烈的反作用。如果许多要素同时变化，环境自然就成为动荡的了。

啤酒经销商是在简单、稳定的环境中经营的。啤酒需求量的变化只是渐进的，经销商有固定的分销渠道，能按时供应啤酒。小家电制造商、保险公司等则处于稳定、复杂的环境中，面临大量的外部环境要素。但是，尽管这些要素会发生变化，其变化只是渐进，可以预见的。

玩具制造商则处于简单、不稳定的环境中。设计、制造和销售玩具的组织，或者涉足服装或音像业的组织，就面临着变化无常的供求关系。许多电子商务企业只集中在某一特定的具有竞争力的领域开展经营，因而处于简单、不稳定的环境之中。尽管他们可能只有少量的外部要素（如技术、竞争者）需要应对，但这些要素难以预见且会突然发生料想不到的变化。

计算机和民航业面对的是一种复杂、不稳定的环境，有许多外部要素在同时发生变化。以民航业为例，仅仅几年时间，这些组织就面临着政府放松管制、地方航空公司迅速发展、燃料价格暴涨、西南航空公司这样的竞争对手降低价格、顾客需要变化、空中交通管理人员短缺、机场拥挤及定期航班减少等一系列变化。近几年发生的多起重大空难事件更加导致了该行业环境的复杂而不稳定特性。

在当今竞争日益全球化、技术进步迅猛、市场重大变化的时代，所有行业的企业都面临更高程度的复杂性和变化。

### 小资料

在年轻的赶时髦的消费者中，牛仔服的第一品牌已不再是列维（Levi）了。据美国快递公司最近的调查，希尔菲格的牛仔服在青少年中已经占据了第一的位置。这在很大程度上是因为希尔菲格公司紧紧跟上了年轻人时尚变化的潮流。

互联网上可用信息的高速流动，意味着年轻人的时尚变化比以往更快了。汤米·希尔菲格希望领先于这股变化潮流，于是在20世纪90年代早期，当希尔菲格有鲜明品牌标志的衬衣和夹克衫首次穿到了城镇人身上时，这家公司就开始派出市场研究人员到遍及全美国的歌厅去考察这一有影响力的消费者群体如何穿上了这种款式的服装。这项市场调研给经理人员提供了一个信息，即他们需要以不断翻新的希尔菲格款式来跟上时代的潮流。同样利用这些信息，希尔菲格通过给MTV等明星免费赠送服装等不寻常的促销举措加强了在传统大众传媒上的广告宣传。当认识到它的顾客群热衷于计算机游戏时，这家公司又发起了一场赖恩托德竞赛并且在它的商店里安装了赖恩托德终端。至今，希尔菲格与年轻的顾客们保持密切联系的努力正产生着作用。

不妨将汤米·希尔菲格公司的成功与列维公司的衰落做一比较。列维公司的牛仔服曾是出生在战后生育高峰期的年轻人所崇尚的对象，但这家公司现在的市场份额已经下降了，其品牌在现今的年轻人中正失去吸引力。"我们各方面都变老了"，该公司市场研究主管大卫·斯潘格雷感慨地说，"结果我们没有跟上年轻人的需要"。列维公司正设法改变这种状况，它采取的措施包括翻新它的网站，重新设计宣传广告，并设立一个由年轻人组成的小组来监测始终都在变化中的时装业正出现的潮流。

【资料来源】达夫特. 组织理论与设计. 北京：清华大学出版社，2003.

### 3.1.2 适应环境的不确定性

既然环境因稳定性和复杂性程度不同而呈现千姿百态，那么企业就应该想方设法适应不同程度环境的不确定性。

1. 设立职位和部门

外部环境的不确定性要求组织每一个方面都需要有相应的人员或部门来应付，这样组织中的职位和部门的数目也相应增加，提高了组织内部的复杂性。

2. 缓冲和边界联系

应对环境不确定性的传统方法是建立缓冲部门。缓冲角色的作用就是吸收环境的不确定性，技术核心完成组织的主要生产活动。缓冲部门包围着技术核心，负责在环境与组织之间进行原材料、资源和货币的交换，它们帮助技术核心有效地运作。比如，采购部门通过储存供应品和原材料对技术核心起缓冲作用；人力资源部门则通过处理与寻找、聘用和培训生产工人等相关的不确定性来缓冲技术核心。

边界联系角色的作用是将组织与外部环境中的关键要素联结并协调起来。边界联系主要涉及两个方面的信息交换：一方面侦查并将环境变化的信息传到组织；另一方面向环境传送能很好展现组织的信息。其中需要强调的是边界联系中发展最快的一个重要领域是竞争者情报。当今，无论规模大小，许多企业都设立自己的竞争者情报部门或者聘用外部的专家来收集竞争对手的信息。竞争者情报的提出为高层管理者提供了一个系统化方法，以便收集和分析关于竞争对手的公开信息，并运用这些信息做出最佳的决策。

3. 分化和整合

组织对环境不确定性的另一个反应，体现在部门间分化与整合的程度上。组织分化指的是在不同职能部门的管理者在认知和情感导向上的差异，以及这些部门在正式结构方面的差异。在外部环境处于复杂而且迅速变化的状态时，为了应付外部环境的不确定性，组织的部门必须高度的专业化，因为对每一环境要素的成功反应，都需要专门的技能和行为。

所谓整合，就是指部门之间合作的特性。为协调各部门的工作，组织通常要配备专门的整合人员。在环境处于高度不确定的状态下，频繁的变化使得实现协调所需的信息处理工作量增加，这样，整合人员的设置就会对组织结构形成一个必不可少的补充。随着环境不确定性的增加，部门间的分化程度也相应提高，因此组织必须配备更多的管理人员担任协调任务。

## 3.2 企业宏观环境分析

一般来说，宏观环境因素可以概括为 4 类：政治与法律环境、经济环境、社会文化环境和技术环境，即 PEST（political，economic，social，technology）。这 4 个因素与企业有密切联系，并对企业产生重大影响。对企业外部环境进行研究，就是要对外部环境进行调查分析，预测其发展趋势，掌握其发展动向。

## 3.2.1 政治与法律环境

所谓政治与法律环境，主要是指法律、政府机构的政策法规及各种政治团体对企业活动所采取的态度和行动，如国家的政治制度、国家的权力机构、国家颁布的方针政策、政治团体和政治形势、法律、法规、法令及国家的执法机构等因素。这些因素对企业的生产经营活动具有控制和调节的作用。它规定了企业可以做什么，不可以做什么，同时也保护企业的合法权益和合理竞争，促进公平交易。

政府的政策广泛地影响着企业的经营行为，如改革开放的政策对我国的经济和企业发展的意义是明显的，又如加快西部大开发的政策，鼓励国内企业向西部投资，同时也吸引国外资本前来投资。ISS公司是一家应用计算机三维图像和自动化工具制造外科手术辅助系统的企业，它过去只用两三年的时间就可将新产品推入市场，现在因为政府方面的环境变化，则需要6年的时间。即使在市场经济较为发达的国家，政府对市场和企业干预似乎也有增无减，如最低工资限制、劳动保护、社会福利等方面。当然政府的很多干预往往是间接的，常以税率、利率为杠杆运用财政政策、货币政策来实现宏观经济的调控，以及通过干预外汇汇率来调整国际金融与贸易秩序。

法律环境包括国家制定的法律、法规、法令及国家的执法机关结构等因素。法律、法规对企业影响在于：法律既保护企业的正当利益，又监督和制约了企业的行为。例如，美国的反托拉斯法案，我国的《反不正当竞争法》。此外，法律的变化可能直接鼓励和限制着某些商品的生产和销售。如我国对爆竹、雷管和炸药等危险品实行定点生产，同时禁止多数企业生产枪支、弹药和安乐死药片等。

 **小提示**

需要认识到的是，政治因素对企业来说是不可控的，带有强制性的约束力，只有适应这些环境的需要，使自己的行为符合国家的政治路线、政策、法律、法规，才能使企业生存和发展。

从总体上讲，传统的企业高层管理者更多地关注企业的经济和技术环境因素变化，而21世纪的企业高层管理者必将具备更多的从政治与法律角度处理问题的能力。特别是在全球经济一体化的过程中，企业学会分析拟进入国的政治与法律环境对本企业成功实施战略的重大影响是非常必要的；否则，国际竞争的无国界化极有可能淘汰那些闭关锁国的传统产业和企业。

## 3.2.2 经济环境

所谓经济环境，主要指经济发展速度、人均国内生产总值、消费水平和趋势、金融状况，以及经济运行的平稳性和周期性波动等。与其他环境力量相比，经济环境对企业的经营活动有更广泛而直接的影响。

在众多的经济因素中，尤其要注意的是宏观经济的总体状况。企业所在国家或地区的经济发展形势，是属于高速还是属于低速发展，或者处于停滞或倒退状态。一般来说，在宏观经济大发展的情况下，市场扩大，需求增加，企业发展机会就多。如国民经济处于繁荣时期，建筑业、汽车制造、机械制造及轮船制造业等都会有较大的发展，而上述行业的增长必然带动钢铁业的繁荣，增加对各种钢材的需求量；反之，在宏观经济低速发展或停滞或倒退的情况下，市场需求增长很小甚至不增加，这样企业发展机会也就少。反映宏观经济总体状况的关键指标是国民生产总值（GNP）增长率。比较高的、健康的国民生产总值增长率表明国民经济的良好运行状态。而经济的总体状况通常受到政府赤字及中央银行货币供应量的影响。

在对国内经济环境中的战略性要素进行分析的同时，还必须注意了解和掌握国外经济环境中与企业战略发展密切相关的战略性要素。其中包括相关国家的国民经济发展趋势、通胀率、失业率及经济周期状态、资源状况、关税、汇率和外贸支付方式等。如1997年爆发的东南亚金融危机就曾经对全球经济及各国企业产生了严重的影响。我国企业，特别是在东南亚地区开展业务的企业只有及时调整战略才能避免更大的损失。又如2001年美联储接二连三的降息，对于美元汇率和外贸支付也有很大的影响。因此在经济一体化的今天，企业如果没有全球性的战略眼光，忽略对国外经济诸要素的分析，同样会寸步难行。

需要强调的是，宏观经济环境往往是通过微观经济环境具体地对企业发生作用。所以，企业对宏观经济环境的感觉和认知在时间和空间上存在一定距离，由此造成的结果是当宏观经济环境条件发生的变化已逐步被企业经营者觉察时，可能早已错过良机，甚至某种不利的经济形势早已"兵临城下"，使企业只能被动应付，险象环生，困窘不堪。因此，只有那些对宏观经济环境意识特别强的企业，才能在不断变化的经济环境乃至整个社会环境中，获得有利的生存和发展空间。

**小提示**

与其他环境力量相比，经济环境对企业的经营活动有更广泛而直接的影响。

### 3.2.3 社会文化环境

社会文化环境是社会文化发展水平的概况，包括社会结构、社会风俗和习惯、文化底蕴、文化发展、价值观念、伦理道德及人口与人口统计因素。其中人口因素是社会文化环境中最重要的因素，它包括人口总规模、人口出生率和自然增长率、人口的年龄结构和性别结构、教育程度结构、地域分布结构、民族结构、人口质量、人口城市化结构、家庭结构、人均收入、人口控制情况等。如老年人与年轻人有明显的不同；同样，内地人与沿海人、南方人与北方人、男性与女性、儿童与成年人及不同文化、不同种族、不同教育层次、不同职业的人，在需求结构、消费习惯和方式上，都会有明显的差异。企业战略应当密切关注上述人口特性现状及发展动态，分析具体情况制定不同战略。

社会文化环境通过两个方面影响企业：一是影响人口总量和人口分布、居民的价值观和生活方式，从而影响他们对产业和对企业的态度；二是影响企业人员的价值观和工作态度，从而影响企业的士气。与上述政治、经济、技术环境不同的是，社会文化环境的变化一般表现为渐进的甚至是潜移默化的方式。所以，企业对社会文化环境的变化往往不易察觉，甚至在一般环境分析时忽视了对社会文化环境的分析。事实上，政治、经济和技术等环境在一定程度上都是受社会文化环境影响的。需要注意的是，社会文化环境的改变已经提出了企业的社会责任要求，也就是说，企业不但是传统上认为的营利性组织，而且还是对自然、人类、社会、经济的协调、持续发展负有责任的组织。企业有责任协助解决诸如就业、国民教育、环境保护、消费者利益保护等社会问题。

**小提示**

社会文化环境的变化一般表现为渐进的甚至是潜移默化的方式。

### 3.2.4 技术环境

像经济环境一样，技术环境变化对企业的生产和销售活动有直接而重大的影响，尤其是在面临原料、能源严重短缺的今天，技术往往成为决定人类命运和社会进步的关键所在；同时，技术水平及其产业化程度高低也是衡量一个国家和地区综合力量和发展水平的重要标志。科技因素具有变化快、变化大和影响面广（超越国界）的特点，有时某些新技术的产生能够引起一场社会性技术革命，创造一些新行业，同时迫使一批现有行业被淘汰。如计算机打字机取代电子和机械打字机，无氟制冷剂代替氟利昂，无一不是技术创新的结果，也都造就了一批新企业，淘汰了一批老企业。技术创新能为企业提供特殊的竞争优势；相反，缺乏产品更新和跟不上技术环境变化的企业不用说获利，甚至连生存的可能性也受到威胁。

**小提示**

技术是一种创造性—破坏因素，或者说，当一种新技术给某一行业或某些企业带来增长机会的同时，可能对另一行业形成巨大的威胁。

目前技术环境的变化具有如下趋势：
① 新技术和发明的范围不断加宽；
② 理论成果转化为产品和产品更新的周期大大缩短；
③ 研究和开发费用急剧增加，但发展中国家和发达国家科技投入差距仍很大。

因此，企业应该把握技术环境变化的趋势，依据技术的进步和变革来制定战略。没有任何一个企业可以将自己与新技术隔离开来设计自身的战略。尤其是在信息时代，越来越多的公司将拥有自己的站点并在网上详细掌握关于竞争对手、供应商、分销商及其用户的相关信息。网络技术不但将改变产品生命周期，提高销售速度，改变进入障碍，而且还将创造新的产品与服务。因此，不重视分析技术进步对企业产生的影响，不重视识别和评价关键的技术机会与威胁，而想要在市场竞争中长期站稳优势地位是不现实的。

**小资料**

（1）政策与法律环境
① 我国正在建立医（院）、药（房）分离制度和非处方药（OTC）的管理制度；
② 新型的社会保障体系将取代传统的公费医疗制度；
③ 我国加入 WTO 以后，中成药产品的出口前景将发生变化。
（2）经济环境
① 城乡居民收入持续上升，居民的保健意识不断提高；

② 我国的资本市场不断发育、成长，企业的融资渠道和融资方式趋向多样化。
(3) 社会文化环境
① 国民教育水平逐步提高，越来越多的人愿以科学的眼光看待药品和保健品；
② 人口结构呈现老龄化，老年人的保健和治疗问题受到重视。
(4) 技术环境
① 各种新型的萃取技术可能在制药领域得到广泛应用；
② 生物医学技术的发展可能形成一些互补性或是互为替代的产品。

## 3.3 企业行业结构分析

对许多行业来说，高速度增长的好日子已经过去，例如服装、饮料、家电、房地产、钢铁、机械等行业。对大部分企业来说，现在必须学习的是如何在一个逐渐由强势变成弱势的行业里求得生存和发展。实际上，很多中国企业最擅长的就是审时度势，从不再有吸引力的行业跳跃到新的、有光明前景的行业。但问题是，当中国经济发展20多年后，这样的风水宝地已不是很多。况且很多企业已有了第一次创业的积累，一旦发现这样的领域，通常会一哄而上，即使是一个很有潜力的领域，也经不起几十家企业的争夺。所以，大部分企业必须学会的本领是在弱势的行业中求得生存和发展。这一点，在未来会变得越来越重要。事实上，企业经营的好坏并不在于所处行业的好坏，每一个"坏"行业都有优秀的企业存在；同样，并不是每一个"好"行业中的所有企业都经营良好。"好"行业中有差的管理者，"坏"行业中有优秀的管理者。在行业逆境中做出业绩，才更能体现出管理者管理的水平。《孙子兵法》中曾指出：不在别人强的地方作战，而是利用自己的强处和对手较量。当许多行业的企业都在不情愿地大打价格战的时候，管理者应该问自己一个问题：这是我的长处吗？我有这么做的实力吗？如果答案是否定的，那么，我有什么长处可以让企业立于不败之地？集中于自己的强处，而不是随波逐流，能使一个弱势行业中的企业得到意想不到的发展。

### 3.3.1 行业竞争结构的基本分析

美国哈佛大学商学院波特（Michael E. Porter）认为：企业最关心的是其所在行业的竞争强度，而竞争强度又取决于5种基本竞争力量。这5种竞争力量分别来自：行业内现有企业间的对抗、潜在进入者的威胁、替代品的威胁、购买者的讨价还价能力、供应商的讨价还价能力，如图3-2所示。

正是这些力量的状况及综合强度影响和决定了企业在行业中的最终获利能力。在竞争激烈的产业，如纺织、造纸、钢铁、电子游戏等，企业难以赚取惊人的收益；而在某些竞争相对平缓的产业，如通信设备及服务设施、化妆品及保健用品，获取高额收益的企业却大有所在。产业盈利的能力不是由产品的外观或该产品所包含的技术含量的高低来决定，而是由产业竞争结构所决定的。一个企业的竞争战略目标在于运用竞争规律，将这些规律进行变换使其对企业有利，抵御或影响5种竞争力量，使企业在产业内部处于最佳位置，不断发展壮大。

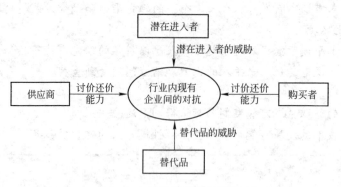

图 3-2 波特竞争力量模型

从静态角度看，这 5 种基本竞争力量的状况及其综合强度，决定着行业内的竞争激烈程度，决定着行业内的企业可能获得利润的最终潜力；从动态角度看，这 5 种竞争力量抗衡的结果，共同决定着行业的发展方向。作为特定行业内的企业，必须时刻关注行业竞争结构的现状和行业竞争结构的变化趋势，并据此制定出企业拟从事的行业领域和企业发展战略。同时，企业还必须根据行业竞争结构的态势，适时而适度地做出相应的战略调整。从战略形成的观点看，5 种竞争力量共同决定行业竞争的强度和获利能力。但是，各种力量的作用是不同的，常常是最强的某个力量或某几个力量处于支配地位、起着决定性的作用。例如，一个企业在某行业中处于极为有利的市场地位时，潜在的进入者可能不会对它构成威胁。但如果它遇到了高质量、低成本的替代品的竞争时，就可能会失去其有利的市场地位，只能获得低的收益。有时，即使没有替代品和大批的进入者，现有竞争者之间的激烈抗衡也会限制该企业的潜在收益。

5 种力量中的每一种力量都是行业结构或作为行业基础的经济特征和技术特征的一个函数。行业结构是相对稳定的，但又随行业发展的进程而变化。结构变化改变了竞争力量总体的相对强度，从而能够以积极或消极的方式影响行业的盈利能力。那些在市场竞争中获得成功的企业，很大程度上是因为他们选对了行业，以及在对 5 种竞争力量的认识上比竞争对手略胜一筹。所以说，波特的行业结构分析法可以使企业避免栖身于毫无吸引力的行业领域。

**小资料**

波特在其经典著作《竞争战略》中，提出了行业结构分析模型，即所谓的"5 力模型"，他认为：行业现有的竞争状况、供应商的议价能力、客户的议价能力、替代产品或服务的威胁、新进入者的威胁这 5 大竞争驱动力，决定了企业的盈利能力。对比这 5 种力量的作用，来分析一下美国运动鞋产业的竞争状态。

第一，这个领域存在较高的进入壁垒。美国运动鞋产业由"不用工厂生产"的品牌型公司组成，大公司在广告、产品开发以及销售网络、出口方面都更有成本优势。更重要的是，品牌个性与消费者忠诚度都给潜在的进入者设置了无形的屏障。

第二，供应商的议价能力较弱。因为大多数运动鞋产业的投入都是同质的，特别是在耐克发起了外购浪潮后，超过 90% 的生产都集中在低工资、劳动力远远供过于求的国家。

第三，运动鞋的终端消费者在意价格，同时对时尚潮流更加敏感，但是对于公司的利润率并没有极为负面的影响。因为如果存在利润的减少，那么这将通过降低在发展中国家的生产来弥补。此外，大多数品牌在产品差异化方面很成功，这阻止了购买者将品牌同不断转换的品牌形象联系起来。

第四，因为其他鞋类都不适宜运动，所以现在还没有运动鞋类的完全替代产品。

第五，美国运动鞋市场被看作具有挑战性并已饱和，充满激烈的竞争且增长缓慢，因此对于新进入者只有很小的空间。耐克、阿迪达斯和锐步，这些主要品牌抢占了超过一半的市场份额并保持相对稳定。

通过分析我们可以看到，一方面，这是一个令人垂涎的市场，不过壁垒高筑，有较低的供应商议价能力，有适度的购买者议价能力并且没有知名品牌的替代产品，很难挤出利润。另一方面，当除了高度市场集中但没有任何垄断力量时，区域里的对抗十分激烈。因此，在这个竞争环境中，独立公司的超常利润的持续性在很大程度上依靠他们的策略。

## 3.3.2 潜在进入者分析

毫无疑问，当一个行业或一个企业获利丰厚时，将引起很多潜在的进入者的注意，潜在进入者或新进入者都会给行业带来新的生产能力，他们也都有获得市场占有率的强烈愿望，特别是从其他市场进入了该行业从事多元化经营的公司，常常会利用其财力造成某个行业的剧变，这种情形可能造成价格暴跌或行业内部企业费用飞涨，总体上降低了行业内的获利能力。从行业内现有企业的角度看，它们总是希望少一些新的进入者以维持既得的利益和相对优势的地位。如果可能，它们会设法阻止其他企业进入该行业。

1. 可能的进入者和进入方式

对于行业内现有企业来说，当某一产品或产品系列受到顾客的欢迎并获得较高利润时，它同时也就吸引了行业内一些竞争者和行业外一些企业的目光。行业内的竞争者可以是生产完全相同产品的企业，也可以是生产其他产品系列的企业；行业外的企业可能是与行业存在技术关联或市场关联的企业，也可能是完全没有任何联系的企业。无论什么时候，只要现有企业的产品有利可图而其又具备相应的条件，以上几类企业都可能成为新的进入者。

从进入方式上看，新产品往往成为新的进入者向现有企业挑战的武器，尤其是现有产品存在某些方面的不足或者难以满足某些细分市场的特殊要求，或者现有产品虽然满足市场的要求，但技术变化带来的产品革新或发明能降低成本或增多功能。因此企业管理人员必须全面了解行业内现有产品的状况，如技术含量，对其改进的可能性，满足顾客需要的程度等，尤其需要了解新产品的可能来源是什么，是来自产品的扩充和发展，还是来自现有产品的组合。在进行这种分析时，企业的设计人员、销售人员和顾客都可能提供重要的线索。同时，管理人员还必须善于对一些习以为常的现象提出质疑。例如：为什么在相片印出之前，必须先拍出底片？

初看起来，这些问题似乎让人感到奇怪，但实际上，很多新的进入者就是通过这种方式找到了对现有产品改进或设计一种新产品的途径，从而打开了进入市场的通道。同时，行业内现有企业也可以通过同样的方式加速产品的更新换代，并不断加大行业的技术障碍，而且它们往往比新进入者更熟悉产品和市场。

例如，日本一家照相机制造商奇怪，为什么不把闪光灯直接装在照相机内部，这样可以使使用者省去寻找闪光灯和安装一个附件的麻烦。于是该公司着手设计了一种内部安装有闪光灯的35毫米景深的照相机，并取得巨大成功，它席卷了日本中档快门照相机市场。

日本丰田汽车公司首创的"看板"管理同样得益于这样一种思考方式。当时，大野耐一奇怪为什么在生产中一定要储存大量的零部件。为了解决这一问题，丰田公司引入了计算机管理系统，并根据生产程序提前2~3周把列有产品种类、数量、发货时间等的生产计划书交给零部件供应商，然后再将"看板"按时循环传送给它们，以便能按时发货，满足公司自动装配的进度要求。这种生产方式有效地降低了零部件库存和流动资金占有量。

行业内两个企业的联合是又一种重要的进入方式，一种可能是两个企业所具备的资源，如技术、设备和人员具有很强的互补性，通过联合可以大大改善产品的技术先进性和可靠性，从而提高其产品的竞争能力；另一种可能是两家企业生产的产品品种和规格相同，但产品组合的深度和宽度不够，而且缺少的产品项目正是现有企业盈利较多的产品。通过联合，一方面可以调整产品组合，另一方面可以提高规模经济效益。

行业内外两个企业的联合也可以对现有企业造成进入威胁。一般来说，行业外的企业可能是一家实力强大的公司，正在寻找新的市场机会，它们可以通过收购或兼并现有的一些企业进入这一行业，当然也可能通过开发新技术来与现有企业争夺市场。

无论哪种新进入者，企业管理人员都要分析其动向及其对市场结构的影响，尤其要关注以下问题：

- 新的进入者将推出新的产品吗？
- 每个新的进入者对现有的产品市场具有怎样的影响？
- 现有的竞争者对新的进入者将如何反应？
- 目标顾客将对新的进入者作出什么反应？
- 每个新进入者具有哪些竞争优势和弱点？
- 企业应该对新进入者采取怎样的策略？

2. 进入障碍

显然，当一个行业或一个企业获利丰厚时，将引起很多潜在的进入者的注意，但这些潜在的进入者是否真正进入现有行业并不完全取决于它们的主观愿望，而是与行业的进入障碍有关。所谓进入障碍，是指影响新进入者进入现有行业的因素，它们是新进入者必须克服的障碍。其主要来源如下所述。

1) 规模经济

衡量一个企业的一个重要经济技术标志是其规模经济程度。如果一个企业的单位产品成本随着生产规模和产量的增加而下降，可以说该项产品或企业存在规模经济效益。在企业的单位产品成本达到最小值时所要求的最小产出就是企业的最小有效规模。

对于新进入者而言，要想进入一个新行业，必须考虑行业的最小有效规模，尤其要明确最小有效规模占整体市场的比重，这一比例可以说明要以低成本进入该行业所要求的市场份额。比如，商业宇航工业的最小有效规模约占美国市场10%的份额，也就是说，新进入者要想进入这一行业必须使其单位产品成本像现有企业的一样低，它必须获得10%或更大的市场份额。实际上，即使现有企业不对新的进入者作出强烈的反应，这样一种进入水平引起的供给增加也会导致产品价格的下降，除非新的进入者完全取代了现有企业。而事实上，试图完全取代现有企业并把价格恢复到以前水平上是相当困难的。

还要注意的是，几乎企业的每项职能，如制造、采购、研究和开发、市场营销、服务网络及分销等，都存在规模经济。一些企业需要在多个职能上实现规模经济，才能建立较强的优势，如彩色电视机类家用电器生产企业；另一些企业可能只需在某两项职能上实现规模经济就够了，如一家大型连锁店尤其需要实现大规模采购和分销。

此外，规模经济可能与一项业务的全部领域有关，也可能只涉及其中一部分特定的经营业务与活动。例如，在电视机制造中，彩电显像管生产的规模经济意义大，而细木工艺和器件组装的规模经济意义不大。由于单位产品成本与规模之间的特殊关系，因此有必要分别检测成本的每一个组成部分的特点。

2) 差异化

产品差异是指已立足的厂商拥有受到确认的厂牌和客户的忠实性，这些均产生于以往的广告宣传、客户服务、产品多样化等情况，或者仅仅由于首先进入该行业的种种活动所致。在进入这种高度差异化的市场时，新进入者必须投入巨额广告和促销费用以增加用户对其品牌的认知和消除他们对原有产品的忠诚，而且还必须先从小的细分市场做起，或通过让价来竞争。这些努力通常会带来初始阶段的亏损，并且要延续一段时间。也就是说，新进入者建立新品牌和用户信誉的投资带有特殊的风险，因为如果进入失败，他们就会血本无归。

3) 资金需求

竞争所需要消耗的巨额投资会造成某种进入障碍，尤其是该资金需用于有风险的或未能补偿的、预支的广告宣传或研究与发展的场合。不仅生产设施需要资金，而且像客户赊账、存货或弥补投产亏损之类事情也需要资金。例如，施乐公司开始阶段是出租复印机而不是直接销售复印机，因而大大增加了对流动资金的需求，并以此为障碍来阻止其他公司进入复印机行业。虽然资本雄厚的企业有能力向其他行业投资，但像计算机、采矿业等资本需求很大的领域，依然是很难进入的行业。即使可在资本市场上获得资本，但由于预期的进入方必须承担支付利息的风险，对投入的资金使用仍具有风险。这些情况对现有的厂商是有利的。

4) 与规模无关的成本优势

无论规模经济大小，在所有产出水平上，新进入者可能都无法达到现有企业的那种成本优势。

不受规模支配的成本优势，最为重要的包括以下几种因素：

① 专有的产品工艺；

② 取得原材料的有利途径；

③ 政府对已立足的企业所给予的优惠补贴；

④ 知识曲线或经验曲线。

在某些产品或经营业务中，时间越久，积累的知识或获得的经验就越多，单位成本就会呈下降的趋势。例如，在采油业，现有石油公司对世界主要低成本原油的拥有已对新进入者构成了障碍。再如，在软饮料行业，可口可乐和百事可乐已经占据了绝对的市场份额，尤其是在碳酸饮料这一领域，因此非常可乐进入这一领域与其竞争也是费了九牛二虎之力，冒了很大的风险。

5）获得分销渠道

产品或服务的差异化是否对潜在进入者构成障碍与最终消费者对产品的选择偏好有关。然而，对多数消费品生产厂家来说，最大的进入障碍可能是分销商对现有产品的偏好。一般来说，由于其分销力量有限，分销其他产品的固定成本较高及对风险的厌恶，分销商往往不愿意经销新厂家的产品。为此，新进入者要想确保其产品进入市场，就必须通过压价，分担广告费用等方法使已有的理想的分销渠道接受其产品，或者花大力气建立新的销售网，所有这些方法都会降低其利润水平。

很显然，一种产品的批发或零售渠道越少，现有企业对它们的控制越严，进入也就越困难。在某些行业或特定的地域，现有企业可能通过老关系或高质量服务垄断了这些渠道。在我国，这种垄断也可能是行业保护的产物。有时这种进入障碍高得难以逾越，以致新进入者或者建立全新的分销网络，或者干脆放弃进入。

6）技术

如果进入一个行业需要掌握很复杂的技术，或者一个行业的竞争是以技术为中心，则说明进入这个行业的技术障碍大。在许多情况下，专利技术、技术诀窍都能成为一个行业的障碍。广义上讲，只要进入某一行业需要的技术超过企业现有的接受或掌握能力，就会产生技术障碍。技术障碍经常体现在关键的技术人才上。例如，新的、高技术行业或知识密集型企业，如果不是由来自高等院校、科研单位的技术人员创办，几乎是不可能立足的；而国内许多由区、街、乡、镇创办的企业大多数是技术水平低的劳动密集型企业，必然要靠推销手段或对政策的运用以在竞争中生存。

7）退出障碍过高

退出障碍是指经营困难的企业全面退出市场的障碍。退出障碍过高，过剩的生产能力不能及时离开本行业，那些在竞争中败北的企业也无法放弃经营。结果，这些经营不善的企业不得不在市场上艰难地维持着最后一线生机，消耗着最后一点资源，他们同样也会使整个行业利润率保持在较低的水平。

退出障碍主要是由以下原因造成的。

① 高度专门化的资产。这是指专门用于特定企业或地点的资产，具有较低的清算价值或较高的转让费用或兑换成本。

② 退出费用高。这类费用包括劳动合同费、安置费、设备零部件维修费等。

③ 相关事业部战略的关系。多种经营公司一旦选择退出某行业，则该公司所属的其他相关事业部单位在企业形象、营销能力、进入金融市场的途径上会受到连带性的影响。

④ 业务关系单位的限制。与本企业发生着业务往来或发生着经济纠纷的单位，会对企业突然退出某行业表示强烈反对。

⑤ 情绪上的障碍。某行业的企业一旦宣布退出，势必将对员工的忠实心理、对自己个人的职业生涯、对员工的自尊心和自豪感等产生冲击。这也往往使管理部门不愿意做出从经济上来说是正确的退出决定。前几年国有企业在推行"下岗分流、减员增效"的过程中，就遇到了类似的问题。

⑥ 政府和社会的限制。如政府担心在社会保障体系尚未建立健全的情况下，失业率过高会引发社会动荡，从而将限制企业过快地退出某行业。

8) 政府的有关法律和政策限制

一些经济学家认为政府的有关法律和政策限制是一种最直接的进入障碍。通过制定有关的法规和政策，政府能够限制甚至封锁对某产业的进入。例如，我国政府限制非邮电系统的企业进入邮电通信行业，也限制私有企业进入银行和保险等行业，还有许多其他公共服务和基础设施行业，如铁路之类也受到类似的保护。政府也可以用许可证和限制接近原材料等控制手段来限制或阻止潜在进入者，如我国在对外贸易管理上采用的进出口许可证制度和进出口权审批制度，阻止众多企业直接从事进出口贸易。实际上，政府颁布的《水资源保护法》《大气污染防治法》及各种安全标准都有阻止进入的作用。这是因为在满足这些法规和标准的要求时需要大量增加投资，而且随着人们对环境和安全要求的提高，有关的法规和标准也越来越严格，毫无疑问，这对新进入者是一个很大的障碍。例如，我国政府决定关闭5 000吨以下的造纸厂，这意味着若想进入造纸行业，生产规模必须在5 000吨以上。

**小资料**

从1994年广东万燕生产并投放市场的第1台VCD影碟机开始，我国的VCD市场竞争由此拉开了序幕。到1998年，我国的VCD厂家的生产能力达到5 000万台以上，大大超过了市场需求的1 200万台，价格大战由此展开。与此同时，SVCD、CVD甚至DVD等新一代产品纷纷问世，更加速了VCD机被市场淘汰的进程。DVD机的清晰度高、纠错能力强，是VCD机所望尘莫及的。据有关资料显示，VCD机在1999年底已基本退出市场，被SVCD、DVD等淘汰。VCD机退出市场的现象说明什么？

## 3.3.3 竞争对手之间的抗衡

当一个或更多的行业竞争者感到有市场压力或看到存在着改善其地位的机会时，现有竞争者之间的抗衡就发生了。而且，在绝大多数行业内，某个企业采取的竞争性行为，会对其竞争对手产生强烈的影响，进而会触发报复或抵制该项行动的努力。如果行动和抵制逐步升级，那么该行业内所有的企业都会受到牵连。现有竞争者之间抗衡所采取的手段，主要有价格竞争、广告战、引进新产品及增加对消费者服务等。

1. 竞争对手分析

对竞争对手的分析，主要应从以下几个方面入手。

1) 产品研究与开发

了解竞争对手的产品研究和开发策略是否与其产品生命周期阶段相适应，无论从绝对意义上还是从相对意义上讲都是重要的。在产品生命周期的早期，产品研究和开发具有较高的投资风险，同时竞争对手可能还没有想出顾客需要的特点是什么，因此应着重分析其实验、制造和正确判断的能力。

随着行业离开萌芽阶段，产量开始缓慢增加，这时应特别注意竞争对手研究与开发的规模，并与自己企业作对比。显然，对实力不同的企业，即使用于研究和开发的费用同样多，对它们基础的冲击也是大不相同的。如IBM公司和苹果公司虽然花同样多的钱来开发新型个人计算机，但它对IBM的影响可以说是微不足道的，而对苹果公司的销售和利润却有很大的影响。

在产品生命周期的后期，产品的研究与开发对企业的影响更为复杂，所以应特别注意竞争对手是否在重新设计产品以减少成本；是否正在扩大技术并服务于新的市场，以及是否正在对产品采取一定的修补措施以维持其竞争地位。

2）制造过程

可以根据成本、质量、灵活性和可靠性等变量来评价竞争对手所设计的制造过程的有效性。一般来说，在产品生命周期的早期，消费者选择的主要依据是质量和灵活性，而在成熟期则主要考虑产品的成本和可靠性。

3）采购

外购品在总成本中占有很大比例的行业或者当供应商非常强大时，分析竞争者的购买方式是非常重要的。在作这种分析时，所需要了解的关键问题依赖于所购物品的性质。如对原材料来说，关键问题是竞争对手是否利用了长期合同、数量折扣和接近供应商，并因而减少了成本；对于劳动力，关键问题是竞争对手如何组织、是否利用了国际市场上的劳动力，为了获得有技能的和非技术性的劳动力，是否采用了不同的策略。除此之外，还应了解竞争者在哪里购买了何种产品及购买条件（如数量和价格）。

4）市场

企业管理人员应该分析和评价竞争对手是如何选择目标市场和满足顾客需要的，同时要了解它们在细分市场上的销量、产品组合、广告费用和促销项目等。尤其需要明确竞争对手最主要的市场计划是什么，各种要素之间是否互相适应。最后，还要了解竞争对手为了保持竞争优势，为目前和潜在的顾客做了些什么。

5）销售渠道

在技术比较稳定和适用性较好的成熟行业，销售渠道往往成为企业能否成功地进行经营的关键。在这些行业，必须细心地估价竞争对手的销售渠道的成本、规模和质量。在一些特殊行业，不仅要评价竞争对手的销售渠道对顾客需求的敏感性，而且要评价其零售商和销售人员的专业知识水平。

6）服务

应该细心地评价竞争对手在维修、服务、培训、零部件的适应性等方面为顾客提供优质服务的能力和意向，其中包括服务人员的数量和背景、服务项目的数量、服务人员和销售人员之间的关系，以及服务在竞争战略中的作用。

7）财务管理

对某些行业来说，良好的财务系统往往是获得竞争优势的关键。因此，企业管理人员应该分析竞争对手现有资产、债券和红利的管理方式，并与本企业加以比较。

8）个性和文化

在竞争分析领域，普遍强调收集和分析有关竞争对手的财务、制造、市场方面的定量数据，尽管这些信息对揭示竞争对手的能力是重要的，但它们通常并不能说明竞争对手将如何利用这些能力。因此，企业管理人员应该重视对竞争对手个性和文化的分析，这不仅有助于了解他们的思维方式，而且有助于更好地预测其将来的动向和对企业所坚持的不同战略将做出怎样的反应。例如，通过对竞争对手目标的分析，可以了解其个性和可能坚持的战略。一个承诺不解雇人员的企业在需求下降的市场上将难以实现低成本战略，一个追求高增长目标的企业在价格上很可能比强调利润的企业更富有进攻性。分析竞争对手的投资历史可以帮助企业了解其基本原则和习惯；通过对竞争对手在其他行业的战略的研究，可以估计其在企业目前所在行业的战略。例如，竞争对手是一贯倾向于高价还是低价，经常以怎样的方式扩张；在研究和开发上，是领先者还是追随者。此外，通过对竞争对手过去实践的分析，也可以在很大程度揭示其行为特点，即是坚强的还是懦弱的。例如，它是否很快丢弃不获利的业务，或者虽已遇到挫折却仍向这种业务投资，其主要财力资源用于现有业务，还是致力于新的发展。

概括来说，对竞争对手的分析包括两个方面，其一是行为，其二是个性和文化。行为告诉企业竞争对手是否能够开展竞争，而后者则说明竞争对手喜欢如何竞争，它是企业努力分析竞争对手的最重要目标。

2. 产生抗衡的原因分析

1）行业内存在着为数众多的竞争者或势均力敌的竞争者

当一个行业内的企业为数众多时，各企业自行其是的可能性是比较大的。必然会有一定数量的企业为了占有更大的市场份额或取得更高的利润，而突破本行业规定的一致行动的限制，独立行动，设法打击、排斥其他竞争性企业。这就很自然地会引发现有竞争者之间的共同抗衡。比如我国 20 世纪 80 年代初期的洗衣机行业，20 世纪 90 年代末期的 VCD 行业，众多实力相当企业的存在，使这些行业的竞争空前激烈。即使在企业数量相对较少的场合，如果他们势均力敌，无论在规模上还是在财源上都保持着相对平衡，也会产生互相较量，并都会认为拥有足够的财力以进行持续而又激烈的报复。在这两种情况下，企业之间的合作将变得更加困难。显然，合作机会的降低意味着竞争的加剧。

2）高固定成本或高库存成本

竞争对手对市场份额争夺的激烈程度不仅取决于行业增长的快慢，还与它们的成本结构密切相关。当一个行业的固定成本很高时，会对所有的企业造成压力，这迫使它们进一步提高生产能力的利用率，这往往会导致价格削减的迅速升级，价格战甚至会此起彼伏地发生。如 20 世纪 80 年代后期以来，国内彩电市场上就曾发生过十分相似的 5 次价格大战。

产品的库存成本对行业的盈利性和竞争激烈程度也有类似的影响。企业拥有较高的库存成本时，企业为了尽快销售积压商品，也会不得不采取降低价格的行动，结果企业能够获得的利润将减少。

3）缺乏产品差异化

在市场上提供的商品缺乏差异化的情况下，买主的选择主要从价格和服务两个层次考虑，由此导致激烈的价格和服务竞争的压力。事实上，像价格战之类是十分不可取的。一个企业的降价行为可以很容易地被竞争对手模仿。你搞"十点利"，我就搞"八点利"，最后出现了"不求半点利，但求不亏损"，现有竞争者之间的恶性竞争对谁都没有好处，结果使所有企业的收入水平都降低；相反，如果存在着产品差异化，在某种程度上就形成了一些针对冲突的隔离层。因为购买者对一些特定的卖主有其自身的偏好和忠诚程度。

但是，产品和服务的差异化是否导致激烈竞争不仅取决于各企业提供的产品和服务的差异化程度，而且与顾客能否识别这种差异有密切的关系。例如，管理咨询本来是差异化程度很高的行业，但目前在我国由于很多企业的识别能力有限，因而许多"骗子"公司应运而生，并进而导致了激烈的价格竞争。香水、医药和餐饮业也出现了类似情况。我国消费者的鉴别能力差是大量假冒伪劣产品得以流入市场的内在原因之一。

4) 生产能力过剩

生产能力过剩主要是由两个因素引起的：一是企业市场需求下降引起的，这种需求下降可能是长期的，也可能是周期性的；二是企业的过量投资也可能导致生产能力过剩。无论在什么时候，只要生产能力过剩，就会打破行业的供需平衡，导致企业陷入价格削减的周期性循环中，加剧了竞争的激烈程度。

5) 行业增长缓慢

在行业快速增长的条件下，行业内各企业可以与行业同步增长，而且可以在增长的过程中运用自己的资金和资源，市场竞争相对缓和些。但是如果行业增长缓慢，有限的发展必然会使生产能力过剩、开工率严重不足，行业内企业为了寻找出路，纷纷将市场占有率作为争夺目标，必然出现残酷的竞争格局。

6) 退出障碍过高

关于"退出障碍过高"内容的论述，参见前面"潜在进入者分析"部分的论述。

3. 抗衡的转变和进入、退出障碍

前面分析了产生抗衡的原因，但实际上述因素不是一成不变的。如上所述，行业增长的快慢，可能受市场需求波动的影响，既可能呈周期性变化，也可能在相当长的时期内持续下降；竞争对手的数量和实力也在不断变化；政府的有关法规和政策也会随着环境的变化不断地做出调整进而影响退出障碍的高低。当以上因素发生变化时，行业的竞争强度和获利能力也随之变化。

把进入障碍和退出障碍综合起来进行分析就能看出行业内的抗衡状况，如图3-3所示。

| 进入障碍＼退出障碍 | 低 | 高 |
|---|---|---|
| 低 | 低的稳定的收益 | 低的风险小的收益 |
| 高 | 高的稳定的收益 | 高的风险大的收益 |

图3-3 行业的获利能力与进入、退出障碍

从行业获利能力来看，最好的情况是进入障碍高而退出障碍低。在这种情况下，新进入者的进入会受到阻挡，不成功的竞争对手将退出该行业而不至于采取过分压价等手段。

当进入障碍和退出障碍都比较高时，潜在的利润很高，但通常有较大的风险。在这种情况下，新进入者的进入虽被阻挡，但不成功的企业也不能轻易退出，仍要留在行业内参与竞争。

当进入障碍和退出障碍都比较低时，企业容易进入也容易退出，因此盈利比较低同时风险也比较低，很多服务行业，如低档餐饮、修理等属于这类行业。

当进入障碍低而退出障碍高时，行业盈利性最差。在这种条件下，新进入者进入行业容易，还会因为经济条件好转等条件而吸引更多的竞争对手进入该行业。然而，当条件恶化导致需求下降时，过剩的生产能力和竞争中败北的企业却不能离开行业，所以行业的获利能力将会大幅下降。

### 3.3.4 替代品的威胁

所有产业都面临替代的威胁,替代的形式也多种多样。最普通的替代形式是指一种产品替代另一种产品是在同一买方的价值链中实现的,如传真替代电话。零售商店不仅同其他的零售商店竞争,而且还同邮购商店竞争,在这种简单的替代中,主要是关注产品在活动中所实现的功能,因为传真替代电话都实现了沟通的功能,在此无须明确知道它是如何实现其功能的。另一种较为复杂的替代形式指替代品实现的功能与现有产品不尽相同,有的替代品实现的功能更多一些,有的更少一些。如空调既可制冷又可升温,它就成为了暖气设备和电风扇的替代品。除以上两种形式之外还必须关注"买方什么也不做"的替代,比如烟、酒行业。

因此,管理者必须密切关注那些质量有所改进或价格有所下降的替代品。放松管制和科技进步为一大批替代品从传统产品那里抢夺市场份额提供了可乘之机。例如,金融业的放松管制使很多原来只能由银行从事的业务变得可以由许多非银行机构来经营。同样,光碟机技术的发展产生了传统铅印书籍的替代品。现在,光盘版本书籍的销量已经超过了铅印版本书籍的销量。那些只依靠传统印刷技术,而不发展电子版本书籍的出版商,将会发现他们的生存空间在缩小。

替代品给行业产品的价格界定了一个上限。因为当一种产品的相对价格高于替代品的相对价格时,人们就转向购买替代品。但这些替代是否真正成功还取决于替代过程给顾客带来的利益是否足以补偿所造成的损失。因此需要特别指出的关键问题是:一是购买者转而购买替代品的难易程度,通常这种难易取决于购买者所面临的做出这种改变的一次性成本的多少;二是通过增加转移成本或增加产品或服务的附加值,来达到购买者的要求会使由于替代品的使用而造成的风险降低到什么程度;三是顾客的转换欲望,尤其强调的是顾客的替代欲望。

顾客的替代欲望不仅是处于不同环境和不同行业的顾客的替代欲望不同,即使面临同样的转换诱惑,处于同一环境和行业的不同顾客,因其文化、历史、年龄的不同,替代欲望也有很大差异。例如,不同顾客的风险意识常常有很大差异,这是由他们的阅历、年龄、收入及他们所处产业内竞争的性质等所决定的。敢于冒风险的顾客比回避风险的顾客更乐于采用替代品。再如,对技术熟悉的顾客可能较少考虑由技术变化引起的替代风险。实际上,同一顾客的替代欲望也会随竞争环境的变化而变化。例如,当一个顾客,尤其是一个产业用户处于激烈竞争的压力下,并正在寻求某种竞争优势时,它可能比一般情况下更乐于采用替代品。再如,在竞争对手互相压价竞争的情况下,它们可能更希望买到价格便宜的替代零配件,以减小它们产品的成本。

### 3.3.5 供应商分析

供应商是指向企业及其竞争对手提供各种所需资源的工商企业和个人。一般来说,按照与供应商的对抗程度,可以把供应商分为两类:作为竞争对手的供应商和作为合作伙伴的供应商。

1. 作为竞争对手的供应商

当一个企业在对自行生产还是在开放的原料市场上购买所需资源作决策时,他们实际上关心的是以哪种投资可获利更多。因此,把供应商作为竞争对手实际上是减弱供应商的讨价还价能力以获得更大的收益。

在以下几种情况下，供应商具有较强的讨价还价能力。

① 供应商的集中程度高于购买者的集中程度，且其供应的原材料或零配件没有替代品，购买者只好接受供应商的价格和其他条件，以维持其生产和经营；

② 购买者或者某一行业并非供应商的主要顾客，或者说购买者所购数量只占供应商很小的销售百分比；

③ 供应商提供的原材料或产品对购买者的生产制造过程和产品质量有重要影响，而且依赖于供应商的技术和咨询；

④ 供应商提供的原材料或产品与众不同，或转换成本很高；

⑤ 供应商可以与购买者的竞争对手实现前向一体化。

针对上述情况，企业应采取以下措施维持与供应商的关系：

① 寻找和开发其他备选的供应来源，以尽量减少对任何一个供应商的过分依赖；

② 如果行业内仅有很少几个供应商，可以通过积极地寻找替代品供应商而减弱他们的讨价还价能力；

③ 向供应商表明企业有能力实现后向一体化，也就是说，企业有潜力成为供应商的竞争者，而不仅仅是一般的顾客；

④ 选择一些相对较小的供应商，使企业的购买成为其收入的一个重要部分，即增加供应商对企业的依赖性。

2. 作为合作伙伴的供应商

企业把供应商作为合作伙伴这一管理模式主要特点是更多地采用谈判而不是讨价还价的方式。为实现这一目标，可以考虑以下几种方案。

① 与供应商签署长期合同，而不是采用间断式的购买方式。

② 说服供应商积极地接近顾客。尤其是当企业处于下游生产过程，也就是更接近于终端用户时，帮助供应商了解顾客是有益的，它有助于供应商更好地为企业服务。

③ 分担供应商的风险。例如，企业可以与供应商密切协作以改进原料、制造工艺和质量，并以此降低供应商的成本。在特殊情况下，企业甚至可以向供应商投资以促进其对新技术的采用。在必要情况下，企业可以与供应商联合或合资，并通过共同研究和开发来进入市场。

### 3.3.6 顾客的讨价还价能力

1. 顾客的讨价还价能力

买方对行业的影响主要取决于买方与行业中企业的讨价还价能力，它主要包括如下因素。

(1) 行业内企业的产品的差别化程度

如果行业内企业的产品是差别化的，那么行业内企业在与买方的交易中就占有优势；反之，如果行业产品是标准化或差别很小的，那么买方在交易中就占有优势，而且会迫使行业产品价格下降。

(2) 买方对价格的敏感程度

如果客户对价格很敏感，那么客户就会对行业形成较大的成本压力。在以下几种情况下，客户可能会对价格很敏感：

① 涉及原材料占客户产品成本的比例很大；

② 涉及原材料对客户产品的整体质量至关重要；

③ 客户的边际利润已经很低。

(3) 买方拥有行业内企业成本结构信息的程度

客户拥有供应商成本信息越准确，客户的讨价还价能力越强。一些大的客户强烈要求获得供应商的成本数据。当供应商的生产成本下降后，客户也就要求同比例地减价。

(4) 买方行业与供应商行业的集中程度

如果买方行业的集中程度大，供方只能将产品卖给很少几个客户，此外别无市场，那么买方就拥有较大的谈判优势；反之，供方的行业很集中，买方除了可以在少数几家供方企业买到这种产品，除此别无选择，那么供方就会比较主动。

(5) 买方的采购量的大小

像沃尔玛这样的大型连锁超市具有很强的砍价能力，他们往往可以不按商业惯例行事。例如，生产商愿意为15天内付款提供2%的折扣，这是一项商业惯例。然而由于沃尔玛的采购量很大，常常是大多数供应商销售量的一半，使得供应商不得不接受沃尔玛30天后付款却仍然享受2%的折扣的待遇，而且折扣额是以总票额（包括运费之类）为基数，而不是以净票额为基数。也正是由于这种有点霸道的做法，使一些生产商尽量避免与巨型连锁超市打交道。

(6) 买方的转换成本

如果买方因为转向购买替代品而产生的转换成本很小，买方对行业内企业的压力就比较大；反之，买方就比较容易被行业内的企业"套牢"。

(7) 购买者向上游一体化的可能性

向上游一体化即购买者也开始从事原材料的制造和销售，也就是说，进入供应商的经营领域。啤酒和软饮料生产厂商通过威胁要采取向上游一体化战略——从事"易拉罐"的生产，这就会从"易拉罐"生产厂商那里取得一系列优惠条件。

2. 顾客的购买行为和特性分析

上面分析了影响顾客讨价还价能力的因素，那么，针对顾客不同的特点和市场环境的变化，企业应该做出怎样的反应以避免冒失去最好顾客的风险呢？答案自然应该是作一个妥善的计划，以赢回失去的顾客并满足他们的要求。

顾客分析的目的在于了解顾客为什么选择某一产品或服务。是因为价格低、质量高、快速送货、可靠的服务、有趣的广告，还是推销人员的能干？如果企业不知道哪些东西吸引顾客，以及他们的选择将来可能如何变化，那么，企业最终将会失去市场上的优势地位。有效的顾客分析应包括以下几个步骤。

(1) 确定分析的目的

首先要收集有关顾客的全面信息，并仔细地加以研究，不能把顾客分析简单地作为一种短期的应急事务；其次，要把分析结果与实际的决策过程相结合。

(2) 明确企业的顾客

这似乎是一个简单而不实在的问题，但事实上它经常被企业的管理人员所忽视。在这里，最重要的是了解以下几点：

① 产品对用户的最终适用性（如技术上的要求是否是适合顾客的产品或工艺）；

② 顾客的购买方法；
③ 顾客的统计学特点；
④ 地理位置；
⑤ 需求特性（服务、质量和功能）。

(3) 明确企业需要在哪些方面增进对顾客的了解

一旦初步选定了所要服务的顾客群体，下一步就是仔细地考察企业在对顾客的认识上仍存在着哪些空白，这往往成为随后数据收集的重点。它们包括：

① 产品满足了顾客的哪些需求；
② 顾客还有哪些需求未得到满足；
③ 顾客对产品和技术的熟悉程度如何；
④ 谁是购买的决定者与参与者；
⑤ 顾客的购买标准是什么；
⑥ 顾客群体的范围和增长程度。

(4) 决定由谁和如何分析所收集的信息

在这一过程中，至关重要的是将有关信息在企业各部门内广泛交流，同时要求市场、销售和研究开发部门的管理人员明确顾客分析的特殊意义，以及他们各自应采取哪些新的行动。企业高层管理人员应该判断企业的计划是否真正符合顾客的需要。总之，顾客分析的目的在于帮助企业作一些实际的决策，而不是将一大堆数据和报告束之高阁。

## 案例分析 1

### 2017 年我国餐饮行业竞争格局

**1. 从业者众，淘汰迅速**

餐饮行业在总量上保持温和增长，但内部充分竞争。根据中国报告网收集的数据显示，中国餐饮业每年洗牌 70%，餐饮行业处于结构性过剩的状态。餐饮业进入门槛低，从业人数众多，从 2013 年开始从业人数就超过了千万人，2016 年从业者达到 2 300 万人，全国餐饮企业数量超过 320 万家。北京、上海等大城市收入水平较高、生活节奏较快，餐饮消费力居前。但一、二线城市租金和人力成本相对高昂，竞争更加充分，餐饮企业被进一步压低利润空间，存活较困难。在北上广深四大一线城市，2015 年的 59 万余家店面到 2016 年底减少至 57.6 万家，仅在 2016 年下半年就有 16 万家门店关闭。从美团点评的数据来看，北上广深每月餐饮店开店超过 3 000 家，但每个月倒闭率超过 10%，餐厅门店易主经营较为频繁。

**2. 逆水行舟，存活困难**

餐饮行业的经营管理难度大还表现在几个特征上：规模效应弱、劳动密集型服务业、低附加值、品牌黏性差异化大等。作为天然存在的刚需行业，餐饮业整体形态、产品和服务都在不断迭代当中，发展前景广阔；如能精确对接需求，餐饮企业依然有生存与发展的空间。

(1) 品牌对区域扩张的支撑弱

餐饮企业已有的品牌对区域扩张的支撑很弱，原因主要有二：其一，餐饮业是充分竞争的市场，该区域往往已经有竞品存在；其二，餐饮本身区域色彩浓厚，企业需要时间调整菜单、产品口味、服务等以适应当地需求。

以专注火锅业务的呷哺呷哺为例。呷哺作为火锅行业的龙头，近年来每年新开店面数均超过100家，截至2017年6月，已经有了650家店面。火锅的口味接受度较高，市场教育成本较低，但呷哺在扩张时依然保持着区域维度的谨慎，以北京为圆心，轴辐式向外环各省份扩张。呷哺对已进入区域深耕密植，目前在北京、天津、河北等地区的门店数已经超过麦当劳，独占门店数鳌头。呷哺优秀的2017年中报侧面反映了这一扩张策略的成功，印证了品牌企业在区域扩张上需要时间培育品牌。

(2) 利润率低，管理难度大

对上市餐饮企业最近一个财年的数据进行横截面分析，发现餐饮企业的净利率差异很大，从1.7%到13.3%不等。

同时，存货成本、人工成本、租金成本是最主要的部分，后两者随通胀趋势性走高，很难为企业自主掌控。

① 毛利率

已售存货成本（COGS）主要由该企业经营的产品品类决定，休闲餐饮的毛利率能够达到正餐的1.5倍左右。定位较高的唐宫和稻香村毛利率较低。呷哺压低了人均消费，让渡了毛利空间来吸引更多顾客，毛利率也较低。

② 人力成本开支

餐饮的扩张与店面数绑定，店面数的增加也需要相应增加服务人员。同时餐饮行业对服务质量有内在的要求，服务人员规模的扩大造成管理、培训难度加大，推高薪资成本（招聘和留下较高素质的服务人员、管理人员）和管理成本（培训、激励支出，服务配套支出）。

③ 租金成本开支

店面租金由于土地成本上升、企业依赖商业地产店面等原因，近年来一直增长，成为业绩的巨大拖累。2015年，经过数年租金等各项费用的增长，翠华的净利率仅为3.9%，而2017年营收负增长之后租金成本仍然增长1.2%，得益于毛利率的提升才止住了净利润进一步下滑。

3. 群狼环伺，道阻且长

(1) 新创业者涌入

由于资产不重，初始投资额下限低，贴近生活且极端长尾等特点意味着餐饮是个进入门槛较低的行业。在中央大力推动"大众创业"的背景下，创业者不但涌入餐饮业，并且受教育程度相对老一辈餐饮人有一定优势，且更熟悉互联网等新兴工具，拥有更新颖的管理理念。

(2) 企业跨界推动餐饮多样化

除了餐饮企业不断地萌芽、壮大、成熟和淘汰，其他行业的企业也渐渐跨界涉足餐饮。如奔驰的拉面、宜家的餐厅、无印良品开设咖啡馆、永辉超市加入鲑鱼工坊等均取得一定的成功。此外，融合了餐饮、零售、休闲（如书店）等多种业态的复合式品牌门店数量逐渐增多，餐饮本身的形式更加多样化，考验着企业的思路和战略。

(3) 资本市场对餐饮的关注提升

在资本方面，红杉、IDG、弘毅、春华等著名大型投资机构对餐饮业投资不断，当中比较知名的例子有IDG投资喜茶，今日资本投资西少爷肉夹馍等。资本往往在企业初创阶段进入，推动了长尾品牌化，加速了市场的更新和淘汰。此外，2016年春华资本、蚂蚁金服4.6亿美元投资百胜中国、中信集团和凯雷基金20.8亿美元收购麦当劳中国经营权等案例都能从侧面反映餐饮业竞争加剧。成熟的餐饮企业也开始投资年轻的创始企业，孵化品牌。对于现存的餐饮企业来说，用"枕戈待旦"来形容市场竞争强度并不为过。

【资料来源】http://free.chinabaogao.com/jiudiancanyin/201710/10122a2J2017.html.

### 案例分析题

1. 运用波特模型，对我国餐饮行业进行分析。
2. 着重从行业环境的潜在进入者方面来看，企业应该注意哪些问题？

## 案例分析 2

### 外卖移动平台的竞争现状

随着人们生活节奏越来越快，人们需要一种更快捷的方式来满足自己日常生活中的需要。外卖则因其更贴近人们的生活，且效率很高，极大地满足了人们对于订餐方式的需求。在以前人们叫外卖主要是通过发传单和打电话的方式，虽然方便度不亚于信息化平台，但在推送方式方面存在一定的缺陷。对于商品的图样信息，电话并不能完全提供。但通过信息化的发展，一张照片便能让顾客全面掌握商品信息。除此之外，随着互联网智能化的发展，外卖移动平台为商店的经营带来了诸多便利。在短期内，关于外卖移动平台的发展已经初见盛世。外卖市场为了第一时间吸引消费者的眼球，经常推出很多优惠活动。这样使得消费者得到了更多的优惠，节约了更多的时间和金钱的同时，也使外卖的市场越来越开阔，为传统的餐饮服务行业打开了新的世界。

1. 价格越来越优惠

随着信息化和手机智能的发展，很多App应运而生，为商家们提供了更多的可能。关于外卖订餐的App就有饿了么、美团、百度外卖等多家外卖订餐平台。而这其中，很多家订单量已突破了百万，在满足了其资金增长的同时还极大地解决了就业问题，为更多的人提供了就业的机会。同时，许多外卖订餐平台还和其他的商业公司进行联合，推出了更多、更快、时效更强的服务。另外，由于其竞争的激烈，很多App外卖推送平台还推出了首单减价的活动和满一百就减二十元或返三十元的活动。这就使得外卖订餐的价格越来越优惠，而价格的优惠让App得到了更多的关注度，这对于商业日后的发展来说是极其有利的。价格方面的竞争和优惠使更多的人享受到了信息化带来的好处。

2. 外卖服务对象的变化

外卖兴起的最初，是为了行动不便或者因时间不够灵活才提供的就餐服务。现如今，由于交通的堵塞和环境污染等问题，人们慢慢变得不想出门，不愿意将时间花在长时间的等待上。对外卖的需求大增。主要的针对对象是白领和学生。这两个人群都非常有活力，但由于其工作和学习方面的压力,以及生活习惯的问题,已逐渐将外卖作为了生活中的一项基本需求。对白领来说,由于其平常的工作压力较大,上班时间较固定,所以,对于外卖的时间控制比较严格,一般都集中在一星期中的工作日,且一般都在中午订餐。商家必须要通过效率高的App来解决大量的客户需求,并及时配送到。相对于白领,学生群体则比较好服务。由于订餐的多为大学生,学习时间较自由且平时的空闲时间也较多,学生对于外卖的订餐要求就比较宽松了。这也是为什么很多的外卖移动平台将目标投入到校园的原因。由于学生要求较低,且时间较宽松,但消费能力不低。同时很多学生,都有着兼职的需求,这就给外卖市场提供了更多的可能。可以通过学生对学生的宣传来达到推广的效果。除了降低原本的宣传经费以外,还可以为大学生提供一个赚取外快的机会。所以目前竞争的关键便是对于大学生群体的招揽。

3. 标准不统一

由于我国外卖移动平台刚刚发展不久,而对于其标准并没有一个统一的定论。外卖之所以兴起便是由于其便捷性,但兴起发展的背后是送餐员每天的辛苦配送。所以整个外卖行业急需大量的人力、物力。由于一个送餐员的基本工资并不高,但其所肩负的工作量却是巨大的。再加上整个平台上商家的竞争日益激烈。使得菜品价格越来越低,这就使得部分商家在盈利方面收入甚微。由于我国外卖平台在送餐方面没有统一的标准,这就使得整个外卖平台的发展没有一个确切的方向,很容易在后期的发展中出现一些棘手的问题。

4. 竞争中的不公平现象

为了发展外卖移动平台上的客户资源,很多商家想尽了办法。除了价格的降低以及前期的宣传外,就餐者对于该餐厅的评价也是十分重要的。这就使得很多商家想尽办法来刷单,导致了整个行业的不良风气和恶性竞争。这种情况在整个行业看来是不公平的而且对于整个行业的发展来说是极其不利的,这样的外卖移动平台缺少了真实性,也使其他的一些努力工作的商家逐渐失去了竞争力,这样的恶性竞争是要坚决杜绝的。

【资料来源】 李慕康. 外卖移动平台的竞争现状及未来发展趋势. 商场现代化,2016 (7): 39-40.

**案例分析题**

1. 运用波特模型,对我国外卖行业进行分析。
2. 从外卖移动平台的竞争现状方面来看,企业应该注意哪些问题?

# 本 章 习 题

### 一、判断题

1. 对企业外部环境因素的分析可以从宏观环境和行业环境两方面来进行。(    )
2. 法律环境包括国家制定的法律、法规、法令以及国家的执法机关结构等因素。法律法规对企业影响在于:法律既保护企业的正当利益,又监督和制约了企业的行为。(    )
3. 退出障碍是指经营困难的企业全面退出市场的障碍。退出障碍过高,过剩的生产能力不能及时离开本行业,那些在竞争中败北的企业也无法放弃经营。(    )

4. 供应商是指向企业及其竞争对手提供各种所需资源的工商企业和个人。一般来说，按照与供应商的对抗程度，可以把供应商分为两类：作为竞争对手的供应商和作为合作伙伴的供应商。（  ）

5. 毫无疑问，当一个行业或一个企业获利丰厚时，将引起很多潜在的进入者的注意，潜在进入者或新进入者都会给行业带来新的生产能力，但是不会造成某个行业的剧变，造成价格暴跌或行业内部企业费用飞涨，总体上降低行业内的获利能力。（  ）

二、选择题

1. 影响企业战略选择的宏观环境因素是（  ）。
   A. 政治与法律环境　　　　　　B. 技术环境
   C. 经济环境　　　　　　　　　D. 企业竞争力

2. 对企业经营活动有着更广泛而直接影响的因素是（  ）。
   A. 经济环境　　　　　　　　　B. 政治与法律环境
   C. 社会文化环境　　　　　　　D. 技术环境

3. 进入障碍的来源是（  ）。
   A. 差异化　　　　　　　　　　B. 规模经济
   C. 低资金需求　　　　　　　　D. 获得分销渠道

4. 以下选项中，不属于社会和文化环境因素的是（  ）。
   A. 文化底蕴　　　　　　　　　B. 社会流动性
   C. 消费习惯和方式　　　　　　D. 失业率

5. "最关心的是其所在行业的竞争强度，而竞争强度又取决于五种基本竞争力量。"这是由（  ）提出来的。
   A. 安索夫　　　　　　　　　　B. 迈克尔·波特
   C. 明茨伯格　　　　　　　　　D. 加里·哈梅尔

三、思考题

1. 环境的不确定性的定义是什么？通常来说，环境的复杂性与环境的变化哪一个对环境不确定性产生的影响最大？
2. 何为PEST分析？
3. 5种基本力量是如何影响企业战略的？
4. 进入障碍和退出障碍有哪些？它们对行业结构的形成分别会产生什么影响？

**参考答案**

一、1. √　2. √　3. √　4. √　5. ×
二、1. ABC　2. AD　3. ABD　4. D　5. B

# 第 4 章 企业内部环境分析

**在本章中,我们将要学习:**
- 企业的资源、能力和竞争优势
- 市场份额和市场地位分析
- SWOT分析——优劣势、机会威胁分析

 **导入案例**

## 集团资产剥离的经验逻辑及案例

1. 杭钢股份(600126)——置出业绩不佳的业务置产,购入资产支撑转型升级

受钢铁行业整体不景气的影响,杭钢股份前三季度实现营业收入72.91亿元,同比下降36.59%;归属于母公司净利润4.09亿元,上年同期净利润为盈利0.05亿元。

为保持杭钢股份的持续经营能力,杭钢股份于10月临时股东大会审议通过重组方案等事项。根据重组方案,第一,由于主要生产经营所在的半山钢铁基地已于2015年年底关停,同时借助此次重组浙江杭钢高速线材有限公司66%股权、浙江杭钢动力有限公司95.56%股权、杭州钢铁厂小型轧钢股份有限公司60%股权置出至杭钢集团。第二,杭钢股份置入宁波钢铁100%股权、紫光环保87.54%股权、再生资源97%股权和再生科技100%股权,同时募集配套资金用于置入资产环保污水处理项目、钢铁节能环保项目和金属贸易电商平台建设项目等。重组后,杭钢股份全面实现由单一钢铁主业向钢铁、环保和再生资源结合的多元化战略转型升级。

2. 云南白药(601600)剥离房地产业务

2013年3月13日云南白药发布公告:公司为深入贯彻执行"新白药,大健康"战略,更加专注主业,拟对外转让下属全资子公司云南白药职业有限公司全部股权。2013年7月13日云南白药发布公告:子公司云南白药置业有限公司全部股权已经完成转让,转让价位6.4亿元,买家为四川蓝光和骏实业股份。

云南白药置业:2006年4月,云南白药投资组建白药置业,注册资本为1 000万元,主营业务为房地产开发、城市建设投资以及相关项目开发,并全面负责云南白药集团整体搬迁项目以及配套生活区"颐明圆"项目的建设实施工作。自2008年到2013年,白药置业仅有2010年实现盈利,其余年份均出现不同程度的亏损。云南白药有子公司超过20家,主要经营医药健康业务,在剥离白药置业之后,云南白药实现了主营业务的专一化和集中化。

小结：上市公司剥离非核心业务资产，突出主营业务的发展。

3. 华润创业（00291.HK）280亿港元向母公司华润集团出售非啤酒业务

2015年4月8日，华润创业发布复牌和重大资产重组公告称，将以约280亿港元向母公司华润集团出售非啤酒业务，后者将以现金和承兑票据支付，其中拟以现金支付136亿港元。2015年4月21日上午，香港华润大厦，华润集团与旗下上市公司华润创业联合召开新闻发布会，宣布华润集团以280亿港元收购华润创业全部非啤酒业务。这意味着，华润创业将由零售、饮料、食品、啤酒四大业务主导的多元化企业瘦身为一家专业化啤酒制造商。华润创业在年报中披露，零售业务在整合期间业绩表现会产生负面影响，导致盈利能力较为反复。

在华润集团的架构中，华润创业具有独特的地位。一方面，作为上市旗舰，华润创业充当着"孵化器"的作用，华润置地即脱壳于此。另一方面，基于"总部多元化、利润中心专业化"的定位，华润集团建立了地产、水泥、燃气等7大战略业务单元。作为消费品业务的运营主体，华润创业同时承载着零售业务，相比华润水泥、华润燃气等利润中心，业务构成并不清晰。重组公告发布后，华润创业股价复牌后上涨了58%。

小结：通过剥离亏损性业务，改善公司业绩状况。

【资料来源】 部分资料摘自 http://www.hejun.com/thought/column/wangshaokai/201602/5794.html。

企业战略目标的制定及战略选择不但要知彼，即客观地分析企业的外部环境，而且要知己，即对企业自身的内部条件和能力加以正确的估计。

所谓企业的内部环境或条件，是指企业能够加以控制的内部因素。企业内部环境或条件是企业经营的基础，是制定战略的出发点、依据和条件，是竞争取胜的根本。对企业的内部环境进行分析，其目的在于掌握企业目前的状况，明确企业所具有的长处和弱点。以便使确定的战略目标能够实现，并使选定的战略能发挥企业的优势，有效地利用企业的资源；同时对企业的弱点，能够加以避免或采取积极改进的态度。

## 4.1 企业的资源、能力与竞争优势分析

资源、能力与竞争能力是企业的内部环境因素，它们构成了企业竞争优势的基础。如果说企业影响外部环境的能力较弱的话，那么，改进企业内部的资源、能力与竞争能力状况就成为企业战略最为重要的可控变量。企业合理有效利用内部的资源、能力使其转化为竞争优势，从而超越竞争对手，进而增加其盈利能力。

### 4.1.1 资源分析

资源（resources）指的是企业用以为顾客提供有价值的产品与服务的生产要素。需要注意的是，这里的资源概念与会计人员所说的资源概念有所不同，要比会计人员使用的资源概念宽泛得多。从大的方面来说，资源可以分为有形资源、无形资源、人力资源三大类。如表4-1所示。

表 4-1 企业资源分类

| 有形资源 | 实物资源 | 厂房、设备等固定资产 |
|---|---|---|
| | 财务资源 | 现有资金和可融通的资金 |
| 无形资源 | 组织资源 | 企业内部组织结构与采购、销售网络 |
| | 技术资源 | 技术储备,如专利、商标、版权、交易秘密、成功所必需的知识革新所需要的资源,如技术人员、研究条件 |
| | 企业形象 | 在顾客和社会公众等利益相关者心目中的形象 |
| | 企业文化 | 宗旨、理念、价值观 |
| 人力资源 | 人力资本 | 企业管理者与员工的技能、知识及推理和决策能力等 |

1. 有形资源

有形资源是看得见、摸得着、可以数量化的资源,它们通常可以在账面上反映出来。但是应当注意到,在评估有形资源的战略价值时,不仅要看会计科目上的数目,而且要注意评价其产生竞争优势的潜力。譬如说偏远山村很多企业拥有巨额资产,有些设备也很先进,但由于交通不便,信息滞后,资源不能得到有效利用,因此很难适应市场需求的变化。

在评估有形资源的战略价值时,必须注意以下两个关键问题。

第一,是否有机会更经济地利用财务资源、库存和固定资产,即能否用较少的有形资源获得同样的产品或用同样的资源获得更大的产出。

第二,怎样才能使现有的资源更有效地发挥作用。事实上,企业可以通过多种方法增加有形资产的回报率,如采用先进的技术和工艺,以增加资源的利用率;通过与其他企业的联合,尤其是与供应商和客户的联合,以充分地利用资源。如我国的数据通信行业可以通过与集成商和企业的联合,来充分地利用光缆和网络资源。当然,企业也可以把有形资产卖给能利用这些资产获利的公司。实际上,由于不同的公司掌握的技术不同,人员构成和素质也有很大差异,因此它们对一定有形资产的利用能力也是不同的。也就是说,同样的有形资产在不同能力的公司中表现出不同的战略价值。

2. 无形资源

无形资源则主要包括诸如专利、商标、版权等知识产权、网络、企业文化及与产品(服务)和公众利益相联系的企业形象等方面,通常并不在(或不能在)账面上反映出来。无形资源由于不可见性和隐蔽性,所以人们常常忽略其价值。但是无形资产是企业在长期经营实践中逐步积累起来的,虽然不能直接转化为货币,但是同样能给企业带来效益,因此同样具有战略价值。例如在产品质量和服务对潜在的顾客利益的影响并不明显的行业,企业信誉和知名度往往是最重要的资源。在医疗行业,北京协和医院的知名度成为企业最重要的竞争资源。

在这里,需要着重强调的是技术这种无形资源。技术包括其先进性、独创性和独占性。一旦公司拥有了某种专利、版权和商业秘密,它就可以凭借这些无形资产去建立自己的竞争优势。美国的英特尔、微软及中国的北大方正都是这方面的典型例子;而施乐公司试图开发个人计算机但没有成功,则是错误地评估关键资源的例子。当前,中国很多家电企业纷纷涉足计算机行业,一方面说明计算机市场潜力巨大,另一方面也令人担忧,即这些企业是否真正认识自己的资源优势所在。计算机行业不仅需要开发和维修技术，与家电行业不同，而且使用者的购买习惯和消费行为也与后者有很大的区别。

企业所具有的技术能否成为重要的无形资产，除与其先进性和独创性有关外，还与其是否易于转移有密切的关系。如果某项技术易于被模仿，或者主要由某个人所掌握，而这个人又很容易流动，那么该项技术的战略价值将大大降低；相反，如果某项技术很难被模仿，或者与其他技术方法一起使用才能发挥其应有的作用，而这些其他技术方法又掌握在很多人手中，那么，该项技术作为一种无形资产的战略价值就高得多。

**小资料**

分析家往往把资源的内涵界定得异常狭窄，只识别了那些能够加以衡量的资产，比如厂房和设备。对于无形资产，比如专有技术、累积的顾客信息、品牌、商誉及企业文化等，他们却认为这些对增强公司的竞争力价值不大。实际上，这些看不见的资产往往是使竞争优势得以长久保持的唯一真正源泉。

——广雪目童《激活无形资产》

### 3. 人力资源

所谓人力资源，主要指组织成员向组织提供的技能、知识及推理和决策能力，通常把这些能力称为人力资本。在评价企业成员的人力资本时，不仅要根据他们的工作业绩、经验和资历来评价，还要评估他们是否具有挑战未来的信心、知识和能力，以及个人的工作时间、热情、职业习惯和态度等，与此同时，越来越多的企业重视评价员工的人际沟通技巧和合作共事的能力。近年来，许多公司如深圳华为等都已开始对其成员做更广泛、更细致的知识、技巧、态度和行为测评。

人力资源是推动企业发展的能动性因素，企业管理的重点是要调动员工的生产经营积极性，改进工作效率，进而实现预期目标。人力资源分析的主要内容有以下几个方面。

（1）企业人力资源结构的分析

主要对企业人力资源的自然结构（如年龄、性别等）、文化结构、专业技能结构、工种结构等进行多角度、全方位的分析。

（2）企业人力资源配置状况的分析

主要对企业人员资源配置和要素运行进行有机考察，包括以下3个方面：

① 企业成员是否各就各位、各顶各岗、各司其职，是否存在富余人员；

② 为了保证企业各项工作的配合衔接，企业人力资源配置是否存在比例失调、轻重失衡的状况；

③ 为了适应行业发展对企业员工的要求，企业是否能够准确把握人力资源配置的变化方向，并作出人力资源战略性规划。

（3）企业战略管理者的分层分析

包括对企业战略高层管理者、中层管理者、基层管理者的分析。除一般性分析外，重点分析高层战略管理者的决策能力、创新能力、指挥能力及灵活应变能力；分析中层战略管理者的协调能力、沟通能力及对相关技能的熟悉程度；分析基层战略管理者的专业技能、沟通能力、组织水平及培养团队工作作风的能力。

### （4）企业薪酬制度的分析

分析企业工资、奖金、福利等一系列内容，分析企业员工对薪酬制度的不同看法，分析所设计的薪酬制度的公平性、合理性和激励效果。

应当说，企业战略的实现离不开人力资源管理活动。每一项战略决策，都会对上述4个方面提出不同的要求。企业战略管理者应当注意发现在人力资源开发与管理上存在的问题及薄弱环节，并作出改进性措施。

**小提示**

企业的人力资本——员工的知识和技能是21世纪竞争格局中优势的主要来源。

**小资料**

是什么造就了西门子150多年的辉煌？高质量的产品、完善的售后服务、不断创业和创新以及高效的人才培训，被认为是西门子成功的关键。在人才培训方面，西门子创造了独具特色的培训体系。西门子的人才培训计划从新员工培训、大学精英培训到员工再培训，涵盖了业务技能、交流能力和管理能力的培养，为公司新员工具有较高的业务能力，为大量的生产、技术和管理人才储备，为员工知识、技能、管理能力的不断更新和提高提供了保证，因此西门子长年保持着公司员工的高素质，这是西门子强大竞争力的来源之一。

1. 新员工培训

新员工培训又称第一职业培训。在德国，一般15～20岁的年轻人，如果中学毕业后没有进入大学，要想工作，必须先在企业接受三年左右的第一职业培训。西门子早在1992年就拨专款设立了专门用于培训工人的学徒基金。现在公司在全球拥有60多个培训场所。第一职业培训（新员工培训）保证了员工一正式进入公司就具有很高的技术水平和职业素养，为企业的长期发展奠定了坚实的基础。

2. 大学精英培训

西门子计划每年在全球接收3 000多名大学生，为了利用这些宝贵的人才，西门子也制订了专门的计划。大学精英培训计划为西门子储备了大量管理人员。

3. 在职培训

西门子人才培训的第三个部分是员工在职培训。西门子公司认为，在世界性的竞争日益激烈的市场上，在革新、颇具灵活性和长期性的商务活动中，人是最主要的力量，知识和技术必须不断更新、换代，才能跟上商业环境以及新兴技术的发展步伐，所以公司正在努力走上一个学习型企业之路。为此，西门子特别重视员工的在职培训，在公司每年投入的8亿马克培训费中，有60%用于员工在职培训。西门子员工的在职培训和进修主要有两种形式：西门子管理教程和在职培训员工再培训计划，其中管理教程培训尤为独特和成效卓著。

将有形资源占企业资源比重较大的企业称之为"有形资源密集型企业"，而把无形资源占企业资源比重较大的企业称之为"无形资源密集型企业"；同样道理，把人力资源占企业比重较大的企业称之为"劳动密集型企业"。有形资源易于识别，也容易评估，因此也就容易通过外部市场进行交换，最通常的办法是用资金从外部市场购买。它同人们常说的"资本密集型企业"有很大的相同之处。无形资源和人力资源的识别与评估就相对困难得多，因此也就很难通过外部市场来获得（如果企业拥有的资源其他企业也很容易拥有，那么企业的持久竞争优势就很难建立起来；反之，如果企业拥有其他企业很难拥有的资源，那么这些资源就可以成为企业成就竞争优势的重要来源）。

一般情况下，无形资源是在企业的长期经营实践中逐步积累起来的，所花费的时间成本比较高，因此比较不容易获得；而在技术飞速发展和信息化加快的知识经济时代，人力资源在企业中发挥的作用越来越突出，因此构建企业持久竞争优势的重点应当是放在无形资源和人力资源的获取上而不是有形资源的获取上。

### 4.1.2 能力分析

将能够把企业的资源加以统筹整合以完成预期的任务和目标的技能称之为企业的资源转换能力，简称为能力（capabilities）。能力集中体现为管理能力。竞争优势的基础是企业拥有的资源。但是单个资源通常并不能形成竞争优势。就像一个拥有众多球星的球队，如果没有对这些"大腕"有效的组织管理，其并不能构成球队的竞争力。这种管理集中体现在整个价值链中使资源不断增值的能力。

1. 波特价值链理论

价值链分析是识别和评价企业资源与能力的有效方法。早期的价值链思想是由美国麦肯锡（Mckinsey）咨询公司提出来的，后来由迈克尔·波特加以发挥，使其成为分析和构建企业竞争优势的一个重要思想和工具。迈克尔·波特认为每一个企业都是用来进行设计、生产、营销、交货及对产品起辅助作用的各种活动的集合。所有这些活动都可以用价值链表示出来。一个企业的价值链和它所从事的单个活动的方式反映了其历史、战略、推行战略的途径及这些活动本身的经济效益。迈克尔·波特在对企业各项作业进行审查、分析和分类的基础上，从创造顾客价值和可以管理操作的角度，将企业所有经营管理作业分为基础性作业和支持性作业两大部分，如图4-1所示。

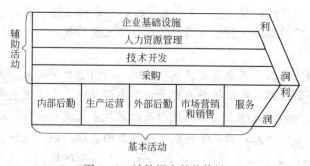

图4-1 波特提出的价值链

图4-1是对价值链的一个图解。组织的基本活动被分成5个主要领域：内部后勤、生产运营、外部后勤、市场营销和销售服务。

（1）内部后勤

包括接受、储备、分配输入给产品或服务的活动，如原材料处理、库存控制和运输等。

（2）生产运营

将各种输入转化为产品或服务，如制造、包装、组织、测试等。

(3) 外部后勤

包括部分接受、收集、储备、分销产品给顾客。对有形产品包括入库、原材料管理、运输等，对服务（无形产品）则包括：如果有固定地点（如运动会等），安排将顾客送到服务地点等。

(4) 市场营销和销售

这是指提供一种使顾客意识到产品和服务，并且促使其购买的方法。它包括促销广告、销售活动。在公共事业中，帮助用户接受特定的服务交流网络十分重要，例如，对 PTE（passenger transport executive）类组织来说，随着英国 1986 年取消对公共汽车的管制，这已成为 PTE 的主要任务。

(5) 服务

包括所有能提高或保持产品或服务的价值的活动，如安装、维修、培训、备件等。

(6) 技术开发

一切价值活动都具有"技术"，即使有的只是"技术诀窍"。关键技术可能直接关系到产品（如研究与开发产品设计），关系到工艺（如工艺开发）或关系到某一特定资源（如原材料改进）。

(7) 人力资源管理

人力资源管理是超过一切主要活动的极为重要的方面。它涉及组织中人员的招聘、培训、开发和奖励。

(8) 企业基础设施

计划、财务、质量控制等体系，对组织在所有主要活动中的战略能力都极其重要。基础性活动还包括承载组织文化的组织结构和惯例。

价值链列示了总价值，并且包括价值活动和利润。价值活动是企业所从事的物质上的和技术上的界限分明的各项活动，它们是企业创造对买方有价值的产品的基石。利润是总价值与从事各种价值活动的总成本之差。

企业的价值链不是孤立存在的，它处在一个范围更广的价值系统中：供应商价值链、企业价值链、渠道价值链和买方价值链，如图 4-2 所示。供应商拥有创造和交付企业价值链所需的外

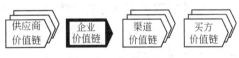

图 4-2 价值系统

购输入的价值链，产品通过渠道价值链到达买方手中，企业产品最终成为买方价值链的一部分。这样，企业的自身活动通过与上下游企业的供需联系组成一个环环相扣的链条，这个链条决定着企业为顾客创造价值的大小和竞争优势的高低。获取和保持竞争优势不仅取决于对企业价值链的理解，而且取决于对企业如何适合于某个价值系统的理解。

应该注意的是，在大多数行业，很少有哪一个企业能单独完成从产品设计到销售给客户的全部价值活动，通常都要进行专业分工。任何一个企业只是创造产品或服务的价值系统的一部分。因此，在了解价值是怎样产生时，不仅要考察组织的每一项内部活动及它们之间的联系，还要对包括采购和销售链在内的整个价值过程进行深入分析和了解。例如，最终到达消费者手中的汽车，汽车的质量已不仅仅受到制造这辆汽车的制造公司的活动的影响，它还与零部件的质量和分销商的经营活动有密切的关系。

### 2. 企业价值链的特点

第一，价值链分析的基础是价值，而不是成本。价值是买方愿意为企业提供给他们的产品所支付的价格，一般用总收入来衡量。这实际上就是把问题的着眼点放在了企业的外部，而不是企业的内部，具有一定的现实指导性。

第二，价值链主要由各种价值活动构成。价值活动是企业所从事的物质和技术上的界限分明的各项活动。价值活动有两大类，即基本活动和辅助活动。基本活动是涉及产品的物质创造及其销售、转移给买方和售后服务的各项活动，如图4-1底部所列的5种活动。辅助活动是辅助基本活动完成其职能的活动，如图4-1顶部所列的4种活动。价值链正是由这些价值活动所构成。

第三，价值链列示了总价值。价值链不仅包括价值活动，还包括利润，利润是总价值与从事各种价值活动的总成本之差。

第四，企业的价值链不是孤立存在的，它还体现在更广泛的价值系统中。供应商拥有创造和交付企业价值链所使用的外购输入的价值链（上游价值），许多产品通过渠道价值链（渠道价值）到达买方手中，企业产品最终成为买方价值链的一部分，这些价值链都在影响企业的价值链。因此，获取并保持竞争优势不仅要理解企业自身的价值链，而且也要理解企业价值链所处的价值系统。

第五，在同一产业中，不同的企业具有不同的价值链。不同企业的价值链反映了它们各自的历史、战略及实施战略的途径等方面的不同，同时也代表着企业竞争优势的一种潜在来源。

第六，对同一个企业而言，在不同的发展时期会具有不同的价值链。一方面表明企业的价值链具有动态发展性，另一方面还说明企业的竞争优势也是不断发展和变化的。

### 3. 企业价值链分析

把企业作为一个整体来看待是无法评价企业能力的，必须将企业的经营活动加以分解。分解为从原料供应、产品制造，直到产品销售及售后服务、技术开发等一系列活动，一项项地加以考察和分析才能找出弱点，然后采取有针对性的战略战术化解劣势，使整个资源得到最佳配置和有效利用，从而赢得竞争优势。这就需要进行价值链分析，它包括如下步骤。

#### 1) 识别价值活动

识别价值活动要求在技术上和战略上有显著差别的多种活动相互独立。

价值活动中的基本活动是在物质形态上制造产品、销售和发送至客户手中及在售后服务中所包含的种种活动，它包括：

① 内部后勤，指与接收、存储和分配相关联的各种活动；
② 生产经营，指与将各种投入转化为最终产品相关联的各种活动；
③ 外部后勤，指将产品发送给买方相关联的各种活动；
④ 市场营销，指与吸引顾客购买其产品和服务相关联的各种活动；
⑤ 服务，指向顾客提供的、旨在提高或维持产品价值的活动。

辅助活动是辅助基本活动并互相支持的活动，它包括：

① 采购，指购买用于企业价值链各种投入的活动；
② 技术开发，是由一系列活动组成，可分为致力于改进产品和改进工艺两种；

③ 人力资源管理，指与人员招聘、培训、评价及工资、福利相关的各种活动；

④ 企业基础设施，是由总体管理、计划、财务、法律、政治事实和质量管理等大量活动组成。

这些活动对企业竞争优势的形成起着至关重要的作用，但因企业所处产业的不同，会稍有侧重。例如，对于批发商而言，进货与发货的后勤管理最为主要；对于复印机生产企业而言，服务可能会成为竞争优势的核心来源；对于高新技术企业而言，人力资源管理和技术开发就是企业的生命。

2) 确定活动类型

在每类基本活动和辅助活动中，都有 3 种不同类型。

① 直接活动，涉及直接为买方创造价值的各种活动，例如零部件加工、安装、产品设计、销售、人员招聘等。

② 间接活动，指那些使直接活动持续进行成为可能的各种活动，例如设备维修与管理、工具制造、原材料供应与储存、新产品开发等。

③ 质量保证，指确保其他活动质量的各种活动，例如监督、视察、检测、核对、调整和返工等。这些活动有着完全不同的经济效果，对竞争优势的确立起着不同的作用，应注意加以区分，权衡取舍，以确定核心和非核心活动。

3) 将有关的价值活动作进一步的细分与归类

每一类价值活动都可以分为一些相互分离的活动，如生产经营活动可进一步分解为：A 零部件加工、B 零部件加工、C 零部件加工等；市场销售活动中的广告可以细分为报纸广告、杂志广告、电视电台广告、户外广告等。这样就会获得数量巨大的潜在活动的综合。在此分解活动中应遵循以下几个原则：

① 活动应具有不同的经济性；

② 对差异化产生很大的潜在影响；

③ 在成本中所占比例很大或有上升趋势。

在将价值活动进行细分之后，还要依其对竞争优势贡献的大小不同将它们组合起来，至于如何组合应视企业的具体情况而定。例如订单处理可作为外部后勤的一部分，也可以作为市场营销的一部分；销售队伍可作为营销的活动之一，也可以作为服务活动的一部分。同样，若进货材料处理和发货材料处理用的是同一套设施和人员，那么两者就应合并为同一价值活动，或归入内部后勤活动中，或归入外部后勤活动中。总之，价值活动应分别归入能最好地反映它们对竞争优势贡献的类别中。

4) 确定企业的价值链

现以某复印机制造企业为例，确定该企业的价值链。如图 4-3 所示。

5) 分析企业资源的增值过程

企业资源的增值有 3 个主要来源，如下所述。

(1) 价值活动本身

它是构筑资源增值的基石，一般都会受到企业管理者的高度重视。由于价值活动已列在企业的价值链中，只要同其他企业对比，就不难发现自身资源增值活动之所在。

(2) 价值链内部联系

虽然价值活动是构筑资源增值的基石，但价值链并不是一些独立活动的综合，而是由相

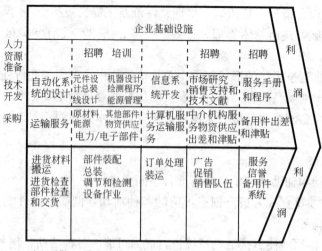

图 4-3 复印机生产企业的价值链

互依存的活动构成的一个系统。价值活动是由价值链的内部联系联结起来的,这些联系是某一价值活动进行的方式和成本与另一活动之间的关系,企业资源增值往往来源于这些联系。有两种方式的联系可以为企业带来资源增值的机会,其一是最优化,其二是协调。前者是从整体或联系的角度来考虑成本与利益之间的关系。例如,成本高昂的产品设计、严格的材料规格或严密的工艺检查也许会大大减少服务成本的支出,进而使总成本下降,使企业获得低成本的资源增值效果。后者是通过协调各种价值活动使其相互配合,从而使企业削减成本或增加经营差异性。如协调的改善可以降低公司的库存,进而使成本降低,并使公司经营独具特色。但要做到这一点并不容易,这就要求企业管理者认真分析企业价值链内部各价值活动之间的联系,以发现企业的资源增值的机会。

(3) 价值链的纵向联系

联系不仅存在于企业价值链内部,而且存在于企业价值链与供应商、渠道价值链和买方价值链之间,这就是所谓的纵向联系。纵向联系与价值链内部联系相似,即供应商、渠道或买方的各种活动进行的方式会影响企业活动的成本或利益,反之也是如此。供应商是为企业提供某种产品或服务的,销售渠道具有企业产品流通的价值链,企业产品表示为买方价值链的外购投入,因此它们各自的各项活动和它们与企业价值链之间的各种联系都会为企业的资源增值提供机会。尽管纵向联系常被忽视,也不容易协调和优化,但它却是企业资源增值的一个来源,应予以重视。

6) 分析企业的资源增值是否有效

如果通过分析发现,企业通过价值链增值活动而具有的竞争优势是市场上所需的有效的竞争优势,那么企业就可以充分利用这些优势同竞争对手展开竞争,定会取得令人满意的结果。但不幸的是,通过分析得出的竞争优势有时却不是市场上所需的,是无效的竞争优势。例如,某凉席生产企业的竞争优势是能向社会提供高质量的凉席制品,但其目标市场已多采取空调降温解暑,对凉席已无太大需求,此时产生这一优势的价值链活动就变成了无效的资源增值活动,企业要想在原有的目标市场上竞争、生存,必须寻求更多的企业资源增值的机会,进而给企业带来竞争优势。

## 4.1.3 竞争能力

这里的竞争能力（competencies），不是指企业具有什么资源或能力，而是指企业拥有的与竞争者不同的"一套"能力。有些学者称之为"独特竞争能力"（distinctive competencies）。资源和能力为企业提供了在制定和完成战略任务时所需的基础。但是，并不是所有的资源与能力都能够成为战略性资源和能力，只有那些能够使企业形成竞争优势的资源与能力才是竞争能力。竞争能力是这样重要，以至于仅仅有了上面的定义还是难以正确地判断什么样的资源与能力才能成为竞争能力。为此，一些学者做了大量的实证性研究，归纳出了判断某项资源或能力是否是竞争能力的 6 个标准。

1. 稀有性

这种资源或能力是企业独有的还是大家都有的？如果竞争者也广泛拥有这种资源或能力，那么这种资源或能力就不是竞争能力，因为它不能使企业产生竞争优势。这是检验资源或能力价值的基础。比如汽车行业，质量对于成功非常重要，但对本田和丰田而言，自从普及全面质量管理以提高整个行业的质量标准后，它不再是一个重要的竞争优势。

2. 难以模仿性

这种资源或能力很难复制吗？如果这种资源或能力很容易复制的话，那么这种资源或能力就会很快在竞争企业中传播开来，企业也就丧失了竞争优势。对零售业来说，竞争优势来自货物的摆放、销售技巧、货物登记和延长开放时间，而这些又很容易被竞争对手模仿。在金融服务业领域，像利率互换、买卖债券及其他衍生业务等创新也很容易被对手模仿，因为不像机器和化学领域的革新，金融创新一般不受专利保护。

3. 持久性

这种资源或能力会很快贬值吗？有的企业可能拥有一时的优势，例如成本优势，但是这种优势可能会随着时间的推移、产品的成熟和竞争战略的趋同而丧失。例如，万燕公司是我国第一家引进国外散件组装 VCD 的企业，头两年销售十分火爆。但是不久它的优势就消失殆尽，因为它的优势仅仅是抢占了先机，而这一点优势很容易被后来者赶超。

10 年来，随着市场经济的建立，在国内企业竞争逐渐加剧的过程中，企业管理咨询也随之红火起来。这个过程已经经历了两个阶段：点子阶段和策划阶段。所谓"点子"，就是针对企业销售的问题，用火花式的一个点子来激发销售。在企业经营管理低层次的昨天，这些点子还能解决企业销售不畅的一些问题。一时间"点遍中国"的"点子大王"如雨后春笋般地冒了出来。但是很快，被点子"激活"的企业又再度陷入困境。原因是这些点子给企业所带来的竞争优势没有持久性。其后，"包装""策划"虽比点子更加综合、更加深入地为企业带来了竞争优势，但是由于"重外"（重点解决企业的外部形象）而"轻内"（对企业内功锤炼不足），也很快使企业的竞争优势化为乌有，有的还为此背上了沉重的包袱。这说明：企业依靠点子和策划不能形成竞争优势，咨询公司靠出卖点子和策划也不能形成竞争优势。企业需要精细化的管理，锤炼内功，咨询公司需要精细化的咨询运作，才能使双方都形成竞争优势。

4. 获利性

这种资源或能力能够使企业获益吗？有些资源或能力对企业来说并不能获益或者获益很少，他们不能形成企业的竞争优势。例如，国内足球俱乐部的投资者很少能够获得与想象的投资回报相一致的回报，球员（资源）的回报非常丰厚，年收入高达百万元。有的企业拥有非常能干的员工（资源），员工的工资很高而企业却严重亏损。有的老板无可奈何地说："真不知道是我给他们打工还是他们给我打工？"

5. 替代性

这种资源或能力是可以用其他资源和能力替代的吗？如果企业的资源或能力能够被竞争者用其他的资源或能力所替代的话，那么这些资源也不是竞争能力。长期以来，很多经济学家认为，我国应当按照比较优势的国际分工理论来设计我国的产业政策，例如，我国在劳动力成本上有优势，应当大力发展劳动密集型行业。但是，劳动力成本比较优势理论对一些情况是适用的，而对另一些情况就不适用。因为在一些可以实现高度自动化的行业，高劳动力成本的国家企业可以通过设备的智能化、自动化来替代劳动力。在这种情况下，低廉劳动力资源就不再是竞争能力。

6. 优越性

这些资源或能力是最好的吗？这个检验回到了一个基本的真理：在竞争中，绩效总是相对的。很多企业在进行长处与短处的评价过程中，轻易地就将企业的长处贴上竞争能力的标签。在分析中，企业承认较之竞争对手有短处，但是在同时又宣称企业至少有7个核心竞争能力。应该说，只有企业的竞争能力显示其竞争优势，也就是这些竞争能力超越竞争者所拥有的能力的时候，才是有价值的。"拥有"是不充分的，必须要比竞争者"更好"。

### 4.1.4 竞争优势

1. 竞争优势与竞争能力

竞争优势，或确切地说持久竞争优势，产生于企业的顾客价值创造战略，即用什么方法创造顾客价值。当现有的和潜在的竞争者没有实施与企业同样的顾客价值创造战略的时候，或是竞争者无法模仿企业的顾客价值战略的好处的时候，我们就说企业具有持久的竞争优势。竞争优势是用企业满足顾客需要的程度来衡量的。企业能够很好地满足顾客的需要，为顾客创造比竞争者更多的价值，企业就有竞争优势。

竞争能力是用企业是否具有竞争优势来衡量的。企业具有竞争优势，一定是因为某种原因，或是拥有独占的稀缺资源（如拥有世界范围内绝无仅有的稀有金属矿山），或是因为企业具有独到的整合资源的能力。这样的资源或能力就是竞争能力。当资源或能力满足上面的6条标准时，企业才能形成竞争优势，这些资源或能力才能称为竞争能力。如图4-4所示。

图4-4 能作为战略能力的竞争能力

【资料来源】董大海. 战略管理. 大连：大连理工大学出版社，2001.

判断竞争优势的源头至关重要，只有溯本求源，才能找到开发和提高竞争优势的管理要素。

2. 通过价值链获取竞争优势

企业的竞争优势有许多，如技术优势、人才优势、管理优势、创新优势等，但归根结底，只有两种：一种是成本领先优势，另一种是差异化优势。前者以低于其竞争厂商的成本实现相同的价值获得竞争优势，后者则通过提供高于同类产品的价值，并使这部分超额的价值超过其实现的成本而获得竞争优势。

1) 获取成本领先优势

(1) 控制成本动因

成本动因可分为结构性动因、执行性动因、作业性动因三大类。结构性动因是指决定企业基础经济结构的成本动因，波特综合了影响企业价值活动的 10 种结构性动因：规模经济、学习、生产能力利用模式、联系、相互关系、整合、时机选择、自主政策、地理位置和机构因素。执行性动因是限定企业作业程序的成本动因，包括职工对企业的向心力、质量管理、生产能力的运用、厂房布局规划、产品结构、上下游连接关系等。作业性动因是在上述成本动因既定的情况下，进行具体操作而应计入成本的因素。分析这 3 个层次的成本动因，有助于企业全面把握成本动态，发掘有效途径来获取成本优势。管理者往往只重视有形的作业性动因，而忽视无形的结构性、执行性动因。事实上，结构性、执行性动因对成本的影响比作业性动因更大，而且这类动因需要长时间积累才能形成，且一经形成就难以改变，将会长久地决定其成本地位。为了构造长期成本优势，企业应比其竞争对手更有效地控制这类成本动因。

(2) 重构价值链

重构价值链能够取得重大竞争优势，因为再造不同于改进，价值链重构将从根本上改变企业的成本结构。重构价值链包括以下几个方面。

① 重构企业内部价值链，即重新设计企业的价值链活动，采用效率更高的方式来设计、生产和销售产品。如采用新的原材料、重新构建生产工序、取消某些不必要环节、提高自动化程度等。

② 重构上下游价值链，如与上下游企业结成联盟、实行经济的分销策略、采用新的分销渠道、变间接销售为直接上门推销、采用新广告媒体等。

③ 价值链分解与整合。价值链的分解就是将比较劣势的非核心业务外包或出售，价值链的整合就是将外部的相对独立的、具有比较优势的增值环节整合进企业的价值链，以增强企业的核心能力，获取长久的竞争优势。

2) 差异化优势的获取

(1) 增加独特性来源

企业独特性来源越多，其竞争对手的模仿能力越低，因而增加独特性来源可给企业带来显著、持久的优势。这些独特性可能来源于采用了新型材料、与众不同的外观设计、卓越良好的性能、完美的售后服务等。例如，麦当劳独特的店铺造型、严格而专有的配料、统一的制作技术、与众不同的口味等都是其显著优越于其他快餐公司之处；而巴黎服装长盛不衰则与其新颖的面料、一流的设计、精良的做工紧密相连。

(2) 改变规则，创造独特性

在传统的卖方市场下，企业生产什么，消费者就消费什么，即生产决定着消费，企业无须在独特性上下功夫。而随着全球竞争的加剧,卖方市场转化为买方市场,企业要在激烈竞争中立于不败之地,必须时刻关注消费者的消费心理和消费倾向,以迎合未来产品的发展趋势。比如,随着生活水平的提高,人们选购电器可能不再单纯重视它的结实耐用,而是注重它的外观设计和功能齐全;对服装的选择,从过去的重质地发展到强调它的舒适和款式设计。企业要获得差异化优势,就必须具有非凡的预见力,在竞争对手认知前生产出符合未来发展趋势的新型产品,创造独特性。

（3）重构独特价值链

重构价值链也可以获得差异性显著的效果,比如采用全新程序的技术,独特的销售方法,给人印象深刻的广告宣传等。

### 3. 竞争优势与资源和能力的可维持性关系

企业的盈利能力不仅取决于所建立的竞争优势的大小,而且取决于其维持竞争优势的时间长度,这一时间长度既与资源和能力的持久性有关,又与竞争对手模仿企业战略能力有关。一般来说,资源和能力的流动性越强,或者可复制性越好,竞争对手的模仿能力就越强。

所谓的资源和能力的持久性,是指它们能在较长的时间内维持其价值不变。如果说企业的核心资源和能力是在某个技术层面,那么它的持久性是很难做到的。例如,英特尔公司在与AMD公司的竞争中只将CPU的时钟频率保持在一定水平的话,那必然会被AMD公司淘汰,因此它必须不断地提升技术能力,以获得持续竞争优势;而持续的技术创新为企业带来竞争优势的同时,也增强了其经营的风险,这就是熊彼特所说的,技术的创新是一种"创造性的毁灭力量"(creative destructive)。而如果资源和能力体现在企业的品牌信誉和品牌知名度、美誉度上,那么其长久性就比较容易做到。例如,金利来原来是以做领带发展起来的,现在金利来除了领带以外,借用金利来的良好品质,不断推出了衬衫、西服系列,并产生了良好的市场效果。但是,企业的品牌优势的积累需要长期努力而形成。

影响企业竞争优势的第二个因素是资源和能力的流动性。这种流动性可以反映资源和能力在不同公司转移的难易程度。如果一个企业的竞争对手很容易就能模仿到其战略所需要的资源和能力,那么该企业的竞争优势就很难持久。一般来说,原材料、零部件、由设备供应商提供的机器及只具有一般生产技能的员工等都比较容易在企业之间转移。而一些企业的诸如名称、企业文化、领导的组织能力等就不太容易被其他企业模仿。还有要说明一点的是,企业的资源和能力如果是较多地集中在少数员工身上的话,那么当这些员工离开时,不仅带走了他所有的专长和知识,还可能带走商业机密。这些人离开后,或者进入竞争对手的公司,或者自己成立企业,但是无论出现哪一种情况都会极大地削弱企业的竞争力。企业对与这些员工除了利益分配上要加强以外,还要利用企业整体和企业的文化来吸引,强化对员工的吸引力,这样才能使企业得到更多的回报。同时,现代"学习型组织"理论告诉我们,如何通过企业员工持续的信息交流和学习努力,使原先被少数人掌握的资源（核心价值）和能力能成为公司员工共有的资源与能力,是企业经营者迫切需要思考的新课题。

**小资料**

引言：由于所处产业环境的变动和市场竞争的激化,企业不可能长久并完整地保持其竞争优势,无论这一竞争优势来自何处。每一种竞争优势在市场竞争中都有可能被消解或破坏，几乎没有例外，只是时间有长有短罢了。只要竞争对手能够成功复制优势企业的某种竞争优势，那么这种竞争优势就不再是竞争优势，而成为产业内所有企业发展业务的必要条件，如优异的产品品质和周到的服务。如果企业依靠某种竞争优势不断地发展和壮大，当竞争使其成为市场生存的基本条件或必要条件时，它们就沦为普通企业，并日渐衰败，甚至破产。

王安于1951年创建王安计算机公司，专门生产他自己发明的磁脉冲计算机记忆芯片，并进行计算机应用方面的相关咨询服务。当时，王安的全部家当只有600美元，公司的总部只是一间月租金只有70美元的简陋房子，可谓白手起家。王安公司通过向IBM公司出售其专利产品——计算机记忆芯片，获得50万美元的原始资本积累。

在20世纪60年代，普通的计算器主要用于简单的四则运算，而复杂的计算则需要大型的立式计算机，而且这种计算机价格昂贵，所占空间很大，运转速度很慢。王安凭借其敏锐的科研洞察力和市场预见力认为小型计算器和办公自动化将会成为潮流，所以王安公司着力于中型计算机和办公自动化设备的开发和生产。王安公司在20世纪60年代研制出快速运算、使用便捷，同时具有计算、存储和演算等一系列功能的台式LOGI计算机。

在计算器为王安公司带来巨大利润的时候，王安决定撤出计算器领域，因为他预见到大规模集成电路的出现将直接威胁没有半导体技术支持的王安公司的生存。王安公司决定进军文字处理机和商用计算机市场。在1975年开发出世界上第一台可以在荧光屏上随意编辑文稿，并可以随意存储和检索文稿的真正文字处理机，在1976年推出VS商用中型计算机。

王安公司选择进入在当时比较有市场前景的产业，并且通过3件革命性的创新及其相关产品，获得了非常显著的竞争优势，由此迅速成长和繁盛起来，成为美国计算机产业界的著名企业。王安公司在1976—1985年期间达到鼎盛状态，在此期间的年增长率达到了30%～40%。在1971年，王安公司的规模只是全球计算机业的最大企业IBM公司的0.4%，而到了1985年，却已经达到IBM公司的5%。1985年在美国《财富》杂志"全美500强企业"排行榜中名列第161位。在1989年名列美国《财富》杂志"世界500强企业"排行榜第414位。

在经过短暂的繁荣之后，王安公司开始走下坡路。在1985年，公司的增长率突然降至8%，净利润率从原先的10%降到不足1%，并开始出现开业以来的首次亏损。在此之后，公司的业绩一路迅速下滑，直至1992年申请破产保护。王安公司的竞争优势只保持了10年左右的时间，而后就因为没有新创后续的竞争优势而在激烈的市场竞争中被淘汰。其关键原因在于指引企业创新的产业预见偏离了市场导向，并且同时缺乏改变市场导向的相应的足够战略资源。

在20世纪80年代，市场消费导向发生显著改变。在这一时期，消费者的兴趣已经转移到个人计算机，而不再是以往的小型计算机和文字处理机。个人计算机开始进入办公室和家庭。个人计算机具有实用、便宜和多用的特性，它除了可以进行文字处理外，还可以进行许多种商务工作和办公业务，而且计算机产业开始出现硬件系统化和软件标准化与兼容性的趋向。但是王安对此却视而不见，不以为然，认为开发个人计算机是"闻所未闻的荒唐事"，继续集中力量开发高档中型计算机。

当个人计算机的盛行严重威胁到王安公司赖以生存的三大产品系列中的商用中型计算机和文字处理机时，王安公司才开始开发个人计算机。但是王安公司所开发的个人计算机尽管性能可靠，速度是IBM公司的3倍；但是它却只能运行其自己开发的软件，而不能兼容其他软件。王安认为，从利润的角度来看，开发自己系列的计算机，能够锁住客户。可当时，

IBM 公司的个人计算机制式已经得到产业界的认可，而且绝大多数计算机企业为了方便用户的使用，以便用户在不同的机种和资料处理系统之间交换资料或交互作业，开始执行 IBM 公司的产业标准，生产与 IBM 公司兼容的计算机及其相关软件。由此就使得 IBM 公司的个人计算机制式成为事实上的产业标准和潮流。尽管王安公司在当时是一个非常大的公司，但是与 IBM 公司相比仍然只是一个小公司。限于其规模与技术及市场影响力，王安公司几乎不可能改变由 IBM 公司所制定的产业标准。然而，王安过分相信自己公司的实力，不愿意向 IBM 公司"臣服"，以至于偏离了计算机产业发展的主导航向，最终被市场所抛弃。

【资料来源】郭跃进. 战略管理. 深圳：海天出版社，2002.

### 4. 竞争优势与资源和能力的适应性关系

毫无疑问，人们总是认为资源和能力的所有者会取得相应的回报，而实际上，所有权常常是一个模糊的概念。理论上讲，机械设备、品牌或专利等都归收购或开发这些资源的企业所有，但实际上，许多资产权，尤其是技术产权很难明确其归属，这是因为：第一，企业的技术与个人的人力资本之间的界限并不清楚；第二，雇用合同仅仅部分地说明了企业从雇员那里买到了什么。而实际上，这种雇用合同远远不能说明雇员所拥有的知识与技能。事实上，当涉及技术与专有知识时，人们很难确定哪些东西归于个人，哪些东西归于企业。就组织能力而言，当能力的形成依赖于雇员的技巧和知识，而后者又以组织为其存在基础时，评价组织能力的适用性问题变得尤其困难。事实上，企业对某种能力的控制程度及企业与雇员个人之间权力的均衡状况，在很大程度上取决于个人技能与组织之间的关系。个人的技能和知识越依赖于企业整体和信誉，企业对雇员控制的能力就越强，同时从组织能力上获得的回报也就越高。

当很难确定某些资源和能力的所有权时，企业和其雇员之间的利益分配在很大程度上取决于两者的相对讨价还价能力。如果雇员个人对劳动生产率的贡献很容易明确，且雇员本人很容易流动，同时其技能在其他企业同样可以发挥作用，那么，雇员在利益分配上就会处在较强的讨价还价地位。

### 小资料

迈克尔·波特（Michael E. Porter）32 岁即获哈佛商学院终身教授之职，是当今世界上竞争战略和竞争力方面公认的第一权威。他毕业于普林斯顿大学，后获哈佛大学商学院企业经济学博士学位，目前拥有瑞典、荷兰、法国等国大学的 8 个名誉博士学位。波特先后获得过威尔兹经济学奖、亚当·斯密奖，3 次获得麦肯锡奖。他曾在 1983 年被任命为美国总统里根的产业竞争委员会主席，开创了企业竞争战略理论并引发了美国乃至世界的竞争力讨论。

波特博士获得的崇高地位缘于他所提出的"5 种竞争力量"和"3 种竞争战略"的理论观点。作为国际商学领域备受推崇的大师之一，波特博士至今已出版了 17 本书及 70 多篇文章。其中，《竞争战略》一书已经再版了 53 次，并被译为 17 种文字；另一本著作《竞争优势》，至今也已再版 32 次。

## 4.2 企业市场份额和市场地位分析

一个企业的盈利能力主要取决于两个因素：一是其所在的行业结构，二是其相对竞争地位。前面已分析了有关资源和能力，这些有助于帮助我们认识一个企业是否具有发展潜力和会形成怎样的核心能力。但是每个企业有着自己不同的特性，不一定能在每一个方面都优于竞争对手，而且企业也不可能只生产和经营一种产品，总有一些好的产品项目，也可能有一些不好的产品项目。因此有必要对企业产品组合中的每一个产品项目进行分析，以便根据它们各自的相对市场份额和市场地位采取不同的策略。

### 4.2.1 市场份额分析

在很多情况下，市场竞争表现为市场份额之争，而且具有最高市场份额的企业往往也获利最多。所谓市场份额的计算，指的是用该企业的市场销售额除以全部市场销售额。但是企业市场的确定却不是那么简单。如企业的市场可以是某个区域也可以是整个国家的市场。

一般来说，在下述几种情况下企业比较容易增加市场份额。

（1）整体市场增长迅速

在整体市场迅速增长的地方，企业有更多的机会增加市场份额，因为一些竞争对手可能缺少资源条件或能力与快速增长的市场保持同步。例如，我国春兰空调、联想公司，都因市场的迅速扩大和它们自身能力的提高而迅速增加了市场份额。

（2）技术、社会价值观和法律环境的变化

技术发明和进步为一些企业提供了建立市场份额机会的例子已屡见不鲜。例如，固定式滚筒打字机的发明使 IBM 成为办公室打字机市场的领先者；在 20 世纪 60 年代，美国年轻一代朝着非正规生活方式转化的趋势，向 Levis 公司提供了通过生产宽线斜纹布以扩大市场份额的机会；同样，我国人们生活方式西方化的倾向，为麦当劳、肯德基、可口可乐等提供了巨大的市场机会。

（3）有利的竞争条件

当竞争对手忽视了一些差异化因素，使企业有减少成本的机会时，企业应增加市场份额。我国的旭日升公司之所以能在竞争日益激烈的饮料市场增加其市场份额，是因为没有其他竞争对手认识到冰茶更适合我国很大一部分消费群体的口味。

### 4.2.2 波士顿矩阵分析法

#### 1. 简述

波士顿矩阵（见图 4-5），也称为增长-份额矩阵，是美国波士顿咨询公司（BCG）在 1960 年为一家造纸公司做咨询时而提出的一种投资组合分析方法，是多元化公司进行战略制定的有效工具。它通过把客户生产经营的全部产品或业务组合作为一个整体进行分析，解决客户相关经营业务之间现金流量的平衡问题。

## 2. 详解

波士顿矩阵的横轴表示客户在产业中的相对市场份额，是指客户某项业务的市场份额与这个市场上最大的竞争对手的市场份额之比。这一市场份额反映客户在市场上的竞争地位。相对市场份额的分界线为1.0，据此划分为高、低两个区域。纵轴表示市场增长率，是指客户所在产业某项业务前后两年市场销售额增长的百分比。这一增长率表示每项经营业务所在市场的相对吸引力。通常用10%平均增长率作为增长高、低的界限。

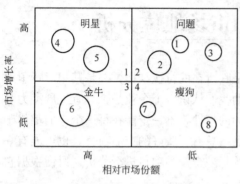

图4-5 波士顿矩阵（增长－份额矩阵）

图4-5中纵坐标与横坐标的交叉点表示客户的一项经营业务或产品，而圆圈面积的大小表示该业务或产品的收益与客户全部收益的比率。

根据有关业务或产品的产业市场增长率和客户相对市场份额标准，波士顿矩阵可以把客户全部的经营业务定位在4个区域中。

第1区域为高增长－高市场份额的"明星"业务。这类业务处于迅速增长的市场，具有很大的市场份额。在客户的全部业务当中，"明星"业务的增长和获利有着极好的长期机会，但它们是客户资金的主要消费者，需要大量的投资。为了保护和扩展"明星"业务在增长的市场上的主导地位，客户应在短期内优先供给它们所需的资源，支持它们继续发展。

第2区域为高增长－低市场份额的"问题"业务。这类业务通常处于最差的现金流量状态。一方面，所在产业的市场增长率高，客户需要大量的投资支持其生产经营活动；另一方面，其相对份额地位低，能够生成的资金很小。因此，客户对于"问题"业务的进一步投资需要小心谨慎，必须在对它进行大量投资和及时放弃之间做出明智的选择。

第3区域为低增长－高市场份额的"金牛"业务。这类业务处于成熟的低速增长的市场中，市场地位有利，盈利率高，本身不需要投资，反而能为客户提供大量资金。企业常常用它的金牛类产品的收入支付账款来支持"明星"类、"问题"类和"瘦狗"类产品，后3类产品往往需要大量的现金。另外，金牛类产品可能已进入生命周期的饱和期，或属于衰退行业的产品，所以应设法维持或稳定其生产，以便获取尽可能多的利润。

第4区域为低增长－低市场份额的"瘦狗"业务。这类业务处于饱和的市场当中，竞争激烈，可获利润很低，不能成为客户资金的来源。如果这类经营业务还能自我维持，则应缩小经营范围，加强内部管理；如果这类业务已经彻底失败，客户应及早采取措施，清理业务或退出经营。

## 3. 应用

波士顿矩阵可以用于许多方面。这一模型可以使公司在矩阵中标出其业务所在的位置，使客户的管理层迅速地看到该业务在整个业务组合中的位置，以便制定出整个公司未来发展的动态战略。一般来说企业可以采取4种不同的策略。

（1）发展策略

采用这种策略的目的是扩大产品的市场份额，甚至不惜放弃近期收入来达到这一目标。这一策略特别适用于"问题"类产品，如果它们要成为"明星"类产品，其市场份额必须有较大的增长，发展策略也适用于"明星"类产品。

(2) 维持策略

采取这些策略的目的是保持产品的市场份额。这一策略适用于强大的"金牛"类产品，因为这类产品能够为企业挣得大量的现金。

(3) 收获策略

采用这种策略的目的在于增加短期现金收入，而不考虑长期影响。这一策略适用于处境不佳的"金牛"类产品，这种产品前景黯淡，而又需要从它身上获得大量现金收入。收获策略也适用于"问题"类和"瘦狗"类产品。

(4) 放弃策略

采用这种策略的目的在于出售或清理某些产品，以便把资源转移到更有潜力的领域。它适用于"瘦狗"类和"问题"类产品，这些产品常常是赔钱货。

企业的产品组合发展策略有 1 条成功的路线和 3 条失败的路线，如图 4-6 所示。

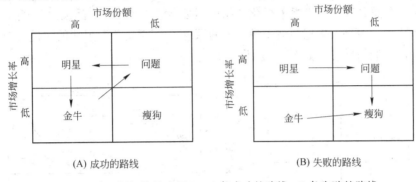

图 4-6 波士顿矩阵的应用——1 条成功的路线，3 条失败的路线

所谓成功的路线，指的是从金牛类产品赚来的钱，不是全部投资在原来的业务上，而是投资在"问题"类产品上，使"问题"类产品转化成"明星"类产品，同时保证"明星"类产品向"金牛"类产品转化。而对于"瘦狗"类业务，除非它有很强的现金生成能力，否则应采取关闭或剥离策略。

而失败的路线有 3 条。首先，许多企业将从"金牛"产品赚来的钱，重新投资在该产品上，而对"问题"类产品投资不足，结果"问题"类产品变成了"瘦狗"类，而未变成"明星"类，即用将来的机会换取了现在的金钱。其次，一些企业对竞争对手或新进入者没有足够的警惕，允许它们在高增长的市场上增加市场份额，结果在"明星"类业务上投资不足，"明星"变成了"问题"，进而变成了"瘦狗"。例如，在 20 世纪 70 年代，Adidas 允许 Nike 在跑鞋市场上增加份额，结果失去了市场。我国同样也有很多企业犯了类似的错误，有些企业生产的产品本来已成为市场领先者，但却在地位并未完全巩固时就过早地将目光移向其他产品，结果极大地削弱了自己的竞争地位。

最后，一些企业从"金牛"身上挤了太多的奶，结果"牛"死了。众所周知的例子是美国施乐公司在 20 世纪 70 年代后期和 20 世纪 80 年代早期过多地从复印机上获得利润，试图进入个人计算机市场，结果并未成功。目前，我国众多家电企业纷纷涉足计算机业，杭州娃哈哈集团也试图以现有赢利产品支持"非常可乐"，与可口可乐和百事可乐竞争，虽然结果很难预料，但这些企业遇到的困难可想而知，因为他们必然分别遇到计算机业和可口可乐的强烈反击，同时又要与原来的竞争对手争夺市场。

### 4. 波士顿矩阵存在的局限与改善

波士顿矩阵在提供了一个极为有用的多功能管理工具的同时也受到了大量的批评。

① 增长－份额矩阵的定位隐含着相对市场份额可以取代成本作为衡量指标。因此，一个基本的假设是，平均有80%的经验效应可以解释市场份额。事实是，相对市场份额高低导致的实际成本优势要大大低于这一比率。

② 由于成本的原因和缺乏适当的数据，几乎很少有人进行详细的经验效应分析。而且，对技术、活动类的共享可能没有充分地包括在分析内。

③ 在计算相对市场份额时，假定"市场"可以被准确地确定。这并不一定是事实，尤其在某些情况下，由于地理、产品或者消费者细分市场的变化，市场的边界处于一种不断变动的状态。

在20世纪70年代，波士顿咨询集团（BCG）发现"波士顿矩阵"有很多的局限性，因为经验效应并非总是存在，而且差异化产品也不必再像非差异化产品或大众产品那样对价格具有较大敏感性。于是，根据原波士顿矩阵的原理，BCG又开发了新的"优势矩阵"。该系统确认了4种一般的环境，如图4-7所示。

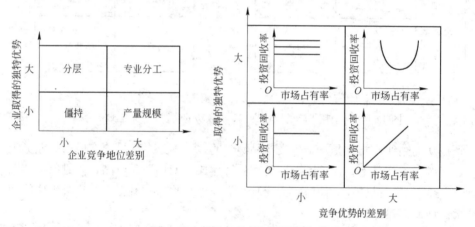

图4-7 市场占有率和利润的关系

"僵持"行业是指进入障碍较低或退出障碍较高的一类行业，在这类行业内所有企业不论大小其盈利能力都比较低，它们之间的竞争地位和盈利率相差不大，与市场份额基本无关，如一般产品的初加工就属于这一类。

"分层"行业内企业的盈利潜力与其是否能取得某种独特的优势直接有关。独特优势越突出，盈利越高；相反，则盈利较低。但盈利能力却与市场份额关系不大，这方面的典型例子是饮食业。

"专业分工"行业是指这样一类行业，即在行业内市场份额较小，但产品却具有特色的企业盈利能力较高，同时市场份额很大、产品成本很低的企业，盈利能力也较高，而只有处于两者之间的企业盈利能力较低。

**小资料**

卡夫食品：在创新中蜕变——对于早在1916年即拥有无菌芝士专利的卡夫来说，推出只需5分钟微波加热的冷藏比萨和低糖健康系列的"南海岸套餐"算不上是公司里的里程碑,但对于首席执行官罗杰·德罗梅迪莱说,这次的新产品是卡夫一系列策略性变革中的探路兵。

关注核心轻装上阵——拥有广大中国消费者所熟悉的奥利奥和乐之饼干、麦斯威尔咖啡、果珍等品牌的北美洲最大食品有限公司卡夫(Kraft)正实行着一项瘦身计划,摒弃那些占总体收入低于5%的业务,而只专注于4项最核心的主业:咖啡、芝士和奶制品、饼干和补充体力的运动型饮料。去年年底,卡夫已经成功地以14.8亿美元现金的高价把旗下的糖果业务出售予全球最大的口香糖生产商箭牌。卡夫的糖果业务包括Altoids牌薄荷口香糖、Life Savers糖果、Crème Savers糖果及Trolli橡皮糖和Sugus瑞士糖等品牌,这些业务共占卡夫全球营业收入的1.5%。

提高产品附加值——在肥胖问题严重的美国,消费者的食品消费观念已发生变化,一场以低热量、健康为潮流的饮食革命风靡全美。在过去一年半以来,由畅销书《南海岸食谱》引发的低糖高蛋白减肥热潮把主要的食品饮料集团都卷入其中。虽然只能算是健康食品领域的后进者,但卡夫却野心勃勃地推出全系列包括冷藏食物、比萨、麦片在内的"南海岸套餐"(south beach diet)。卡夫预计这个系列能在今年内带来1亿美元的销售收入。

而另一方面,仿冒牌子对于卡夫这样的品牌的抄袭显得更为亦步亦趋,这迫使卡夫最近把专利权诉讼律师的数量增加了1倍,来确保创新产品得到更好的保护。但卡夫的管理层深谙一个"标本兼治"的方法:只要通过研发增加自身的技术含量,让消费者意识到差距所在,才能使急功近利的拙劣模仿者们望而却步。例如,卡夫的管理层最近就对其中的一项研发成果Tassimo寄予了厚望。Tassimo是由卡夫的英国工程师研发出来的,可供人们在家煮咖啡、茶和巧克力的三合一煮食机。虽然用Tassimo煮一杯咖啡比只需用热水冲的即溶咖啡多花6倍时间,但成本却只是外卖咖啡的一半。

增加谈判筹码——卡夫出售旗下经典品牌和注重研发的策略性调整从一个侧面反映出以沃尔玛为首的连锁零售商对其供应商的影响力之大。一直以来,强大的连锁超市和折扣零售商不断向国际食品公司施加压力,要求下调价格。卡夫意识到,公司施加压力,其需要牢牢把握住那些自己占主导地位的市场,才能增加与零售商谈判的筹码。

"南海岸套餐"等拳头新产品的推出促成了卡夫与零售商进行谈判的好时机。莱曼兄弟的分析师Andrew Lazar认为"南海岸套餐"的销售情况可以成为探路石,让卡夫更清楚谈判的胜算。Lazar在报告中写到:"南海岸套餐系列使卡夫从其他的食品生产商中脱颖而出,因为不是很多食品生产商的产品能跨越如此广泛的类别。"

与其他处于产业链下游的食品企业一样,卡夫要攻克的另一个难题是原材料价格的上涨。卡夫以前曾经以提价来应对,但事实证明,这是一个短视行为。由于价格竞争激烈,提价造成了销量下降。现在卡夫的工程师正试图利用新技术减少对传统原材料如芝士的依赖。

但罗杰·德罗梅迪也承认利润的增加需要在提升销售和降低成本方面取得平衡。"依靠一种突破性的产品就可以一夜暴富的那种神话通常只出现在制药业。我们完全是另一种商业模式。在食品行业每年只有3种新产品能突破1亿美元的收入,而且完全取决于风险回报的表现如何。"

【资料来源】 周末画报,2005 - 05 - 28.

## 4.3 SWOT 分析

进入 20 世纪 90 年代中期，随着改革开放的不断深入和市场经济的逐渐成熟，企业竞争已经超越"机会竞争"而进入到"实力竞争"和"持久竞争能力的竞争"的阶段。在此形势下，能否发现机会、抓住机会固然重要，但更重要的是能否在选定的业务领域里建立持久的竞争优势。这不仅是中国企业面临的严峻问题，也是国外发达国家的企业面临的首要问题。SWOT 分析思想是由安索夫于 1956 年提出来的，后来经过多人的发展而成为一个用于战略分析的实用方法。

### 4.3.1 SWOT 分析方法的含义

SWOT 是由英文优势（strength）、劣势（weakness）、机会（opportunity）、威胁（threat）4 个词的第 1 个英文字母构成，这种经营战略环境分析的方法，在国外普遍使用。优劣势分析主要是着眼于企业自身的实力及其竞争对手的比较，而机会和威胁分析将注意力放在外部环境的变化及其对企业的可能影响上。SWOT 分析的主要思想就是：抓住机遇，强化优势，避免威胁，克服劣势。这个方法的使用前提条件是企业对一个（或几个）业务已经有了初步的选择意向。SWOT 分析的目的是进一步考察这个（些）业务领域是否适合企业的经营，是否能够建立持久竞争优势。SWOT 用于企业经营环境分析时，有以下 3 个特点：

① 它是定性和定量相结合的方法；
② 它能将内外因素有效地结合，增强了分析的系统性和战略制定的针对性；
③ 方法较为简便、易掌握，便于推广，可以为企业经营战略的制定提供有力的支持和帮助。

### 4.3.2 企业优劣势分析

所谓企业的优势，是指一个企业比其竞争对手有较强的综合优势。而企业的优势究竟应该由谁来评判呢？可以认为它取决于消费者的眼光；也可以认为，竞争优势是指在消费者眼中一个企业或它的产品有别于其竞争对手的任何优越的东西，它可以是产品线的长度、产品的风格、包装、大小、质量、可靠性、适用性及风格和形象等。

由于竞争优势来源广泛，因此确认竞争优势比较困难，所以在作优劣势分析时必须从整个价值链的每个环节上，将企业与竞争对手作详细的对比。比如，产品设计是否新颖，制造工艺是否复杂，销售渠道是否畅通，以及价格是否具有竞争性等。如果一个企业在某一方面或几个方面的优势正是该行业企业应具备的关键成功要素，那么该企业的综合竞争优势也许就强一些。

企业的劣势，指的是某种企业缺少或做得不好的东西（和其他企业相比较而言），或者指某种会使企业处于劣势的条件。内部劣势就不足以形成企业的资源补充。一项劣势究竟会不会使一家企业在竞争中容易受到伤害，取决于这项劣势在市场上的重要程度及这项劣势会不会被企业所拥有的强势所抵消或减弱。

### 4.3.3 机会和威胁分析

企业的机会指对公司行为有吸引力的领域。市场机会是影响企业战略的重大因素。一般来说，企业的管理者如果首先不确认企业面临的每一个机会，不评价每一个机会的成长和利润前景，不采取那些最能抓住企业面临的机会中最有前途的一个机遇，那么企业的管理者所制定的战略就不可能很好地同企业所面临的形势适应起来。

企业所面临的机会往往取决于企业所处的行业的环境，有时可能遍地都是，有时则极为罕见，有时可能很有吸引力（即我们通常所说的那种必须追逐的机会），有时也可能引不起多大的兴趣（这时往往处于企业战略优先秩序的低端）。在评价企业所面临的市场机会并对这些市场机会进行排序时，企业的管理者必须防止将每一个行业机会都看作是企业的机会，并不是行业中的每一个企业都有足够的必要的资源来追逐行业中存在的每一个机会。对于某些具体的机会，有些企业的资源可能更充足一些，有些企业在某些机会被利用之前就可能被无情地淘汰出去。明智的战略管理者往往对这些情况非常警觉敏锐，也许企业的资源强势和资源弱势使企业更适合于追逐某些具体的机会；也许出现的机会同企业现有的资源并不是很相称，但是如果企业采取积极的措施可以设法获得企业现在没有的资源能力，这些机会就仍然有着吸引人的成长潜力。同企业最贴切、最相关的市场机会是这样一些机会：它们能够为企业创造重要的利润和成长之路。在这种机会下，企业获得竞争优势的潜力最大，它们能够同企业已经拥有或能够设法获得财务和组织资源能力相匹配起来。

企业的威胁指的是环境中一种不利的发展趋势所形成的挑战，如果不采取果断的战略行为，这种不利趋势将导致公司的竞争地位被削弱。

一般来说，在企业的外部环境中总存在着某些对企业的盈利能力和市场地位构成威胁的因素。例如：出现了更便宜的技术；竞争对手推出了新产品或更好的产品；成本更低的外资竞争厂商进入了企业的市场根据地；容易受到利率上升的冲击；可能被对手接管；企业建有生产设施的外国政府出现大的变动等。

外部威胁所产生的负面效应可能不大（所有的企业在业务经营过程中都面临一些威胁），另外，外部威胁也可能非常显著，非常重要，会使企业的形势和状况变得非常脆弱。企业管理层的任务就是，确认危及企业未来利益的威胁并作出评价和确定采取什么样的战略行动可以抵消或减轻它们所产生的影响。成功的战略管理者心目中的目标是：抓住企业最好的增长机会，建立对那些危及企业竞争地位和未来业绩的外部威胁的防御。将企业的战略同企业的形势匹配起来要求做到：追逐那些能够同企业的资源能力很好地相适应的市场机会，建立相关的资源能力，防御那些危及企业业务的外部威胁。

### 4.3.4 用SWOT方法制定企业战略

SWOT方法可以作为企业制定战略的一种方法，它为企业提供了4种可以选择的战略类型：SO战略、WO战略、ST战略和WT战略。

SO战略就是利用企业内部的长处去抓住外部机会的战略。一般来说，在企业使用SO战略之前可能先使用WO、ST、WT战略，从而为成功实施SO战略创造条件。当企业有一个致命弱点时，应该努力将其克服并变成长处；当企业面对重大威胁时，应努力避免它，以便把精力放在利用机会上。

WO战略是利用外部机会来改进自身内部弱点的战略。有时企业外部有机会，但其内部的某一弱点使得企业好像不能利用这个机会。一个可能的WO战略就是通过引进设备和先进设计来提高产品的质量和开发新品种，当然也可以通过聘用和培训工人及其他方法来实现这一目标。

ST战略就是利用企业的长处去避免或减轻外在威胁的打击（当然这并不是说企业总是可以避免威胁的打击）。

WT战略是直接克服内部弱点和避免外部威胁的战略，目的是将弱点和威胁弱化。WT战略是一种防御性战略，如果一个企业面对许多外部威胁和内部弱点，那么它可能真的处在危险境地，因此它不得不寻找一个生存和合并或收缩的战略，或者在宣布破产和被迫清盘之间作出选择。

从战略制定的角度来看，一家企业的资源强势有着非常重要的意义，因为它们往往会成为企业战略的奠基石，成为建立竞争优势的基础。如果一家企业没有充足的资源和竞争能力来制定企业的战略，那么企业的管理者就必须采取补救措施以提高企业现有的组织资源和能力并增加其他资源和能力；同时企业的管理者还必须纠正企业的竞争弱势，因为它们会使企业在竞争中受到伤害，使企业的利润水平降低，或者使得企业不具备追逐某种有吸引力的新机会的条件。这样，战略制定的原则就十分简单了：一个企业的战略必须适合它的资源能力——既要考虑企业的强势，又要考虑企业的弱势。如果企业所追逐的战略计划会被企业的弱势所破坏，或者该战略计划不可能得到很好的执行，那么，企业非要这样做不可就不免显得有些固执了。一般来说，企业的管理者应该将其战略建立在充分挖掘和利用企业的能力之上——最具有价值的资源，而要避免将企业的战略建立在那些很弱或没有确切能力的领域之上。如果企业有幸拥有某种核心能力或全部具有出色竞争价值的资源，那么它也应该明智地意识到这种资源和能力的价值会随着时间的推移而发生变化。

**小资料**

下面以某集团为例来进行SWOT分析。集团的战略环境的有关要素分列如下所述。

(1) S（优势）

S1，国内较大厂家之一；S2，在国内具有一定知名度；S3，质量达到国际同类产品水平；S4，具有较强的研究开发能力；S5，价格较低；S6，对国内情况较为熟悉。

(2) W（劣势）

W1，内部曾受传统体制与经营机制束缚；W2，营销观念薄弱；W3，产品包装单一；W4，销售网点较少；W5，促销力度不够。

(3) O（机遇）

O1，国内交通工具发展带动了饮料市场需求增长；O2，私人消费需求潜力较大；O3，企业经济体制改革日趋深入。

(4) T（威胁）

T1，进口产品所造成的巨大冲击；T2，顾客心目中对进口产品（如可口可乐）具有偏好倾向。

通过有关的综合分析，确定了某集团今后发展必须加以解决的关键环节，如图 4-8 所示。

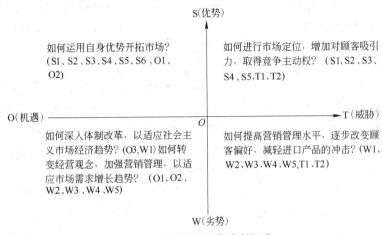

图 4-8　SWOT 经营诊断矩阵

借助 SWOT 矩阵，可以看出某集团今后发展所面临的关键问题是：
① 面对国外进口产品的冲击，如何进行市场定位，以确定长远的发展方向；
② 如何转变经营理念加强营销管理，发挥相对优势，以取得市场竞争的主动权；
③ 如何深入进行体制改革，逐步建立有效的经营体制，以更好地适应社会主义市场经济的发展趋势。

围绕上述问题加以展开分析，就成为某集团发展战略的基本内容。

SWOT 方法是企业外部环境与内部条件分析的一种有效的工具。通过这种方法可以较为准确地确定企业面临的主要外部机遇、威胁和企业内部主要优势、劣势等战略决策的关键因素，从而为经营战略方案、战略重点的确定提供较为科学的依据，使制定的战略、提出的建议和结论具有较强的针对性，有效避免决策的盲目性。

## 案例分析

### 名创优品：乘胜追击 OR 昙花一现

根据名创优品的官方网站显示：2013 年 7 月，日本青年设计师三宅顺也和中国企业家叶国富在日本东京共同创办名创优品（MINISO）；11 月，第一家购物中心店在广州中华广场开业；此后 3 年，名创优品以火箭般的速度在全球开店，截至目前，已有超过 1 800 家店铺，与全球 40 多个国家和地区达成战略合作伙伴关系；2016 年营收近 100 亿元，并且"乘胜追击"以月均开店 60~80 家的速度持续发展，预计 2020 年，名创优品将会在全球开店

6 000家，实现营收突破600亿元。

在传统实体零售业式微之际，名创优品目前取得的成绩确实令人眼前一亮，而其创始人叶国富则对未来抱有更大的野心：像Zara一样，销售额1 000亿元，全球每个地方都有店铺，在国际上占有举足轻重的地位。销售额千亿元对于创业公司来说是个不小的挑战，很多的创业公司都死在迅速扩张的途中。凡客诚品、五谷道场、博湃养车、碧生源减肥茶等，这些红遍一时的品牌企业就是例子。因此，下一个三年，名创优品能否成为巨头现在还很难说，就目前的情况来看，眼下正面临着不小的挑战。

1. 质量的"围城"

名创优品试图改写人们对于"10元快时尚店"的印象：价廉的同时做到质优。对于价格，店铺内的宣传语不断地重复着"优质产品，10元一件，名创优品10元优质生活。"实际上，店铺内陈列的设计时尚的商品，价格大都在十几元左右，很少有超过五十元的。对于品质，名创优品的官方网页则解释道："日本快时尚设计师品牌，通过规模化的全球采购，从世界各地选取合适的材料，力争为消费者提供更安全、更可靠、更低价的生活用品。"

对此，有人则表示了怀疑。"大家注意，号称'日本品牌'的'名创优品'，其产品大多产自中国，小伙伴们别被蒙蔽。"据重庆商报报道，有一段时间，类似这样的消息在朋友圈广泛热传，多个微信公众号进行转载。本刊记者走访了一家位于建国路的名创优品店铺，记者在店内看到，很多商品的外观上都有大段的日文，并且在底部不起眼的位置标注着"Designed by Japan/Made in China"的英文字样。商品背面贴着的黄色纸质标签上，则用中文注明产品名称、使用方法等。此外，不少商品的品牌商一栏，标注为"株式会社名创优品产业"，地点为东京都中央区银座2-10-7银座京屋大厦7F。而在商品产地上，则多数是"广东、江苏、浙江"等字样。名创优品创始人之一叶国富给出的解释是，"名创优品约有80%商品从800多家中国工厂中直接订制采购，因此能保证价格上的优势，且工厂几乎全部为外销企业。更为重要的是，名创优品如今在全国设有七大仓库，产品不会经过任何分销层级。再加上低毛利，就保证了店里70%的产品可以标价10元还有的赚。"叶国富认为，这一定价不会让中国消费者产生任何购买负担，轻松消费，解放一代年轻人。

"名创优品的价格确实便宜，特别一些女生用的小饰品、毛绒玩具性价比还是蛮高的，但一些十几块钱的化妆品还是不敢用在脸上。"本刊记者随机采访了几位女性顾客，她们对一些价格低廉的化妆品质量表示了自己的疑虑。国家相关部门的检测报告更加印证了消费者的担忧。2016年8月9日，国家食药监总局通报，位于滨州滨城区的名创优品百货中百店，一款由广州嘉梦生产的魅力密码美白防晒霜，实际检出防晒剂成分与产品批件及标识成分不符。检测结果显示，该款产品未检出批件及标签标识的防晒剂甲氧基肉桂酸乙基己酯，同时未检出批件标识防晒剂水杨酸乙基己酯。

除了化妆品，在名创优品的食品供应商中，包括山东威海东旺食品有限公司、深圳润谷食品有限公司等供应商均有被抽检出不合格的历史。其中，前者为名创优品提供饼干糕点等，该公司生产的"可拉奥牛乳饼干"曾在武汉市工商局的抽检中被测出菌落总数超标100多倍。而名创优品充电宝更是因产品质量问题多次遭曝光。据胶东在线报道，2016年6月11日，徐先生在烟台大悦城名创优品购买了一款移动电源，回家后就发现移动电源根本充不上电。去年，名创优品的供应商深圳市乔威电源有限公司生产的两个批次的移动电源，经贵州省工商局抽检后发现倍率放电性能、0.2c放电性能项目不合格。

这些报道实际上暴露了名创优品供应链环节存在隐患。目前，名创优品所售产品超过3 000种，过长的产品战线势必将带来供应链管控的难题。特别是在迅速扩张中，如果名创优品不把产品的供应链环节锻造好，一旦发生产品品质方面的"风吹草动"，后果可能是毁灭性的。

2. 百"品"争流

作为全球最大的"代工厂"，中国的小商品制造业已高度成熟，这意味着名创优品模式的门槛并不高，可以很容易被山寨。以一家名为尚优凡品的快时尚小百货品牌为例，把其在官网上的品牌介绍和名创优品官网上的品牌介绍相互对比，其中惊人相似的发展模式和历程耐人寻味。

不仅在发展模式、历程上二者极其相似，而且在门店的装修风格上也几乎没有太多的差别，店铺内的主体设计都是令人感到舒适的暖色调，再配上醒目相似的红色 logo，如果不仔细甄别，很容易令人混淆。事实上，在百度上搜索关键词"10元店"，不一会儿就搜到很多类似名创优品的店铺，例如尚优凡品、熙美诚品、恋惠优品、创美优品、韩都优品、我爱优品、世创优品、韩爱优品、凡人优品、人人优品等，不胜枚举。点开这些10元快时尚品牌店的官网发现，他们成立的时间大都和名创优品同时期，都以优质生活快时尚为宣传主题，所卖商品基本都是10~30元间的日韩系设计风格的日用小百货，目标消费群体是18~35岁之间的白领等上班族。

由此可见，在"10元快时尚"这个市场上，名创优品已经有很多竞争对手。对此，叶国富曾轻描淡写地评论了一句："他们的抄袭是没有生命力的。"事实上，如果名创优品不能在众多竞争者中找到不可替代性的一面，其市场必然将面临持续的蚕食、瓜分。而根据调查数据显示，我国零售企业的员工工资每年都会增长8%左右，商业用房的租金每年会有4%的增幅，黄金地段的租金增幅甚至高达10%以上。未来3年，在市场缩小和成本上升的双重压力之下，名创优品在国内能否继续一路逆袭，现在还存在着很多不确定性。

【资料来源】 杨年生.名创优品：乘胜追击 OR 昙花一现.纺织科学研究，2017（5）.

### 案例分析题

1. 根据案例，运用 SWOT 分析法对名创优品进行分析。
2. 根据上述 SWOT 分析，你会为名创优品制定什么战略？

# 本 章 习 题

### 一、判断题

1. 资源、能力与竞争能力是企业的内部环境因素，它们构成了企业竞争优势的基础。（　　）
2. 所有的资源与能力都能够成为战略性资源和能力。（　　）
3. 人力资源是推动企业发展的能动性因素，企业管理的重点是要调动员工的生产经营

积极性，改进工作效率，进而实现预期目标。（　　）

4. SWOT分析始于20世纪90年代中期，随着改革开放的不断深入和市场经济的逐渐成熟，企业竞争已经超越"机会竞争"而进入到"实力竞争"和"持久竞争能力的竞争"的阶段。（　　）

5. 一般来说，在企业使用SO战略之前可能先使用WO、ST、WT战略，从而为成功实施战略SO创造条件。（　　）

## 二、选择题

1. 下列哪些资源属于企业无形资产？（　　）
   A. 技术资源　　　B. 财务资料　　　C. 人力资源　　　D. 组织资源
2. 内部环境分析可以使企业决定（　　）。
   A. 应该做什么　　　　　　　　　B. 可以做什么
   C. 应该完成什么　　　　　　　　D. 应该在什么时候行动
3. 组织的基本活动被分为五个主要领域，除内外部后勤外还有（　　）。
   A. 生产运营　　　B. 库存控制　　　C. 市场营销　　　D. 销售服务
4. 对企业资源进行分析最常用的工具是（　　）分析法。
   A. 核心能力　　　B. 价值链　　　C. 市场需求　　　D. SWOT
5. 在波士顿矩阵中，处于迅速增长的市场具有很大的市场份额，但它们是企业资源的主要消费者，需要大量投资的业务是（　　）。
   A. 问题业务　　　B. 明星业务　　　C. 瘦狗业务　　　D. 金牛业务

## 三、思考题

1. 从战略管理的角度，分析企业内部资源应从何处入手？
2. 试述波士顿矩阵3条失败的路线。
3. 何为SWOT分析？企业如何根据SWOT分析制定战略？

**参考答案**

一、1. √　2. ×　3. √　4. √　5. √
二、1. A　2. B　3. ACD　4. B　5. B

# 第3篇 企业战略选择

　　任何一次战略选择都蕴涵着极大的风险。但是，在大风险背后，往往隐藏着另一片企业发展的广阔天地。

——李嘉诚

# 第 5 章
# 企业竞争战略

**在本章中，我们将要学习：**
- 基本竞争战略
- 攻防战略
- 动态竞争战略

 导入案例

## 网约车大战"硝烟再起"

自快的、优步被滴滴俘获后，网约车大战表面上已经偃旗息鼓，滴滴成为不可挑战的"盖世霸主"。登上王位的，想江山永固一劳永逸；而暂时败退的，没有一个是心甘情愿的，自然想伺机取而代之。一进入 2018 年，败退后经过一年休整的各路诸侯的"枪炮"又重新出库，默默"演习练兵"加紧备战，伺机抢夺网约车制高点，接下来，网约车的"热战"，随时有可能爆发。

1. 滴滴江山不稳

事实上，在网约车领域里，最为紧张的莫过于滴滴了，尤其在攻防战即将打响的时候。面对竞争对手的虎视眈眈，滴滴不可能不担心，担心自己一不小心犯下战略错误，大意失荆州，从而让对手有可乘之机。

自 2016 年 8 月成功合并优步中国后，网约车世界的大部分江山都非滴滴莫属，中国网约车的第一把交椅，已被滴滴牢牢坐稳，即便神州租车、首汽约车、易到等网约车平台仍在不断围攻，但也只能抢占不到 10%的市场，根本威胁不到滴滴的王位。

即便如此，在网约车领域里，突然出现了更多有实力的玩家，尤其是在行业竞争生态发生重大变化的时候，面对"群狼"的步步紧逼，滴滴绝对不敢有丝毫的懈怠，因为有一个简单的道理，"猛虎再厉害，斗不过群狼"。群狼之所以敢于伺机发起进攻，似乎已经找到了滴滴的"软肋"。

首先，虽然滴滴牢牢占有 90%的市场，但是其市场的根基却根本不牢固。因为滴滴通过"烧钱补贴"赢得的用户，并不是有效用户，并没有足够的忠诚度。一旦对手挥起疯狂的"烧钱补贴"利器，对已经取消补贴的滴滴来说，其市场有可能出现"迎风倒"的局面，接下来，其江山很有可能不保，并迅速垮掉。

其次，在根据地还不牢固的背景下，滴滴竟贸然"出海"，开启国际化"战船"，把战线拉长到遥远的海外。2018年1月8日，有称霸全球梦想的滴滴，在没有任何迹象的情况下，突然收购了巴西99公司。有一句话叫"冤家路窄"，让业界担忧的是，滴滴抢滩登陆的巴西市场，竟是网约车老对手优步最珍视的海外"提款机"。滴滴攻入优步的后院巴西，接下来，将不可避免开启与优步的"强强对话"。而这也是群狼认为可发起反攻的又一个时机。

最后，曾经是间接敌人的美团，突然杀入网约车领域，顿时让滴滴恼怒。之前，滴滴战略投资了美团的死敌饿了吗。如今，面对美团直接的叫板，滴滴似乎嗤之以鼻，同样在美团的外卖业务的领地，为即将到来的决斗，展开积极"粮草备战"。而这是滴滴开辟的第三大战场。

若滴滴奠定王位后，专注网约车领域，并在提高服务上不断深耕，诸如易到、优步等暂时败退的对手，将没有任何机会。然而，滴滴在取消补贴，还存在服务短板的情况下，却贸然四处扩张。而扩张不可避免会分散掉滴滴更多的人力、物力，导致整体资金链条的紧张。一旦领头的出现了问题，对那些跟进者来说，就有了进攻寻求突破的机会了。时下，众多的对手，或潜在的对手，正是看到了这一点。

2."群狼"围攻

事实上，在根据地不稳的情况下，滴滴战车的疯狂扩张，让已经加入战局，或即将加入战局的群狼，似乎看到了机会。2018年一开局，这波宁静就被跨界入局的美团和重装上阵的易到给打破了。

其中，最高调的无疑是美团，2018年刚过，美团便在全国七大城市开始攻城拔寨，率先向滴滴发出了挑战。由于网约车客群与美团客群的高度重叠，长远看美团有非常大的优势。互联网的思维"羊毛出在牛身上猪买单"会运用得更加灵活。美团承诺给予司机和乘客高额补贴，业内人士预计总补贴金额超过5 000万元。

同样，不甘心丢掉江山的易到，也开始调兵遣将，为反攻在备战，不可否认，这一次易到来者不善，重振雄风将是其终极目标。易到的备战更早一些，早在2018年1月1日，易到宣布重大运营调整，除了升级车型外，还在降低佣金。目前，易到并不急于进攻，仍在备战粮草。事实上就是如此，接下来，易到很有可能在获得新一轮的融资的同时，还在寻找能战之良将。

另一个玩家神州租车，同样不敢小觑。对神州租车来说，虽然占有的市场不大，但是这一部分，属于高端市场，还是很稳固的。然而，神州租车虽然低调，面对市场有可能发生的变动，同样不能忽视，牵手共享单车巨头摩拜正式入局积极应战。

如今在网约车领域里，已经进入了滴滴、易到、美团、神州等四大巨头纷争的时代。然而，网约车市场的诱人蛋糕，同样吸引了更多的"饿狼"参与到围猎的角逐中。

事实确实如此。2018年网约车市场，中小玩家会崛起，在用车需求旺盛的一线城市攻城拔寨。其中，"嘀嗒拼车"算是一个，虽然与滴滴同姓不同名，表面上看似乎是一对孪生兄弟，其实是一对死对头。原本，拼车属于嘀嗒拼车的主打业务，然而，滴滴除了快车外，还在拼车业务上"战鼓擂擂"，抢食饥肠辘辘的"嘀嗒拼车"，为了生存被逼上梁山的"嘀嗒拼车"，被迫杀入快车领域。2018年1月18日，嘀嗒拼车更名为"嘀嗒出行"，正式涉足网约车业务。

除了"嘀嗒"之外，还有吉利集团，同样在磨刀霍霍。2018年1月17日，一直想涉足出行行业的吉利集团,战略投资了新能源汽车共享出行服务平台曹操专车,并宣布完成A轮10亿元融资,欲在今年寻求突破。

同样让滴滴关注的是,业外巨头携程,也闯进了网约车市场,期待分一杯羹。早在2017年12月21日,携程在App上低调上线了"专车、租车"业务,还推出"1元起"的优惠活动。此外,还有更早的。2017年6月26日,摩拜成立了出行公司,并于2017年10月,牵手嘀嗒拼车,将在App接入、服务互通、用户对接及技术研发等领域展开全面合作。

随着竞争者纷纷入局,或加码网约车领域,新一轮网约车大战或将开幕。面对付出惨重代价获得的江山,新的"王者"滴滴,还没有来得及享受拥有"大好江山"的荣华富贵,怎么能轻易拱手相让呢?

未来,面对挑战,没有后路,滴滴必须迎战。对滴滴来说,虽然其市场占有率处于高位,表面上没有任何威胁,似乎可以高枕无忧,但是其广大加盟车主的忠诚度并不高。那些围剿滴滴的"群狼",一旦有急躁的竞争对手,带头启动疯狂补贴的价格战,最终都将跳进价格大战中。假如每一个竞争对手,能拿下6%的市场,滴滴最终将丢掉"半壁江山",甚至被抢食掉更多的市场,那么,这对滴滴将是致命的,其多条战线的同时推进,将变得不大可能,一着不慎,有可能导致全盘皆输。

接下来,尤其是在2018年里,"大出行之战"硝烟再起,滴滴将与众多的竞争对手,在网约车领域里,展开激烈的攻防战。今后一段时间,尤其是2018年里,在网约车领域,是否会出现疯狂的补贴大战,行业的竞争格局会出现颠覆性的变数吗?我们拭目以待。

【资料来源】 王占锋,网约车大战"硝烟再起".企业观察家,2018(2).

通用汽车公司与福特汽车公司对汽车行业主导权的纷争,让人们真正认识到竞争战略的重要性。如果人们只想得到一部廉价的代步工具,福特汽车公司生产的T型车自然成为首选,福特的竞争战略也取得了巨大的成功。

但是,亨利·福特没有想到,一旦人人都拥有汽车,他们的生活就发生了彻底改变。人们还有可能购买第二辆、第三辆,更乐意购买更好的汽车,这种汽车会更加舒适、强劲、时尚。伴随着美国经济的繁荣发展和分期付款购物方式的出现,越来越多的人买得起更好的汽车。在这种情况下,斯隆的竞争战略让通用公司更加贴近市场,适应性更强,最终在激烈的竞争中脱颖而出。

**小资料**

企业的管理者常常对他们想要干什么或怎样干不甚明了。每当此时,他们在会议室里的讨论就会类似于刘易斯·卡罗尔所著《爱丽斯漫游仙境》中的一幕。

爱丽斯:请你告诉我,从这儿我该往哪里走?

柴郡猫:这要看你想要去哪儿?

爱丽斯:去哪儿我并不介意……

柴郡猫:那么,你往哪儿走都无所谓了。

---

企业需要有明确的战略目标和深思熟虑的竞争战略;否则,必将在变幻莫测的市场竞争

中迷失方向。

# 5.1 基本竞争战略

**小资料**

市场规律本身就包含了竞争，但竞争并不是市场规律本身，为客户创造价值才是竞争的唯一起点与归宿。在这种意义上，我们说要打垮竞争对手或与对手合作，我们的出发点与归宿点都是一个，那就是客户价值。所以，战略的起点并不是打垮竞争对手，而是为客户创造价值，如果真要打垮对手的话，也必须是：我代表客户价值，打垮你。就像我们在战争时期对敌人说的那样——以人民的名义，枪毙你。这才是真正的战略。

——姜汝祥《自废武功的四大陷阱》

在激烈的市场竞争中，企业能够长时间维持高于平均水平的经营业绩，其根本基础是持久性竞争优势。企业的竞争优势集中体现在两个方面：其一是成本优势，即在生产同一档次产品的经营活动中能体现出成本领先的优势；其二是产品优势，即在不断提高产品档次的经营活动中能体现出产品差异的优势。企业可在或宽或窄的经营范围内以这两个优势体现出与其他竞争对手的不同，顺利地进行市场竞争。

美国哈佛商学院的迈克尔·波特教授根据企业的两个基本优势，提出了企业可以采用3种基本竞争战略，即成本领先竞争战略、产品差异化竞争战略和目标集中竞争战略。见图5-1。

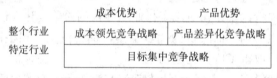

图5-1 三种基本竞争战略

## 5.1.1 成本领先战略

企业成本领先战略的核心内容是在较长时期内保持企业产品的成本处于同行业中的领先地位，并以此获得比竞争对手更高的市场占有率，同时使企业的盈利处于同行业平均水平之上。企业采用这一竞争战略，要求积极地建立起达到有效规模的生产设施，在经验基础上全力以赴降低成本，严抓成本与管理费用的控制，以及最大限度地减小研究开发、服务、推销、广告等方面的成本费用。企业尽管对质量、服务及其他方面不能忽视，但贯穿于整个战略中的主题是确保产品成本低于竞争对手。

1. 成本领先战略的优势

（1）设置进入的障碍

企业在成本领先的基础上，可以实施较低的价格，便为行业的潜在进入者设置了较高的进入障碍。这就使得那些在生产技术上不成型和经营上缺乏经验的企业，或者未能形成规模经济的企业，面对诱人的利润也无力进入此行业。

（2）降低替代品的威胁

企业具有成本领先的优势，在与替代品进行竞争时，仍旧可以凭借其低成本的产品或服务，稳定和吸引原有的顾客群体，降低或缓解替代品的威胁，在一定程度上不被替代品所替代，保持自己的竞争地位。

（3）增强讨价还价的能力

企业具有成本领先的优势，可以增强对顾客讨价还价的能力，因为顾客的讨价还价能力只能使价格下降到效率居于其次的竞争对手的水平，即使如此，成本领先的企业仍可收回成本，甚至还可能获利。

（4）保持领先的地位

由于企业成本领先优势主要体现在与行业内的竞争对手的比较上，这样的优势确保企业在行业发展前景看好时能获得较大的利润；在行情一般时亦能获利；在行情低迷时仍有较强的生存能力。从而在行业中能不断地扩大市场份额，保持企业在行业中的领先地位。

2. 如何实现成本领先

成本领先战略可以给企业带来很多优势，但要取得这种地位并不容易，需要采取一种或多种有效的措施。

（1）实现规模经济

通过规模经济生产和分销也许是实现成本领先战略的最重要措施。规模经济是指在技术水平不变时，单位产品的成本随着累计产量的增加而下降。如果一个企业可以比其竞争对手更快地扩大其产量，则其经验曲线将比它的竞争对手下降得更快，从而可以拉大它们之间的成本差距。

 **小提示**

经验曲线，又称学习曲线。由波士顿顾问公司（BCG）于1960年提出，并将数字与人们认为存在的规模经济联系起来。他们发现，每当累计生产量倍增时，加工成本则按一个稳定且可预计的比例下降。

（2）产品的再设计

要实现规模经济进而取得成本优势，企业还必须设计出易于制造的产品。可以说，能否利用新的制造技术和工艺来提高劳动生产率的关键在于产品的重新设计。

（3）降低输入成本

在大多数行业，由于各种各样的原因，不同企业输入的成本有很大差异，这种差异往往是其中一些企业取得成本优势的重要原因：

① 由于地域原因造成的输入成本上的差异；
② 拥有低成本的供应来源是一些企业取得成本优势的重要途径；
③ 讨价还价能力上的差异也是一些企业取得成本优势的重要原因；
④ 稳定与供应商的关系是降低输入成本的又一条途径。

（4）采用先进的工艺技术

在多数商品生产过程中，总有几种或更多种生产工艺技术可供选择。在产出相同的情况下，如果某种工艺技术少消耗某种输入要素，而同时又不多消耗其他输入要素，那么这种工艺技术就有一定的优越性。

(5) 其他

紧缩间接费用和其他行政性费用的支出；保持适度的研究开发、广告、服务和分销费用。

3. 成本领先战略的风险

① 行业内的技术变革可能使过去用于扩大生产规模的投资或大型设备失效。

② 竞争对手通过模仿或向高技术装备进行投资，也可以形成与企业相似的成本优势。

③ 由于实施成本领先战略，企业可能将注意力过多地集中在成本的控制上，以致无法看到顾客需求的变化。

④ 随着市场的成熟，顾客的偏好从注重价格转向注重产品的品牌和个性，使企业的成本优势减弱。

因此，运用成本领先战略，一定要考虑技术革新和技术进步的影响，注意竞争对手的战略反应和产品、市场的变化。

**小资料**

娃哈哈在保证产品质量前提下的成本控制案例不胜枚举，娃哈哈每年都要评"成本管理"之类的创新奖。

以娃哈哈八宝粥为例——

娃哈哈八宝粥罐头每年产量达到三四亿罐，产销量一直位居全国第一。作为速食食品，它食用简便、携带方便，易于保存，所以深受消费者尤其是外出者的青睐。罐头最顶端有一个塑料盖，它的功能主要就是为了搁置小勺子，并保证干净卫生，让外出者方便食用。

小小的塑料盖里有没有可节约成本的地方？娃哈哈发现，很多产品的塑料盖都比自己的轻，而且因为自己的盖子重并且有些硬，不易开启，盖身也有多余的地方，不仅影响外观，还浪费材料。故此，娃哈哈的相关部门就此问题进行了攻关。经过4个多月的时间，成果就出来了：去除塑料盖的多余成分，改变内置勺子形状，现在每只塑盖减轻了1克多，可节约成本0.012元左右，一年下来就可节省近400万元的费用。此外，变轻变软的塑料盖，变得易开并且不再会划伤手指。

【资料来源】罗建幸. 大道无形成本领先. 全球品牌网. www.globrand.com.

## 5.1.2 差异化战略

所谓差异化战略，是指为使企业的产品与服务明显区别于竞争对手，形成与众不同的特点而采取的战略。这种战略的重点是创造被全行业和顾客都视为是独特的产品与服务。实行差异化战略可以使顾客对企业的品牌产生偏好或忠诚，甚至愿意为之支付较高的价格，相应地，企业也可以获得较高的利润。例如，哈雷摩托车的性能和质量并不比本田摩托车高出多少，但它的价格却高出许多，由于其具有的独特性，消费者感到物超所值。

1. 差异化的 3 个层次

(1) 产品的功能

顾客购买产品，首先是对该产品功能的需求，如产品的使用功能、性能指标、质量与可靠性、适用性等。现代工业产品向高能化、高速化、高效化、高可靠性和微型化等方向发展，企业若能凭借其科技优势研制出功能十分优异的产品，就能在市场竞争中取得优势。

(2) 产品的外观

产品的外观质量主要表现在产品的外形设计、款式、色彩等方面。顾客接触产品，是从其外观质量再到内在质量的。外观有特色的消费类产品，往往能刺激顾客的消费欲望，使其对产品形成良好的第一印象。充满美学情趣的消费产品、办公用品可以起到美化生活环境的特殊作用，因而产品外观差异化的重要性将不断提高。

(3) 产品服务

服务是企业产品的延伸，包括送货上门、安装、调试、维修保证等。企业向顾客提供的产品必须通过这一个层次的活动，才能使产品充分发挥其功能，受到消费者的欢迎。如果更深入地分析，就会发现顾客购买消费品所关心的实质内容是产品所提供的服务，因此企业向顾客提供的产品，应该是包括各种服务承诺的完整的产品。

2. 差异化战略的优势

① 由于差异化的产品和服务能够满足某些消费群体的特定需要，而这种差异化是其他竞争对手所不能提供的，因而顾客将对这些差异化产品产生品牌忠诚，并降低对价格的敏感性，他们不大可能转而购买其他的产品或服务。

② 差异化可以给企业产品带来较高的溢价，这种溢价不仅足以补偿因差异化所增加的成本，而且可以给企业带来较高的利润，从而使企业不必去追求成本领先地位。产品的差异化程度越大，所具有的特性或功能越难以替代和模仿，顾客越愿意为这种差异化支付较高的费用，企业获得的差异化优势也就越大。

③ 由于差异化产品和服务是其他竞争对手不能以同样的价格提供的，因而明显地削弱了顾客的讨价还价能力。

④ 采用差异化战略的企业在对付替代品竞争时比其竞争对手处于更有利的地位。这是因为购买差异化产品的顾客对价格的敏感性较低，更注重品牌和形象，一般情况下不愿意接受替代品。

3. 差异化战略的风险

① 实现差异化的成本很高，形成较高的销售价格，如果这种价格超过消费者的承受能力，用户为了大量地节省费用，会放弃差异化的产品特征、服务或形象，转而选择物美价廉的产品。

② 用户不太关注所需的产品的差异性。尤其是当市场转向标准化产品的生产时，技术的进步和行业的成熟使产品的差异性被忽略。

③ 竞争对手的模仿使用户看不到产品之间的差异。企业的技术水平越高，形成产品差异化时需要的资源和能力越具有综合性，则竞争对手模仿的可能性越小。同时，企业要注意保护自己的知识产权。

> **小资料**

### 华菱重卡以差异化战略异军突起

华菱重卡的差异化体现在以下几个方面。

**差异化产品定位**——华菱重卡从2002年筹办之初，瞄准了物流卡车向重型化、高端化发展的趋势，和当时国内大马力高端重卡市场高性价比产品相对缺乏历史契机。于是，华菱重卡以差异化产品定位，集中精力主攻30万～70万元、300马力以上的大马力重卡。

**差异化营销服务**——在华菱重卡除了蓬勃朝气、井然有序的第一感官印象外，其作为一家新兴企业在先进设备投资上的一掷千金，也颇令人吃惊。从诸如日本川崎重工的5000吨油压机、13台焊接机器人及法国喷涂设备等昂贵装备投入上，可以看出华菱重卡"在质量上要做中国三菱"的雄心壮志。

**差异化自主之路**——华菱采取了"引进技术 自主创新 博采众长"多路并举的战略。在技术引进上，华菱与日本三菱汽车公司签订长达30年的技术协议，但不照搬图纸，而是在三菱技术的基础上，一方面结合中国重卡使用情况（如道路情况、物流业情况）进行技术改进和创新，另一方面派出高端汽车人才赴欧美考察，开展比较分析、吸收各方长处，开发出更适合中国、东南亚和欧美道路使用的具有自主品牌的华菱产品。

【资料来源】百考试题网，www.100test.com. 2007-01-13.

## 5.1.3 目标集中战略

目标集中战略并不是一种独立的竞争战略，它是企业因受到资源与能力的约束而采取的一种折中战略。目标集中战略的基本思想是一个规模和资源有限的企业很难在其产品市场上展开全面的竞争，因而需要集中力量于某一特定的细分市场，为特定的顾客群提供特定的产品和服务，实现有限的目标市场上的竞争优势。换言之，目标集中战略就是对选定的细分市场进行专业化服务的战略。目标集中战略的竞争优势可以通过产品差异化或成本领先或两者的结合来获得。

1. 目标集中战略的优势

① 由于目标集中战略避开了大范围内与竞争对手的直接抗衡，企业的经营目标集中，可以集中使用企业的资源，并且可以高度专业化生产，降低成本，在一定程度上增强了企业的相对竞争优势。

② 企业以较高的效率和较好的效果为某一狭窄的战略对象服务，能掌握专门的技术，熟悉细分市场和行业中的竞争情况，因而可以提高企业在某一细分市场中的实力，取得较大的市场份额。

③ 在企业正确选择细分市场的情况下，能获得市场容量和竞争强度等方面的相对吸引力。其中尤以某些高度集中的专业化中小企业成为"小型巨人"，在市场上占有一定的竞争优势，成为向大公司提供配套产品的合适伙伴。

## 2. 目标集中战略的形式

目标集中战略一般有两种形式，即成本领先目标集中战略和差异化目标集中战略。这两种形式的目标集中战略都是面向企业选定的一个特定的细分市场的。具体的形式有以下3种。

（1）产品目标集中战略

对于产品开发和工艺装备成本较高的行业，部分企业可以以产品线的某一部分作为经营重点。例如，日本汽车厂家一直将经营重点放在节能的小汽车生产和销售上。

（2）顾客目标集中战略

即企业将经营重点放在特殊需求的顾客群上。例如，当美国耐克公司基本控制跑鞋市场时，阿迪达斯公司则集中力量开发符合12~17岁青少年需要的运动鞋，同耐克竞争。

（3）地区目标集中战略

即按照地区的消费习惯和特点来细分市场，企业则选择部分地区具有针对性的组织生产。例如，青岛海信公司针对农村电压不稳而生产的宽电压电视机，提高了企业的农村市场占有率。

## 3. 目标集中战略的风险

① 原来以较宽的市场为目标的竞争对手找到了可以再细分的市场，并以此目标来实施目标集中战略，从而使企业一直保持的目标集中战略受到挑战，失去优势。

② 由于技术进步、替代品的出现、价值观念的更新、消费者偏好改变等各种原因，细分市场和总体市场之间的产品和服务需求的差异在逐步缩小，企业原先赖以生存的目标集中战略的基础也将逐渐消失。

③ 企业采用目标集中战略与竞争对手拉开差距，保持自己的特色，有的需要增加一定的成本费用。随着竞争的逐步加剧，采用目标集中战略的企业与在较宽范围经营的竞争对手之间的成本差距会逐步扩大，有可能抵消企业采取目标集中战略所取得的成本优势或产品优势，导致企业目标集中战略的失败。

---

**小资料**

中国功夫巨星成龙代言霸王洗发水，可以说一时风生水起，引起日化市场强烈反响，一个中药世家，一张民族好牌，就连跨国日化企业也都刮目相看。2005年，霸王重金力邀国际影星成龙出任品牌代言人，全面演绎"中药防脱"产品。随后，各大电视台轮番轰炸，霸王的销售呈迅速上升之势，2006年，霸王的销售额一举突破10亿元。当霸王切入防脱洗发水领域启动市场时，这块市场还没有领导品牌，正是群龙无首的状况。我们知道，要挑战第一的位置，要花费比第一更大的成本，作为挑战者欲占领市场或者说瓜分市场，通常是集中目标寻求出路，再者就是提出更具说服力、更有新意的概念。霸王此时借助功夫巨星成龙强势集中企业所有竞争优势切入市场，可以说是抓住了最好的时机。随后，相继推出系列产品，霸王一举奠定了中药洗发水的老大地位。

【资料来源】霸王洗发水诠释日化中国功夫. 中国经理人网.

## 5.2 攻防战略

> **小资料**
>
> 企业制定战略蓝图总有一个习惯，就是喜欢寻找对手，喜欢跟着对手的游戏规则走，而不是把企业重心放在自己的价值趋向上。不把竞争精力放在对手上，进入整合市场空间的运作是能顺利转型的主要原因。
>
> ——经理人《蓝海大败局》

处于不同竞争地位的企业，会采取适当的战略来增强或改善其竞争地位。对于处于较强竞争地位的企业而言，既要巩固其已建立的有利竞争地位，又要防御来自地位不利的竞争者的进攻；对于处于较弱竞争地位的企业而言，既要巧妙地向市场领导者发起进攻，又要避免来自领导者的报复。总之，无论是处于有利地位还是不利地位的企业，都会受到竞争对手的攻击，同时也可能会向竞争对手发起进攻，因此进攻和防御战略是企业竞争战略的两个重要类型。如果企业建立起成功的进攻战略，就会超越竞争对手获得竞争优势；然而，即使有了有效的进攻战略，防御战略还是不可缺少的。最成功的竞争战略应把进攻和防御两个方面结合起来。

### 5.2.1 进攻战略

在市场上处于领导者地位的企业往往易受到攻击，虽然在不同的行业中进攻战略各不相同，但它们都有着共同点，即这些战略试图破坏领导者的竞争优势，同时避免受到大规模的报复。

1. 进攻市场领导者的条件

进攻市场领导者会带有一定的风险性，因为这类企业往往在许多方面具有优势，如声誉、规模经济、累积的经验及与供方和销售渠道建立起来的有效联系，对其发起进攻容易招致强有力的报复。因此，企业要想成功地进攻市场领导者需要具备以下几个基本的条件。

(1) 企业拥有一种持久的竞争优势

挑战者必须拥有一种超过领先者的明显的、持久的竞争优势。这种优势可以是成本上的优势，企业可以靠低价位获得竞争优势；也可以是差异化的能力，企业可以通过别具一格而获得溢价的利益。

(2) 在其他方面与市场领导者接近

挑战者必须有办法部分或全部抵消领导者的其他固有优势。如果挑战者采用差异化战略，它必须能够部分地抵消领导者由于规模、经验或其他原因而具有的成本优势。除非挑战者保持自己的成本与领导者接近，否则领导者会利用自身的成本优势来抵消挑战者的差异化优势。另外，如果挑战者以成本领先进行进攻，它必须为顾客提供一个满意的价值，否则领先者往往有能力通过微利来抵消挑战者的价格差。

(3) 能够设立障碍避免领导者的报复

挑战者必须有一些减弱领导者报复的方法，使领导者不愿或不能进行持久的报复。这可能基于领导者本身的原因，也可能由于挑战者所选择的战略使然。

挑战者满足了这三个条件，并不一定能保证战略的成功，还要视领导者的战略和情况而定。如果领导者的竞争优势不明显，那么挑战者就可以较容易地赢得成本或差异化的优势。另外，如果领导者在成本领先或差异化方面保持巨大的优势时，挑战者必须做出战略创新，如开发新的价值链。例如，当长虹彩电在国内占据领导者地位时，一些后起之秀并不正面去与它挑战，而是别出心裁，例如康佳走向农村市场，乐华追求数字化的高科技含量。

2. 进攻战略的类型

进攻战略的形式多种多样，主要包括正面进攻、侧面进攻、全方位进攻、迂回进攻和游击进攻。

1) 正面进攻

正面进攻指企业利用自己的全部资源从正面向竞争对手发起进攻，其攻击目标是对手的强项而不是弱点。例如，我国彩电业的价格大战、可口可乐与百事可乐的广告大战等。企业采用正面进攻的主要原因有两个：一是充分发挥自己的优势来获取市场份额；二是可削弱竞争对手的优势。企业若要获得成功，必须具有足够的资源和实力，即具有一定的资源优势、成本优势和产品差异化优势。

企业采取正面进攻的方式多种多样，包括：降低价格，进行与竞争对手产品相比较的广告宣传，增加产品的某些特性，推出更好的品牌等。其中，较为常见的一种方法是在取得成本领先优势的前提下以更低的价格提供同样质量的产品，这是一种强有力的进攻性手段。如果竞争对手无法降价，它将失去市场。这种方法是否增加企业利润，取决于销量的增加能否弥补因降价而失去的利润。

2) 侧面进攻

这是一种避实就虚、以强克弱的进攻方式。由于受到攻击的一方往往都具有一定的实力，但其某一侧面会有薄弱环节。因此，企业采用这一战略往往会使处于防御地位的对手感到措手不及。

对薄弱环节的侧面进攻包括以下几个方面：

① 竞争对手市场份额较小或者竞争力量不多的地理区域；
② 竞争对手忽视或不能很好服务的顾客群；
③ 竞争对手存在忽视产品性能潜在趋势的市场；
④ 竞争对手的服务水平低，企业通过提供优良服务赢得竞争对手的顾客；
⑤ 竞争对手的品牌认知度差，使品牌和营销上有优势的企业可以从不出名的竞争对手那里赢得客户；
⑥ 竞争对手的产品线存在缺口，而企业可以利用这一缺口发展市场；
⑦ 竞争对手未能发现某些顾客的需求，使别人有机会进入市场并服务于这部分顾客。

一般来说，利用竞争对手的弱点采取进攻性行动，相对于挑战竞争对手的强项来说，更有取得成功的希望。特别是在竞争对手没有充分防范的情况下，常能出奇制胜。

3）全方位进攻

全方位进攻指企业从各个方面或几条战线上向竞争对手同时发动进攻，以夺取其市场份额。这种进攻方式，往往会使对手防不胜防。一般而言，企业只有具备了超强的人力、物力和财力，才能采取这种进攻方式；否则，会使得企业顾此失彼，难以达到预期的效果。

4）迂回进攻

迂回进攻方式指企业绕过竞争对手的势力范围，以避免与其进行直接较量，而向较易进入的市场发动攻击，以扩大自己的市场范围。

迂回进攻采取的主要方法有：进入竞争对手尚未察觉的细分市场；通过导入具有差异性的产品来建立新的市场；采用新技术以改进现有产品或生产过程等。采用这一战略的企业必须拥有一定的实力，占有有利的地位，而且能够避免与竞争对手发生冲突。

企业通过实施迂回进攻的战略，可以在新的细分市场获取领先优势，并迫使竞争对手卷入竞争，破坏其原定计划。此外，成功的迂回进攻战略还会改变现有的市场竞争规则，使之向有利于企业的方向发展。

5）游击进攻

这是指企业在不同的领域里向竞争对手发动规模较小，声东击西地骚扰对手并逐渐消耗其实力的攻击。对于那些缺乏足够资源而不能向市场领导者发动进攻的小型企业，比较适合采取这种进攻方式。

这一战略的具体做法有 3 种：一是进攻竞争对手势力范围内某个防守薄弱的细分市场；二是进攻竞争对手由于战线过长、资源分布过广而导致局部力量薄弱的环节或市场；三是运用选择性的降价，密集型的促销活动，来进行小规模的、分散的突然袭击。

采取游击进攻的企业，首先必须能够逐渐地消耗竞争对手的实力，以较小的代价换取对手较大的损失；其次，企业还必须能通过这一进攻方式来建立持久的、广泛的市场地位，以便在条件成熟时发动其他形式的进攻，进一步扩大战果。

**小资料**

2005 年联想对笔记本电脑已经相当熟悉，随处可见的索尼、戴尔、IBM 成为这个市场上的主流品牌，而国产笔记本由于产品质量和品牌知名度的欠缺，在当年非常被动。如何改变这种局面并且走出国门，联想做出了一个震惊世界的举动——2005 年 5 月的第一天，联想宣布收购 IBM 个人电脑事业部。

经过 3 年的不懈努力，联想已经将 IBM 融进了血液里，通过两次战略重组大幅度提升了效率。顺利地从 IBM 手中承接了全球各区域的销售和客户，完成了产品品牌的切换，开展了交易型业务，提升了联想的全球竞争力，为可持续增长注入了强劲动力。联想在 2007 年以 168 亿美元的营业收入跻身 2008 年度世界 500 强排行榜，列 499 位。

【资料来源】联想并购 IBM：领舞中国 IT 业国际化. 中国经理人网.

## 5.2.2 防御战略

防御战略是指一个企业通过各种防范措施，把挑战者的进攻引向威胁较小的方面或者是减轻攻击的强度。其本质上不是要增加企业的竞争优势,而是要使其优势得到维护或者保持得更久。几乎所有的防御战略都需要进行投资,为了长期的利益,有时会放弃短期的盈利。防御战略旨在影响竞争对手的决策过程,使挑战者认为,对该企业发动进攻不太有吸引力。通过减少竞争对手进攻的诱因,或者提高进入壁垒,就会使挑战者发起进攻较为困难。由于挑战者发起进攻的特点随时间改变,因而在防御过程的不同阶段也应采取不同的防御战略。

1. 防御战略的形式

一个企业在受到竞争者的进攻时,通常可以采取下面的几种防御方式。

(1) 阵地防御

这是一种静态的防御方式,即受到攻击的企业把它的资源用于遭到攻击的方面,建立保卫自己现有产品的堡垒。在现代市场竞争中,这是一种消极的防御方法,企业一般都不会单纯地运用这种战略。

(2) 进攻性防御

这是一种较为积极的防御战略,即企业在发现竞争对手的进攻企图后,先于对手采取行动,挫败其进攻计划。采取这种先发制人的防御方式能够最有效地避免攻击。

(3) 反击防御

当一个企业受到竞争对手的进攻后,为了摆脱被动的局面,会积极地做出反应,采取有效的形式反击对手的进攻。

(4) 侧翼防御

当企业采取这一战略时,必须考虑竞争对手可能寻找的进攻突破口。因为,竞争对手通常都是在企业暴露在外的侧翼上取得突破的。企业应在侧翼上建立一些前哨阵地,作为防御的基地,以保护相对薄弱的环节,减少竞争者可以利用的进攻点,并在条件许可时作为反击的出击点。

2. 防御的途径

除非不惜代价,多数企业不能完全消除进攻的威胁。因此,防御者应当在防御成本和进攻风险之间权衡,为把威胁减小到可接受的程度而投资。有 3 种途径构成防御战略的基础:提高结构性障碍,增加能被竞争对手察觉的报复威胁,减少进攻的诱因。

1) 提高结构性障碍

提高结构性障碍的防御战术是封锁挑战者合理进攻路线的行动。某些重要的战术所述如下。

(1) 填补产品或配置的缺口

包括扩大产品种类以填补产品空位,引进与产品特性相配的商标,对与竞争者产品系列接近的产品种类实行低价位的防御性的对策,鼓励善意的竞争者填补缺口等。当企业填补其产品种类的缺口或优先占领有可能被挑战者利用的其他推销目标时,障碍就会提高。在对防御类产品的定价和销售上都要考虑到其特殊的防御目的,不能期待产品有很高的收益,因为它们的存在就构成了对进攻的威胁。例如,一些生产高档产品的企业,为了有效维护其市场地位,也开始生产中、低档的产品,这样可以避免进攻者从中、低档品一端发起的进攻。

(2) 封锁销售途径

包括与销售渠道签订排他性协议,填补产品系列空位以便为销售渠道提供充足的产品种类，通过合理的合并和分类以减少遭受挑战者攻击的可能性，进行折扣行动以阻止销售渠道与新的供应商接触等。如果企业使挑战者更难获取销售途径，就提高了一个重要的进攻壁垒。防御战略不仅应当指向企业自己的销售渠道，还应指向其他一些渠道，因为它们可能成为挑战者进入企业渠道的跳板或成为替代渠道。

(3) 增加顾客的转移成本

包括免费或低价为顾客提供使用和维护本产品的培训，让顾客共同参与产品开发，或为顾客提供实用工程帮助，建立与顾客的联系。例如利用可直接订货或查询的专用计算机终端，或在计算机中保存顾客信息，在顾客所在区域拥有所需的贮存设备或装置。

(4) 提高进行试验的成本

包括有选择地降低产品系列中最可能被首先购买的产品价格，较多地向愿意尝试新产品的顾客赠送产品或分发样品，打折扣使顾客增加购买，延长合同期限等。

(5) 防御性地增加规模经济

包括增加广告费用，增加经费以加快技术革新速度，缩短某些产品型号的开发周期，增加销售力量或扩大服务范围。

(6) 防御性地增加资本需求

包括增加提供给经销商的资金支持，增加保修范围或放宽收益政策，减少产品或零部件的送货时间。

(7) 排斥其他可选择的技术

包括获得产品或加工方面其他可行技术的专利，发放许可证给善意的竞争者或对其进行鼓励，使其采用其他可选择的技术，通过显示某些迹象来造成用户对其他可选技术的不信任。

(8) 投资保护专有技术

包括严格限制接近有关机构和人员，伪装或调整自己的生产设备，在关键组件方面实行纵向一体化，恰当的人事政策以防人员流动而泄密，积极获取发明专利，对侵权者提出诉讼等。

(9) 建立与供应商的牢固关系

包括与供应商签订排他性协定，收购关键产地，如矿山、森林、土地等，以免被竞争对手抢占，签订长期购买合同以限制供应商的生产能力。

(10) 提高竞争对手的投入成本

包括避开同时为竞争对手或潜在竞争对手服务的供应商，从而提高这部分供应商的成本，防止企业规模经济通过供应商转给竞争对手。当劳动力或原材料在竞争对手方面占据更高的成本比例时，可以抬高它们的价格。

2) 增加能被竞争对手察觉的报复威胁

报复的威胁来自对受报复的可能性和严重性的预期。增加竞争对手可感知的报复威胁的方法包括以下几个方面。

① 显示防御意图，例如由董事会宣布保护在某产业中市场份额的意图，发表共同声明，声称某一经营单位对企业具有重要性，宣布打算建立大于需求的足够生产能力。

② 显示进入市场的初始障碍。例如企业可以通过宣布或透露有关新一代产品系列，以提高挑战者可预见的风险。

③ 确立封锁地位。通过在竞争对手或潜在竞争对手所在的行业或国家中保持封锁或防御地位，为企业提供进行报复的工具。

④ 进行竞争承诺。如果企业公开表态，要与低价位的竞争对手进行竞争，这就会增加竞争对手对报复的预期。

⑤ 提高退出或丢失份额的代价。包括建立适当超前于需要的生产能力，签订投入品的长期供货合同，扩大纵向一体化，投资建造专用设备，加强与企业中其他业务单元的关联，表明整个企业在此行业中的成功的信念。

⑥ 积累报复的资源。包括保持一定的现金贮备或保持现金的流动性，预备新型号或新产品系列。

⑦ 建立防御联盟。与其他企业建立联盟，会影响到许多因素，可能会提高报复的威胁。例如，联盟体可能会提供单个企业所缺乏的封锁地位或报复资源。

3）减少进攻的诱因

一般而言，利润是挑战者向企业发起进攻的诱因。挑战者对成功可带来的利润的预期，既取决于企业自身的利润目标，也取决于潜在的挑战者对于未来市场前景的假设。

① 降低利润目标。利润是大多数竞争者发动进攻的最主要原因，许多招致进攻的企业都是因为拥有很高的利润率。因此，企业减少进攻的诱因的首要措施，就是降低利润目标。具体方法有降低产品价格，为顾客提供免费的服务或低成本的售后服务及增加销售折扣等。

② 影响竞争对手对未来的预期。当竞争者看好行业未来的发展前景时，会使其向防御者发动进攻。企业减少进攻诱因的另一个措施是影响竞争者对未来的预期。企业必须使竞争对手对未来的预期尽量真实，避免盲目乐观的预期。具体做法包括：公开自己对未来的真实预测；公开讨论本行业的真实情况；积极赞助相关的独立研究，以证实竞争对手对未来的假设并不真实。

---

**小资料**

面对日益低迷的市场，2009年2月4日，麦当劳中国宣布推出"进入中国市场以来最大规模"的一次让利活动，为期一年。在此之前，其主要竞争对手肯德基刚刚在中国结束一轮为期两个月的降价行动。

此次麦当劳以推出"天天超值套餐"形式降价，涉及鱼、猪、鸡和牛四种肉类制成的汉堡套餐，全部的优惠价均定在16.5元，比调整前的价格优惠幅度高达32.6%。如今多款麦当劳产品的汉堡、所有的甜品和开心乐园餐的价格均与十年前持平或者略有下调。

麦当劳还打算向消费者提供会员卡，持卡消费者在中国1 065家麦当劳餐厅购买特定餐点时可享受20%的优惠。

【资料来源】 新浪财经. finance.sina.com.cn.

---

# 5.3 动态竞争战略

20世纪90年代初，许多管理学者注意到：全球经济一体化使生产资源更加容易跨国流动,市场进入障碍大大降低;科学技术的飞速发展使企业之间学习、模仿和创新的速度加快,企业之间相互超越更加容易;信息化社会的发展改变了企业与顾客之间的信息不对称状态,顾客的需求日趋差异化和个性化,愈加难以满足。

如今,企业所面临的竞争环境越来越复杂,竞争的对抗性越来越强,竞争内容的变化越来越快,竞争优势的可保持性越来越低。企业的竞争环境呈现越来越明显的动态特点,竞争战略也呈现动态性发展趋势。1996年乔治·戴伊和戴维·雷布斯坦因将这种竞争现象归纳为"动态竞争"。

### 5.3.1 竞争优势循环

创造和保持优势是一个企业持续不断的循环过程,如图5-2所示。

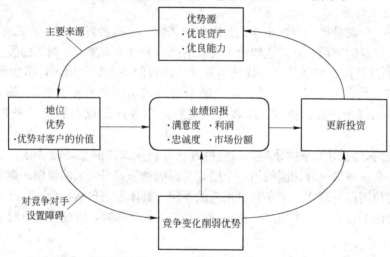

图5-2 竞争优势循环

在一个特定的竞争领域中,企业总是希望能与其竞争对手建立并保持竞争优势。优势之所以能得以建立,往往是因为企业拥有一些优良的资产和优秀的管理能力,而这些资产和能力可以为企业创造优势的竞争地位。

优势的竞争地位所带来的市场份额和利益回报,会随着市场竞争格局的变化而不断削弱。在这样一个动态循环中,战略具有两重目的:首先是为竞争对手设置障碍,以保护自己现有的竞争优势;但由于这些壁垒会不断遭到削弱,因此企业必须保持其对新资产、新能力的投资,以不断建立新的竞争优势。

竞争优势的创造和保持是一项长期的、互动的过程。这一过程既需要资金的投入,也需要管理者的热情和眼光。要在动态环境下保持并更新所拥有的竞争优势,首先应该了解动态竞争的特点。

### 5.3.2 动态竞争的特点

归纳西方管理学者的各种观点,动态竞争具有以下特点。

① 动态竞争是以高强度和高速度的竞争为特点，其中每一个竞争对手都不断地建立竞争优势和削弱对手的竞争优势。

② 竞争对手之间的战略互动明显加快，竞争互动成为制定竞争战略和经营战略的决定因素。

③ 竞争战略的有效性不仅取决于时间先后，更主要的是预测竞争对手反应和改变需求或者竞争规则的能力。

④ 每一个企业的先动优势都是暂时的，都有可能被竞争对手的反击行动所击败；任何竞争优势都是暂时的，不存在任何可长期保持的竞争优势。

## 5.3.3 动态竞争条件下的战略思维模式

由于动态竞争的特点已经完全不同于静态竞争，因此在动态竞争条件下战略思维的模式也就发生了根本的变化。如果不能了解动态竞争的性质和特点，不了解新的思维模式，就无法制定有效的竞争战略。

1. 重视动态竞争互动

在静态竞争的条件下，制定竞争战略时很少考虑和预测竞争对手的反应及一系列的攻击反应行为。而在动态竞争条件下，竞争战略的制定以重视动态竞争互动为基本前提，竞争战略的有效性很大程度上取决于对竞争对手能力的预测、削弱和限制。因此，为了制定有效的动态竞争战略，企业必须清楚：选择谁作为竞争对手；竞争对手的预期反应会如何；企业应采取进攻策略还是反击策略，企业的竞争行为会给竞争对手和企业自身造成什么影响；企业的竞争行为会给整个行业市场和竞争格局带来什么样的变化；而改变了的行业市场和竞争格局对企业的发展是否有利。

2. 制定竞争战略的出发点不同

在静态竞争条件下，制定竞争战略的出发点是通过对企业和竞争对手的价值链进行分析，扬长避短，以自己的竞争优势打击竞争对手的弱点，这种观点只有在竞争对手没有学习能力和竞争的互动只有一次的情况下才是正确的。

在动态竞争条件下，企业会发现原有的竞争优势和竞争战略越来越没有作用，这是因为：

① 竞争对手在多次被打击之后已经产生抵抗力，通过学习和模仿克服了自己的弱点；

② 竞争对手在没有优势的情况下，会想办法改变竞争内容和规则以创造新优势；

③ 原来打击别人的企业过于依赖原有优势而没有及时建立新的竞争优势，因此在下一个回合的竞争互动中处于不利地位。

例如在家电行业，长虹发挥自己的规模成本优势，以率先降价的策略赢得了彩电大战的第一个回合。随后其他彩电厂商就开始扩大生产规模，弥补自己的不足，同时也看到自己无法与长虹较量规模成本优势，因此就在产品、质量和营销方面创造新优势，改变了行业竞争的内容和规则，结果使长虹在第二个回合的竞争中处于不利地位。

3. 制定竞争战略的目的是要创造新的竞争优势

在静态竞争条件下，制定竞争战略的目的就是要保持长期竞争优势，而且认为企业的长处可以作为竞争优势而长期保持，即竞争优势是可持续的。在动态竞争条件下，制定竞争战略的目的是要创造新的竞争优势。没有不变的竞争优势，任何竞争优势都是暂时的，虽然也要保持竞争优势，但是更加重要的是如何及时地通过创造新的竞争优势，削弱对手的竞争优势，或者通过改变竞争格局使竞争对手的竞争优势过时。如果长虹公司能够在保持规模成本优势的同时，又不过分依赖这种优势，而是集中资源创造自己在研究开发、销售渠道和售后服务方面的新的竞争优势，那么就不会在彩电大战的第二个回合中处于不利地位了。

**小资料**

企业如果固守过去曾行之有效的战略，那么它必将败于竞争对手。

——威廉·科恩

4. 采用动态分析方法

传统的 SWOT 分析、波士顿矩阵及迈克尔·波特的 5 种竞争力分析模型等都是静态的分析方法。这些方法的主要问题在于它们立足于竞争的优势是可以长期保持的，竞争的互动只有一个回合。在动态竞争条件下，分析、评价和选择竞争战略的方法不再立足于竞争优势的可保持性，不是只考虑一个竞争回合，而是立足于竞争对手之间的互动。企业对经营环境及竞争对手的分析，在原有的分析模式上，增添了动态分析的方法，博弈论、情景分析、仿真模型、系统动力模型、"战争"模型等方法被广泛运用于对竞争条件的互动分析和竞争战略的动态评价和选择，并据此来选择和制定企业的竞争战略。

5. 建立核心竞争力

在静态竞争条件下，人们更加关注环境、市场和行业结构对企业行为和效益的影响。但是在动态竞争条件下，越来越多的管理者认识到客观环境、市场结构和行业竞争结构是可以通过企业的战略行为而改变的，而且变化越来越快。没有什么优势是不变化或可以长期保持的，因此重要的应该是能力，尤其是企业的核心竞争力。

**小提示**

核心竞争力的概念由美国企业战略管理专家普拉哈拉德和哈默尔于 1990 年提出，指的是企业拥有的难以被竞争对手所模仿的、比竞争对手更强的、持久的某种优势、能力或知识体系，并据此能够使企业推出优于竞争对手的产品和服务，获得超越竞争对手竞争优势的独特能力。

核心竞争力是企业在动态竞争环境中获取竞争优势的基础。企业只有建立自己的核心竞争力才有能力根据环境和时间的变化，整合自己的资源和能力，并且能利用不断变化的市场和竞争机会来创造竞争优势的新源泉，不断创造和保持竞争优势。

**小资料**

## 从事海岛管理的菠萝加工商

都乐食品公司（Dole Food Co.）专门从事水果种植以及加工业务。近些年来，香蕉和菠萝的价格疲软，从而使公司备受种种打击。该公司于是企图靠增加和开发手头上大量的房地产、证券业务来扭转局势，却发现更是麻烦重重。在这里，我们看到的是一个菠萝加工商却在从事海岛管理。都乐食品公司的失败在于多元化的出发点不对。为发展而发展的褊狭多元化战略或证券投资管理战略常常造成负面的协同作用和股东价值的丧失。

【资料来源】 企业打造核心竞争力的误区．慧聪网．

## 案例分析

### 格兰仕竞争战略

随着人工成本上涨，"机器换人"的剧幕在劳动密集型的家电工厂频频上演。在此基础上，"联网"的智能工厂开始出现，连接用户、研发、供应链、物流资源，可以加快存货周转、减少库存、提升效益。

过去，格兰仕通过规模化、成本领先、薄利多销的模式，迅速抢占全球市场并成为世界"微波炉大王"。如今，格兰仕再次以实施精品战略、引领消费升级、挖掘粉丝经济为抓手，走出一条"质造＋智造"的转型升级新道路。近年来，在产品上格兰仕提出"不食烟火只享美味"新策略，从微波炉扩充到纯蒸炉、蒸烤炉、IH芽王煲、洗碗机、互联网冰箱等高端家电，以满足多层次、高品质、多样化的消费需求。

1. 引领行业智造转型

在制造上格兰仕也在加速智能转型，继前两年打造洗衣机、洗碗机自动化生产线，格兰仕又引进了全球第一条微波炉自动化装配生产线、电蒸炉自动化整机及自动化腔体生产线。为此，格兰仕先后与意大利、德国等装备制造公司展开深度合作，在微波炉、洗衣机、洗碗机、电蒸炉等生产线自动化方面，投入额相当于过去20年投入的总和。2016年格兰仕自行开发引进首条微波炉自动化装配生产线，生产效率比之前提高38.89%。

15秒能做什么？格兰仕会告诉你，15秒可以将一块普通的钢材变成一个完整的电蒸炉腔体。

从位于中山的格兰仕生产基地可以看到，整个生产厂间，工人的身影寥寥无几，仅有几名来自意大利的技术人员在一旁操控。这条生产线于2016年7月正式投产，生产节拍达到12秒/台，日产量约5 000台，生产效率比之前提高38.89%，产品直通率超过99%，工人可以从原来的52人减少至25人。

在格兰仕内部，全自动化生产线的诞生经历了一个漫长的过程。相较于喷涂、冲压等生产线，装配生产线是劳动最密集的一个工序，自动化技术的开发也是最难的。同时，与大家电相比，微波炉的螺丝等零件都非常小，没有成熟的技术供借鉴，这也使得技术开发难上加难。在整条生产线的研发阶段，QS及格兰仕的工程师到生产一线做生产工，动手装配、测量，亲自去体会微波炉的制造工艺。2015年12月19日，在意大利完成整条生产线的验收后，这条全球第一条微波炉全自动化生产线的设计安装终于确定。格兰仕集团总裁梁昭贤指出，面对新的环境，格兰仕会持续加大力度推进转型升级，首先就是要打造自动化工厂，一步到位引入国际一流设备，使质量效率再获得提升。

## 2. 打造 G+智慧家居生态圈

G+智慧家居系统是基于物联网、云计算、大数据,结合移动互联网技术开发的开放的物联网云服务系统。

首先,G+智慧家居是支持格兰仕全品系家电的云接入服务平台。它整合了云端聚合技术、安全接入技术、智能物联网技术和实时消息传输技术等信息技术,其数据中心能实现百万级并发,智能家居支撑系统应用技术稳定可靠,可运营性强。

其次,G+智慧家居是一个开放合作的价值平台,打破行业的边界。通过G+云端大数据分享,格兰仕全产业链伙伴可以更精准把握市场,服务消费,扩大合作。G+同时可以接入其他品牌家电、家居智能设备,可以实现与第三方平台包括友商、电商等之间的互联互通。

最后,G+智慧家居是广大消费者融入智慧生活的入口。G+为全球消费者构筑了一个更加开放、便利和安全的智慧家居生态圈,这个平台与微信、微博、粉丝社区等平台实现互联互通。如格兰仕粉丝社群——西红柿Family成员在社交媒体活跃的大数据,在G+平台上实现交互,让更多的用户相互分享使用体验、生活理念等。

2017年3月,格兰仕与中国联通签约,在智慧家居领域形成全方位的战略合作关系。格兰仕和中国联通将深度挖掘双方在智能制造和互联网产业方面的技术、资源和生态优势,协力推进"G+智慧家居"平台的建设,共享"中国制造+互联网"的跨界价值。中国联通将积极发挥全方位立体化的3G、4G网络覆盖、丰富的移动终端以及深入各个方面的网络应用优势。格兰仕将充分释放家电智能制造的综合领先实力,双方将围绕用户需求,在包括NB-IoT物联网通信标准、智能家居方面进行更深入的合作,对智慧家居大数据应用进行共同挖掘与研究。

格兰仕家电研究院负责人表示,NB-IoT技术会极大提高移动接入数量,降低终端连接的功耗,为格兰仕G+智慧家居产品大规模接入运营商移动网络奠定了技术的可能。目前,G+智慧家居系统现已基本覆盖格兰仕全品类智能家电,已经实现了产品与产品互联互通、产品与用户互联互通,用户与厂商互联互通。下一步,G+大数据将进一步应用到智能制造、个性化定制中去。

## 3. "1+5"模式布局全球市场

面对"世界品牌"建设这个庞大的系统工程,格兰仕采取了非常务实的品牌发展模式——"1+5"模式,"5"包括合作品牌、合资品牌、租赁品牌及与国际顶尖品牌从标准的OEM到ODM的品牌合作方式,"1"是自主品牌。

"1+5"模式是格兰仕通过多年来对海外市场的不断摸索,结合中国制造在国际市场的影响力以及各个国家不同文化和消费特点,走出的创新发展之路。格兰仕多种品牌发展模式相结合,成功打开海外市场,敲开发达国家的大门,积累了国际一流品牌的制造、设计、管理和品牌国际化经验,逐步建立企业高品质、高度可信赖的专业形象。在此基础上,对条件成熟的国家,稳健推进自主品牌。

品牌"走出去"是一个复杂的系统工程,需要高品质的产品,也需要高度的文化价值和消费观念的认同,在许多发达国家已经有非常牢固的消费品牌,重建我们的品牌影响力需要一定的时间,但是"走出去"刻不容缓,我们必须一边走出去一边探索自主品牌走进去的有效路径。格兰仕集团品牌负责人介绍，随着产品走出去，格兰仕在全球10多个发达国家和地区建立了商务机构，在中国香港、北美设立分公司，在日本设立研发中心，在全球168个国家和地区申请注册了自主商标。

据了解，格兰仕非常注重自主品牌的保护工作。截至2017年，主商标"格兰仕""GALANZ"在世界知识产权组织注册商标9个，在欧盟、非洲知识产权组织注册主商标。除了在这三大组织注册了主商标，格兰仕还根据海外市场的情况，在美国、新西兰、加拿大、日本、阿根廷、玻利维亚等涉及五大洲70多个国家注册主商标。除了大力发展主商标，格兰仕对副商标也投入了大量的资源进行国外注册，其中"YAMATSU""AIMISON""WILLZ"等几个商标在世界知识产权组织、欧盟、非洲知识产权组织，美国、俄罗斯、巴西、韩国、伊朗等数十个组织和国家提交注册。

【资料来源】 格兰仕集团生态建设+品牌建设加速企业智能转型．中国信息化周报．2017-08-14．

**案例分析题**

1. 格兰仕采取了什么样的战略？体现在哪些方面？
2. 在动态竞争的环境下，格兰仕应注意哪些方面以保持竞争优势？

# 本 章 习 题

## 一、判断题

1. 在激烈的市场竞争中，企业能够长时间维持高于平均水平的经营业绩，其根本基础是低成本的竞争优势。（    ）
2. 成本领先战略的核心内容是要使企业产品的成本低于竞争对手的成本。（    ）
3. 运用成本领先战略，一定要考虑技术革新和技术进步的影响，但不用注意竞争对手的战略反应和产品、市场的变化。（    ）
4. 目标集中战略实际上是特殊的差异化战略和特殊的成本领先战略。（    ）
5. 防御战略不寻求企业规模的扩张，而是通过调整来缩减企业的经营规模。（    ）
6. 动态竞争理论认为，企业只有建立自己的核心竞争力才有能力根据环境和时间的变化，整合自己的资源和能力，并且能利用不断变化的市场和竞争机会来保持长期的竞争优势。（    ）

## 二、选择题

1. 美国哈佛商学院的迈克尔·波特教授根据企业的两个基本优势，提出了企业可以采用的三种基本竞争战略是（    ）。
   A. 成本领先战略　　　　　　　　B. 产品差异化战略
   C. 目标集中战略　　　　　　　　D. 一体化战略
2. 差异化战略的核心是（    ）。
   A. 产品的差异化
   B. 生产过程（工艺）的差异化

C. 取得某种对顾客有价值的独特性

D. 取得某种对生产者有竞争优势的独特性

3. 一个某服装企业在开发产品时坚持高质量、体现个性化色彩的原则。在营销理念上，主要通过专卖店的方式进行销售，而且销售人员都通过专门的培训，要求他们掌握销售技巧并树立为顾客服务的理念和行为准则。根据以上信息，你认为这个品牌产品的战略是（　　）。

　　A. 总成本领先战略　　　　　　B. 差异化战略

　　C. 目标集中战略　　　　　　　D. 多样化战略

4. 下列属于目标集中战略优势的是（　　）。

　　A. 可以进行高度专业化生产，降低成本，在一定程度上增强了企业的相对竞争优势

　　B. 企业以较高的效率和较好的效果为某一狭窄的战略对象服务，能掌握专门的技术，取得较大的市场份额

　　C. 企业采用目标集中战略与竞争对手拉开差距，保持自己的特色，有的却需要增加一定的成本费用

　　D. 在企业正确选择细分市场的情况下，能获得市场容量和竞争强度等方面的相对吸引力

5. 防御战略的形式有（　　）。

　　A. 阵地防御　　　B. 进攻性防御　　　C. 反击防御　　　D. 侧翼防御

6. 下列属于动态竞争特点的有（　　）。

　　A. 高速度和高强度的竞争

　　B. 竞争对手之间的战略互动减慢

　　C. 企业的先动优势都是暂时的，都可能被竞争对手的反击行动所击败

　　D. 竞争战略的有效性取决于预测竞争对手反应和改变需求或者竞争规则的能力

7. 差异化可以从下面哪三个层次表现出来？（　　）

　　A. 产品质量　　　B. 产品功能　　　C. 产品外观　　　D. 产品服务

### 三、思考题

1. 简述波特的3种基本竞争战略。
2. 各举一个成本领先战略、差异化战略和目标集中战略的例子。
3. 如何理解"进攻是最好的防御"？
4. 比较动态竞争战略与静态竞争战略的异同。
5. 论述企业核心竞争力的战略地位。

### 参考答案

一、1. ×　2. ×　3. ×　4. √　5. √　6. ×

二、1. ABC　2. C　3. B　4. ABD　5. ABCD　6. ACD　7. BCD

# 第6章 不同行业竞争战略

**在本章中，我们将要学习：**
- 新兴行业中的竞争战略
- 成熟行业中的竞争战略
- 衰退行业中的竞争战略
- 分散行业的竞争战略
- 全球性行业的竞争战略

 导入案例

## C2B、C2M 服装定制模式悄然兴起

1. 服装电商整体规模持续扩大

中国纺织工业联合会发布的《2015/16 纺织服装电子商务报告（简版）》称，2015 年纺织服装电子商务交易总额为 3.7 万亿元，同比增长 25%。同时，行业电子商务应用环境进一步完善，企业围绕品牌发展和效益提升开展电子商务的能力进一步加强。

2015 年是服装家纺网络零售线上线下融合发展的一年，传统品牌企业整合线下门店协同发展，网络品牌企业开辟线下门店速度加快。网络零售市场品牌化的趋势明显，网民的网络购物偏好愈加成熟，消费升级和社会转型在推动零售商业模式转型的同时也为服装家纺带来诸多消费盲点、新的商业机会，促使消费模式不断转型升级。

随着制造成本越来越高，利润逐年降低，库存压力剧增，近几年来，我国服装行业集体陷入困境，为了转型自救，近几年传统服装业纷纷涉足电商。然而勿庸讳言的是，在中国经济迈入中低增长的新常态之下，时下服装电商竞争日益激烈，电商也不是所有传统行业的救命稻草，市场洗牌日益加剧，分化越加明显。尤其是对服装行业来说，B2C 模式的电商形态依然无法克服库存压力。从 PPG、维棉网、初刻、NOP 再到凡客，这些名字曾经星光耀眼，而今却逐渐陨落。品牌服装电商行业遭遇到了成长的"魔咒"。

于是近两年，C2B、C2M（consumer‐to‐business、customer‐to‐manufactory，即"消费者到企业""消费者对工厂"）概念开始走入人们的视线，力图从另一方面振兴服装电商行业。

2. 个性化定制渐成消费趋势

2014 年下半年起，开始涌现了一大批做定制的初创型服装企业，他们以定制为概念，

用互联网化的手段,发展速度加快,定制时代悄然来临。

2014年下半年,京东开始试水电商服装定制市场,并根据不同消费者需求将其具体拆解为服装定制和个性定制两大私人业务。与过去面对普通大众消费者不同的是,京东本次推出的服装定制服务主要面向国内中高端的小众市场。2016年初,报喜鸟和威克多的天猫旗舰店的线上定制服务正式推出,主要通过天猫先下单,再引流到附近门店量体或裁缝上门量体进行运营。

随着人们对生活品位及个性化要求的不断提高,中国消费者对定制化需求越来越热衷,接下来的几年中国定制市场规模会逐年扩大。中国定制已经达到千亿规模,未来正朝着万亿规模的市场迈进,服装作为定制化产业的重要一部分,未来前景也是令人十分看好。下一步,定制化将从满足小众人群需求向满足普遍人群需求趋势转变,同时,中国定制还将向流程高效、可视和规范化趋势发展。此外,设计的价值将被认同,消费者更加注重款式的独特性和唯一性,愿意为优秀的设计付费。

可以说,电商借助网络平台,将厂家产品"制造"与消费者"需求"直接联系起来,消费者可在网上自己参与设计、选择自己想要定制的产品;而传统制造企业,则在后台利用自己的产品或制造优势,提供消费者确切需要的产品。在未来,以消费者为主导的市场下,传统服装制造业也好,传统电商零售业也罢,都将迎来成长的春天,更加蓬勃地发展。

3. 服装定制电商O2O的挑战

C2B乃至C2M能把用户需求集中起来,把库存降到最低,这解决了当下诸多零售企业、制造企业的痛点,也能让消费者买到性价比高的产品。但是这一模式也存在天生的缺陷,面临需求分散、个性化服务要求高、销售份额较小、投入大产出少等问题,如何能把相类似的需求在短时间内聚集起来,并迅速反映到生产环节,成为电商定制服务发展的关键。与电产渠道合作的定制品牌要具备强有力的供应链和制作工艺来支持,确保定制产品的水准、工艺、效率达到中高端消费人群的认可,这就对服装定制电商O2O提出很大挑战。而在售后服务方面,由于定制产品的特殊性,退货服务也会增加整个交易的成本。

我们知道,服装定制电商的难点一个是量体,另一个是打板成本。上门量体定制价格昂贵,电商平台更多扮演的是为线下定制店导流的角色。对于打板,在批量化生产模式中,一次打板可规模化生产,但线上个性化定制可能需要单独为消费者需求分别打板,成本很高。总体看,消费者对定制服装的需求和习惯还没成型,而电商平台上可供挑选的定制品类仍比较少。

随着移动互联网时代的到来,高端定制也必将从传统线下更多走向线上。谁能率先真正做到行业的细分整合,为客户方便快捷量身打造自己的个性化产品与服务,输出自己的核心竞争力,给客户带来完美的定制服务和体验,谁就能在未来的定制化市场竞争中脱颖而出。

【资料来源】服装电商整体规模稳步扩大定制模式迎来成长春天. 通信信息报,2016-09-28.

通过以上案例,得知想要在行业中获得生存,每个企业都应对自己提出这样的问题:
- 我了解这个行业的特点和规则吗?
- 这个行业对我是否仍有吸引力?
- 我能不能照搬行业中成功企业的战略?
- 什么原因使我决定退出或进入,会不会遇到障碍?

# 6.1 新兴行业中的竞争战略

随着技术和市场的发展,一些新兴行业不断产生与发展。新兴行业是指通过某些因素形成的或重新形成的行业,这些因素包括技术创新、相对成本关系的变化、新的消费需求的出现,或其他社会和经济方面的变化等。

从制定战略的观点来看,新兴行业的基本特征是不存在什么竞争规则,行业内的竞争问题是必须建立所有的规则,以便使企业能有所遵循并在这些规则下获得成功。缺乏竞争规则,对企业而言既是一种机会也是一种风险。

## 6.1.1 新兴行业的结构特征

新兴行业与成熟的行业相比,在结构特征上具有如下特点。

(1) 技术上的不确定性

在一个行业的发展初期,产品结构与生产技术都存在大量的不确定性。新兴行业中有关产品的技术、工艺和操作都还不成熟,需要经常性的试验和调整,存在重大改进的可能。首先进入的企业需要对产品的最好结合进行试验,为了使生产过程达到最优效率而在生产技术上进行创新,技术的不确定性要求企业不断投入研究和开发资本,引起企业成本构成的改变。

(2) 缺乏统一的行业标准

在行业处于新兴阶段时,有关行业活动、行业关系、行业评判等标准尚未形成。首先进入市场的企业,往往可以使自己企业的产品特征、组织方式、经营方式或分销渠道成为行业标准的基础,从而形成特殊的"在位"优势。这种"在位"优势将成为阻碍其他潜在竞争者进入市场的有力障碍。从这点来看,处于行业新兴阶段的企业不但有较大的发展余地和战略选择空间,而且企业在这一阶段进行的战略选择,将在很长一段时期内影响企业在行业中的地位,甚至影响到行业的结构特征。

(3) 战略上的不确定性

处于行业新兴阶段的企业缺乏"正确的"战略指导,它们需要逐步摸索适合该行业的发展、适合自己企业的战略类型,包括各类职能战略、业务设计、产品组合及生产技术等。同时,行业中的企业由于缺乏必要的有关竞争对手、消费者特性、行业结构和发展轨迹等方面的信息,以致造成企业决策的不确定性和战略的不稳定性。尽管存在战略上的不稳定性和探索性,但由于这种不稳定性和探索性是全行业的特征,所以任何能发现并实施恰当战略的企业都能在业绩上形成突破。

(4) 初始成本虽高但成本急剧下降

初始成本高是因为生产企业的产量较低,没有可行的学习曲线以降低成本。然而随着工艺的改进,工厂布局的合理化,成熟的经验曲线的学习和工人熟练程度的提高,在生产规模扩大的同时,生产成本会迅速下降。

**小资料**

标准普尔公司工业概览（Standard & Poor's Industry Surveys）——这套书及时提供了对 20 个主要行业深入的调查研究。

价值评估投资调查（Value Line Investment Surveys）——为投资者提供有关 70 个行业详尽的最新公司信息。

## 6.1.2 限制行业发展的问题

新兴行业在发展中，通常会面临着不同程度上的限制或威胁。这些问题源于新兴行业的发展对经济实体以外的其他因素的依赖，以及其对传统行业所造成的威胁。

（1）缺乏获得原材料和零部件的能力

一个新兴行业的发展要求出现新供应商或现存的供应商增加产出或修改原材料和零部件以满足行业的需要。在这一过程中，严重的原材料和零部件短缺在新兴行业内是很常见的。

（2）原材料价格的迅速上升

面对发展的需求和不能适应的供给，在新兴行业早期阶段，重要原材料的价格经常会大幅上涨。

（3）缺乏基础设施

新兴产业经常面临类似于材料供应等由于缺乏适当基础设施而引起的问题：如分销渠道、服务设施、经过训练的技巧、互补产品（如为娱乐车所用的适当营地、煤炭气化技术所需的煤等）及其他类似问题。

（4）缺乏产品或技术标准

对产品和技术没有统一标准加剧了原材料供应和互补产品的问题，并可能阻碍成本下降。缺乏一致的原因通常是新兴产业中仍存在产品和技术高水平的不确定性。

（5）发觉过时的可能性

如果购买者发现第二或第三代技术非常可能使现有的产品过时，则一个新兴产业的发展将受到阻碍。购买者将等待技术的进步和成本下降趋于平缓。这曾经在数字手表和电子计算器等产业出现过。

（6）顾客困惑

新兴产业经常遇到顾客困惑的问题，这种困惑来源于众多产品方案、技术种类及竞争者们互相冲突或相反宣传的存在。全部这些现象是技术不确定的象征及缺乏技术标准和产业的参与企业间总的技术协议。这种混乱可能增加购买者的购买风险感并限制产业的销售额。

（7）不稳定的产品质量

由于存在许多新建企业、缺乏标准、技术不确定等，在新兴产业中产品质量经常反复不定。即使仅仅少数几个企业出现这一问题，不稳定的质量能够给全行业的形象和信誉造成不利影响。

（8）在金融界的形象和信誉

作为新产业、高不确定性、顾客困惑和不稳定的质量的结果，新产业在金融界的形象和可信任程度可能较差。这种情况不仅影响企业取得低成本融资的能力，而且可能影响客户取得信用的能力。

（9）监管部门的批准

新兴产业在获得有关监管部门的承认和批准方面常遇到拖延和扯皮。从另一方面讲，政府政策可以使一个新兴产业几乎在一夜之间走上正轨，就像曾强制使用烟雾报警器的情况一样。

（10）被威胁实体的反应

有些实体几乎总是因新兴行业的出现而受到威胁。例如，大多数电力公司正进行院外游说，反对对太阳能进行补贴，因为他们认为太阳能将不会满足高峰供电负载的需要。

受到威胁的实体可能采用多种方法与新兴产业进行斗争。其中一种是法规或政治角斗，另一种是在集体谈判桌上。当一个行业因替代产品而受到威胁时，它的反应可能是放弃利润，压低价格（或增加市场营销支出），或增加研究投资，以使受到威胁的产品或服务更具竞争能力。图6-1表示了后一种方法。如果受到威胁的行业选择增加投资以造成质量调整引起成本下降，很明显，新兴行业中与学习和规模相关的价格下降目标还在移动。

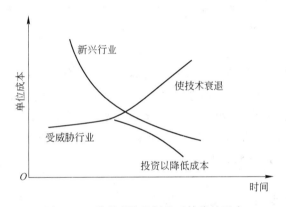

图6-1 受到威胁的行业对替代的反应

受到威胁的行业采取放弃利润的价格政策或采用进攻性投资降低成本以保持产量的倾向，是受到威胁产业中的退出壁垒的函数。如果由于专用资产、很高的被察觉到的战略重要性、感情联系或其他原因而造成壁垒很高，则新兴产业中面临受到威胁的产业会为寻求发展而进行决定性的或甚至不顾一切的努力反击。

## 6.1.3 新兴行业竞争战略

从新兴行业特征看，企业战略的有效性主要取决于企业承受风险的能力、技术创造的能力以及形成供应渠道和分销渠道的能力。因此，处于行业新兴阶段的企业，其战略重点应该放在以下几个方面。

（1）促进行业结构形成

在行业新兴阶段的战略问题上，压倒其他战略选择的是，首先考虑企业是否有能力促进行业结构趋于稳定并且成型。这种战略选择使企业能够在产品策略、营销方法及价格策略等领域建立一套有利于自身发展的竞争原则，从而有利于企业建立长远的行业地位。企业在促进行业结构形成的努力中，能使自己的企业在产品、营销、定价等策略方面的规则较多地成为行业规则或行业规则的基础,使自己的企业成为行业结构中的关键成分。为了促进行业结构的形成,企业需要为行业发展做出一定的主动贡献。例如,促进行业标准的形成,协调各权势集团与行业的关系,对消费者进行宣传,承担行业分析和发展预测,积累行业统计数据等。这些工作都会引起企业相关成本的上升,但这些活动都是企业为了渗透市场而必须开展的,如果企业能因此而主导行业结构的形成,就能长期享受由此带来的经济和非经济效益。

(2) 创造独特的供销渠道

行业新兴阶段的供销关系是不稳定的,企业必须不断地创造出符合行业新兴阶段特征的供销关系。例如,随着行业规模的扩大和经验的积累,供应商不但愿意且有能力对行业的特殊要求(如对原材料品种的要求、对服务的要求、对交货时间和条件的要求)作出反应。这时行业的社会协作系统也在逐渐形成,部分由企业自己承担的工作可以更经济地由供应商承担。从分销方面看,专业分销商的形成会在广告、销售设施等方面承担部分本来由企业从事的活动,而且专业、集中的活动效率比企业单个的活动效率要高。此外,在行业新兴阶段中,供销关系一直在变化,企业必须能识别这一变化的趋势,在利用外部供销体系的同时,创造出新的、能体现或形成企业独特优势的供销关系。

(3) 改变行业进入障碍

新兴行业具有在原材料、适用技术、分销渠道、成本优势、高风险等方面的进入障碍。但是,这些障碍消失得很快。随着行业规模的扩大和技术的成熟,进入障碍的形式会发生变化。因此,企业必须能不断形成确立自己在行业中独特"位置"的新方法,逐步减少单纯地对恰当技术和产品品种变化方面的依赖。行业越是向发展和成熟阶段进化,进入障碍就越是向资本、规模、创新等方面倾斜。

(4) 确定适当进入时机

企业面临的一个关键战略决策是"何时进入新兴行业对企业最有利?"进入得早,企业承担的风险和有关成本高,但是进入障碍相应地要低一些。一般来说,当消费者重视企业形象和企业信誉,同时企业能够因为是行业的开发者而形成较强的信誉时,企业可以较早地进入;当行业的经验曲线效应强、较早地进入能引导和诱发学习过程、经验不容易被对手模仿也不易因后续技术发展而冲淡等情况下,企业可以较早地进入;在消费者的忠诚性较高的行业中,企业较早进入能更有机会争取消费者;在较早与供应商及分销商建立关系能获得明显的成本优势的行业,企业应该争取较早地进入。

但是,最先进入的企业也会面临巨大风险。例如,初期的竞争和市场细分可能会与行业发展的情况不同,企业在技术结构与产品结构等方面如果投资过大,在转变时就要付出高额的调整费用。技术变更也使先进入企业的投资过时,而后来的企业则可能拥有最新的技术和产品。

---

**小资料**

江苏法尔胜公司在决定进入光纤光缆行业之前,由生产光缆用钢丝与钢丝绳切入,与光纤光缆行业进行了广泛接触,展开了详细的调研与论证。通过论证,他们认识到光纤光缆业的竞争核心在于光纤预制棒,作为后进企业,要找准定位,只有以最快的速度建立完整的产业链条,尤其是接触到产业核心,才能一举占领竞争的制高点;同时,1998年国内光纤光缆业正面临启动,他们此时进入,已跨过了"拓荒牛"阶段,市场机会很好。

因此,法尔胜公司在果断投资收购其光缆钢丝的下游企业——汇源光通信60%股权的同时,直接跟进光纤及其制棒技术的开发,与澳大利亚国家光电子研究中心下属实体合资成立法尔胜光子有限公司。当时,制棒技术主要有MCVD、PCVD、OVD、VAD几种,在选择开发方向时,他们预测光纤产品中,单模光纤G.652将在较长时期内有较高的市场份额,而生产单模光纤更经济的VAD、OVD分别被美国、日本大公司垄断,PVCD更适合生产多模光纤,因此法尔胜光子创新地采用了MVCD/OVD混合法生产光棒及G.652光纤,既能满足各项技术要求,又能提高效率,降低成本。

法尔胜公司的竞争战略贵在选准了自己在产业中的定位,而战略步骤的实施贵在迅速、适时调整、节奏性强。

【资料来源】 江苏法尔胜新兴产业竞争战略分析. www.ccper.com.

# 6.2 成熟行业中的竞争战略

处于行业成熟阶段的企业,一般是提供的产品足以从数量上满足市场和消费者的需要,而提供产品的技术和工艺也基本上不存在保密性,大部分企业都具备了必需的,甚至是相同的技术水平,维持着微利的经营活动。

而消费者通过前一阶段的消费也变得更成熟了,他们对产品的要求更多地表现为带有个性化的和特别的要求。为了让消费者能识别自己企业的产品,同时迎合消费者的特殊要求,企业纷纷为自己的产品赋予其他企业所不具备的特性,这表示企业进入了差别化经营阶段。企业不再是在一般而言的市场上活动,而是在一个特定的细分市场上活动。

## 6.2.1 成熟行业的特点

行业进入成熟期表现在以下几个方面。
(1) 产品技术成熟
行业成熟阶段的产品技术成熟,企业对于产品制造和供应上的技术已很少有突破的可能,并且市场尚未形成对新技术的期望。由于行业缓慢地增长,技术更加成熟,购买者对企业产品的选择越来越取决于企业所提供产品的价格与服务的组合。
(2) 竞争程度加剧
在行业成熟阶段中,企业面对所出现的更为激烈的市场竞争、更为成熟的技术、更为复杂的购买者,必然要在供产销等方面进行调整,将原来适应高速增长时期的经营方式转变为与缓慢增长相协调的经营方式。由于技术成熟、产品标准化及寻求低成本战略等需求,使企业竞相投资于具有经营资源优势的国家和地区,从事全球性的生产和经营活动。同时,在成熟行业中,企业所面临的国内需求往往增长缓慢且趋于饱和。在竞争的压力下,企业转向经济发展不平衡、行业演变尚未进入成熟期的国家。在这种情况下,竞争的国际化便不可避免。

(3) 收购兼并增多

在行业成熟阶段中，一些企业利用自己的优势，进行兼并与收购，从而产生行业集团。同时，这种行业集团也迫使一些企业退出该经营领域。伴随着行业的不断成熟，即使是一些竞争能力比较强的企业也常因战略与环境的不适应而遭到淘汰。所有这些变化都迫使企业重新审视其经营战略，进行战略调整。

## 6.2.2 成熟行业竞争战略

成熟行业的特点要求企业重新审视经营战略，实现战略的转移，具体内容有以下 8 个方面。

(1) 审视现行的企业战略

行业的高速增长可能会掩盖企业战略上的错误，而且也会使行业内绝大多数的公司成长起来。这时各种各样的战略似乎都会取得成功。然而，当行业趋向成熟时部分企业的战略缺陷会暴露出来，每个企业都面临着在 3 种一般的竞争战略之间做出选择。

(2) 产品组合合理化

在行业的成长期，企业会扩大产品线，增加产品的种类，不断推出新产品以提高企业的形象和竞争能力。然而，一旦行业进入其成熟期，成本竞争和市场占有率的争夺会极其激烈，众多的产品线将会使成本提高。为此，企业应调整产品线，减少亏损产品的生产，集中精力生产利润高的产品，以形成产品的竞争优势。

(3) 技术和工艺流程的创新

市场的成熟加剧了行业竞争，从而要求企业更加注重技术和工艺流程的创新。例如，改进产品的设计、生产方式、创新销售系统等措施都具有很高的竞争价值。

(4) 注重降低成本

价格竞争激烈是行业成熟阶段的基本特征，通过采用更经济的产品设计、使用更低廉的零部件、提高生产和销售的效率及削减管理费用等方法，企业可以获得低成本优势，从而在竞争中发挥价格优势。

(5) 扩大现有客户的购买范围

行业内部争夺市场占有率的竞争使企业寻求新的客户十分困难，理想的措施是扩大企业现有客户的购买范围来增加销售。具体的方式有：增加外围设备的供应与服务，提高产品的档次及增加产品的种类等。

(6) 横向并购战略

所谓横向并购就是并购同行业的其他企业。行业的成熟，竞争的加剧导致一部分企业出现亏损，为成功企业提供了横向并购的契机。这种战略的好处是既可以"消灭"竞争者，从而降低竞争程度，又可以获得市场份额，使企业可以在更大的程度上获得规模优势。例如，海尔公司提出的吃"休克鱼"的战略就使企业得到了快速成长和发展。

(7) 国际化经营

随着国内市场的成熟，企业可以积极地开拓国际市场。由于各个国家内部市场的发展状况不一致，国内市场饱和的产品在国外市场却可能拥有巨大的需求。同时，企业也可以把生产向不发达国家和地区转移，以降低生产成本和费用，提高产品的国际市场竞争能力。

(8) 向相关行业转移

在行业成熟阶段中，进行行业转移是不少企业采用的有效战略之一。企业向相关行业转移有利于企业利用已经拥有的技术和其他核心专长。在这一转移过程中，以原有成熟业务为新业务的发展提供了稳定的现金来源，然后用新产品淘汰原有产品，提前结束原有产品的生命周期，同时分散资本风险。而那些既没有技术优势又没有资本优势的企业，则可以通过合资的方式，利用自己在市场或其他某些资源方面的优势，迅速转入其他地区或其他行业。同时，由于行业成熟阶段中的不少企业具备的实力较强，承受变革的能力也较大，所以企业战略上的重大变革往往发生在这个阶段之中。

## 6.2.3 成熟时期的战略陷阱

虽然在行业成熟时期企业和消费者都变得更为成熟，供求关系趋于稳定，企业仍然可能落入某些有特色的战略陷阱。这些陷阱归纳如下。

(1) 现金陷阱——在成熟的市场上投入资金建立市场地位

在成熟、慢速增长的行业内，为建立市场地位而进行现金投入是要冒很大风险的。行业成熟不利于长期提高或保持利润，以使流入现金现值补偿现金流出而回收现金投资。因此，成熟的行业可能是现金陷阱，特别当一个企业的实力并不强但企图在成熟的市场上建立较高的占有率时更是如此。这种情况成功的机会极小。

(2) 为了短期利润轻易地放弃市场份额

在成熟行业中，如果规模经济显著却不愿接受较低利润是目光短浅的表现。面对利润压力时，有些企业试图保持过去的获利能力——其代价是市场份额或放弃市场营销、研发活动和其他必要的投入，这势必损害日后的市场地位。当行业趋于成熟时，一个低利润时期不可避免，这时避免过度反应需要头脑冷静。

(3) 对价格竞争的不理智反应

经过了一段不需要进行价格战的时期后，接受价格竞争的必要性对于企业是很困难的，有些管理人员甚至认为价格竞争不体面或有失身份。这种想法对成熟行业中的企业是很危险的，尤其当企业只有采取进攻姿态制定价格政策方能占市场时。

(4) 对行业变化的怨恨

行业中的变化，如技术、工艺流程和市场营销渠道等，可能对行业长期发展非常重要，但常常受到抵制。如机器对手工的替代在某些体育器械行业受到抵制，这种抵制行为可能使一个企业在适应新环境时严重落后。

(5) 过于强调创造性的新产品

虽然一个行业在早期增长阶段的成功依赖于研发与新产品，但在成熟阶段新产品和新应用往往不容易取得。此时，企业不应该过度地关注创造性的研发工作，正确的方法是以标准化代替求新，改进并积极地推销现有产品。

(6) 以坚持"高质量"为借口而不去适应竞争对手侵略性的定价和营销行为

高质量可能是企业的重要力量，但当一个产业成熟时，质量差异变得越来越不明显。即使这种差异还存在，更有经验的客户也可能在市场中选择更低价格以代替质量因素。遗憾的是许多企业没有认识到他们并不拥有质量最高的产品或他们的质量不必要过高。

（7）即将来临的生产能力过剩

在行业成熟时期，由竞争引起工厂现代化和对生产能力的超量投入使某些企业拥有过剩生产能力。这种生产能力可能造成管理压力从而导致坠入现金陷阱。可取的做法往往是出售或削减过剩能力，但很明显，生产能力不应被出售给任何可能将其应用于同一个产业的经营者。

**小资料**

### 海尔热水器将下沉三四级市场

当行业从迅速发展逐步走向比较缓慢的增长时，行业就进入了成熟期。在成熟期内，在需求量增长缓慢的情况下，行业内的各企业要保持自身的增长率就必须努力扩大市场占有率。

海尔于 2009 年 2 月 18 日宣布，由于一二级市场趋于饱和，该公司热水器业务将正式转型，重点下沉至国内三四级市场。

海尔热水器中国区市场总监李胜君表示，国内热水器市场竞争激烈，品牌呈现日益集中的趋势，朝两极化发展。品牌之间的竞争也从单纯的价格战逐步过渡到技术、服务等方面的竞争。海尔将在保持一二级高端市场的前提下，重点拓展三四级市场。在电热水器市场，海尔的市场份额保持在 40% 左右。

由于热水器跟家庭装修配套紧密联合，房地产市场衰退，对热水器的销售也有一定的影响，金融危机的冲击对于 2008 年整个热水器行业的打击是普遍现象。李胜君透露，海尔开发了一些针对农村市场的产品，希望拓展农村市场。此外，海尔热水器还希望通过"家电下乡"项目，打入更深的农村市场。

欧美市场萎缩、贸易壁垒高筑，中国家电业海外市场一年来遭到了严重打击。根据海关数据，过去的 4 个月，制造大省广东省的家电出口下降了近 20%。李胜君预测："今年乃至未来几年，包括热水器在内的家电行业的发展都将通过内需来带动。今年热水器增量的来源很大一部分决定于三四级市场。"

【资料来源】销售与市场. 第一营销网. www.cmmo.cn.

## 6.3 衰退行业中的竞争战略

大多数的产品市场最终都会走向衰退。这种衰退或许是缓慢的，或许是迅速的。销售可能会下降到零，或者也可能在一个低水平上持续许多年。

在产品的生命周期中，衰退阶段的特点是利润锐减、产品种类减少、研究与开发及促销费用减少，竞争对手减少。大部分企业退出了市场，市场上只剩下几家大公司和一些拾遗补缺者。由于退出障碍等原因，一些企业仍在犹豫是否应该退出此行业。

**小资料**

战略不仅在于知道做什么，更重要的是，要知道停下什么。

——乔·图斯

### 6.3.1 衰退行业的特点

无论新兴行业还是衰退行业,它们都具有其独特的结构特征。

1. 衰退原因的多样化

导致行业衰退的原因有多种,主要体现在以下 3 个方面。

① 技术替代。技术革新创造了替代产品(如电子计算器取代了计算尺),或者通过显著的成本与质量的变化而生产了替代产品(如人造皮革),导致顾客对传统需求的衰退。

② 需求的变化。由于社会问题或其他原因使用户的需求或爱好有所改变。例如,不可降解的塑料包装制品的需求下降主要原因是社会问题,即政府为了减少白色污染而出台的限制措施。

③ 人口因素。购买某种产品的客户群规模减小引起需求下降,导致某一行业的衰退。

2. 企业难以估计未来的衰退情况

在行业衰退阶段中,企业对未来需求继续衰退的估计,存在不确定性。如果企业认为需求有可能回升,将会继续保持其市场地位,在该行业中继续经营。如果企业确信该行业需求将继续衰退,则要转移其生产能力,有步骤地退出该经营领域。有时,由于衰退缓慢,又被某些短期因素所干扰,企业更难以估计未来的衰退状况。同时,企业也难以判断行业是平缓的衰退,还是由经济的周期性波动所造成的短期现象,从而难以采取适当战略。

3. 形成新的需求结构

有时在行业总体衰退的情况下,企业原有的一个或几个细分市场需求保持不变,甚至因其他细分市场的变化而导致这些细分市场需求有所增加。因此,在衰退行业中,企业应选择这种有吸引力的细分市场,使企业获得竞争优势。

4. 退出障碍的影响

衰退行业也存在退出障碍,会迫使经营不佳的企业继续留在行业中从事生产经营活动。形成退出障碍的原因有以下 4 个方面。

① 高度专门化的资产会降低企业准备退出时的清算价值而形成退出障碍。因为当行业处于衰退期时,市场上打算购买这些资产的企业通常是非常有限的。

② 退出的固定成本所形成的障碍。企业退出会产生巨大的固定成本,这些固定成本有时是巨大的,例如管理人员的工资、重新培训的费用、违反合同的费用与罚金及再投资费用等。

③ 战略上、管理上和感情上形成的障碍。企业考虑退出某一行业可能会影响企业各个战略组成部分之间的相互关联性,影响到企业的财务信誉,尤其是实行垂直一体化战略的企业,影响会更大。同时也会影响经理人员与员工的士气与感情,进而影响企业的劳动生产率和企业的形象。

④ 政府与社会方面的障碍。例如,我国目前所面临的下岗职工的安置问题,地方政府考虑的"政绩"问题等。因此在考虑退出时,企业要妥善处理与退出障碍有关的事宜。

### 6.3.2 衰退行业竞争战略

针对衰退的行业,虽然人们认为可供选择的战略不外乎收获或放弃两种方式,但实际上仍然存在着一系列的战略方法。选择这些战略则由行业结构对企业存留的合适程度和企业与竞争对手的相对地位决定，如图6-2所示。

图6-2 衰退行业的战略选择

(1) 领导地位战略

采取这种战略的条件，一方面是行业结构十分有利，例如预期市场销售的不确定性比较小，退出的障碍极少等；另一方面是企业在与竞争对手的竞争中实力较强。为了取得领导地位进而取得收获，企业可以采取的相应措施有：

① 在产品定价、营销等方面采取积极的措施以提高市场占有率；
② 兼并某些竞争对手的资产加强自身的生产能力；
③ 降低竞争者的退出障碍；
④ 通过新产品的开发或工艺创新，扩大投资，进一步提高企业的竞争力。

(2) 合适地位战略

实施这种战略的企业在与竞争对手的竞争中拥有较强的实力，但企业试图取得领导地位有一定的困难，实施放弃战略会严重影响企业的收益。为此，企业可以在对现有市场进行细分的基础上，选择一两个细分市场作为企业的目标市场，以保持稳定的需求或延缓衰败，获取较高的收益。当然，针对选定的目标市场，企业有时也需要增加一定的再投资以开发新的技术与产品。

(3) 收获战略

采取这种战略的企业是通过削减投资，减少设备与设施的维修，利用现有的生产条件来提高产品的价格或利用企业的信誉获取收益。一些常用的策略是：

① 减少产品的种类；
② 减少分销渠道的数目；
③ 减少同小客户的交易量；
④ 降低在交货时间、维修和销售补助等方面的服务水准。

实施这一战略的条件是行业具有高度的不确定性和高度的退出障碍，企业相对实力强大，或者是虽然行业结构十分有利于生产的转移，但企业实力较弱，这时企业可以采取收缩战线的做法来保持某种合适地位或有所收获，以充分地利用现有的行业条件。

(4) 迅速放弃战略

实施这一战略的条件是企业的自身实力有限，而行业的不确定性和退出障碍较高。企业的目的是最大限度地收回投资。选择放弃战略的时机可以在行业进入衰退之前或成熟阶段，而不一定在衰退明朗化之后才做出决定。这是因为，此时转移资产的价格往往会被低估，当然也会有一定的风险。

### 6.3.3 衰退行业的战略陷阱

对衰退行业的研究揭示了许多潜在的陷阱。

(1) 未能确认衰退

有些企业未能客观地认识衰退的前景，对行业的认同感或对替代产品过于狭隘的眼光使他们对行业复苏的前景过度乐观。高退出壁垒的存在也不易察觉地影响了管理者对环境的认识——既然悲观的信号令人苦恼，他们总是寻找乐观的信号。面对行业的衰退，最能客观地处理衰退过程的企业是那些同时参与替代行业的企业，它们对替代产品的前景和衰退的威胁有着更清醒的认识。

(2) 一场消耗战

与具有高退出壁垒的竞争对手开战通常导致灾难。这种竞争对手被迫对变化作出有力的反应，而且没有可观的投资将无法取得应有的地位。

(3) 缺乏明显优势的收获战略

在衰退阶段，除非行业结构极为有利，否则缺乏明显优势的企业采用收获战略常常导致惨败。因为一旦服务恶化或价格上涨，客户们将迅速转移业务。收获过程中，重新出售业务的价值也下降了。

如果企业能够预计到衰退阶段的情况，它就能在成熟时期采取措施从而提高自己在衰退期的地位，有时这些行动花费很少：

① 尽量减少提高退出壁垒的投资或行动；
② 将战略重点转移到衰退条件下有利可图的细分市场上；
③ 在这些细分市场上创造转换成本。

# 6.4 分散行业的竞争战略

一般情况下，分散行业由很多中小型企业构成，其中许多是私人控制的。分散行业的显著特征是行业中没有任何企业占有显著的市场份额，也没有任何一个企业能对整个产业的发展具有重大的影响。

分散行业存在于经济活动的许多领域中，如服务业、零售业、木材和金属制作业、农产品和"创造性"行业。

### 6.4.1 行业分散的原因

造成行业分散状态的基本经济原因有以下9个方面。

(1) 进入障碍较低

进入障碍低的行业只要表现出一定的获利潜力，就会形成较大的吸引力，以至于绝大多数投资人和资本都可以轻易地进入该行业。特别是对新的投资人来说，进入障碍较低使他们得以用最初的小额积累开始创业尝试。

(2) 缺乏规模经济或经验曲线作用

规模经济和经验曲线作用都带有歧视性,只有具备足够的固定投资、适宜的行业技术、较长期地对行业的认识、组织行业活动和企业活动的经验的企业才能取得进入行业并获得成功的可能。

(3) 交通运输成本较高

较高的交通运输成本有可能抵消了大规模生产的经济性,使企业宁可在不同的地方设厂,而不愿将全部的生产能力集中在一个地理区域。除了单纯的运输成本外,某些不宜长途运输及长久保藏的产品也更适宜进行分散生产。

(4) 较高的储存成本或较大的销售波动

在产品需求市场波动较大时,企业在需求较高时建立大规模生产和销售力量,在需求较低的时期将产品储存起来,等待在销售高峰时出售。企业还可以投资于较小的生产规模,放弃销售高峰时的某些机会并承担较高的经营成本。对不宜长期存放、产品式样经常改变且市场波动很大的行业,较小的生产及销售能力更具有灵活性。

(5) 企业不具备与客户或供应商相抗衡的规模

在行业的客户或供应商的规模很大时,产业中规模差距悬殊的企业在与这些巨大的客户或供应商打交道时的利益差别并不明显。这时的企业便更注重规模之外的能与客户或供应商抗衡的力量,如差别化、连续的产品更新或升级、便利的供应条件等。

(6) 市场需求的差别较大

某些面对个人的行业,如服装业、计算机软件设计、摄影等,消费者的需求本身就是分散的,他们宁可对为数不多的、与众不同的产品支付更高的价格,而不愿与他人使用同样的价格较低的产品。

(7) 较高的退出障碍

较低地进入障碍和较高地退出障碍共同作用,使明智的投资人在被低进入障碍和高行业平均利润率吸引的同时,采用了较小的投资规模,以便于在获取行业利润的同时,又避免无法退出的较大损失。那些在投资时没有能预计到退出障碍的企业则在进入行业成熟阶段后不断进行兼并,以尽可能地消灭或减少竞争对手。

(8) 政府对规模的限制

政府对规模的限制有两层。一层是中央政府对投资审批权限的规定,迫使投资人采用较小的投资规模,以避开较为严格的中央审批程序。中国对外商 3 000 万美元以上的投资均要有中央审批的规定,在一定程度上造成投资在地区上的小规模重复。另一层是当地政府对投资的某些限制,例如对本地投资的偏爱和有意扶持。有时,政府出于对抑制垄断的考虑,对具有自然垄断性质的社会基础设施采取了一定的分散投资的约束。

(9) 新行业

新行业在初建阶段也会因为在技术、标准、规则等方面的不成熟而出现分散投资的情况。但随着一些企业领先地位的逐渐形成,由于"新"而造成的分散状态会逐步消失。

## 6.4.2 分散行业竞争战略

对在分散行业中经营的企业来说,进行战略定位是关键的一环,而战略定位需要正视现实：一是行业缺乏必要的集中度，二是行业中的企业缺乏对供应商或用户的支配力量。企业在进行战略定位时的宗旨是取得足以获得成功的市场份额。

1. "超市"战略

在维持各经营点较小规模和足够的自主权的同时，加强企业内部对各经营点的协调和控制，在满足当地特殊需要和政府规定的同时，集中使用那些各经营点均涉及的活动和资源，取得在共享资源和共享活动上的规模经济性。商业系统采取的"超市"就是一种成功的战略。现在，"超市"方法已被运用于其他行业，如建筑业在保持各建筑物独特设计的前提下，采用统一的施工标准、统一的预制件及标准基础材料等方法来降低成本。这一战略的成功要求企业同时具备集中控制的能力和有能力的当地管理人员。

2. "配方"式产能设施

这是前一种战略的一个变形方式，即企业在许多地点建立若干高效的低成本设施。这一战略要求企业首先设计出一种标准的设施组织和运转方式，然后在各点推广。我国近年有些企业在兼并了其他地区的企业后，将其较为先进合理的组织和运行方式转移到新的地点，就属于此。由于管理方式的输出或转移能在尊重设施地外部环境的情况下，较大程度地利用管理输出企业的经验，因此还被称为"管理模式克隆"。

3. 增加附加值

绝大部分分散行业提供的是标准产品，或是不具备显著识别特征的产品，因此不能形成对市场的特殊吸引力。所以，为产品增加某些特征（附加价值）可以是一种改变现状的方式。例如，纯净水业务在我国刚出现时，其市场还是相当集中的。但随着生产厂家的增加，市场已出现了分散的状态，纯净水业务本身的标准化特征迫使其生产企业不得不在其服务上创造更多的价值。

4. 进行差别化

差别化战略可以运用于产品式样或产品细分上，也可以运用于用户类型上，或是运用于订货类型上，如即时交货、随订随交等。

5. 集中于某一地区

不少行业分散状态的出现是因为其业务具有地区特性，一旦业务推广到其他地区，就需要不同的经营方式，甚至不同的职能战略。所以，企业将业务集中在某一需求特征较为一致的地区，力求成为该地区的独占企业也不失为一种有效的战略。虽然从整个行业来看，企业的行业地位是微弱的，但它在某一地区市场却取得了支配性的地位。不少全球著名的企业，虽然也进行一些跨国经营，但其主要基地仍为一个地区，其企业信誉是依靠该地区消费者的承认和忠诚而建立，靠这些消费者本身的地区转移而传播的。

6. "剔光骨头"战略

不少在分散状态行业中经营的企业采用了一种被称之为"剔光骨头"的战略，即尽量采用降低管理费用、雇用报酬低的非技术职工。进行严格的成本控制等方法，使企业的成本降到最低水平，与对手展开价格竞争。采取这一战略会使整个企业处于非常紧张、非常危险的状态，要求从上到下的一致行动。该法有效的前提是竞争对手还不能放弃行业发展阶段养成的大手大脚的活动方式，但这不是能长久生效的方法，一旦对手也被逼到要采取"剔光骨头"的战略时，该法就失效了。

7. 适当的一体化

分散状态多数不会出现在整个行业价值链上，而是出现在行业价值链的某些环节。适当的一体化可以使企业在两个以上的行业价值链环节上经营，从而扩大了获利的可能。

### 6.4.3 潜在的战略陷阱

分散行业独特的结构特征造成了一些特殊的战略陷阱。常见的陷阱如下所述。

（1）寻求支配地位

分散行业的基本结构决定了寻求支配地位注定要失败，除非可以从根本上出现变化。造成行业分散状态的基本经济原因通常会使企业在增加市场份额的同时面对效率降低，产品差异性减弱，以及供应商和顾客的各种想法。

（2）缺乏战略约束力

分散行业的竞争结构要求市场集中或专注于某些严格的战略原则。执行这些原则要求有充分的勇气舍弃某些业务，也要求采用某些与传统经营企业的方式相对立的做事方式。一项无约束力的或机会主义的战略可能在短期内发生作用，但从长期看这种做法将使企业无力应付分散行业中巨大的竞争压力。

（3）过度集中化

许多分散行业中的竞争实质在于人员服务、当地联系、营业的近距离控制、对波动及式样变化的反应能力等。在许多情况下，集权化组织结构对生产效率起消极作用，因为它延缓反应时间，降低激励水平，造成熟练员工流失。尽管集中控制对管理分散行业中多单位企业是有用的甚至是关键的，但集中化结构可能是一种灾难。

（4）假设竞争者具有同样的目标和管理费用

分散行业的特殊结构意味着行业中有许多小型、私营企业。另外，经营者们可能存在非经济动机。在这种情况下，设想这些竞争者具有一个股份公司通常所具有的管理费用结构或目标是一个严重的错误。他们经常在家中工作，使用家庭劳动力，避免了管理成本及满足雇员利益的需要。尽管这些竞争者可能是"无效率"的，但这并不意味着他们的成本比同产业的股份公司更高。同样，这类竞争者可能会对与股份公司相比非常低的获利水平感到满意，他们可能对保持产量和对雇员提供工作机会比对获利能力更感兴趣。因此，他们对价格变动或其他行业事件的反应与"正常"企业相比可能极不相同。

**小资料**

## 黄鹤楼，一飞冲天的品牌传奇

2003—2007年，对于中国烟草来说，是实现了一系列历史性跨越的5年，为了造就"大市场、大企业、大品牌"的格局，提高中国烟草的整体竞争实力，烟草行业开始了一场以"转化机制、适应市场"为基本取向的改革浪潮。5年的巨大变化让人眼花缭乱。

在这场中国烟草的大变革中，必然有不少企业"抓住时机"，顺势而为，一跃登上成功的高峰。湖北中烟（前身为武烟集团）就在这场变革中，抓住机遇，脱颖而出。如今，九省通衢的武汉又多了一道光彩、一份骄傲、一个标志，这就是中国烟草在这5年时间里横空出世的知名高端品牌——"黄鹤楼"。

2003年以前，烟草行业的"散、乱、低"格局一直未能得到根本的改观，长期以来束缚行业快速发展的原因就是体制不顺、地区封锁和缺乏竞争。按照业内一些人的说法，当时中国烟草可谓是处于各据一方的"春秋时代"。仅以湖北为例，一省之内，烟厂就有18家，数量之多居全国之首；卷烟品牌有100多个，加上规格则是总数不下400个。不难想象，烟厂及其品牌有如此之多，各家烟厂只能依赖在省内狭小的市场中低水平竞争，导致资源投入分散、合力无法形成，谁家都难走出省门称雄国内。

2002年年底，"以武烟为龙头，整合全省工业"的重大决策成为多方面的共识被确立。翌年年初，新的集团领导彭明权临危受命，出任武烟集团董事长兼总经理。彭明权虽是初涉烟草，但他毕竟有商界长袖善舞的多年经验。上任伊始，他深入地研究行业政策，敏锐地察觉行业动向，信心更加坚定，着力执行"整合全省工业"的方略，启动了企业的联合。

武烟集团采取联合的办法，很快就与三峡、红安、广水、襄樊、清江等卷烟厂成功联合，先实现"企业变3"，再实现"3变1"，"小步走，稳步走"，循序渐进，至2004年年底便完成了全省卷烟工业一体化进程。

【资料来源】 销售与市场（战略版）. 2008-08.

## 6.5 全球性行业的竞争战略

20世纪70年代以来，越来越多的行业成为或正在成为全球性行业，而且这一重要的结构性变化似乎越来越普遍。几乎每个行业中的管理者都必须看到全球化竞争的可能性，即使它尚未成为现实。

**小资料**

我们正处在全球性的竞技场中，而且在每一回合的打斗之间，甚至没有片刻时间可休息。

——杰克·韦尔奇（美国通用电气公司总裁）

### 6.5.1 全球性竞争的来源与障碍

一个行业之所以成为全球性行业是因为对于这个行业中的一个企业来讲，存在着某些经济上的（或其他的）优势使得它能够在多个国家市场上以协调一致的方式进行竞争。这些全球性竞争优势有着许多不同的来源和壁垒。

1. 全球性竞争优势的来源

全球性竞争优势的来源广泛地根植于以下4个因素。

1) 传统的比较优势

当一个国家在制造某一产品中拥有显著的要素成本或要素质量优势时，这个国家将成为产品的产地，向世界上其他地区出口。全球性企业在这些拥有比较优势的国家的战略地位对它的世界地位是至关重要的。

2）规模经济和经验曲线

具体包括产品的规模经济、后勤的规模经济、营销的规模经济、购买的规模经济和全球化经验等。

3）产品差异化

在有些行业中，全球性竞争赋予企业声望和信誉的优势。例如在讲究潮流的化妆品行业中，为了拥有良好的形象以便在日本市场竞争中获胜，使产品出现在巴黎、伦敦和纽约市场将使企业受益不菲。

4）市场信息与技术的公共品特性

(1) 专有的产品技术

全球性经济效应可能来自将已有技术应用于多个国家性市场的能力。在计算机、半导体和航空工业的行业中，全球规模的企业技术优势非常大。有些先进技术成本高昂而的确需用全球销售来补偿。

(2) 生产的移动性

在那些产品生产和服务具有可移动性的领域里，由于专有技术的规模与分享，出现了一种重要而特殊的经济效应。例如在大规模工程建设行业中，企业员工在国与国之间转移从事项目建设；油轮在世界各地运输石油；地震测绘人员和咨询人员也具有移动性。在这些行业中，开创和维护组织结构及开发专有技术的固定成本可能早已被大量国家性市场分担。

各种全球性优势的来源往往是同时起作用的，它们之间也相互影响。例如，产品经济效应将提供入侵国外市场的基础，随后将导致后勤或购买的经济效应。

2. 全球性竞争的障碍

实现全球性竞争优势的过程中，存在各种各样阻碍行业全球化的障碍。

有些障碍是经济上的并且给全球性竞争带来直接成本。主要有：运输和储存成本，不同的产品需求，已存在的分销渠道，当地销售力量，当地维修，对交货时间的敏感性，地缘市场内复杂的细分市场，缺乏世界性需求。

还有一些障碍不一定直接影响成本，但增加了管理任务的复杂性。这些管理障碍包括：不同的销售任务，密集的本地服务，迅速变化的技术等。

第三类障碍是政府障碍和资源限制。

全球性竞争的障碍几乎总是以某种程度出现在行业中，结果使全球性的行业也存在本地化的方面。在有些细分市场中，由于显著的全球性竞争障碍，本国企业将完全凌驾于全球性竞争对手之上。

### 6.5.2 全球性行业的演变

很少有行业一开始就是全球性的，但是随着时间的推移它们向全球化演变。有许多造就全球性行业的动因，它们或者造成或加强了全球性竞争优势的来源，或者减弱或消除了全球性竞争的障碍。

1. 全球化的动因
(1) 规模经济增强

技术进步在生产、后勤、购买或研究开发等方面增强了规模经济,自然也就为全球性竞争提供了动因。

(2) 运输或储存成本降低

日趋下降的运输或储存成本已成为全球化的一个明显刺激因素。

(3) 分销渠道合理化

如果分销渠道更加合理化,外国企业进入它们的负担就会减轻。例如,如果产品的分销由众多细分的零售商变为少量全球性超级市场和大批量商业连锁,外国企业赢得分销渠道时面临的问题会戏剧性地减少。

(4) 要素成本变化

要素成本变化会大大充实全球化的来源。劳动力、能源和原材料的成本增加会使全球性竞争更加有利可图,从而改变最优的生产或分销的面貌。

(5) 国民经济和社会环境变窄

不同的地区性市场的经济发展状况、相对要素成本、收入水平、分销渠道的性质等方面各不相同。因而其对差异化的产品类型的需要和当地营销渠道的需要也不相同。随着与某一特定行业相联系,各地缘市场在经济文化环境上越来越相似,行业中全球性竞争的潜力逐渐增加。

(6) 政府约束减少

政府取消配额、降低关税、加强技术上的国际合作及其他类似政策有增加全球性竞争可能性的作用。例如,欧共体的形成促使了美国在欧洲直接投资的巨大增长。

2. 刺激全球化的战略创新

即使没有环境动因,企业的战略创新也能启动全球化进程。

(1) 产品重新定义

如果国家间对产品差异的要求减少,就能从全球性竞争中取得其他潜在的优势。有时,随着行业的成熟和产品标准化,国家性的产品差异自然消失。因此,企业得以重新设计产品使之为许多市场接受,这正是通用汽车公司和其他企业通过设计"世界汽车"所做的。另外,重新定义产品形象或概念的营销革新有时也有助于打开全球性竞争的枷锁。例如本田公司在美国将摩托车重新定义为一种实用、风格明快的交通工具,这与那种身着皮夹克的另类青年驾驶的大马力、充满威胁性的工具大不相同。

(2) 辨识市场细分

即使存在必要的国家间产品差异,许多国家还是有一些市场细分是共同的,而在许多这样的细分市场上只有极少的服务。例如,由于致力于主要业务的美国制造商服务不佳,从而使日本和欧洲的企业得以在美国小型铲车和小型冰箱细分市场中取得显要地位。

(3) 适应成本降低

如果企业能降低为使产品适应地区市场而产生的成本,国家性产品差异引致的全球性竞争壁垒将被降低。任何使产品适应性更强或兼容范围更大的革新都能加大全球性竞争的可能性,能够降低专用产品制造成本的技术也是如此。

(4) 生产非整合化

在有些国家政府要求国产化的限制，可以通过集中生产部分或全部的部件而只在当地组装来规避。如果规模经济主要来自一种或几种关键部件，它们的集中生产能大大促进竞争全球化。

(5) 消除资源方面的限制

新企业的进入有利于消除全球性竞争的资源限制。

### 6.5.3 全球性行业竞争战略

全球性产业中有许多战略选择。一个企业必须做出的最基本的选择是决定进行全球性竞争还是寻求一个局部一隅市场（在那里它能实施防御战略从而在一个或几个国家性市场中开展竞争）。这些选择表现为以下几个方面。

(1) 宽系列的全球竞争

这一战略的目标是凭借全球性竞争优势实现差异化或成本领先地位，就行业的全部产品展开竞争。实施这一战略需要有大量的资源及长期贯彻。为了使优势最大化，企业与各国政府间关系的重点是减少全球性竞争的障碍。

(2) 全球目标集中

这一战略是指企业在全球基础上竞争，但目标是一个独特的市场细分。所选择的细分市场应当是全球性竞争障碍低而且企业地位能够不受宽系列竞争者的侵犯。这种战略将实现细分市场中的成本领先或差异化。

(3) 国家性目标集中

这一战略仰仗国家性市场的差别来创造针对某个特殊的国家性市场的方法，从而使企业在与全球性企业的竞争中获胜。国家性目标集中战略以差异化或低成本服务于国家性市场的特殊需要，也可能服务于全球性竞争的经济壁垒所限定的细分市场。

(4) 保护下的局部一隅市场

这一战略适用于政府通过要求产品高比例国产化、高关税等手段限制全球性竞争者的国家。企业依靠这些限制采用这一战略在存在这些限制的特定市场上有效地经营。为了保证保护性措施得力，它们对东道国政府极为重视。

**小资料**

近几年来，韩国三星电子公司辉煌不断，在芯片、手机等多个市场取得骄人的业绩，令竞争对手英特尔、诺基亚、索尼、摩托罗拉等英雄气短，自叹不如。

三星电子CEO尹钟龙喜欢用"生鱼片理论"来解释三星的竞争策略：第一天抓到了鱼，当天就应以高价出售给第一流的豪华餐馆；如果不幸难以脱手的话，就只能在第2天以半价卖给二流餐馆了；到了第3天，这样的鱼就只能卖到原来1/4的价钱；而此后，就是不值钱的"干鱼片"了。

在竞争白热化的电子消费产品市场，也蕴含着同样的道理：在市场竞争爆发之前把最先进的产品推向市场，放到零售架上。这样，你就可以在其他产品纷纷跟进、你的产品不再时尚之前获得一个好价格。

尹钟龙认为，在数码时代，市场已形成了群雄逐鹿的格局，没有先来后到之分，因为大家都可以轻易地获得相同的技术，真正起决定作用的是商业智慧与速度。正如《孙子兵法》所讲，兵贵神速。三星以速度取胜，不断推陈出新，领先市场一步，产品永远是电子市场上新鲜的生鱼片。在产品策略上，三星始终以最酷、最时尚的产品进驻全球市场，其移动电话、LCD 电视、存储芯片和摄像机一直领先于主要竞争对手，在市场竞争中赢得了高利润。

众所周知，三星并不是第一个吃"螃蟹"的手机制造商，但它生产的手机品种却是最多的，一年内生产了 100 多种款式，是诺基亚新品的两倍之多；三星并非 MP3 闪存和数码照相机的先驱，但现在却成为这一利润可观市场的领军人物；三星也不是手机 CDMA 技术的鼻祖，但它却率先在亚洲制定了 CDMA 的商业化标准……

三星深知，先人一手，才能抢占市场的制高点。

【资料来源】靳生玺. 让三星品尝辉煌的三大法则. IT 时代周刊，2005-02-28.

## 6.5.4 影响全球性竞争的趋势

有许多趋势对竞争于现有的全球性行业中或创造新的全球性行业具有非常重要的意义。

（1）国家间差别减少

许多观察家指出，在收入、要素成本、能源成本、市场规则和分销渠道等领域，许多发达国家与新兴发达国家的差别正在缩小。部分原因是跨国企业在向全世界传播技术中表现出的积极性。国家间差别的减小有助于减少全球性竞争的障碍。

（2）更积极的行业政策

许多国家的行业政策在变动，如日本、韩国、新加坡、德国的政府从消极或保护主义姿态转向积极姿态以加速某些行业发展。这种新的行业政策鼓励这些国家的企业大胆地采取转向全球化的举动。例如，建设大规模工厂和为打开新市场而大举进行前期投资。

（3）国家对特有资源的认识与保护

各国政府已经认识到哪些资源是自己特有的，并且越来越倾向于从所拥有的这些资源中获取经济利益。外国企业可能被剥夺对关键资源的有效控制，这可能在全球性竞争中赋予东道国的某些企业以根本性的优势。

（4）更自由的技术转移

更为自由的技术转移似乎正在给予大量企业（包括新兴发达国家的竞争者）直接投资于现代化、世界级规模的设施的能力。有些企业积极地向国外出售它们的技术，还有些购买了技术的企业乐于以有利的价格再把它们售出。所有这些行动都促进了全球性竞争。

（5）新的大规模市场逐渐兴起

虽然由于其独一无二的巨大规模，美国长期以来是全球性竞争的战略市场，但中国、俄罗斯，还有印度，将来可能成为巨大的市场。这种可能性有许多重要的意义：

首先，如果中国或俄罗斯控制它们的市场准入，它们的企业可能成为主要的全球性力量；

其次，由于这几个国家的巨大的市场规模，将来同时取得这三个市场或其中之一的市场准入很可能成为一个关键的战略变量。

(6) 新兴发达国家的竞争

传统上，新兴发达国家在廉价劳动力和自然资源的基础上竞争，至今还发生在纺织及玩具、塑料制品等轻工业领域中。然而，新兴发达国家的竞争逐渐在资本密集型行业中起主要作用，例如造船、钢铁、汽车等行业。

## 案例分析

### 尼康会否成为下一个柯达

20世纪70年代，美国影像巨头柯达发明了全球最早的数码相机，然而这一革命性产品却没能为公司带来持续利润，2012年这家百年老店反而倒在了数码影像时代的门槛上。到了数码时代，市场上的巨头是日本的尼康和佳能两家公司，大部分摄影爱好者只能在非此即彼中选择。不过近来尼康也遭遇了经营困境，如果应对不慎甚至可能成为第二个柯达。

1. 百年老店跨越时代

本来今年是尼康历史上具有纪念意义的一年，但业绩的下滑却冲淡了喜悦。

1917年，日本东京计器制作所的光学计量仪器部门和岩城玻璃制作所的反射镜部门合并，成为名为日本光学工业株式会社的企业。其后又兼并了藤井镜头制作所，这奠定了尼康日后的发展基础。

当时尼康向德国聘请了8名光学专家再加上自己的200名员工，以生产望远镜、显微镜和光学测量仪器为主。20世纪30年代，该公司生产出摄影用镜头，并启用尼克尔商标。

二战结束后的1946年，尼康推出第一部旁轴机身，并于1948年上市销售，这也是第一部以"尼康"来命名的相机。之后不少记者在奔赴第一现场做报道时都使用尼康的产品，其镜头清晰锐利，机身轻便坚固，使得这家公司名声大噪。此后尼康源源不断地发布了不少经典的镜头和机身，从而奠定了摄影器材领域标杆地位。

在胶片时代，尼康有F3相机等扛鼎之作，而在20世纪90年代的数码化转型中，和曾经的霸主柯达相比，尼康也反应迅速。1999年，尼康率先推出了售价在6 000美元以下的专业级数码单反相机，一度使整个专业数码单反机市场面貌出现了改变。其不仅价格上比柯达产品低，而且机身更加紧凑。不少新闻和广告机构被尼康数码相机的价格和性能所吸引从而大规模开始转向数码化。

在专业相机的带动下，民用数码相机也进入了井喷式增长的时期，而推出多款入门级数码相机产品的尼康也凭借这种"群狼战术"获得了丰厚的收益。

2. 好景不再断崖下落

对尼康而言，数码时代既带来了繁荣，也带来了衰落，近三年来业绩呈现断崖式下滑。然而更令公司管理者挠头的是，造成目前局面并非竞争对手拿出了"现象级"的产品，而是整个相机产业遭到了冲击。

品牌价值排行榜上的位置最能显示出尼康近几年的滑落。美国咨询机构Interbrand汇总的2015年日本企业品牌价值排行榜显示，尼康的"尼康"品牌价值同比下降29%至15亿美元，由上一年的第10位退居到第16位。2016年尼康的品牌价值下降30%，仅排在第21

位，2017年又跌4位至第25位。

尼康品牌价值大幅下降是因为无法适应用户的需求变化。智能手机的崛起，小型数码相机市场正在急速缩小。对比苹果新品令人眼花缭乱的照相功能，会对这种替代性有深入的了解。智能手机在"杀死"了MP3播放器、计算器、计步器等一系列小电器后，为尼康带来滚滚利润的小型数码相机也成为下一个目标。据美国调查公司IDC统计，2016年全球相机供货量为8 100万台，仅是2010年顶峰时期的一半多一点，其主要原因是与智能手机竞争的袖珍数码相机需求出现减少。

尼康的财务状况出现断崖式下跌。该公司在2007财年数码繁荣的巅峰期创下754亿日元的最高年收益后，盈利逐年下滑，到2015财年已减至182亿日元，上一财年更是亏损达90亿日元。

为扭转局面，尼康去年宣布在日本国内削减约1 000名员工，这相当于该公司在日本国内员工总数的10%，近来又传出消息称其要关闭一家在中国的工厂。除裁员外，尼康还在削减产品线，去年日本尼康宣布放弃推出定价在10万日元左右（约合人民币6 000元）的高级数码相机"DL系列"的3个机型。受到低价格机型竞争激化，越来越难以确保盈利等因素影响，日本各厂家均大力发展10万日元左右的高端机型。尼康曾计划将DL系列数码相机作为改善盈利的王牌，但在上市之前发现存在缺陷。虽然其后也一直致力于该系列机型的开发，但因盈利无望最终放弃上市。

**3. 转型不易路在何方**

尼康的困境是整个相机业的缩影。日本国际相机影像器材工业协会发布的2016年度的数码照相机、镜头产量、出货量数据显示，2014年、2015年、2016年这三年，相机和镜头的产量和出货量都依次递减，影像行业进入艰难时期。

在智能手机与移动软件的冲击下，传统的专用消费电子设备竞争优势不再，尼康这样的传统影像巨头也被迫走上转型之路。朝多元化方向发展或转型是近年来这些企业发展的趋势。其中，佳能以3 300亿日元收购了瑞典摄像头巨头Axis，进军监控摄像头领域。索尼在出售PC业务后，重心转向游戏、娱乐领域。根据索尼发布的2017财年第二季度财报显示，索尼销售收入为20 625亿日元，同比上升22.1%，主要得益于游戏和网络服务业务增长。

但相比之下，尼康的转型之路似乎并不顺畅。以军工光学仪器起家的尼康也进入半导体、显微成像仪器、医疗诊断设备等领域，但问题是业务规模都不大，难以扛起带领公司前行的重任。据2017财年尼康年报显示，影像部门仍贡献了尼康超五成的收益，精密制造部门则贡献了超三成的收益，而尼康的光学仪器和医疗板块在2017财年表现不佳。

更让尼康雪上加霜的是，仅次于影像部门的精密制造部门近年来也表现不佳。在十多年前，尼康曾在集合大量光学技术、被称为曝光工序的半导体制造装置业务上高居全球市场份额榜首。但近年来被荷兰ASML夺走市场份额，业务持续亏损。

从目前的情况看，在相机市场不景气的情况下，尼康为了更好地利用半个多世纪以来积淀起来的业务根基，将会继续执著于单反。不过这或许并非尼康复兴的良药，反而让尼康看上去越来越像2013年破产的柯达——后者也同样历史显赫，甚至发明了最早的傻瓜相机和数码相机。

【资料来源】尼康会否成为下一个柯达. 中国证券报,2017-12-02.

**案例分析题**

1. 在数码相机这一衰退行业中,尼康可能遭遇哪些陷阱?
2. 你认为尼康应采取哪些策略以应对行业的衰退?

# 本章习题

## 一、判断题

1. 行业新兴阶段的供销关系是不稳定的,企业必须不断创造出符合行业新兴阶段特征的供销关系。(  )
2. 企业能够因为是行业的开发者而形成较强的信誉,因此,对新兴行业来说,进入行业越早对企业的发展越有利。(  )
3. 分散行业企业进行战略定位的宗旨,是取得足以获得成功的市场份额。(  )
4. 从战略分析的角度讲,衰退行业是指目前行业中产品的销售量持续下降的产业。(  )
5. 在成熟行业中经营的企业会进行严格的成本控制等,使企业的成本降到最低水平,与对手展开价格竞争,称之为"剃光骨头"战略。(  )
6. 处于分散行业中的企业应该采取各种措施来寻求其在行业中的支配地位。(  )
7. 全球目标集中战略是指企业在全球基础上竞争,但目标是一个独特的市场细分。(  )

## 二、选择题

1. 新兴行业发展需要面临的问题有(    )。
   A. 缺乏统一的标准     B. 缺乏政府的支持
   C. 缺乏技术           D. 顾客的困惑
2. 从新兴行业特征看,企业战略的有效性主要取决于(    )。
   A. 企业承受风险的能力   B. 改变行业进入障碍的能力
   C. 技术创造的能力       D. 形成供应渠道和分销渠道的能力
3. 以下不属于成熟产业中的企业竞争战略的是(    )。
   A. 产品结构的调整       B. 降低成本、合理定价
   C. 技术和工艺流程的创新 D. 开发国内市场
4. 衰退行业中的竞争战略主要有(    )。
   A. 低成本战略   B. 收获战略   C. 放弃战略   D. 合适地位战略
5. 衰退行业中,行业结构十分有利,且企业在与竞争对手的竞争中实力较强,应采取的战略是(    )。
   A. 合适地位战略   B. 领导地位战略   C. 收获战略   D. 放弃战略
6. 分散行业的显著特征是行业中没有任何企业占有显著的市场份额,也没有任何一个企业能对整个产业的发展具有重大的影响。以下不属于分散行业的是(    )。

A. 家电业　　　　B. 服务业　　　　C. 零售业　　　　D. 农产品

7. 对在分散行业中经营的企业来说，进行战略定位是关键的一环，而战略定位需要正视的现实是（　　）。

   A. 进入障碍较低

   B. 行业缺乏必要的集中度

   C. 市场需求的差别较大

   D. 行业中的企业缺乏对供应商或用户的支配力量

8. 下列不属于阻碍行业全球化的障碍的是（　　）。

   A. 行业竞争程度加剧　　　　B. 运输和存储成本

   C. 迅速变化的技术　　　　　D. 政府资源和资源限制

9. 目标是凭借全球性竞争优势实现差异化或成本领先地位，并就行业的全部产品展开竞争的全球性竞争战略是（　　）。

   A. 全球目标集中战略　　　　B. 国家性目标集中

   C. 宽系列的全球竞争　　　　D. 保护下的局部一隅市场

**三、思考题**

1. 哪些因素限制了新兴行业的发展？解释其原因。
2. 描述成熟行业的结构特点和隐藏的战略陷阱。
3. 面对行业的衰退，企业如果不退出只有死路一条吗？
4. 比较分散行业与全球性行业的成因。
5. 讨论行业的全球化趋势对发展中国家经济的影响。

**参考答案**

一、1. √　2. ×　3. √　4. ×　5. ×　6. ×　7. √

二、1. ABCD　2. ACD　3. D　4. BCD　5. B　6. A　7. BD　8. A　9. C

# 第 7 章
# 企业跨国经营战略

**在本章中,我们将要学习:**
- 经济全球化与企业跨国经营的概念
- 跨国经营战略环境分析
- 国际市场进入方式
- 国际化经营的战略类型
- 跨国公司的组织和控制

 **导入案例**

### 奇瑞智能化新时代的全球市场战略

2017 年 11 月 11 日,奇瑞汽车股份有限公司(以下简称"奇瑞汽车")在北京发布"WWW+计划"的同时,与巴西最大的汽车制造与销售商 CAOA 集团现场签署了战略合作协议,双方将在研发、制造、采购、销售等领域深度合作,共同强化奇瑞品牌在拉美地区的影响力。至此,奇瑞智能化新时代的全球市场战略正式开启布局。

当很多车企的出口还停留在商品贸易阶段时,"善谋全球"的奇瑞已悄然由"市场经营"向"全球化经营"转变。从单纯的产品输出升级为包含产品、技术、品牌和文化在内的多元化输出。新时代,奇瑞制定了"WWW+计划"。"WWW+计划"的内涵就是一个集全球智慧(world-wide-wisdom)、合作共赢(win-win)、智能互联(wired)的计划,加号寓意可持续性、与时俱进和无限可能。

全球市场新战略的启动正值奇瑞汽车成立 20 周年的重要节点,作为连续 14 年保持中国乘用车出口领先,首次发布全球市场战略的奇瑞获得行业内外、社会各界、海内外媒体的高度关注。

巴西是拉美第一大汽车市场、全球最重要的汽车市场之一,全球重量级汽车企业都纷纷在巴西建厂。CAOA 作为拉美地区最大的汽车销售商和汽车生产企业,在当地是高端品牌和优质服务的代名词。奇瑞在发布全球战略之时与巴西 CAOA 签约的合作项目,将是中国在巴西最大的工业项目,也是第一家中巴合资的汽车企业,更是奇瑞走向全球的重要桥头堡和制高点。

奇瑞汽车此次与巴西 CAOA 集团的签约合作生动诠释了"全球共赢合作"。双方计划组建联合团队,充分利用双方的研发、产能、渠道等优势资源,持续增加在巴西资金投入和资源投放，共同强化奇瑞品牌在巴西的影响力。

奇瑞在整个巴西市场的发展历程正是其全球化战略轨迹的生动诠释。2009年，奇瑞产品第一次进入巴西，TIGGO车型一上市就迅速获得市场的关注和认可，当年即被评为巴西年度最佳SUV车型。2014年，奇瑞在巴西经济最发达的圣保罗州建成了5万台产能的现代化工厂，是中国车企海外投资建厂的最大案例。奇瑞还针对巴西市场专门开发出符合当地需求的灵活燃料汽车，以"企业公民"的身份投身当地公益和民生事业，推进属地化运营，深耕当地市场。截至目前，奇瑞在巴西累计销量已超过8万台。相信有了奇瑞扎实的技术实力，以及CAOA集团深厚的市场开拓能力，未来奇瑞品牌在巴西乃至拉美的发展会更值得期待。

【资料来源】奇瑞与巴西销售商CAOA合作启动多元化布局全球战略. 中国企业报，2017-11-28.

企业的跨国经营已成为当今世界经济的一大特征，这是由经济全球一体化进程不断推动的。但也要注意可能由此带来的风险。跨国公司已成为国际化经营的重要载体，跨国公司对世界经济发展的影响越来越大。因此，必须对跨国公司的战略模式加以认真研究。

# 7.1 经济全球化与企业跨国经营

经济全球化是当前世界经济发展的一大趋势。它是以国际经济的区域化，特别是跨国公司的迅猛拓展为基础而产生的。现代科技的高度发展，经济的快速增长，资本全球性流动的加剧，以及信息化时代的来临，则是其产生的背景。这是一种通过商品、服务及生产要素的跨国流动和国际分工，在世界市场范围内提高资源配置的效率，从而导致各国经济相互依赖程度加深的趋势。经济全球化的基本要求，是在全球范围内实现国与国之间、地区与地区之间的贸易和投资的自由化和便利化。这样一种趋势和要求，极大地推进了企业的国际化经营。

## 7.1.1 经济全球化的成因、特征和意义

经济全球化的趋势在21世纪呈加快发展的势态。在认识这一趋势时，应深刻分析其成因、特征和意义。

1. 经济全球一体化的成因

(1) 世界各国经济体制的趋同

20世纪的最后20年中，越来越多的国家认识到：只有选择市场经济体制，才能加快本国经济的发展速度，提高经济的运转效率和国际竞争力。不管是传统的封闭经济，还是起源于苏联的计划经济，都走上了向市场经济转型的道路。由此而造成的各国在经济体制上的趋同，消除了商品、生产要素、资本及技术在各国之间流动的体制障碍，促成了经济全球化的发展。

(2) 微观经济主体趋利动机的推动

众所周知，商品与要素的价格在世界不同地区是不可能完全相等的。这种地区性差价的存在即"区位优势"为企业提供了进行全球性套利的空间。于是，便有了对外投资、技术转

让，以及企业生产过程的分解与全球配置。正是企业出于套利动机的全球性扩张，推动了经济的全球化。

(3) 信息技术的进步

企业的活动半径是与其所有权控制的成本相关的。远距离控制成本低，企业的活动半径就大，从而经济全球化的程度就高；反之，则相反。远距离控制的主要成本是信息成本，在信息经济飞速发展的时代，这种成本大幅度下降，这就大大推动了经济全球化的发展。

2. 经济全球一体化的特征

经济全球一体化是相对于区域经济一体化而发展的。后者的核心要素是主权国家，全球化的实现是通过国与国之间的谈判，公平分配一体化的成本与收益来实现的。

经济全球一体化的核心要素是追求收益最大化的个人与企业，它是在各国经济体制趋同与信息技术进步的背景下，通过企业的跨国投资与全球性套利来实现的。因此，经济全球化本质上是一个自发的市场机制作用的过程。在这个过程中，由于不存在谈判机制，所以其成本与收益的分配由市场竞争所决定。

3. 经济全球化的意义

与经济全球化趋势并行的是关于这一过程的激烈争论。如何全面认识经济全球化的意义，成为企业开展国际经营的必要工作。实际上经济全球一体化有着复杂的背景，必须全面认识，才能充分把握。

1) 经济全球化为发展中经济体带来的机遇

从正面效果来看，经济全球一体化带来了财富增长和发展经济的机遇。由于"蛋糕"越做越大，为改善弱势群体的福利和解决其他社会问题提供了物质基础。同时，全球化为一部分发展中的经济体实现跳跃式发展提供了机遇。离开外部的资金、市场和贸易机会，这些"后发者"的经济起飞是不可能实现的。

在 20 世纪初，按人均收入计算，全球 10 个最富有的经济体中没有 1 个是亚洲的。当时，最富有的经济体是大英帝国。到 20 世纪末，10 个最富有的经济体中有 3 个是亚洲的，它们分别是日本、新加坡和中国香港。新加坡位居第 2 位，中国香港位居第 7 位。而大英帝国只位居第 17 位。这 3 个亚洲经济体都是利用外资和国际市场实现快速发展的。

中国是开放和全球化最大的受益者，到 2017 年，中国的 GDP 是改革开放之初 1978 年的 80 多倍，按不变价格计算增长 33.5 倍。

2) 经济全球化使南北差距扩大

实际上，只有少数发展中国家能够利用经济全球化的机遇。一般来说，不管是按照总收入还是人均收入，发展中经济体和发达经济体的差距都在扩大。

根据联合国开发署《1999 年人类发展报告》，占全球人口 20% 的发达国家拥有全球 GDP 总值的 86% 和出口的 82%。

3) 发展中经济体在经济全球一体化中的困境

制约发展中经济实体在全球化进程中获益的主要困难有两个：一是由于经济发展起点和实力差异而导致的"结构弱势"(structural weakness)；而另一个困难是由于能力差异而导致的"制度弱势"(institutional weakness)。发达经济体向全球推广自己制定和已经适应了的"游戏规则"。发展中经济体支持市场制度的能力较弱，又将面对不熟悉、不适应或不合理的国际经济规则，必然处在十分不利的地位。

根据以上分析，对于发展中经济体来说，必须充分认识经济全球化将带来的机遇和挑战，努力克服自身的弱点，才能趋利避害，获得最大可能的利益。

## 7.1.2 企业实施跨国经营的意义和目的

第二次世界大战后诞生的关税与贸易总协定组织，促进了世界范围内的贸易自由化和企业国际化经营。20 世纪 80 年代以来，随着技术革命的发展，国际分工的深化和经济全球一体化的趋势不断增强，大大加快了企业国际化经营的步伐，拓展了企业跨国经营的领域。

企业实施跨国经营战略意味着企业放眼世界市场和世界资源分布，而不是仅仅盯着某一个市场和资源，跨国经营战略是为了以多国为基础来优化企业运作，而不是将跨国运作只看作是多个相互独立的国别经营活动的简单结合。

在我国改革开放的前十几年里，主要进行的是内向型的经营国际化——引进国外的资金和技术，扩大出口，参与国际经济大循环。中国吸引外资的战略是极为成功的。在此基础上，中国企业应该进一步走向世界，积极参与外向型的国际化经营，这是一种必然的趋势。

2000 年 3 月九届人大二次会议期间江泽民同志明确提出，中国企业要"走出去"，鼓励和支持优势企业逐步扩大对外投资，开展跨国经营，通过建立海外销售网络、生产体系和融资渠道，促进企业在更大范围内进行专业化、集约化和规模化的跨国经营，加快培育我们自己的跨国公司，努力促使我国经济在参与国际经济合作与竞争中迈出新的步伐。

2001 年 11 月，我国正式加入了世界贸易组织，这为中国广大企业进一步实施国际化经营战略带来了新的契机。利用我国加入 WTO 的机遇，中国的企业应该进一步在全球范围内寻找以世界为版图的资源配置，充分发挥自身的比较优势和绝对优势，加快发展。如果运作得好，就能使潜在的优势得到充分发挥，为中国企业注入强大的动力和活力。

---

**小资料**

1865 年，德国拜耳化学公司率先走出国门。在远隔重洋的美国奥尔班尼开设了一家苯胺厂，拉开了企业国际化经营的序幕。

而我国第一个进行国际化经营的企业则是位于广东惠州的 TCL 集团。在 2004 年，TCL 收购了法国的汤姆逊公司，从而成为世界上最大的彩电生产商。

---

企业跨国经营，主要的目的离不开市场因素、劳动力因素、自然资源因素、贸易壁垒因素和全球战略一体化因素。

1. 市场因素

即实施国际化经营的企业旨在占据和扩大海外产品市场。它包括以下两种具体情形。

第一，领先进入国际市场。领先进入国际市场主要存在于生产发明型产品的企业，当一个企业首先推出新产品时，就具有生产和销售这种产品的垄断优势。一开始产品主要在国内销售，当产品进入成长期后，则不失时机地将产品出口到其他国家，抢占海外市场；当产品进入成熟期后则利用自己的技术优势，迅速在海外设厂生产。领先出口和领先设厂使企业获得领先进入国外市场的机会。

第二，争取和扩充新市场。这主要是企业为了进一步成长与扩大，当企业预见某国有强大的潜在市场且经营环境较佳时，往往会直接投资，建立自己的优势地位，抢占市场。

### 2. 劳动力因素

即实施跨国经营的企业旨在利用东道国相对低廉的劳动力。在发达国家，劳动力价格越来越高，为了降低生产成本，发达国家的一些企业往往会把企业转移到劳动力相对低廉的发展中国家进行生产，以提高自己产品的竞争力。

### 3. 自然资源因素

即实施跨国经营的企业旨在获得稳定并相对便宜的原料来源。这有几种类型：

第一，在海外寻找国内的劣势资源，获得本国稀少或相对不足的原料；

第二，维护原料来源的稳定性，使其不受国际市场的供给与价格变化的影响；

第三，利用生产区位优势，进行原料的开采和就地加工，减少原料运输成本和产品运输成本。

### 4. 贸易壁垒因素

即实施跨国经营的企业旨在绕过高额关税、低进口配额、进口管制等贸易保护措施。一些发展中国家为保护本国产业，缓和国际收支，减少外汇支出，往往采取一些诸如关税保护的措施，降低外国产品在本国市场的竞争力。但一些发达国家也会通过进口配额、苛刻的产品检验标准限制外国产品输入。

### 5. 全球战略一体化因素

这主要是大型跨国公司为了进一步发挥它的竞争优势而采取的全球战略与多元化经营。

第一，在世界范围内配置生产基地，建立公司内部的水平分工与垂直分工。

第二，多元化经营，通过购买他国企业的股份，使自己的经营领域由一个部门扩展到多个部门，形成混合型垄断公司。

## 7.2 跨国经营战略环境分析

跨国经营环境的复杂性及多变性，比国内经营环境要严重得多。一方面跨国经营环境的影响因素多；另一方面，国际经营环境的范围更广。因此，开展国际经营化的企业，必须十分认真地开展国际化经营战略环境的分析，务求全面而准确地了解不同国家的地域和地理环境、历史与文化、经济发展的不同阶段，以及人口结构、需求特点等情况。只有在这样的基础上，才有可能制定出可行的战略。

### 7.2.1 国际市场机会识别

在国际市场上，能使企业获得比竞争对手有更多利益的经营时机。在任何一种经济形态中，只要市场上存在着未被满足的要求，就有可利用的客观环境机会。但是，这种机会并不等于企业可利用的机会。在国际市场上，当一个企业具备的相对竞争优势比竞争对手更能适应客观环境机会的需要时，这个客观环境机会才有可能变成企业的市场机会。

1. 国际市场机会的类型

国际市场机会一般有以下几种类型。

1）现有市场机会

这是指顾客的需求可由现有产品满足的市场、评价现有市场机会的需要来衡量整个市场规模和竞争条件。市场规模可按照一国的人口、平均每人的国民收入和产品的消费率进行预测；也可用当地产品的产量加上进口产品减去出口产品的方法进行估计。竞争能力是从产品价格、经营渠道、广告和促销等几个方面与竞争者比较后得出的概念。只有综合考虑市场规模和竞争条件，才能决定企业的利润和销售机会。

2）潜在市场机会

潜在市场是指具有潜在需求和潜在顾客的市场。开发潜在市场，主要在于能识别潜在的需求。企业要具备这种识别能力，并根据企业的生产技术特点和经营上的优势，决定企业的潜在市场机会及制订和实施能满足潜在需求的市场经营方案。

3）早期市场机会

早期市场是指顾客对产品和劳务的需求和偏好而要出现的市场。这种市场对于企业在国际市场上进行产品开发是很重要的。如企业可以提供适当的产品和劳务，早期市场就会变成现有的市场。

2. 各种环境因素的分析

国际市场机会的分析，主要是对国际市场客观环境的分析。一个企业在进行国际市场经营活动时，除了研究市场需求以外，还要分析各种环境因素，企业要能够灵活地适应外部环境因素的变化。在进行国际市场机会的决策时，应掌握各种必要的资料和情报，主要包括市场的基本情况、国际市场惯例（如外汇汇率、国外税收规定、一国的政策法令等）、资源情况和各种经济因素、社会因素、政治因素、科学技术因素等。分析国际市场机会所需的资料和情报，除了可以从企业内部人员和专门调研机构获得外，还可以从银行、广告公司、经销代理商、律师、消费者、顾客、供货者、政府官员和国际友好往来、国际科技交流等方面获得。

正确地识别、分析、选择国际市场机会，可为企业制定国际市场经营战略，开展国际市场经营活动打下坚实的基础。

## 7.2.2 国际竞争位势分析

在跨国经营中，为了正确制定国际化经营战略，除了对国际市场机会的准确识别，另一项重要的工作，就是对企业参与国际竞争优势的分析。关于企业参与国际化经营的竞争优势分析，不仅涉及企业本身的优势，还来源于一个国家的经济、社会、政治等环境因素的影响，同时还涉及国家的国际竞争优势来源，这方面有许多理论研究。如大卫·李嘉图的"比较优势"论、俄林的"要素比例"说。还有对日本等国研究后得出的"产业政策论""管理文化论"等，都从不同角度作出了一些解释。但比较综合的是迈克尔·波特的"竞争优势四因素论",如图 7-1 所示。

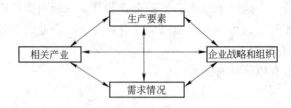

图 7-1 国家竞争优势分析模型

1. 生产要素

一国的生产要素是企业发展的资源。生产要素可分为基本生产要素和高等要素。

(1) 基本生产要素

包括自然资源、地理环境、气候条件、初级劳动力等。这些要素决定了某些国家一些行业的竞争优势。但是在国际竞争中,基本要素的地位正在下降,取而代之的是高等要素。

(2) 高等要素

包括受过高等教育的人才、发达的通信信息网络、科研与开发能力等。这些要素很难通过公开市场、国际贸易取得,因而显得更为稀缺,所以也更为重要。一个国家或一个企业的基本要素是先天决定的,唯有发展高等要素才能提高其国际竞争力。

2. 需求状况

这是指跨国公司其母国的需求状况。需求产生国际竞争优势是因为世界各国的需求规模和结构不一致。一般来说,人均收入接近的国家其产品的需求相似,而发达国家和发展中国家则相差很大。

3. 相关和支持产业

美国之所以在计算机和软件业中处于国际领先地位,原因之一是加利福尼亚"硅谷"集中了许多计算机公司及配件企业,这些公司拥有众多的专家和技术人员。相关产业既包括同类型的产业也包括上游和下游产业,相关产业的竞争优势取决于以下因素:

① 紧密合作的可能性;
② 互补性和需求拉动作用;
③ 相关企业的密集度和信息环境质量。

4. 企业组织、战略和竞争

一个国家的体制、文化、历史等决定了一个企业如何创建、组织和发展及管理人员的思维方式、目标价值和行为准则等。迈克尔·波特指出国际竞争演变的 4 个阶段。

① 要素驱动阶段。企业竞争力主要来源于本国的基本生产要素。
② 投资驱动阶段。竞争优势来源于生产要素的升级和公司的组织与战略,如韩国大力发展造船业就不仅是因为其有良好的港湾。
③ 创新驱动阶段。这时相关产业被带动和发展起来,如造船业带动钢铁、塑料、电子等产业。
④ 财富驱动阶段。根据波特理论,是指国家已经历前述 3 个富有竞争力的阶段,这时开始衰退了。企业由于成本上升、产品质量下降、创新缓慢而失去国际竞争优势,此时完全

依赖于前3个阶段所积累的财富,如美国在20世纪70年代的钢铁、汽车、电器等产业与日本相比,失去了许多竞争优势。

# 7.3 国际市场进入方式

## 7.3.1 国际市场的进入

跨国公司进入国际市场,主要有贸易型市场进入模式、契约型市场进入模式、投资型市场进入模式三大类。

1. 贸易型市场进入模式

所谓贸易型市场进入模式(也称为"出口"进入方式),就是通过向东道国或地区出口商品进该市场。具体做法有直接出口和间接出口两种。

(1) 直接出口

直接出口是企业国际化经营的起点,它既可以在公司内部设立国际业务部,向东道国或地区的中间商出口产品,又可以在东道国设立专门的销售机构或子公司就地销售。直接出口的利润大且可以积累经验,但要独自承担风险。

(2) 间接出口

大多数情况是通过专业外贸公司或出口代理商来进行。间接出口可以节省费用,且不承担风险,但利润低,并且会失去对产品销售和服务的控制,企业形象和声誉可能受影响,并无法积累经验。

2. 契约型市场进入模式

所谓契约型市场进入模式(也称为"技术授权"进入方式),就是通过与东道国或地区的法人订立长期的合作协议进入该国或地区。此种做法输出的是技术、技能、劳务和工艺,而非产品。具体做法有授权经营、服务合同、建设合同或生产合同。

1) 授权经营

即企业在规定的时间内将自己的无形资产通过契约转让给东道国法人,以换取授权费和其他经济补偿。这种做法授权经营的企业所需资金少,销售费用低,但授权企业的专利可能会受侵犯,且不能控制产品的质量。同时,还有一种做法是特许经营,就是让企业向受许的企业转让技术、商标和经营方法,让受许的企业在监督和帮助下经营本企业的特定业务。麦当劳和肯德基就是特许经营的典型例子。

2) 服务合同

即企业通过服务合同进入国际市场的一种做法,有技术协议、管理合同、服务合同等。

① 技术协议。企业向对方提供技术或为解决各种难题提供技术咨询的有偿服务活动。

② 管理合同。企业与对方签订合同,全权负责在合同期内,对方企业的全部业务管理,报酬可以是按利润额提成或按销售额提成。

③ 服务合同。企业为对方提供金融、营销、人员培训或其他方面的有偿服务。服务合

同可以使企业不承担风险和责任而获得可观的收入，但收入只限于固定期间的酬金或特定项目的酬金。

3) 建设合同或生产合同

主要有交钥匙工程、合同生产等。

① 交钥匙工程。就是企业为东道国建设一个工厂，承担全部设计、建造、安装、调试及试生产等活动。

② 合同生产又称贴牌生产，是企业与东道国或地区的企业订立供应合同，要求后者按合同规定的技术要求、质量、时间生产本企业所需要的产品，交由本企业用本企业的品牌销售。此做法等于租赁了当地企业的生产能力，可以迅速进入目标市场，但企业赚到的只是销售利润。

3. 投资型市场进入模式

所谓投资型市场进入模式（也称为"合资"型进入方式），就是企业将资本连同本企业的管理、销售、财务转移到东道国或地区，建立受本企业控制的分公司或子公司，有独资经营与合资经营、新建、战略联盟等几种。

(1) 独资经营或合资经营

独资经营是本企业拥有所投资企业100％的股份，独立经营，独享利益，独担风险，合资经营则是本企业与东道国的某个企业或者第三国的企业各出部分资金，分享股份、利益共享、风险共担。

(2) 新建与购并

新建是本企业在东道国建立新企业；购并是本企业通过对东道国的企业进行参股或收购来进入东道国市场。

(3) 战略联盟

就是本企业与东道国合作伙伴或公司建立的联盟。建立战略联盟的优点是，用于投资和维持双方关系的费用低，且可以随时中止合作；缺点是不能对版权、专利的侵犯及销售渠道进行控制。

4. 进入国际市场的产品特征

通过市场调研，发现了可供开发的市场机会后，企业就应选择目标市场，并根据目标市场的具体特点采取行动，谋得立足之地，然后以此为据点，不断扩大地盘，向纵深发展。国际市场的成功突破，要求企业在产品、价格、促销等多方面协调行动、同步作战，而不能单兵独进。

(1) 低成本产品进入

成本是价格的基础。只有开发低成本产品，企业才可以为在价格上形成竞争优势提供根本的保证。丰田和雅马哈就是以更小、更易驾驭的摩托车打进国际市场的，其他如理光与佳能的复印机，或索尼与松下的收音机都比竞争对手要小得多，从而在成本与价格上已具有相当的竞争优势。

(2) 创新和特色产品进入

产品是企业的生命，创新和特色是产品的生命。只有通过不断地创新，才能开发特色产品，发展产品的功能，提供竞争对手没有的甚至没有想到的功能，使产品功能更齐全、更完善，从而更具竞争力。

(3) 高质量产品进入

产品质量与产品的功能完善程度及完善功能的可实现程度有关，因此主要可以用产品的可靠性和适应性或实用性指标来衡量。可靠性是指产品在使用过程中能可靠地实现其符合用户需要的功能；适应性则是指产品能在不同条件下可靠地实现其功能，因此能在不同场合满足用户基本相同的需要。例如，小型复印机适用于不同场所，小型电视机可以非常方便地从一个房间搬到另一个房间，小型摩托车在拥挤的城市中则是便利的交通工具。

### 7.3.2 国际市场的渗透

企业虽然可以通过某个区域或某类用户为突破口进入国际市场，但企业的目标绝不仅仅限于该市场。在该区域市场或用户市场上取得立足之地以后，企业下一步的任务就是要琢磨如何以此为基地实现更大范围的发展。

1. 产品渗透

市场的渗透必然是以产品为手段的。企业在获得立足之地后，如要求得到进一步的发展，必须在产品深度、宽度及产品质量等某一方面或多个方面同时做出努力。

2. 渠道渗透

企业进入市场初期可能主要借助于当地市场上现有的销售渠道。这样做的好处是可以利用现有渠道的形象和知名度，促进企业产品迅速地被用户所接受，或至少可以部分地化解当地市场对企业产品的抵制，化消极因素为积极因素。但随着企业对当地市场了解的逐步加深，以及企业的产品在当地市场上逐步得到欢迎，企业将可能越来越感觉到有必要建立自己的销售网络。

销售渠道渗透需要具备以下必要条件。

第一，企业有足够的经济实力，能够建立并维持一定规模的销售网络。建立和维持独立的销售渠道，都需要企业负担相当高的费用。从长期来看，如果企业缺乏足够的经济实力，则难以建立和维持这样的销售渠道。

第二，市场或目标市场要有足够的规模，否则渠道没有经济性。如果企业在当地市场上没有达到一定规模的销售量，那么利用代理商来进行销售和提供售后服务在经济上是合理的，建立自己独立的销售网络则是不经济的。

第三，企业对国际市场有长期的目标。建立独立的销售渠道所需费用是一种长期投资，这种投资无疑将增加企业在具体市场上的退出障碍。因此，如果企业对目标市场没有长期的打算，那么即便企业有足够的经济实力，即便在当地市场的销售额已达到相当规模，建立自己独立的销售网络也是不适宜的。

第四，产品特点要求企业提供不仅是必要的，而且是特殊的服务。如果企业生产和销售的是一种技术上已经完全成熟的标准产品，那么在这种情况下，任何代理商都有能力来提供销售及销售以后的没有任何特殊要求的各种服务。企业也无任何技术或商业秘密可言，建立独立的销售网络则无任何必要。

---

**小资料**

北京时间2005年5月1日下午3时，联想集团在北京正式宣布，以总价12.5亿美元收购IBM的全球PC业务，其中包括台式机业务和笔记本业务。具体支付方式则包括6.5亿美元现金和6亿美元的联想股票，从而组建起世界第3大个人电脑厂商。届时，IBM将持有联想集团

18.9%的股份,成为联想的第二大股东。收购后的联想将把IBM的笔记本业务、联想的品牌知名度整合在中国这一全球增长最快的电子信息市场上,从而形成遍及全球的160个国家和地区的庞大分销、销售网络和广泛的全球知名度,增加了"对垒"戴尔、惠普等品牌的实力。

## 7.4 国际化经营的战略类型

企业根据对国家竞争优势的判断,以及所要采取的市场进入模式,可以选择的国际化经营战略有以下几种类型,如图7-2所示。

从图7-2可以看到,在成本压力与当地市场压力的两个条件的约束下,企业可以根据发展的需要选择自己的战略。

企业国际化经营的战略基本上有4种类型,即国际战略、多国本土化战略、全球化战略与跨国战略。

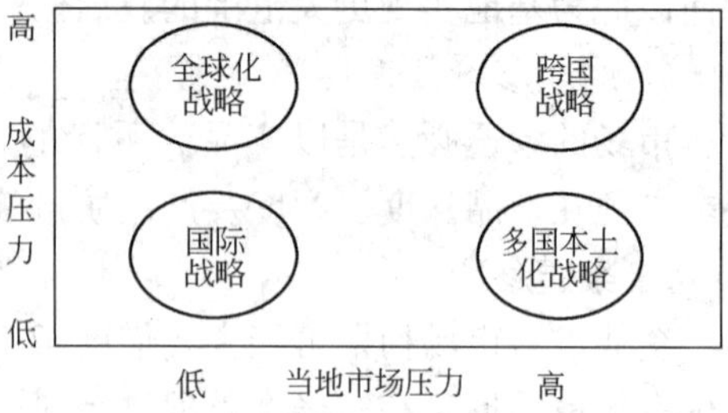

1. 国际战略

国际化战略是指企业将其具有价值的产品与技能转移到国外的市场,以创造价值的举措。

图7-2 国际化经营战略的类型

大部分企业采用国际战略,是将其在母国所开发出的具有差别化产品转移到海外市场,从而创造价值。在这种情况下,企业多把产品开发的职能留在母国,而在东道国建立制造和营销职能。在大多数的国际化企业中,企业总部一般严格地控制产品与市场战略的决策权。例如,美国宝洁公司过去在美国以外的主要市场上都有工厂。这些工厂只生产由美国母公司开发出来的差别化产品,而且根据美国开发出来的产品从事市场营销。

当企业的核心竞争力在国外市场上拥有竞争优势,而且在该市场上降低成本的压力较小时,企业采取国际化战略是非常合理的。但是,如果当地市场要求能够根据当地的情况提供产品与服务,企业采取这种战略就不合适了。同时,由于企业在国外各个生产基地都有厂房设备,形成重复建设,加大了经营成本,这对企业也是不利的。

2. 多国本土化战略

为了满足所在国的市场需求,企业可以采用多国本土化战略。这种战略与国际战略不同的是,根据不同国家的不同的市场,提供更能满足当地市场需要的产品和服务。相同的是,这种战略将自己国家所开发出的产品和技能转移到国外市场,而且在重要的国家市场上从事生产经营活动。因此,这种战略的成本结构较高,无法获得经验曲线效益和区位效益。

在当地市场强烈要求根据当地需求提供产品或服务,且降低成本时,企业应采取多国本土化战略。但是,由于这种战略生产设施重复建设并且成本结构高,在成本压力大的行业中便不适应。同时,过于本土化会使得在每一个国家的子公司过于独立的企业最终会指挥不动自己的子公司,不能将自己的产品或服务向这些子公司转移。

3. 全球化战略

全球化战略是向全世界的市场推销标准化的产品和服务,并在较有利的国家中集中地进行生产经营活动，由此形成经验曲线和规模经济效益，以获得高额利润。企业采取这种战略主要是为了实行成本领先战略。

在成本压力大而当地特殊要求小的情况下，企业采取全球化战略是合理的。但在要求提供当地特色产品的市场上，这种战略是不合适的。

4. 跨国战略

跨国战略是要在全球激烈竞争的情况下，形成以经验为基础的成本效益和区位效益，转移企业内的核心竞争力，同时注意当地市场的需要。为了避免外部市场的竞争压力，母公司与子公司、子公司与子公司的关系是双向的，不仅母公司向子公司提供产品与技术，子公司也可以向母公司提供产品与技术。企业采取这种战略，能够运用经验曲线的效应，形成区位效益；能够满足当地市场的需求，达到全球学习的效果，实现成本领先战略或产品差别化战略。

应该看到，上述各种战略是有一定适应条件的。例如，在电子行业里，企业面临的区域性的细分市场的压力小，主要是成本竞争，可以采取全球战略；而在家电这样的消费品行业里，企业则需要采用跨国战略。因此，企业应根据自己的特点及行业的环境，选择相应的国际化战略。

## 7.5 跨国公司的组织和控制

### 7.5.1 跨国公司的组织体制

1. 跨国公司组织构造的基本要求

企业在组织设计时通常要考虑以下3个方面的要素。

① 企业经营活动的基本职能。如生产、销售、财务、人事、研究与开发，以及信息和控制系统。

② 企业经营业务的类型。如产品制造、专业销售、综合性投资等。经营业务不同，组织设计的要求显然也不会相同。

③ 企业经营的活动空间，即跨国经营时涉足的国家和地区。地域不同，跨国公司所面临的社会文化背景和政治、经济等环境会有很大差别，组织结构的设计也会因此而异。

前两个要素具有一般性，第三个要素则是跨国企业在组织设计时特别要加以重视的要素。

2. 跨国公司组织体制的演进

跨国公司组织体制的形式演进主要经历了以下两大阶段。

① 国际事业部阶段。国际事业部是在企业进出口部基础上产生的。在初期阶段，国际事业部的规模往往较国内事业部小得多，却拥有远远大于其规模的权限。就是这种较大的自主权，才使得国际事业部能够比较方便地组织由国内生产、国外销售到国外当地生产、当地销售的转移。

② 全球性战略组织阶段。主要有3种形式：全球性产品事业部组织、全球性地区事业部组织、全球性矩阵组织。

与全球战略观念相对应，跨国公司的组织结构可以有以下选择：如果公司生产专业化程度较高，产品种类较少，则可以选择地区事业部组织结构，如果公司采用多样化战略则可以选择产品事业部组织结构，而从资源共享的角度看，又可选择矩阵组织结构。

跨国公司一般采用集中管理和分散经营相结合的管理体制。集中管理有利于统一使用资金和原料，实行产品标准化和生产专业化；分散经营则有利于适应产品多样化、市场分布广泛、投资环境多变等情况。

### 7.5.2 跨国公司的经理人才

地处各国的子公司应有一套适合当地情况的人才政策，以吸引和任用具有专门知识和技能的技术人才和经理人才。这是跨国公司能在国际经营中成功的关键。

任用当地人管理子公司的好处在于：一是当地经理人才深知本地语言、习惯、市场状况和当地雇员的情况，给管理工作带来许多方便；二是可以部分解决当地劳动力市场的需求；三是可以缓和公司和东道国之间的矛盾。

此外，必须加强跨国公司经理人才的开发。美国战略管理学家纽曼教授指出，跨国经理人才需要具备5个特殊条件：

① 语言；
② 对不同文化传统的敏感及适应程度，包括交流能力和较强的事业心；
③ 具备国际贸易和财政的知识和经验，深知所在国的经济问题；
④ 掌握公司的业务程序、技术和成功的经验；
⑤ 具有异常的忍耐心，老练圆滑并具有不屈不挠的精神。

### 7.5.3 国际化经营战略的控制

要有效地实施国际化经营战略，必须对战略控制手段做周密的考虑，并对以下几个方面加强控制。

（1）所有权控制

跨国公司对海外子公司的所有权控制，是一个十分重要的问题。通过控股，使母公司拥有必要的控制权，这是最重要的。但是各国都对所有权的问题非常敏感，甚至对外国公司的控股加以干预。因此，在尽可能获得控股权的同时，还应注意不要引起东道国的反感。在达不到所有权的控制时，应争取从其他方面增加控制力。

（2）人员控制

应加强对海外子公司各层人员的感情交流，以及通过"文化熏陶"来实现对子公司的控制。但是，要注意尊重所在国的文化和礼仪。要多创造机会使海外子公司的关键人物参与母公司的正式或非正式活动，从而加强信息的交流和沟通。还可以通过旅行、考察、个人接触等私访活动，使海外企业的人员从感情上维系与母公司的纽带。

（3）信息控制

国际企业是由不同国家企业之间资本、产品和知识交易构成的网络。国际企业必须通过这个网络来协调和控制它们的国际经营活动。一个对89家跨国公司的调查表明，这些公司依靠国际信息流来进行国际经营活动。

(4) 财务控制与评价

对海外子公司的经营业绩评价主要有3种技术方法：投资回报分析、财务预算分析和历史比较分析。在一项研究中，95%的企业对海外子公司采用了上述3种方法。他们指出投资回报率是最为重要的指标。投资回报额对海外子公司来说由于汇率不同，通胀率不同，税率不同和转移价格的影响会使净现金流的投资额被扭曲。

另外，转移定价也是国际企业进行财务控制的方法。据对79家跨国公司的研究表明，转移定价不是主要用于业绩评估，而是使税收最小化。例如，许多在美国有业务的日本公司提高供货的价格，以减少在美国的利润从而减少所得税。转移定价在国际贸易中尤其重要，因为现在发达国家之间的贸易有56%是跨国公司的内部贸易，转移定价是转移利润到母公司的重要方式，其他利润转移的方式还有红利、股东权益和管理费用等。

通过对上述控制手段的组合使用，可以建立起一套国际企业对国际经营战略的控制机制，具体分为3个方面，见表7-1。

表7-1　3种类型的控制机制

| 数据资料的控制机制 | 管理人员的控制机制 | 解决争议的控制机制 |
| --- | --- | --- |
| • 信息系统 | • 选择关键管理人员 | • 决策责任的确定 |
| • 评价系统 | • 企业发展途径 | • 调节者 |
| • 资金分配 | • 奖惩制度 | • 经营小组 |
| • 战略计划 | • 管理开发 | • 协调委员会 |
| • 预算 | • 社会化模式 | • 特别工作组 |

① 数据资料的控制机制，主要负责收集和提供与国际经营有关的数据资料。

② 管理人员的控制机制，负责把管理人员的愿望和自身的利益观念从对子公司的自主权力的要求转移到对国际经营活动的关心，以及对国际企业的全球经营活动的关心。

③ 解决争议的控制机制，负责解决设在各个国家中的子公司在实行必要的交易时所引起的争议。

上述3类机制的强度、可选择性、连续性及需要高层管理的支持各不相同，应根据企业的具体情况采用适合自己的控制机制。

### 7.5.4　国际化经营战略实施的关键问题

1. 战略伙伴的选择

通过设立合资企业或许可证协议结成战略联盟的形式，是国际企业进入别国市场的普遍做法。在这样的情况下，战略伙伴的选择就成为一个关键问题。

在建立国际战略联盟时，双方不但要考虑各自的战略目标，而且要考虑各自的资源。对战略伙伴所在国的政治、经济、社会和法律等方面的情况也要充分考虑，以免遭受不必要的失败。

2. 国际经营战略风险与防范

实施国际化经营的企业，由于是在他国进行生产经营，必然会遇到一些在国内生产经营时不太会遇到的特殊情况，有些风险是比较大的，值得引起格外的关注和重视。

1) 政治风险与防范

政治风险是指各种政治因素使一个国家的经营环境发生超过某种程度变化的可能性，此种变化将影响国际化经营企业的利润及其他关键经营目标的实现。一般来说，政治风险往往会对企业的生产经营环境产生巨大影响，但这种变化又是企业难以预料的。

政治风险的防范措施主要有一体化策略和合资经营或合作经营策略。所谓一体化策略，即国际化经营的企业成为东道国经济的一个组成部分，且已融入东道国社会。最简单的做法是使用本地化的公司名称，并与东道国政府和其他政治集团建立良好的关系，雇用和提升当地人。所谓合资经营或合作经营策略，就是由东道国政府批准，与当地企业进行合资经营或合作经营。

2) 外汇风险与防范

外汇风险，亦称外汇暴露。是指一个国际化经营的企业的债权债务在以外币计价时，由于汇率变动引起价值变化而遭受损失和丧失预期收益或得到意外收获的可能性，即由于汇率变动给企业经营所造成的额外损失或带来的额外机会。对于企业来说，汇率变动是企业无法控制的。外汇风险的防范，必须对国际汇市进行密切的跟踪和预测分析。同时，应尽可能地进行公司内部交易，控制和调节外汇风险。

3) 交易风险与防范

交易风险是由成交到结算之间的时间差别所造成的，交易风险有报价风险和供货风险两种情况。报价风险往往是报价时有利可图的生意，到成交时由于汇率的变动，已经无利可图，这在大型工程项目的投标或成套设备的出售、采购时尤为重要。其防范措施主要有币种选择和汇率选择两种。供货风险即在接到订单，开始生产到完工交货之间的时间内发生变化的风险，但这又是企业可以控制的，措施是企业尽可能建立一套灵活反应的生产管理体系，进行产销协调，缩短从订单到交货的时间。

3. 跨文化管理

当企业实施国际化经营时，它所面对的是与其母国文化完全不同的文化，以及在很大程度上由这种文化差异所决定的跨国经营环境。尽管跨文化的管理与经营并不是现在才提出的，但在激烈竞争的国际环境中，跨文化管理仍是从事国际化经营企业所面临的关键问题。

跨文化管理是 20 世纪 70 年代后期在美国逐渐形成和发展的。随着企业国际化经营的不断扩大，人们意识到文化的不同会产生各种各样的难题，成功地用于国内企业管理的理论和方法在国际化经营中难以有效地解决因文化冲突而产生的问题。许多成功的国际化经营企业，往往是进行跨文化管理的企业，这引起了人们的普遍关注，跨文化管理理论也就应运而生。

一般来说，跨文化管理研究的重点主要有以下 4 个方面：

① 企业的行为如何随着文化的不同而变化；
② 在世界范围内企业行为的差异是在扩大、缩小，还是保持不变；
③ 跨国公司如何在东道国的文化中实现有效管理；
④ 企业如何管理文化差异，如何将这种差异转化为企业的一种资源等。

当然，文化与管理的关系是一个非常重要的内容，文化模式与管理模式有密切的关系，文化模式的多样性决定了管理模式的多样性。但管理本身也是一种文化，文化与管理具有共生性，管理是伴随文化的发展而发展的，管理是文化的一个组成部分。管理水平的提高，促进生产力的发展，进而促进了在生产力基础上发展起来的文化。因此，跨文化管理既要重视文化传统和价值观的差异，又要重视制度文化和政策上的差异。

跨文化管理，对国际化经营的企业来讲，要做好3方面的工作。

第一，识别文化差异。不同类型的文化差异可以采用不同的措施来克服，价值观的差异往往是最难克服的，生活习惯和风俗的差异可以通过文化交流来解决。

第二，针对性训练。根据在不同文化环境下产生的思维习惯和习俗，进行有针对性的培训和训练，逐步加以改变。

第三，培育企业共同价值观，加强企业文化建设。国际化经营的企业要向员工宣传、介绍母公司在经营中所推崇的理念及奉行的目标，让员工逐步接受，并以此为契机，建设既体现母公司经营理念，又符合东道国文化传统的企业文化。

### 小资料

"成本为本地化跨国公司"是联合利华的全球经营宗旨。裴聚禄认为"成功的本地化离不开员工的本地化"。员工本地化、多元化的组成，为联合利华深入地了解各地迥异的文化、消费的需要和生活习惯提供了良好的帮助，为公司的全球业务积累了宝贵的知识和经验。

## 案例分析

### 海信"吃掉"东芝电视

**1. 吃掉东芝**

2017年11月14日，海信集团旗下上市公司海信电器股份有限公司与东芝株式会社在东京联合宣布，海信获得东芝映像解决方案公司（以下简称TVS）股权的95%，而东芝只保留5%的股权。

转让完成后，海信电器将享有东芝的电视产品、品牌、运营服务等全球的业务链，并拥有东芝电视全球40年品牌授权，同时将晋升为全球第三大电视生产厂商。"收购后，海信将整合双方研发、供应链和全球渠道资源，快速提升市场规模，加快国际化进程。"海信集团总裁、海信电器董事长刘洪新对记者表示。

海信电器是国内电视机生产巨头，海信抓住了平板电视兴起机会，从2004年到2008年短短5年间，就迅速崛起为国内平板电视销量第一品牌。随后，海信抓住了液晶电视的潮流，一跃成为全球第三大电视品牌。如今，海信集团拥有海信电器和海信科龙两家分别在沪、深、港三地上市的公司，持有海信、科龙和容声三个中国著名商标。海信电视在国内的市场占有率连续13年保持第一，近年在南非、澳洲也已跻身到市场第一的位次。公开资料显示，2016年，仅海信电器就实现营业总收入318亿元，净利润为17.6亿元，其中电视机产品的营收突破282亿元。

然而，海信要快速进行国际化，就要有极具竞争力的核心技术和品牌影响力，这是海信的短板。而要凭借自己的力量在短时间里弥补短板，几乎是不可能的，并购是捷径。曾经红遍世界的东芝，就是海信长期渴望并购的目标之一。

东芝旗下的电视业务子公司TVS成立于1973年10月，除了主营电视机业务外，还有各种周边产品，包括商用显示器、广告显示器等。此外，东芝还拥有一支优秀的研发团队，在电视画质、芯片、音响等方面，积累了深厚的技术实力，尤其在显示技术领域，一直引领日本乃至世界科技潮流。

虽然近年来东芝的电视业务一直在下滑，但其品牌影响力犹存。2016年东芝电视销量仍位居日本市场前三。2016年，TVS实现营业收入27.02亿元，实现净利润5.68亿元。2017年上半年，实现营业收入11.95亿元，实现净利润2.47亿元。等本次收购完成后，TVS公司将纳入海信电器合并报表范围。

2. 实现国际化梦想的需要

海信早已成为一家在全球市场上举足轻重的大玩家了，如今其在全球市场的份额比三星、夏普、索尼三巨头的总和还要多。

这一次，海信想通过收购东芝电视，加速自己的国际化布局，冲击国际电视领域的"王位"。值得一提的是，这次海信收购东芝电视板块，除了得到专利技术，还得到了包括东芝商用显示器、广告显示器相关产品的制造专利以及东芝的技术研发团队。

可以想象，海信收购东芝电视板块，更看重全球市场份额的提升而不是短期利益。事实上，东芝电视的亏损与其贴牌运营模式有关系。未来，海信可以自己生产电视，大幅提高效率。

3. 馅饼还是陷阱

虽然收购东芝电视给海信带来品牌、市场和技术上的好处，有助于海信借道东芝电视市场渠道进入日本、美国等海外市场，加速海信的国际化进程，但是也将面临诸多风险和挑战。

首先，海信收购的东芝电视，根本不是东芝的核心业务，而是东芝旗下的一个较小的子公司TVS。据公开资料显示，东芝的业务领域，早已实现多元化，从家电领域拓展至半导体、存储、城市基础设施建设、能源、核电、医疗以及新兴消费技术等领域。当然了，东芝具有很多让竞争对手们羡慕的核心技术。但这些先进的技术，并不在TVS。TVS只是一个产业链前端的企业，后端的核心技术和解决方案，很可能在东芝的其他业务线条上，比如VR技术。

其次，东芝自身盈利能力和品牌影响力也在下滑。东芝早已退出了主流市场的竞争，尤其在三星、索尼、夏普等传统巨头，以及中国的TCL、海信等围剿下，东芝电视早已是江河日下，连续多年无法盈利。事实上，东芝电视除了时不时发布个量产遥遥无期的概念机刷刷存在感外，对市场的影响力已经非常弱，它在很多国家的市场都是以贴牌方式运营。

最后，东芝电视是一个资不抵债的公司。截至2017年6月30日，东芝电视总资产为7.37亿元，总负债却高达16.27亿元，净负债8.9亿元。

这宗买卖看似划算，但实际上就是个"财务垃圾"。收购东芝电视，海信除了直接支付7.98亿元外，还要代偿16.3亿元负债，因此收购总成本约为24.3亿元。与此同时，从公司来看，此次收购是挑战与机会并存，东芝在全球复杂的授权和合作关系，让海信还需要更多时间去"消化"这次收购的成果。未来若处理不当，还可能成为海信电器发展的"拖油瓶"。

除此之外，更让业界忧心的是，海信电器业绩同样在下滑。海信财报显示，公司三季度净利润2.04亿元，同比减少48.96%。而二季度海信电器净利润1.27亿元，同比下跌39.2%。一季度净利润2.69亿元，同比下跌49.4%。也就是说，海信电器净利润已经连续三个季度下跌。收购东芝电视带来的巨额债务，还可能拖累海信业绩。

未来，海信电器将以更加审慎的心态，尽快消化并购企业，让东芝电视与自己能快速融合，挑战才刚刚开始。

【资料来源】 王占锋. 海信"吃掉"东芝电视. 企业观察家. 2017 (12).

### 案例分析题

1. 海信除并购的方式外，还可以采取哪些方式进入国际市场？
2. 在进行国际化发展的过程中，海信可能面对哪些问题？

# 本章习题

## 一、判断题

1. 正确地识别、分析、选择国际市场机会，可为企业制定国际市场经营战略，开展国际市场经营活动打下坚实的基础。（    ）
2. 贸易型市场进入方式与其他两种主要的进入方式（契约型进入和投资型进入）最重要的区别是：企业的最终或中间产品是在目标国之外生产，然后运往目标国家，这就限制了劳动力的出口。（    ）
3. 契约型进入的方式输出的是技术、技能、劳务和工艺，而非产品，具体做法有授权经营、服务合同、建设合同或生产合同。（    ）
4. 美国公司过去在美国以外的主要市场上都有工厂，这些工厂只生产由美国母公司开发出来的差别化产品，而且根据美国开发出来的产品从事市场营销，这属于跨国战略。（    ）
5. 在当地市场强烈要求根据当地需求提供产品或服务，且降低成本时，企业应当采取多国本土化战略。（    ）
6. 跨国公司在国际经营中成功的关键在于：地处各国的子公司应有一套适合当地情况的人才政策，以吸引和任用具有专门知识和技能的技术人才和经理人才。（    ）

## 二、选择题

1. 下列哪一项不是公司进行跨国经营的动机？（    ）
    A. 利用潜在机会为公司产品扩大市场
    B. 确保生产的低成本
    C. 减少因公司扩张而遭遇到的国内政治压力
    D. 确保有充足的资源
2. 国际战略联盟的动机中，最普遍的是（    ）。
    A. 开拓市场    B. 优势互补    C. 有力竞争    D. 分担风险
3. 国际市场的渗透方式有（    ）。
    A. 产品渗透    B. 市场渗透    C. 渠道渗透    D. 观念渗透
4. 国际化战略是指（    ）。
    A. 向全世界提供标准化的产品和服务
    B. 在本国市场以外销售公司的产品

C. 根据不同国家的不同市场需求，提供满足当地市场需求的产品和服务

D. 美国公司为了抵抗在其国内销售的国外产品而采取的战略

5. 政治风险是指各种政治因素使一个国家的经营环境发生超过某种程度变化的可能性，政治风险的防范措施主要有（    ）。

  A. 开拓新的市场  B. 一体化策略  C. 合资经营策略  D. 合作经营策略

6. 跨文化管理，对国际化经营的企业来讲，要做好以下工作（    ）。

  A. 识别文化差异      B. 针对性训练

  C. 培育企业共同的价值观   D. 加强企业文化建设

7. 迈克尔·波特的"竞争优势四因素论"包括（    ）。

  A. 生产要素       B. 需求状况

  C. 相关和支持产业     D. 企业组织、战略和竞争

### 三、思考题

1. 在经济全球化的浪潮中，企业如何应对，并使之做大、做强？
2. 哪些因素影响企业跨国经营战略？
3. 国际市场进入方式有哪几种类型？
4. 国际市场的渗透模式是什么？
5. 跨国公司组织构造的基本要求有哪些？
6. 跨国经营所遇到的各种问题应如何解决？
7. 国际化战略选择有几种模式？各是什么？
8. 企业如何根据自己的实际情况进行国际化战略选择？

**参考答案**

一、1. √ 2. √ 3. √ 4. × 5. √ 6. √

二、1. C 2. A 3. AC 4. B 5. BCD 6. ABCD 7. ABCD

# 第8章 企业成长战略

**在本章中，我们将要学习：**
- 密集型成长战略（集约型）
- 一体化战略
- 多元化战略
- 实现成长战略的方式

 **导入案例**

### 恒瑞医药：依靠创新一路高歌

2017年5月23日，恒瑞医药股价当天最高价达60.29元，是该股自上市以来的历史新高。截至当日，根据复权后计算股价，恒瑞医药的最新收盘价已达到1 324.50元，上市以来股价累计上涨4 827.45%。

江苏恒瑞医药股份有限公司（下称恒瑞医药）的历史可追溯到1970年，于2000年在上海证券交易所上市。在1998年改制前，恒瑞医药主要生产红药水、紫药水，产品单一、效益较低。经过了40余年的变革和发展，恒瑞医药已发展成为一个拥有11家子公司的集团，子公司分别设立在北京、上海、连云港、成都，以及美国、日本、德国等地，分别负责研发、生产、销售、技术服务、进出口等不同业务，各有侧重，相互协作。目前，恒瑞医药主要从事创新药物和高端仿制药的研发、生产与销售，是国内创新能力较强的现代化制药企业之一，被认为是中国医药创新产业的典范。

1. 创新摸索

纵观恒瑞医药的发展历程，有着较强的创新能力与专利意识，该公司依靠技术研发以及专利保护一步步走到今天，并取得了巨大成功。

早在1995年，恒瑞医药就小试牛刀，花费120万元从某科研院所购入了抗肿瘤新药异环磷酰胺，在小样品的基础上建立自己的药物研究所，自主开发工艺路线，最终申报上市。并于第二年，这一原料药通过了美国食品药品监督管理局（FDA）认证，标志着恒瑞医药所采用的这一创新方式获得了成功。

异环磷酰胺的成功让恒瑞医药尝到了创新的甜头，但对于当时资金实力严重不足的恒瑞医药来说，仅依靠这样的创新模式并不具有可持续性。面对跨国巨头大量医药专利到期、国内市场仿制药步步紧逼的情形，恒瑞医药逐步构建起自己的仿制药研发体系，把工作重点之一聚焦在了国内首仿产品上。恒瑞医药通过首次仿制国外大药企的重磅药品,利用优质优价的战略和灵活的营销手段迅速抢占市场份额。其中,恒瑞医药生产的多西他塞(艾素)就是成功的典范。多西他塞是法国药企巨头赛诺菲公司的主打产品之一,主要用于治疗乳腺癌、非小细胞肺癌和卵巢癌,这些适应症覆盖的患者群体较多,市场潜力较大。2003年,恒瑞医药研发的多西他塞在国内上市后,凭借比进口产品低70%的价格优势和国内首仿的先发优势,销量迅猛增长,市场占有率节节攀升。除了抗肿瘤药,恒瑞医药还进军了麻醉和造影剂市场,并将产品线拓展到心脑血管、呼吸、内分泌、抗感染、老年病等多个病种治疗领域。

在企业一路高歌、获取了丰厚利润的同时,恒瑞医药收到了法国赛诺菲公司的侵犯专利权诉讼函。该公司起诉恒瑞医药的产品"艾素"涉嫌侵犯其专利产品"泰索帝"原料合成工艺的相关专利权和不正当竞争。首次面对专利侵权指控的恒瑞医药稳扎稳打,通过技术鉴定,证实了两种药的不同,最终法院判决侵犯专利权的指控不成立。

"硝烟"尚未散尽,赛诺菲"卷土重来",指控恒瑞医药的"艾素"侵犯了其另一项发明专利,要求恒瑞医药停止侵权行为,并支付专利使用费4 500万元、承担经济损失5 500万元以及诉讼费用共计1亿元。面对如此大额的索赔,恒瑞医药积极应战,向国家知识产权局专利复审委员会提出无效宣告请求。恒瑞医药在研发仿制药多西他塞的过程中,就已规避了赛诺菲相关专利的保护范围,最终赛诺菲涉案发明专利被宣告无效。

经过这场历时5年之久的诉讼,恒瑞医药对专利有了更深的认识,并在之后自主研发的进程中对专利申请与布局有了更多思路。

### 2. 仿创结合

通过高端化学仿制药完成原始积累后,恒瑞医药拥有了专业人才与技术储备。该企业以谋求自主创新、建设专利药产品线为最终目标,从未停止自主研发的步伐。自1997年起,恒瑞医药便与中国医学科学院药物研究所等科研机构合作,经过多年设计合成了42个目标物,并优选出其中一种——艾瑞昔布。2004年1月14日,恒瑞医药提交的一件名称为"含有磺酰基吡咯烷酮化合物及其制法和药物用途"的发明专利申请获得授权。凭借此专利,恒瑞医药荣获了2013年中国专利金奖。2011年6月,恒瑞医药历时14年、投入数亿元的1.1类新药艾瑞昔布获批上市,标志着恒瑞医药真正踏上了医药创新的研发之路。

恒瑞医药大力发展自主创新,扩大研究团队,吸纳顶尖专家,与国内外知名研究院所、大学附属医院合作开发,共建实验室,加速从仿制到自主研发、从国内到国际的创新步伐。恒瑞医药还不断将成果转化为知识产权,积极提交专利申请,专利数量不断增长。截至目前,恒瑞医药共提交中国专利申请271件,其中118件获得授权,通过《专利合作条约》(PCT)途径提交国际专利申请115件,其中获得授权的美国专利37件、欧洲专利17件、日本专利21件。此外,恒瑞医药的专利布局还覆盖俄罗斯、南非、澳大利亚、加拿大等国家和地区。

恒瑞医药不断加快国际化进程,注射伊立替康等多个品种通过美国FDA现场检查,奥沙利铂、环磷酰胺、七氟烷已分别出口美国、欧洲市场。此外,加拿大、澳大利亚等新兴市场也积极引入恒瑞医药的产品。仅2015年恒瑞医药的海外市场销售收入就达3.56亿元。值得一提的是,恒瑞医药还将具有自主知识产权的抗肿瘤药PD-1单抗SHR1210向美国公司进行专利许可,并将获得2 500万美元的首付款、总计7.7亿美元的里程碑付款,以及海外上市后的销售提成。该药品上市后将为全球肿瘤患者提供新的治疗手段,同时也将进一步提升恒瑞医药的国际影响力，打造"中国创造"的品牌。

【资料来源】 恒瑞医药：依靠创新一路高歌. 中国知识产权报. 2017-06-21.

追求公司或企业的高速成长，是各公司或企业所要达到的目的。公司可以通过采用不同的战略来实现这一目的。成长战略可以使公司在销售额、资产、利润的一个方面获得增长。有3类基本的公司成长战略：密集型成长战略（集约型战略）、一体化战略、多元化战略。这些战略可以通过投资于新产品开发在内部实现，也可以通过合并、并购、战略联盟等手段在外部实现。

# 8.1 密集型成长战略

## 8.1.1 密集型战略的概念和性质

企业成长方向的战略中，密集型成长战略（也称为集约型战略）是主要战略之一。密集型战略是指企业在原有生产范围内充分利用在产品和市场方面的潜力来求得成长发展，也可称作集约型成长。

## 8.1.2 密集型战略的形式

1. 市场渗透

所谓市场渗透，是指企业生产的原有产品在原来市场上进一步渗透，增加销售量。可以通过如下方式进行。

① 尽量使原有顾客增加购买的数量，可以通过增设销售网点，赠送礼品等方式。例如，美国宝洁公司劝服人们在用海飞丝洗发精时使用两份，其效果比使用一份要好。

② 与对手竞争，夺走其拥有的顾客，这就要求自己的产品质量要出众，价格更便宜，服务更周到，以及广告做得更好等。

③ 尽量获得更多的潜在的新用户，可以采取送样促销活动，使他们对购买产品的兴趣大大提升。例如，香水制造商以此种方法说服不使用香水的妇女使用香水。

尽管市场渗透可能会使企业获得增加市场份额的机会，但是否应用这一战略不仅取决于企业的相对竞争地位，而且取决于市场的特性。

一般地，当某种产品的整体市场在增大时，不但占有领先地位的企业可以增加其市场份额，而且那些拥有少量市场份额及那些刚刚进入市场的企业也比较容易扩大它们的销售。例如，前几年由于基本建设规模急剧扩大，对钢材和电力的要求迅速增加，所以不仅大型钢铁企业和发电厂生意兴隆，利润丰厚，而且那些小型钢铁厂也迅速扩大了生产规模和销量，同时还出现了很多小型火力发电厂。

但是必须注意的是，如果市场是处于稳定和下降的情况下，市场渗透很难实现。这是因为市场的需求已趋于饱和，基本上已经没有潜在顾客可以争取。在这种情况下，占有少量市场份额的企业也很难再扩大它们的市场份额，因为市场领先者的成本结构或品牌效应会阻止这些企业的进一步渗透。当然，这并不意味着占有少量市场份额的企业绝对没有市场渗透的机会，当某一细分市场容量过小，对领先者已完全无利可图，或者领先者疏于防守时，它们就可以通过这一细分市场向更广的市场进行渗透。如前所述，这正是一些日本公司在全球市场竞争时常常采取的战略。

**小资料**

## 向三、四级市场渗透

"灾年"对于空调市场的强势企业未尝不是个机会。2006年，曾断绝与国美合作的格力空调业绩的增长就令业界震惊：内销增长近1/5，出口增长8成。除格力外，海尔、美的等也在逆境中有所增长。

大品牌的增长是去年调整战略的结果。空调企业深知行业竞争已进入战略相持阶段，即不能再通过主动掀起价格战来赢得优势，而是要通过对企业的内部管理与外部市场精耕细作来获得竞争力。从去年开始，美的、格力、志高等都纷纷宣布将业务向三、四级市场渗透，并积极自建渠道。海尔、格力、志高还掀起服务竞争的态势。更值得一提的是，海尔等一级品牌积极推出高端产品，与国外品牌的高端产品平分秋色，奠定了2006冷冻年一级品牌继续雄踞市场的坚实基础。

在相当长的一段时期内，空调企业肯定要继续处于战略相持阶段。作为耗能大户，在能源日益紧张的今天，空调企业的日子肯定不好过。特别是随着国家调控房地产力度的加大，空调市场的增长肯定还会受到影响。因此，空调企业练好"内功"比什么都重要。

【资料来源】万维家电网. 2006-09-12.

### 2. 市场开发

市场开发是指用原来的已有产品去开发新市场，当这种老产品在原来的市场上已不可能进一步渗透，或者新市场的发展潜力更大，或者新市场的竞争相对不是很激烈时，企业都可以考虑采用市场开发战略。美国娇生产品公司的婴儿洗发精，原来只是用于婴儿，但随着美国出生率的下降，该公司决定将这一产品推向成年人市场，并开展了颇有声势的广告促销活动，结果在短时期内，该公司的婴儿洗发精成为整个洗发精市场的领先品牌。类似地，杭州娃哈哈集团生产的口服营养液，最初是针对儿童市场的，后来通过中央电视台的广告，逐渐推广到老年人市场。

市场开发也可以将现有产品进行某些改变（主要是外观上的改变）后，经过其他类型的分销渠道、不同的广告或其他媒介，销售给相关市场用户的过程，即在新市场上销售现有产品。杜邦公司是通过为产品开发新用途而实现市场开发的典型例子。例如，该公司生产的尼龙最初是作为降落伞的原料，后来又作为妇女丝袜的原料，再后又作为男女衬衣的主要原料。每一种新用途都使该产品进入新的生命周期，从而延长了产品的寿命，并为杜邦公司带来了源源不断的利润。

市场开发战略的成功主要取决于企业分销系统的潜力和企业在资源上对建立和完善分销系统，或提高分销系统革命的支持能量。市场开发的主要途径有以下两种：

（1）增加不同地区的市场数量

这可以通过在一个地区内的不同地点，或在国内不同地区，或在国际市场上的业务扩展来实现。企业在增加不同地区的市场数量时需要同时考虑到对跨地区市场的管理方式，例如是对全部地区市场进行统一管理，还是对不同地区制定不同的政策。由此可见，地区扩张的同时引出了管理组织变革的要求。

(2) 进入其他细分市场

如对产品略作调整以适应其他细分市场的需要；利用其他分销渠道；采用其他宣传媒介等。例如，食品生产厂对原有产品的生产和包装工艺进行相应调整，在保持原有专业食品店这一分销渠道外，增加了为超市生产的业务。又例如，摩托车制造商在对产品功能略作改进后，将摩托车出售给牧民作为放牧工具等都是实施市场开发战略的例子。进入其他细分市场本身要求企业具备对产品进行适度技术或功能改变的能力。

能否采取市场开发战略来获得增长，不仅与所涉及的市场特征有关，而且与产品的技术特性有关。在资本密集型行业，企业往往有专业化程度很高的固定资产和有关的服务技术，但这些资产和技术很难用来转产其他产品，在这种情况下公司有特色的核心能力主要来源于产品，而不是市场。因而不断地通过市场开发来挖掘产品的潜力就是公司首选的方案。一些拥有技术诀窍和特殊生产配方的企业也比较适合采用市场开发战略，如可口可乐、百事可乐、肯德基等。

### 小资料

随着生活水平的提高和工作节奏的加快，消费者对自身的健康日益关注，这给保健品行业带来了巨大的商机。我国保健品市场产品质量不断提高，新产品不断涌现，促进了销售的增长。近20年来，我国城乡保健品消费支出的增长速度为15%~30%，远远高出发达国家13%的增长率。业内人士表示，天然生物的昆虫、海洋生物、中草药将是开发的几个热点。

保健品消费水平与居民可支配收入具有很强相关性。目前中国城乡平均恩格尔系数分别为52.9%和56.8%，处于温饱向小康的过渡阶段，这一阶段也是保健品风行的时候。从人口学的统计数据来看，中国在逐步走入老龄化社会，人们的保健意识不断增强，对保健品的需求也将进一步扩大。据著名经济分析机构赛迪顾问预测，保健品市场规模将由2004年的340亿元增长到2009年的683.8亿元，年均复合增长率达到15.24%，中国将会成为世界保健品增长最快的市场。

保健品不同于药品，它的基本属性是食品。两者的主要区别是前者更注意安全性，后者则以治疗为目的。我国保健食品的含义也明确地表明，它是具有特定保健功能的食品，不以治疗为目的，但具有调节身体机体功能。正是这一特性，让保健品在中国有了广阔的市场。

电视上铺天盖地的是保健品的广告，以至于今天几乎没有人不知道"今年流行送健康"。是啊，随着社会的发展，人们的日子越过越好，谁不希望健健康康地长命百岁？送"健康"给人，既比送钱显得客气，又表现了对收礼人最热切的关心。而且既然不是药，就算疗效不明显，也吃不死人。另外，中国人有句老话，"是药三分毒"，能够不吃药，而通过食疗化解痼疾是很多人的期望。据业内人士预测，依仗中国上下五千年的文明历史，传承了几代中医智慧的天然产品在今后的保健市场中一定还会有更大的作为。

【资料来源】 中国药学会，www.cpha.org.cn/html/content/add6/scts_scgc_80.htm.

### 3. 产品开发

产品开发是指对现有产品进行较大幅度的调整，或生产与现有产品相关的、能经现有渠道推销给现有用户的新产品活动。制定产品发展战略的目标或是延长现有产品的生命周期，或是充分利用现有产品的声誉及商标，以吸引对现有产品有好感的用户对新产品的关注。总之，是在现有市场上出售新产品。

产品开发战略的实现途径包括以下3个方面。

（1）立新产品特征

这可以通过以下几个方面来实现：

① 为现有产品增加新的功能或特性；

② 改变现有产品的物理特征，如色彩、形状、气味、速度；

③ 改变产品结构、部件及组合方式。

例如对剃须刀头、剃须刀功能进行调整，就形成安全剃须刀和女式剃须刀等新产品系列，而剃须刀的基本使用和制造原理都没有变化。又如保健茶、减肥茶、美容茶等都是在茶叶中添加了某些中药后形成的产品特征。

（2）形成产品的质量差别

可以通过对同名服务区分质量等级，因而形成质量—价格组合的方式实现。例如，在原有服务项目之外推出豪华型服务和大众型服务，对产品形成高档产品和中档产品等。

（3）开发新产品

例如，开发新的车型，增加产品功能或是形成产品功能系列，将具有互补功能的产品组合为一个整体产品等都属于产品开发的范畴。采用产品发展战略要求企业具备较强的设计开发工艺能力，并具备足够的财务支持能力和风险承受能力。为了使更新的产品及新产品能顺利地商品化，还需要企业现有的分销系统具备足够的调整和扩展能力。

---

**小资料**

开发方便面新品种，已成为方便面行业急需解决的问题，成为方便面新产品开发的主要目标。新产品的开发一般围绕改变风味、食用方便、营养保健、调解人体功能来进行，国内外发展较新的花色品种，以改善风味为主要目标。除传统鸡蛋方便面外，还以果蔬营养汁为辅料的产品，营养汁包括番茄汁、胡萝卜汁、芹菜汁、菠菜汁、山楂汁、橘子汁、西瓜汁等果蔬汁注解，以及食用菌鲜菇如平菇等菇汁。营养汁添加一般为面粉的5%～10%，以食用方便为主要目标。速食煮面：开袋即可食用，加入调味料可制成凉拌面，加入热水一分钟即可成为热汤。冷冻熟面：在不使用任何添加剂的情况下，具有良好的贮藏性，如果与汤料等组合在一起，就能组成"套面"，以改善保健功能为主要目标，添加五谷杂粮等自然食品，有荞麦方便面、玉米方便面、黑色方便面、药膳方便面有银杏方便面、螺旋藻方便面。

---

## 8.1.3 创新战略

创新意味着不断向市场提供全新或经过较大改进的产品，成为市场的领先者。目前在许多产业中，企业不进行创新已无法生存下去。创新也是企业适应用户心理的手段，用户和市场都已经习惯于产品的定期变化。那些以创新为其战略基础的企业总是抢先于竞争对手向市场引进创新产品。一旦用户接受了新产品或经过较大改良的产品，企业便可以获得很高的初始利润。随着竞争对手的跟随进入，他们便转而进行新的创新。创新也是小企业战胜大企业的有效手段，小企业因为机制灵活，更具备创业精神等特征，因而更具有内在的创新动力。需要注意的是，虽然创新和产品发展都关系到产品改造和产品生命周期，但产品发展是改造或延长某种已有产品的生命周期，而创新则是创造出一个全新的产品生命周期。

以保健口服液为例，一些企业最早开发出的是蜂王浆。随着顾客服用次数的增加及其疗效的下降，一些企业进一步生产出人参蜂王浆。后来考虑到用户对使用我国人参的顾虑，这些企业又开发了西洋参蜂王浆。再后来是脑黄金、金灵鱼和中华鳖精等。这些产品有的直接针对老顾客的，有的考虑到新的细分市场的要求而设计的，另有一些则可能同时照顾了两个市场。

### 8.1.4 密集型战略退出和巩固

前面重点讨论了企业在原有生产范围内如何成长和发展的问题，采取以上战略的基本前提是企业仍有较大的发展空间。但实际上，许多企业由于各种各样的原因不得不考虑相反的问题，即退出现有市场或巩固现有市场的问题。在以下一些情况下，企业可能主动或被迫采取退出和巩固战略。

（1）当市场对某种产品的需求严重下降

企业的产品或资产的价值实际上已大幅降低时，企业可能要果断地放弃这些产品。这对那些做投机买卖，如能源、金属、土地或房地产等的企业来说尤其重要。

（2）当全球经济和国内宏观经济严重衰退，银根紧缩

企业的制造成本和销售成本均面临通货膨胀压力，短期内难以消除危机的情况下，企业需要考虑采取退出部分市场或放弃部分产品的战略。

（3）大型企业或分散化在适当时机出售子公司

大型企业或分散化的企业常常有很多子公司，有些子公司是企业在大规模扩张过程中为了获得财务上的好处而收购来的，它们的产品和技术与企业的主导产品或核心技术并没有太多的联系，在这种情况下，企业在适当时机可以考虑再将这些子公司出售。

（4）当企业的经营状况不断变坏时

在一些情况下，当企业的经营状况不断变坏时，企业有必要从一些活动中退出，以积累和保存资金，减少损失。这可以看作为企业整体巩固和成长战略的一部分。

（5）退出的一种极端形式就是清理

所谓清理，是指企业由于无力偿还债务，不得不通过出售或转让企业的全部资产来偿还债务。清理分自动清理与强制清理，前者一般由股东决定，后者由法庭作出裁决。清理战略是所有战略中最为痛苦的选择，对于单一品种经营的企业，它意味着企业寿命的终结；对于多种经营的企业，它意味着要关闭一定数量的工厂和解雇一部分员工。通常情况下，这是所有其他战略均不奏效时采用的一个战略。

（6）巩固战略是一种无增长战略

其目的在于保持企业已有的竞争地位。处于行业领先地位的企业和其他地位的企业都可

能采取这一战略,前者是为了维持其在行业中的高利润,后者可能因为自己的实力有限,难以扩大市场份额,或面临新进入者的威胁,但目前的市场地位使它们能获得很大的利润,因此,它们愿意花一定的代价来巩固这种地位。传统上,很多企业通过增加营销费用来巩固它们在市场中的地位,但近年的研究发现,这并不是巩固市场地位和改善经营状况的好方法。对那些市场份额较低的公司,过多的营销支出会降低投资收益率。同样,通过资本投资来提高劳动生产率以达到巩固市场地位的传统方法,在很多情况下并不奏效。有证据表明,增加资本密集度可能会降低投资回报率,这对那些市场地位较弱的企业尤其正确。但是,那些在市场中已有很强或处于领先地位的企业,可以通过提高资本密集度来改善经营绩效。因为这些企业不可能遇到激烈的价格竞争,并且能够通过增加投资来减少设计成本和生产成本。

**小资料**

集约化战略在联合利华得到了充分体现:一是企业集约化,1999年,把14个独立的合资企业合并为4个由联合利华控股的公司,使经营成本下降了20%,外籍管理人员减少了3/4;二是产品集约化,果断退出非主营业务,专攻家庭及个人护理用品、食品及饮料和冰淇淋3大优势系列,取得了重大成功;三是品牌集约化,虽然拥有2 000多个品牌,但在中国推广不到20个,都是一线品牌;四是厂址集约化,5—8月,通过调整、合并,减少了3个生产地址,节约了30%的运行费用。

这次将食品零售营销网络转包,可以说是营销环节集约化。实现营销环节集约化,把自己不特别擅长的零售营销转包出去,从而专心制订战略计划、管理主要客户及分销商,有利于迅速提高市场占有率和知名度,实现在华投资的战略目标。向第三方转包零售营销网络是集约化战略的又一重大创新。

我国的企业不但要与著名的跨国公司竞争,更要自觉地向他们学习。联合利华的集约化战略就很值得我国的企业学习。集约化是经营智慧的突出体现。企业无论大小强弱,能力、财力和精力都是有限的,在经济全球化和竞争激烈化的形势下,为了向客户提供值价比(即价值与价格之比)较高的产品或服务,必须在各个方面善于集中,善于争取和发展相对优势,在任何时候都不要拉长战线、分散资源,不要搞无原则的多元化,更不要盲目进入非擅长的领域。

## 8.2 一体化战略

### 8.2.1 一体化战略的概念与性质

**小资料**

英国著名的研究管理思维的大师——德·波诺,说了这样一段话:美国企业界存在的一个很大的问题是,当他们遇到麻烦时只会按照原方向加倍努力。这正像挖金子一样,当你挖下20英尺但还没有发现金子时,你的战略会是再挖2倍的深度。但是,如果金子是在距你横向 20 英尺处，那么，不论你挖多久也永远找不到金子。

尽管英国人总是喜欢挖苦美国人财大气粗、短视和没有头脑，德·波诺的评论却并不是没有一点道理。

---

一体化战略就其本质而言，就是一个方向性的选择问题，是向下、向上、向旁发展的问题。

1. 一体化战略的概念

从外部形式上看，人们经常将一体化战略简单地认为是联合化，就是把两个或两个以上的原来并不相联系的企业联合起来，形成一个经济组织。这种统一的经济组织可以称之为联合企业或工业中心。但是需要指出的是，一体化并不是企业之间的简单联合，这些企业在生产过程或市场上应该有一定的联系。一体化有不同的几种定义，但无论哪一种，都无法将其内容全部包括进去。概括地讲，全球范围内公司一体化的形成，主要是从 R&D 到生产再到销售的整个价值增值链的各个环节，被按照最有利的区域布局安排在世界各地，使全球范围的国际分工越来越多地转化为企业内部的分工。还有一些相关企业的战略联盟，这也大大扩大了企业（公司）一体化的外延。企业一体化可以充分利用企业内外的信息技术、资源、管理等资源，形成自己的竞争优势。

2. 一体化战略的性质

当前的全球化所达到的经济一体化，表现在很多方面，卷入这一过程的国家、地区更多，更广泛，是真正意义上的全球化。它所涉及的领域更多、更深入，层次更高。尤其重要的是，企业的一体化过程，跨国公司的发展所达到的程度是空前的。公司一体化的概念所概括的就是这一过程。企业的国际化、一体化的这种趋势，已经使世界市场的格局发生了重大变化。真正像微观经济学中所描绘的那种纯净的市场机制所涵盖的交易的范围越来越小。世界市场已经由跨国公司这一只只"看得见的手"给组织起来了，变成了一个有机联系的整体。于是一种真正意义上的一体化出现了，它的价值增值链占据了世界各地最有利的区位，所以在它身上体现的是一种全球的集合优势，而不单纯是某一个国家或地区的区位优势。

## 8.2.2 一体化战略的类型

1. 纵向一体化（垂直一体化）

从获取原材料开始到最终产品的销售和分配过程，称为纵向链条，或垂直链条。纵向链条中的活动，包括与加工和分配输入品和输出品直接相关的加工和处理活动，以及专业性的支持活动，如会计、财务、信息系统、战略规划等。任何产品和服务的生产，通常都需要包括组成纵向链条的许多活动。商业战略的一个中心问题就是如何组织纵向链条，也就是要确定纵向链条中哪些活动由自己完成，哪些活动交给独立厂家完成。纵向一体化战略是企业经营在业务链上的延伸。增长可以通过纵向成长获得，就是替代以前由供应商或分销商承担的功能。这样做是为了降低成本，控制稀缺资源，保证关键投入的质量或者获取新客户。对那些在高吸引力的产业中处于强势竞争地位的公司或事业部来说，这是顺理成章的战略。纵向成长导致纵向一体化。纵向一体化指企业向原生产活动的上游和下游生产阶段扩展。现实中,多数大型企业均有一定程度的纵向一体化。该类扩张使企业通过内部的组织和交易方式将不同生产阶段联结起来,以实现交易内部化。

1) 后向一体化和前向一体化

纵向一体化包括后向一体化和前向一体化。公司在产业价值链上多处经营,该价值链涵盖原材料提取、制造直至零售。更具体地说,如果被替代的功能以前是由供应商承担的,就称为后向一体化,是指企业介入原供应商的生产活动;如果被替代的功能以前是由分销商承担的,就称为前向一体化,是指企业控制其原属客户公司的生产经营活动。如化学工业公司可向石油冶炼、采油方向扩展,以实现后向一体化;也可向塑料制品、人造纤维等方向扩展,以实现其前向一体化。通过后向一体化,公司可以使资源采购成本和低效率运营最小化,同时更好地控制质量,从而维持与提高竞争地位。通过前向一体化,公司可以控制分销渠道。实际上,公司是基于自己的独特能力获得更大竞争优势。虽然后向一体化通常比前向一体化更可能赢利,但是它有可能会降低公司的战略灵活性。由于拥有那些难以出售的昂贵资产,给公司带来退出壁垒,不能随意离开已进入的产业。例如,通用汽车在汽车销量下降之后,只有求助于外部零部件供应商来使用闲置的工厂和工人。图 8-1 大致描述了制造业公司纵向一体化的可扩展部门。

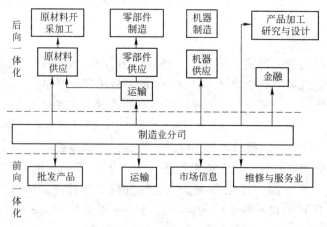

图 8-1 公司纵向一体化扩展

纵向一体化是公司增长到一定阶段的主要扩张战略。据班诺克观点,公司通过横向一体化打败竞争对手,达到市场多头垄断地位后,便会进入纵向一体化扩张,以占领其供应和市场领域。一旦公司在一个生产部门占领重要地位之后,向多种部门扩张便成为其唯一的增长战略。

2) 全面一体化、锥型一体化、无形一体化、外包

根据纵向一体化的程度,可以分为:全面一体化、锥型一体化、无形一体化和外包。

(1) 全面一体化

全面一体化是,公司承租 100%的关键供应和分销。全面一体化既有前向一体化又包括后向一体化,生产企业与其前向的销售企业联合,促进产品的销售,又与后向的原料或零部件供应商联合,保证其原料或零部件的供应。比如:啤酒厂先将其上端供应啤酒瓶的玻璃厂,以及供应小麦的粮食公司纳入其中,以确保其在酒瓶上和原材料的低成本优势,再将其下端的酒水经销公司纳入其体系当中,使其销售量增加。

### (2) 锥型一体化

锥型一体化是保证公司内部生产不到一半的供应。这种形式的一体化不是一种非常完整的一体化，公司中原材料的供应，不是完全由后向的企业完成，而是一部分由后向企业完成。比如，电视机生产商，其各部分零部件都需要后向的公司供应，如各种插头、电子部件、显像管等，电视机生产商可以将其中一部分供应商纳入其企业之下，而不是所有的供应商。

### (3) 无形一体化

无形一体化是指公司通过与其他公司达成长期合同实现关键供应和分销。由多个具有独立市场利益的企业集团通过达成长期合同生成的一种（类）相对稳定的或者临时性的产品生产、营销和服务的分工协作关系，是一种无形的、虚拟的一体化结构。无形一体化的精髓是企业集团将集中于保证其关键性的后向供应和前向经销，从而最大限度地提高竞争能力。但应当注意的是，必须维护企业及其品牌形象，保持竞争优势，还必须关注产品质量、成本及产品生命周期等其他方面的平衡。

### (4) 外包

外包是通过采用长期合同来降低内部管理费用，现在越来越受到欢迎。大公司这样做可以降低纵向一体化程度，从而降低成本，使公司更具竞争力。业务外包是近十年来随着计算机与互联网在商业上的广泛应用，在欧美企业中十分流行的一种经营方式。所谓"外包"，是指企业在竞争日趋激烈，商情稍纵即逝的市场情况下，通过签订契约，把过去由企业自己生产的产品或提供的服务，转给擅长于该项工作的专业企业生产，将自身解放出来以更专注于核心业务的发展，自己只经营本企业的核心业务，从而达到提升企业核心竞争力的目的。外包服务正成为世界商业发展的新趋势。其种类有数据中心外包、网络外包、应用开发与维护外包、业务外包，发展到更高的规模还有全方位的外包等。

**小资料**

全球制药老大辉瑞公司日前宣布，该公司准备把外包业务的份额翻倍，从原来15%的生产业务外包变为30%。业务外包模式近年来已经成为跨国企业节约成本的首选，从而带来的数百亿美元的业务额也将给中国相关企业带来新的发展机遇。

据了解，辉瑞此次的行动是为了降低成本。"我们准备把30%的生产业务外包出去，其中大部分将外包给亚洲公司。"辉瑞全球研发事业单位负责人麦凯近日在香港召开的投资者会议上披露。而外界普遍认为，在这项生产外包计划中，中国被视为最重要的国家之一。

其实与辉瑞类似，其他很多跨国企业也纷纷将外包任务转向了中国。比如阿斯利康于2007年1月在中国成立采购中心，主要负责阿斯利康在中国的供应商供货协调工作。其全球生产运营执行副总裁大卫·史密斯日前在接受本报记者专访时透露，以前阿斯利康的原料药业务85%由自己完成，只有15%是外部买入。而在未来3~5年，阿斯利康将把所有的原料药业务外包出去。近年来中国的研发水平和生产质量大幅提高，因为物美价廉，因此中国将是阿斯利康重点发展的一个购买地。中国采购中心的目标是到2010年采购额达1亿美元。史密斯表示，尽管这个数字与阿斯利康全球90亿美元的采购额相比还很小，"但是毫无疑问在中国的采购将迅速发展"。而礼来公司早在2002年就与本土企业上海开拓者化学研究管理公司合作，目前开拓者化学研究管理公司已成为中国最大的承包研究实验室之一，为礼来公司提供独家的化合物合成服务。

【资料来源】 中国食品商务网，2007-12-06.

2. 横向一体化（水平一体化）

横向一体化指企业现有生产活动的扩展并由此导致现有产品市场份额的扩大。该类增长可以从3个方向进行：

① 扩大原有产品的生产和销售；

② 向与原产品有关的功能或技术方向扩展；

③ 与上述两个方向有关的向国际市场扩展或向新的客户类别扩展。

通过横向一体化，可以带来企业同类生产规模的扩大，实现规模经济。由于该类增长与原有生产活动有关，比起其他类型增长更易于实现，故一般来说，企业早期的增长多以此为主，且实现的方式以内部增长为主。据对美国1895—1972年的公司增长战略分析，1895年至20世纪初的公司增长主要以横向一体化为主。我国工业企业的增长在相当长的时期内也以横向一体化为主，20世纪80年代以来，其他形式的扩张才较多出现。

### 8.2.3 一体化战略的理论基础

1. 市场内在化原理

市场内在化原理是指在可能的情况下，企业有将外部市场活动内部化的冲动。这是因为，对绝大部分企业而言，它们在外部市场活动中并不总能占据支配性地位，由此造成企业投入物和产出物很难在较长的时期中保持数量、价格及交货时间等方面的稳定，影响到企业发展的稳定性。这种经营的不稳定性形成了企业经营的附加成本和风险。如果企业能通过实施纵向一体化战略，使原来受制于其他企业的前后向业务活动成为企业能够进行有效控制的内部业务，则企业生产经营中所受到的环境和风险就能有所减少，经营成本也会降低。

2. 设施的不可分原理

设施的不可分原理是建立在设施基本产出规模和规模经济性原理的基础上的。企业的每一样固定设施都有一个最低的产出规模，当企业的产出规模小于固定设施的最低产出规模时，设施的利用效率就低（如果产出物的市场价值能补偿其投入物的市场价值），甚至出现负效率状态（如果产出物的市场价值不能补偿其投入物的市场价值）。即使是在经济景气的年代，单个企业也无法承受长期的设施利用低效率和负效率状态。为了提高固定设施的利用率，很多企业不得不选择产出规模较低的设施，使设施的产出与企业现有的市场占有率相一致。这种做法的实质是放弃企业利用新技术和扩展市场的机会，同时也放弃了规模经济性。通过横向一体化战略的实施，企业的产出规模得以扩大，因而能充分利用固定设施的产出能力，或使用效率更高的设施。与此同时，企业的利润余量会因为成本结构的改变而扩大，使企业的市场竞争能力相应增强。

### 3. 协同效应原理

协同效应原理，是指当企业能将不同业务单位的某些共同职能活动集中起来，就能使用较少的投入资源完成同样的、甚至更多的业务量，而且取得较好的协调和沟通。采用一体化战略所产生的协同效应表现得格外明显。采用横向一体化战略对企业的业务种类没有任何改变，而原来两个或两个以上企业的同类业务活动甚至可以不需要调整就实现集中。采用纵向一体化战略时，同类业务在不同企业虽然有差别，但它们之间又有一定的联系，当不同企业类别业务之间的联系较大时，集中这些业务活动就会产生协同效应。当然，在纵向一体化情况下集中这些业务活动，会需要对这些业务活动的运行及其相应的组织结构进行一定的调整。

---

**小资料**

通用电气的各项业务之间，可以实现技术、设计、薪酬和员工评估机制、生产制度、客户信息和地区信息的共享。汽轮机可以和飞机发动机共享生产技术；汽车发动机与运输系统部门共同研制新的推进系统；照明部和医疗器械部门能够携手改进 X 光电管；而通用电气资本运作部门则能通过新的金融工具，为我们全球各地的业务提供服务。为所有这一切提供支持的是我们的管理机制，它促进了这样的共享、团队精神和我们的企业文化；而我们的企业文化又反过来使得管理机制在公司的每一个角落、每一个层次更加自然，更加灵活。

——杰克·韦尔奇（致股东的信，通用电气公司，1993 年年度报告）

【资料来源】格兰特. 公司战略管理. 胡挺，张海峰，译. 北京：光明日报出版社，2001.

---

### 4. 比较优势原理

将比较优势原理运用于一体化战略，是指在现有的企业中，总有一些企业的经营效益比较高，也总有一些企业的经营效益比较低。特别是存在经济的地区割据力量时，如不同地区政府（或部门）工作业绩的评价以地区（部门）经济自己自足的能力为主要标准，在地区（部门）间缺少资源经济性流动的渠道等，即市场功能不完整时，就会出现人为鼓励低效益企业存在的情况。在客观上已经存在多年经济地区分割和部门分割历史的我国，认识比较优势原理，同时趁当前企业改革正处于资产重组阶段的时机，通过一体化战略实现跨地区和跨部门企业资产的重组，不但能实现局部资源的有效利用，消除资源浪费现象，还能实现经济整体资源利用的高效率。

我国绝大部分的企业处于小规模经营状态，没能利用大规模经营的成本效益，即使是我国还存在不少经营不善的企业和由于环境的变化没有继续存在下去的理由和意愿的企业；同时，我国也存在相当一部分或由于较早地实现了内部管理机制的改变，或是侥幸地进入了一些有利发展的行业，或获得了某种垄断性经营的特许，而具备了内外部生存条件和发展前景的企业。采用一体化战略，这些有发展前景的企业就可以通过收购或合并的方式，在较短的时间内，以较少的追加资源扩大经营规模。如果收购和合并的对象是那些原本就无法再继续下去的企业，则收购和合并活动不但对个别企业有利，而且对社会也是有利的。

## 8.2.4 一体化战略的适用情况

#### 1. 适合采用前向一体化战略的情况

① 企业现在利用的销售商或成本高昂，或不可靠，或不能满足企业的销售需要。

② 现在利用的经销商或零售商有较高的利润，这意味着通过前向一体化，企业可以在销售自己的产品中获得高利润，并可以为自己的产品制定更具竞争力的价格。

③ 通过自己建立网站开展网上直销，可以降低交易成本，提高交易效率，增加交易机会。

④ 可利用的高质量销售商数量很有限，采取前向一体化的公司将获得竞争优势。

⑤ 企业参与竞争的产业明显快速增长或预计将快速增长，企业具备销售自己产品所需要的资金和人力资源。

⑥ 当稳定的生产对企业十分重要时，通过前向一体化，企业可以更好地预见对自己产品的需求，从而进行稳定的生产。

2. 适合采用后向一体化战略的情况

① 公司处在其供应商客户优先秩序的下端，很可能会每一次都得等待供应商的送货。

② 企业当前的供应商或成本很高，或不可靠，或不能满足企业对零件、部件、组装件或原材料的需求。

③ 企业所需的原材料量很大，足以获得供应商所拥有的规模经济，而且在不降低质量的前提下可以赶上或者超过供应商的生产效率。

④ 供应商数量少而需求方竞争者数量多。

⑤ 企业所参与竞争的产业正在迅速发展。

⑥ 企业具备自己生产原材料所需要的资金和人力资源。

⑦ 价格的稳定性至关重要，这是由于通过后向一体化，企业可稳定其原材料的成本，从而稳定其产品的价格。

⑧ 供应商利润丰富，这意味着它所经营的领域属于十分值得进入的产业。

⑨ 企业需要尽快地获得所需资源。

⑩ 由供应商供应的产品是一个主要的成本零配件，具有相当可观的利润率，且进行后向整合所需要的技术很容易掌握。

3. 适合采用水平一体化战略的一些情况

① 在不会被联邦政府指控为很大的削弱竞争倾向的前提下，企业可以在特定地区获得一定程度的垄断。

② 规模的扩大可以提供很大竞争优势。

③ 企业具有成功管理更大的组织所需要的资金和人才。

④ 市场经济日益发达，生产出现结构性过剩。

⑤ 需改变规模小、产地多、成本高、资源浪费严重、项目重复建设等现象。

## 8.3 多元化战略

Stigler 有一个著名的投资理论："不要把所有鸡蛋都放在同一篮子里"，即可通过投资多元化来分散风险，达到"东方不亮西方亮"的目的。

## 8.3.1 多元化战略的含义

在企业的发展过程中，总会碰到这样或那样的、看似非常令人激动的发展机会。其中有些机会与企业目前的经营领域相一致或相接近，而另一些机会则与企业目前的业务领域相去甚远。企业是否要抓住这些机会，或者企业在发展过程中是否应当积极地寻找这样的机会以求得企业的发展？关于这些问题的思考和行动，就是多样化经营战略问题。

为了避免将所有的鸡蛋放在一个篮子里，企业可以采用多样化经营战略，即同时经营不同的业务。这样，当某项业务的市场经营出现问题，导致营业收入和利润下降时，企业的其他业务可能仍然比较兴旺。从整体上来看，企业仍可盈利，不至于使整个企业陷入困境。

多样化战略是指一个企业的经营业务已经超出一个行业的范围，从而在多个行业中谋求企业的发展。按照安索夫的定义，多样化战略是企业在新的产品领域和新的市场领域形成发展的态势，即企业同时增加新产品种类和增加新市场的战略。企业实施这种战略，往往是期望抓住产品，市场上的多种机遇从而长期地保持增长态势，并追求最大的经济效益。

一般有同心（相关）多元化，离心（不相关）多元化，联合相关-不相关多元化战略等战略。

多元化战略的含义主要从以下几个方面来把握：

① 多元化实施主体问题，即谁进行了多元化；
② 多元化不是产品的细分化，而是跨产业的行为；
③ 多元化是企业在不同产业中寻求发展的产业组合战略。

## 8.3.2 多元化战略的动因

1. 外部诱因

1) 市场容量有限性

当企业的原有产品处于其生命周期的衰退期时，原有产品由于需求停滞而无法满足企业发展的要求，企业必须寻求需求增长快的新产品和新市场，从而开展多样化经营。

2) 市场集中度的提高

这里说的集中程度是一个卖方结构指标。计算这个指标时，将企业按规模大小顺序排列，然后合计几个主要企业占行业总体的百分比。集中程度越高时，产品由少数卖方企业控制。在集中程度高的行业中，企业要想得到更高的增长率，一般是用降低价格、扩大供应能力、支付高额广告费等方法蚕食对手企业的市场占有率，但用这些方法既增加费用又有风险。因此，在集中程度高的行业中，企业想追求较高的增长率和收益率，只有进入本企业以外的新产品、新市场。企业所在行业的集中程度越高，越能诱发企业从事多样化经营。

3) 市场需求的多样性和不确定性

由于市场需求的不确定性，企业经营单一产品或服务便会面临着很大的风险，其增长率和收益率会为该产品的需求动向所左右。假如该产品的需求动向有很大的不确定性，企业为了分散风险，便要开发其他产品，从事多样化经营。即使原来已从事多样化经营的企业，当原有产品市场需求有很大风险时，为了分散风险，也将积极开展多样化经营。

4) 政府法规的影响

政府法规对企业的多样化经营有重要的影响，它们是企业多样化经营的外部推动因素。这其中，反垄断法和税法的影响最为明显。下面以美国的案例予以说明。

20世纪60年代到70年代，美国政府为了鼓励竞争，防止个别企业通过垂直一体化和横向一体化获得过大的市场力量，对企业的相关多样化并购进行严格的控制。结果，在此期间发生的并购案所涉及的大都是非相关业务并购。例如，在1973—1977年期间，所有并购案例中的79.1%都是非相关多样化的。进入80年代，面对日本等新兴工业化国家的竞争压力和经济全球化的浪潮，美国政府放宽了对同行业竞争者并购的监管，投资银行家也为此推波助澜。结果，恶意接管膨胀。在60年代和70年代是高度不相关多样化经营的企业，到80年代又纷纷通过重组实行"集中化经营"。税法对多样化经营的影响不仅包括个人税的影响，也包括公司税的影响。一些公司（特别是成熟的公司）拥有大量的超过利润再投资后的现金。这些"自由现金流"（就是从经济的角度看，在目前的企业中投资不再可行的液态金融资产）应该以红利的形式再分配给股东。然而在60年代和70年代，红利税要比普通的个人所得税要高得多。结果，股东更愿意公司留有这些资金用于购买和新建业务前景好的公司。如果经过一段时期后股票升值了，股东可以从这些资金中收到比红利更好的回报。然而在1986年，美国最高的个人所得税税率从50%降到28%，而且特殊的资本利得税也发生了变化，资本利得被看作是普通收入。这些变化预示着股东不必再为了多样化经营的目的鼓励公司保留资金。这些税法的变化使1984年以后很多企业开始剥离不相关业务。一般来说，并购增加了公司固定资产折旧的抵扣，增加的折旧（非现金流费用）降低了应纳税收入。这种公司税也是多样化并购的一个推动因素。

2. 企业内部诱因

(1) 充分利用剩余资源

企业在日常经营活动中常常积累有未能充分利用的资源，企业可以通过多样化经营来充分利用富余的资源，以提高企业的经济效益。

(2) 目标差距诱因

企业制定有关增长率、收益率目标，并根据这些目标的实际完成情况决定下一阶段的行动方针。当实际完成情况低于原定目标而产生目标差距时，往往不得不用多样化经营来弥补，以实现预期目标。一般来说，目标差距越大，企业从事多样化经营的可能性越大。

3. 其他

1) 为企业的低效益寻找新的生长点

很多情况是，当企业效益好的时候，企业倾向于集中化经营；而当企业效益不好的时候，则倾向于通过多样化经营寻找新的生长点。然而，更耐人寻味的是一些研究者发现，效益与多样化经营之间存在着一个怪圈：效益越不好，就越希望多样化；而多样化常常并不能改善企业的效益，反而使企业更加低效。这使得一些公司又转过头来降低了多样化经营的步伐，甚至通过重组对企业进行较大的剥离手术。与上面的情况相类似的，有些处在行业生命周期成熟期以后的企业，虽然目前的情况还可以，但是由于未来的不确定性，他们也会通过多样化来试图寻找新的生长点。

2) 多样化经营的管理者动机

多样化经营的管理者动机也是一个影响因素，而且常常是一个重要因素，包括管理者希望通过多样化经营降低个人风险和增加收入。例如，假如能够通过多样化使企业经营比较平稳，哪怕是盈利很少或微利，管理者就可以保住现有的位置。而集中于某一业务，虽然可以使企业获得更大的利润，管理者也可能一时收入很高，但从长期来看，风险也很大。

多样化经营被作为一种成长战略，意味着通过多样化经营可以很快地扩大企业的规模。随着公司规模的扩大，管理者的薪金也就会相应地随着增加。这样，多样化经营大公司的管理者就可以获得更高的薪金补偿。结果，多样化经营成了一种增加管理者薪金的手段。当然，并不是所有的管理者在多样化经营时都存有这样的个人动机。实际上，成就感和名声对管理者更为重要。如果说好的口碑易于获得权力，那么差的名声也就会减少权力。应当鼓励管理者建立良好的道德规范并身体力行，同时在政策上给管理者以应有的待遇。除此，也应当建立既能鼓励管理者创业精神，又能使多样化投资更加科学、规范。

## 8.3.3 多元化战略的类型

### 1. 同心（相关）多元化

相关多元化是企业为了追求战略竞争优势，增强或扩展其已有的资源、能力及核心竞争力而有意识采用的一种战略。因此，以相关多元化作为公司层战略的企业总是尽力利用不同业务之间的范围经济。对于在多个行业或产品市场上经营的公司来说，范围经济能节约成本，它通过将能耐和竞争能力从一项业务传递到另一项新的业务而实现。相关多元化是在现有的市场和产品之外拓展，但仍然保留在范围稍宽的"行业"内。例如联合利华是一个多样化的公司，但它的所有收益都来自消费品行业。同心（相关）多元化增长是扩展进入一个相关产业的好办法。当公司在产业内具有很强的竞争地位，而该产业吸引力低时，这是一个合适的策略。通过集中于那些给公司带来独特能力的特性，公司可以运用这些优势作为多元化的基础。这样，公司可以在新产业内运用原有产业的产品知识、制造能力和营销技能，以确保战略匹配。公司产品以某种方式相互关联，拥有一些共同点，这就是寻求融合，即两种业务一起运营产生的利润大于其各自运营时产生的利润之和。其共同点既可以是技术相近、用户相同，也可以是营销渠道、管理技能与产品方面的相似性。General Mills 收购 Pillsbury，以扩展早餐谷类食品，并且利用 Pillsbury 在销售给饭店、学校食堂和自动贩卖机方面的专长。

**小资料**

谈到手机，不能不提诺基亚；提到芬兰，不能不提诺基亚。一个从小国走出的电信巨人是如何获得成功的，无疑是许多人所关心的。面对 20 世纪 90 年代市场日趋复杂化的现实，诺基亚不但没有进行产业"扩张""多元"，反而走向了产业"专一"和"产品的多元化"。"一心一意"的诺基亚成功了。争做"弄潮儿"移动通信的生命力在于不断地创新与发展。世界电信未来的发展趋势正是移动通信网络的宽泛化与高科技化。而技术是企业生存与发展的基石。自 1962 年诺基亚电缆厂成立电子部开始，30 多年来，诺基亚在电信市场上一直处于"弄潮儿"

的尖峰位置，平均每35天就有一个新产品问世。30多年来，诺基亚创造了20余个电信业的世界第一。诺基亚以其雄厚的技术实力一步步攀上了世界电信业的顶峰，成为一家可提供移动电话、移动和固定电信网络、数据通信解决方案、多媒体终端和计算机显示器的经营范围广泛的跨国电信公司。

【资料来源】　陈幼其．企业战略管理案例．上海：立信会计出版社，2001.

1) 技术相关多元化

技术相关产品战略即企业的产品为技术上相关联的产品群，这些产品的基本经济用途或目的可能是不同的。例如：光学仪器厂生产的水准仪、照相机、胃镜等。很多电冰箱生产企业除了生产电冰箱外，还生产空调器等产品。这种战略是利用企业原产品和新产品之间在研究开发、原材料利用、生产技术、设备及工艺等方面的较强的技术关联性。获得技术上的协同作用，使新产品在质量和成本上具有一定的竞争力。

2) 资源相关多元化

企业以现有经营业务所拥有的物资资源为基础，进入不同的产品、市场领域，以充分利用资源的多种经营。

3) 市场相关多元化

企业以现有经营业务领域的市场营销活动为基础，进入完全不同的产品市场。企业生产的多种产品之间在销售渠道、销售对象、促销方法等方面有较强的市场关联性，能够获得市场营销方面的协同作用，使其产品群在市场营销方面具有一定的竞争力。如铅笔厂生产自动铅笔、圆珠笔等。

2. 离心（不相关）多元化

这是指脱离现在的行业，进入那些从表面上看与现在的产品和市场无关的产品和市场内。例如，Hanson或Lonrho等公司的组合并不是因为其产品或市场的共性。当管理层意识到当前产业没有吸引力，公司也没有超常的能力与技能可以很方便地转移到其他产业的相关产品或服务上时，最可能的战略选择就是离心多元化——进入与当前产业不相关的产业。采用这种策略的管理者考虑的不是在组织内部建立共同点，而主要是从财务上考虑现金流或降低风险。

3. 联合相关——不相关多元化战略

联合相关——不相关多元化战略是指公司进入与公司现在的业务相关或不相关的新业务。在实践中，多元化经营公司的业务结构各不相同。有些多元化经营公司是以某项业务为核心的，一项主要的"核心"业务占总收入的50%～80%，其他的是小规模的相关或不相关业务。有些多元化经营公司则是围绕少量的（两个到五个）相关或不相关业务进行小范围的多元化。有些公司是大范围的多元化，有着很多种类的相关或不相关业务。很少的多种经营公司多元化进入不相关领域，但在其每一领域中有着很多相关业务——因此，使他们有了包含着几个由相关业务组成的不相关的集团和业务组合，公司有足够的空间使他们的多元化战略符合自身的风险偏好和最能适合某种战略展望。而且，在一家多元化经营的公司中，一种经营的地理市场可以从当地到地区、全国、国际和全球。因此，一家多元化经营公司在某些经营上可以在当地进行竞争，其他某些经营在全国进行竞争，另外的其他经营则在全球进行竞争。

> **小资料**
>
> 海尔多元化战略发展阶段（1992—1998年）通过企业文化的延伸和"东方亮了再亮西方"的理念，成功实施多元化扩张。海尔集团的多元化经营所选择进入的市场都是家电、电子行业，生产的是与企业原主导产品相关的产品。海尔从生产电冰箱开始发展，逐渐生产空调器、洗衣机和彩电等，并且在市场上占据了一定的优势。海尔的产品在技术上、工艺上相近，市场比较接近，因而可以共享广告、销售系统和售后服务等资源，企业的商标和信誉可以转移到新产品上。1997年4月，海尔控股青岛第三制药厂80%的股份。1998年，海尔的扩张目标投向了国家级科研机构；继该年1月对工程塑料国家工程研究中心实行控股经营后，4月又与广播电视电影总局广播科学研究院合资成立了海尔广科数字技术开发有限公司，旨在以数字技术占领未来数字化家电制高点。此外，海尔还向生物工程、食品行业、金融保险等行业进行了扩展。这样，海尔的多元化战略就由相关多元化变为了非相关多元化。随后海尔进入了PC、IT、物流、生物工程、服务、金融、餐饮、服装等众多非相关行业。

## 8.3.4 多元化战略的理论基础

1. 投资组合理论

支持企业进行多样化发展的主要理论依据是投资组合理论，即通过不同业务种类之间、不同业务周期的差别来分散风险。根据投资组合理论，每项投资都有其独特的活动周期特征，只要两项投资之间呈现出负值的相关系数，表示不相同的活动周期特征，将两项投资组合后形成的组合风险将会缩小。投资组合中互为负相关的投资的种类越多，每项投资在总投资量中所占的比重越小，组合降低风险的效果就越好。只要两个业务具有不完全相同的业务周期，经过多样化组合后都会使业务周期的变化幅度降低。对企业来说，业务周期变化幅度的降低就意味着风险的降低。业务周期可以表现为业务量的周期性、业务的季节性、业务的现金流、业务的生产能力调整周期等。

根据投资组合理论，投资者的投资面临着两类风险：系统风险和非系统风险。

（1）系统风险

系统风险是指经济系统整体因素的变化对企业经营活动及结果造成的影响。常见的形成系统风险的因素有利率的变动、汇率的变动、通货膨胀率等。系统风险对在同一经济系统内活动的企业都会产生影响，因此个别企业是无法回避系统风险的。

（2）非系统风险

非系统风险是那些由有别于经济系统整体的因素造成的风险，它的作用范围往往局限在一个产业或是一个行业。例如，不同行业对最低投资规模的要求所引起的不同资产结构，不同产品生产的周期性差别等。由于非系统风险因素的变化只发生在特定的产业和行业，其表现方式、变动方向、变动幅度和时间在行业之间是不同的。所以，企业得以通过投资的多样化组合使行业之间的风险变动相互抵消，在一定程度上降低了非系统风险。多样化组合对系统风险并不发生影响。

2. 协同效应作用

与一体化战略相同，合理的多样化战略也可以通过更有效地使用企业的资源而产生相当明显的协同效应，以更低的成本创造出新的价值。而且，协同效应可以采取不同的形式。例如，虽然多样化的两项业务不存在投入产出的经济技术关系，但只要它们使用了某些相同的原材料，就会产生原材料使用上的协同效应；如果两项业务可以使用相同的销售网络，总销售成本就能降低，这是销售组合的协同效应；如果两项业务能互为利用部分生产废料，就能在增加某一业务原料来源的同时降低另一业务的废料处理成本，这是综合利用的协同效应。

### 8.3.5 多元化战略的适用情况

1. 相关多元化的适用情况
① 企业参与竞争的产业属于零增长或慢增长的产业。
② 增加新的且相关的产品将会显著地促进现有产品的销售。
③ 企业能够以有高度竞争力的价格提供新的、相关的产品。
④ 新的且相关的产品所具有的季节性销售波动正好可以弥补企业现有生产周期的波动。
⑤ 企业现有产品正处于产品生命周期中的衰退阶段。
⑥ 企业拥有强有力的管理队伍。

2. 适合于采用不相关多元化战略的情况
① 通过对既有客户增加新的不相关的产品，企业从现有产品和服务中得到的盈利可显著增加。
② 企业参与竞争的产业属高度竞争或停止增长的产业，其标志是低产业盈利和低投资回报。
③ 企业可利用现有销售渠道向现有用户营销新产品。
④ 新产品的销售波动周期与企业现有产品的波动周期可互补。
⑤ 企业在既有业务或产品线上进行拓展的边际成本很低。

3. 适合于采用混合多元化战略的情况
① 企业的主管产业正经历着年销售额和盈利的下降。
② 企业拥有在新产业成功竞争所需要的资金与管理人才。
③ 企业有机会收购一个不相关但却有良好投资机会的企业。
④ 收购与被收购企业间目前已存在资金上的融合。
⑤ 企业现有产品的市场已经饱和。
⑥ 历史上曾集中经营于某单一产业的企业有可能受到垄断控制。

## 8.4 企业实现成长战略的方式

企业可以以多种方式来实现成长战略，如内部开发、收购和合并。

### 8.4.1 内部开发

内部开发是指企业通过内部创业，以开发新产品、进入新的市场，或者重新塑造市场，从而进入一个新的行业。通过在企业内部开发，走自我发展的道路，是一种基本模式。内部创新不一定是最先进的创新，往往模仿者也采取这种战略。例如，公司不是一个创新者，而是一个模仿者，但却成功地运用了内部创业战略，进入了刚刚兴起的领域。

从企业成长的角度来看，组织内部开发不仅扩展了有限资源的供给，更重要的是企业通常能够获得超额利润。无论是通过改进生产流程来降低成本，还是通过增加产品的差异化程度来占领市场，持续的开发创新会促进企业收益的增加。

企业采用内部创业战略时，需要注意它的两个特性。

(1) 时间性

根据实证研究，采用内部创业战略而组成的新的经营单位一般要经过 8 年的时间才有获利能力；经过 10~12 年的时间，该单位的效益可达到成熟业务的水平；12 年以后，该单位将会获得最高的效益和很高的市场占有率。因此，企业在进行内部创业战略时，前几年的战略目标应放在建立市场占有率上，而不要只看重短期的获利能力。

(2) 进入规模

进入规模的大小，对企业采用内部创业战略有着很重要的影响。从长期来看，新的经营单位以较大的规模进入要比较小的规模进入容易较早地收到效益。企业大规模进入新的经营领域，需要大量的资金，以便承受前 8 年中利润负增长。如果规模过小，该经营单位的风险就更大。

在决定是否采取内部开发时，企业需要考虑以下一些因素。

第一，企业是否有足够的财力形成最基本的有效生产规模。有些企业进入的规模过小。许多企业认为，大规模进入一旦失败，损失较大，于是愿意采用小规模进入的战略，结果会造成大错。在这种情况下，企业无法建立起长期立足的市场占有率。从短期来看，规模小会损失少，规模大则成本高且损失大。但从长期来看，规模大的收益高。一开始，企业一般不能指望形成规模经济效益，但如果不能达到最基本的有效生产规模，企业的经营就会是无效益，甚至是负效益的。

第二，企业是否有能力克服进入新产业的障碍，有能力抵御产业内其他企业的排斥行动。例如，现有企业是否会共同采取削价政策，企业是否具备对付这一共同行为的能力。

第三，新业务能提供多少利润及现金量。只有当新产业经营的利润量高于平均利润水平，现有企业的排斥行动的力量较弱，进入新产业的成本较低，进入新产业后能提高企业的竞争力和市场地位，同时新产业尚处于发展阶段时，企业才会愿意经过长时间的努力，依靠内部的发展形成新的生产能力。

第四，战略实施是否得当。在战略执行的过程中，企业要考虑组织管理的问题，要将科研项目的研究与内部开发战略的关系处理好。企业如果同时支持多项不同的内部开发战略，则会导致管理分散，不能保证最佳的创新成果获得市场的成功。同时，企业还应注意，研究开发的成果并不一定都具有战略价值与市场价值，要对此做出正确的决策。

第五，完善企业的技术创新体系以当前与长远为基础，以创新为特点，建立内部科技创新体系，要为项目优先配置资源（人、财、物）。这必然要求企业内部的资源能够自由流动和共享。

**小资料**

芬兰的诺基亚公司选择的是走内部开发创新的路子。一说起这家公司，大多数人都会联想到它生产的时髦的移动电话，但是当初它却是以造纸起家的。从那以后，它曾涉足橡胶、电缆和电子产品，最后在1992年撤出了在旧经济行业的投资，全力以赴从事电信业。"诺基亚公司在接受革新和变化方面有着悠久的历史，"该公司首席执行官约尔马·奥利拉（Jorma Ollila）说。"这一点已经融入我们的基因之中。再说，破旧才能立新嘛。"事情就像他说的那么简单，不接受变革已经导致了许多公司的衰亡。在1921年联手创立赫尔辛基证券交易所的12家芬兰公司（包括诺基亚在内）当中，如今只剩下诺基亚公司一家了。

【资料来源】斯坦. 财富杂志：全球最受赞赏的公司. www.fortunechina.com.

### 8.4.2 收购

收购是指一个企业购买了另一个企业的控制权或100%的股份，使被收购企业成为其业务组合中一个附属业务以便更有效利用核心能力。通常，被收购企业的管理纳入收购企业的管理之下。

收购包括恶意接管。接管是目标企业没有要求收购企业定价的情况下进行的收购。通过收购发展新业务的方法在西方发达国家呈现波浪化的趋势，并且因行业的不同而不同。随着市场经济体制的不断完善，以及企业的不断分化，我国企业的收购倾向也在不断加强，同时将日益走上规范化的轨道。实际上，通过收购来发展业务，尤其是国际化业务对许多行业都非常重要，如报纸、媒介、食品业、饮料业和休闲娱乐业等许多企业都是如此。

1. 收购的动机

进行收购的主要动机包括以下几个方面。

1）快速进入新的产品和市场领域

进行收购的一个重要原因就是其允许公司以更快的速度进入新的产品和市场领域。

在很多情况下，由于产品和市场变得很快，以至于收购成为企业成功地进入市场的唯一方式，因为内部开发的速度太慢。采取收购方式的另外一个原因是企业缺少内部开发所需要的相关知识和资源。例如，接收某个公司可能主要是为了得到这个公司的研究开发能力，或者是得到它在某特定类型的生产系统方面的知识。在已有公司的市场占有率相对比较稳定的静态市场内，一个新公司想进入市场是非常困难的，因为它的出现会打乱原有的平衡。但是，如果这家新公司采取收购的方式进入市场，其遭到竞争性对抗的风险就会减少。当行业中已有的供应商收购了一个竞争者，其目的是获得它的订单，以增加市场占有率，或者在某些情况下是为了关闭其生产能力，以帮助恢复供需平衡时，收购仍然是一种有效的进入方式。

2）收购也是财务上的一个重要考虑

如果一个企业的股票价格或市盈率很高，那么通过收购股票价格或市盈率低的公司，该企业可以获得很高的财务收益；如果一个企业的股票价格低于它的真实市场价值，那么该企业将成为一个正准备进入该市场的公司的收购对象。实际上，获得财务益处常常是那些积极进行收购或兼并活动的公司的主要动力之一。

3）也是为了降低成本、风险和提高速度

通常，在企业内部开发新产品和建立新企业需要大量的投资和相当长的时间，例如，在发达国家，新建企业需要8年时间才能取得利润，需要12年才能产生大量的现金流。而且据估计，88%的产品创新不能取得足够的投资回报，而且大约有60%的创新产品在获得专利后的4年内就可能被大量模仿。因此，内部开发常被管理者看成是具有高风险的投资。另外，收购过程中由于可以对目标企业以往的经营业绩进行评估，并根据这些业绩预测未来的收入和成本，所以风险的不确定性要比内部开发小得多。更有人认为，可以用收购替代产品创新。因此，一些企业就把收购看作是速度快、成本低、风险小的市场进入方式。

4) 是能够避免竞争的好办法

许多企业通过并购来降低在某一市场上的竞争，或是在更大范围内增强竞争的力量。例如，20世纪80年代雀巢公司对世界第四大巧克力公司罗翠（Rownt-tree）的并购，90年代波音与麦道的并购，都是这种情况。

2. 收购实现途径

一般收购有以下几种实现途径：

① 控股式：收购公司通过购买目标公司一定的股份而成为目标公司的最大股东，从而控制该目标公司。

② 购买式：收购公司通过购买目标公司的全部股份而使之成为其附属的全资子公司，从而使收购后收购公司对目标公司有支配权。

③ 吸收式：收购公司通过将目标公司的净资产或股份作为股本投入收购公司，从而使目标公司成为收购公司的一个股东。

**小提示**

实际上，收购面临的最主要问题之一是将新企业融入到老企业中的能力，当两个企业具有不同的企业文化，尤其是属于不同民族和国家时，这常常会引起各种文化冲突，需要管理者特别加以注意。

---

**小资料**

过去的十年里，上百亿来自美国、欧洲和日本的外资注入我国，建起了大量公司。现在中国的公司也拥有了大量资金，而且拥有世界上成本最低的生产工厂，他们也开始对外投资。第一个对外国公司进行收购的是位于广东惠州的TCL集团。TCL收购了法国的汤姆逊公司，从而成为世界上最大的彩电生产商。汤姆逊的一个著名品牌是RCA。2004年9月，上海汽车工业公司宣布以近5亿美元的价格收购韩国卡车生产商双龙48.9%的股份。有消息说上汽公司还将收购英国陷入困境的MG Rover集团。然后在12月7日，中国最大的计算机公司联想集团以17.5亿美元收购了IBM的PC集团。联想的财务总监马雪征说："我们看到的是一个非比寻常的机会，可以让我们的产品更加多元化，让我们的技术更加先进。"

【资料来源】 慧聪网，hc360 2004-12-30.

## 8.4.3 合并

公司的合并是指两个或两个以上的公司依照法律规定或合同约定合并为一个公司的行为。两个企业达成协议，在相互平等的基础上将企业运营合并起来，因为它们的资源和能力合并起来能创造出更强的竞争优势。

公司合并的方式有两种：即吸收合并和新设合并。所谓吸收合并，是指两个或两个以上的公司合并时，其中一个公司因吸收了其他公司而成为存续公司，而其他公司则消灭了原有的法人资格后归入前一个公司。所谓新设合并，是指两个或两个以上的公司合并时，参加合并的所有公司都消灭原有的法人资格，归于解散，而另外成立一个新公司。也即参与合并的所有公司没有一个存续。但是如果按照企业合并双方所处的行业状况上来分，合并可以分为3种类型：

① 横向合并，即在同一产品市场内两个或两个以上直接竞争者之间的合并；

② 纵向合并，它将处于某一特殊市场不同生产阶段的企业联合在一起；

③ 联合式合并，在这一合并中，所合并的企业既不是直接竞争对手，同时也不是在同一生产链上。

合并的动因与收购的动因基本相似，都是为了增强企业实力的外部扩张战略，是公司扩张的一种经济行为；都是以企业产权为交易对象，都是企业资本经营的基本方式和公司重组的一种方式。但是不同的地方在于以下几个方面。

① 公司合并是公司间的行为，主要是参加合并的各公司。公司合并要由参加合并的各公司作出决议，要由合并各方签订合并协议。公司收购是收购公司与目标公司股东之间的交易行为，主要是收购公司与目标公司股东。

② 公司合并是公司实体发生变化，被并公司解散，丧失法人资格。收购使目标公司控股股东发生变化，目标公司本身不发生变化，可仍以法人实体存在，收购方只获得目标公司的控制权。

③ 公司合并要严格遵守公司法规定的程序，由董事会提出合并方案，股东会对合并作出决议，合并各方签订合并协议并办理合并登记手续。收购上市公司的，主要是依据证券法规的有关程序履行收购行为；收购非上市公司的，则应依据公司法的有关规定履行股份转让行为。

**小资料**

美国合众国航空公司和美国西部航空公司19日宣布将合二为一。计划合并后成立的新公司仍使用合众国航空公司的名字。新成立的公司将得到来自多方面的总计15亿美元的资金支持，其中包括欧洲空中客车公司提供的2.5亿美元贷款。

美国西部航空公司首席执行官道格·帕克将担任新公司的首席执行官。由于合众国航空公司目前处于破产保护之中，这一合并计划还需要得到美国破产法院的批准。

据知情人士透露，上述两家公司已从空中客车公司获得关键的2.5亿美元融资承诺。作为交换，他们将向空中客车订购20架左右新款A350型飞机，这也是空中客车首次从北美客户手中获得A350订单。空中客车打算用A350型飞机与其竞争对手波音公司的新型787"梦想飞机"展开竞争。

帕克表示，两家公司希望通过这一合并寻找加强业务的机会，而不是坐等航空业形势的好转。合众国航空公司董事长大卫·伯罗纳则向外界透露，合众国航空已经与数个竞争对手商谈过合并事宜，但与西部航空公司的谈判"走得最远"。这家去年9月申请破产保护的航空公司，希望通过合并摆脱当前困境。

根据今年美国《财富》杂志的排名，合众国航空公司以去年71亿美元的总收入成为全美第六大航空公司，美国西部航空公司则位居第九。

由于航空业严重衰退，合众国航空公司近年来亏损严重，不得不在2002年摆脱破产保护后又于去年9月重新申请破产保护。而属于低票价公司的美国西部航空公司去年的亏损额只有8 900万美元，大大低于合众国航空公司的6亿多美元。

【资料来源】东方早报，2005-05-21.

## 案例分析

### 世界眼镜行业两大巨头陆逊梯卡与依视路合并

1. 与 Essilor（依视路）的合并

今年年初，Luxottica（陆逊梯卡）与全球最大的光学镜片公司，法国的 Essilor（依视路）达成合并协议，合并后的公司总市值将超过460亿欧元。

陆逊梯卡的CEO马西莫·维安在电话会议中表示，目前双方的合并事务进展顺利，"一切正按照预定的时间表进行。"

而陆逊梯卡负责批发分销的总裁Alberti则表示，本次合并对于批发商们来说将会非常有利，尤其是那些同时与陆逊梯卡和依视路均有业务往来的批发商。"合并之后，他们可以从一家公司同时购买到镜框和镜片，有效降低库存成本。"Alberti表示："此外，我们也能够更快更好地为他们提供服务。目前来看，批发商对于这次的合并反响非常积极。"他预计，在依视路定制眼镜技术的支持下，陆逊梯卡旗下的Ray-Ban和Oakley将是获利最大的两个品牌。

根据陆逊梯卡给出的数据，在未来五年内，镜框和镜片两个市场的增速预计都将达到两位数，其中预计镜框的销售同比增幅将达到19%，而镜片的销售增速将达到17%。到2021年，全球的镜框需求量将达到12亿副，而镜片的需求量将达到7.15亿对。

因此，维安表示这次的合并对双方来说都意义重大，他说道："如果继续独立运营，我们依然可以把握市场机会进行发展，预计到2024年的销售额将增长至150亿欧元。但是合并后我们能够在产品质量，客户服务，品牌管理等多个方面获得巨大的提升，更好地进行垂直整合。"2016年，陆逊梯卡的年销售额达到90.8亿欧元。

按2015年的数据，两家公司合计的年销售额超过150亿欧元，EBITDA（息税折旧摊销前利润）35亿欧元，员工数量超过14万人。

维安说道："通过合并，我们可以快速建立一个同时覆盖镜框和镜片两大主要市场的业务体系。消费者对个人化和快速便捷的服务需求不断增加，通过这种方式，我们可以很快满足他们的需求。"

在被问到关于合并是否会影响资本支出时，维安表示："我们和依视路的资产互相之间完全互补，合并的时间点也非常完美，不会对2017财年的资本支出和相关的策略造成任何影响。"

## 2. 利润率的压力

在电话会议中,维安表示:"集团2017年的表现良好,2月下旬的销售十分强势,对于全年的态度非常乐观。"但是分析师和维安的态度却有些不同,他们认为,陆逊梯卡对2017财年的预期增速让人失望,2016年集团在零售利润率上100个基本点的跌幅也让人感到十分担心。陆逊梯卡此前预测,2017财年的销售额预计同比增长低至中个位数,调整后的营业利润和净利润增幅将分别为销售增幅的0.8~1倍和1倍。

集团的CFO Grassi表示,集团开设了大量新门店,在这些门店销售的推动下,2017年的零售利润率表现将有所好转。

Grassi解释道,2016年零售利润率之所以表现不佳,主要是因为销售的增长主要来自销量,打折促销对于商品的价格造成了一定打击。虽然2016年年底,集团已经调整策略,减少打折促销活动,但是并不足以抵消之前一年内造成的影响。他表示,集团的目标是让LensCrafters(亮视点)在北美的销售重新实现"健康"的增长,减少打折促销活动,而这一策略在去年年底便已经开始实施,因此成果将会在2017年彻底展现出来。

谈到未来时,维安表示,集团将会减小门店的规模,从而减少所需的员工,降低零售成本,以帮助零售渠道"更快地开始盈利"。他提到,未来将会对北美的4 000家门店进行大规模的调整,提升盈利表现。去年,陆逊梯卡关闭了约150家"盈利但是表现不如预期"的亮视点门店。Grassi补充表示,北美的促销活动也将减少,营业模式将会出现大规模的改变,零售在2017年的表现必然会好转。

关于销售增长,Grassi表示,集团还将加大对零售渠道的投入。2017年,陆逊梯卡的总资本支出将与2016年持平,其中约有三分之一将用于零售渠道。"进行重新装修的门店数量还要超过新开设的门店数量。"Grassi表示:"其余的资本支出将会投入到设施建设、运营、供应链和发展数字渠道等方面。"

【资料来源】http://m.linkshop.com/news/show.aspx?from=web&id=372095.

### 案例分析题

1. 陆逊梯卡选择了哪些战略进行成长,以及为什么要选择这种战略进行发展?
2. 对于陆逊梯卡与依视路的合并,你认为有何优点及缺点?

# 本章习题

### 一、判断题

1. 密集型成长战略是指企业在原有生产范围内充分利用在产品和市场方面的潜力来求得成长发展,也可称作集约型成长。(　　)

2. 在资本密集型行业,企业往往有专业化程度较高的固定资产和有关的服务技术,但这些资产和技术很难用来转产其他产品,在这种情况下,公司有特色的核心能力主要来源于市场,而不是产品。(　　)

3. 产品开发和市场开发往往是同步或相继进行的，二者有着非常紧密的联系。（　　）
4. 企业选择纵向一体化战略的一个重要原因是经济条件。（　　）
5. 巩固战略是一种无增长战略，其目的在于保持企业已有的竞争地位。（　　）
6. 公司通过横向一体化打败竞争对手，达到市场多头垄断地位后，便会进入纵向一体化扩张，以占领其供应和市场领域，因此，纵向一体化是公司增长到一定阶段的主要扩张战略。（　　）
7. 非相关多元化战略是指公司进入与现有的业务在价值链上拥有战略匹配关系的新业务。（　　）
8. "不要把鸡蛋放在同一个篮子里""东方不亮西方亮"指的是密集型成长战略。（　　）

## 二、选择题

1. 三种基本的公司成长战略包括（　　）。
   A. 密集型成长战略　　　　　　B. 目标集中战略
   C. 一体化战略　　　　　　　　D. 多元化战略
2. 密集型战略的形式有（　　）。
   A. 多元化　　B. 市场开发　　C. 市场渗透　　D. 产品开发
3. 纺织印染厂，原来是将胚布印染成各种颜色的花布供应服装厂，现在，纺织印染厂与服装加工厂联合属于（　　）。
   A. 前向一体化　　B. 后向一体化　　C. 横向一体化　　D. 混合一体化
4. 不属于企业发展战略的是（　　）。
   A. 集中战略　　B. 一体化战略　　C. 多元化战略　　D. 收获战略
5. 当（　　）的时候发生后向一体化。
   A. 一个公司生产自己的原料　　　B. 扩充业务活动以减少管理风险
   C. 一个公司集中在单一的行业中　D. 提高某个业务单位的不佳经营状况
6. "不用香水的妇女使用香水"属于哪一战略？（　　）
   A. 市场开发　　B. 市场渗透　　C. 地理扩展　　D. 市场争夺战略
7. 下列适合采用水平一体化战略的情况的有（　　）。
   A. 市场经济日益发达，生产出现结构性过剩
   B. 企业所参与竞争的产业正在迅速发展
   C. 需改变规模小、产地多、成本高、资源浪费严重、项目重复建设等现象
   D. 供应商利润丰富，这意味着它所经营的领域属于十分值得进入的产业
8. 实施多元化战略的企业内部诱因有（　　）。
   A. 充分利用剩余资源　　　　　　B. 目标差距诱因
   C. 为企业的低效益寻找新的生长点　D. 多样化经营的管理动机

## 三、思考题

1. 企业何时处于成长期？成长战略与其他战略有何不同？
2. 可以通过哪些方式来实行集约化战略？
3. 一体化经营的主要原因是什么？
4. 一体化经营战略有哪几种基本的战略模式？
5. 多元化经营的主要原因是什么？

6. 如何检验多元化经营战略决策？
7. 多元化经营战略有哪几种基本的战略模式？
8. 可以通过哪些方式来加强多元化经营公司的地位和业绩？
9. 制定多元化经营战略必须考虑哪些基本因素？

**参考答案**

一、1. √  2. ×  3. √  4. ×  5. √  6. √  7. ×  8. ×
二、1. ACD  2. BCD  3. A  4. D  5. A  6. B  7. AC  8. ABCD

# 企业战略制定、实施和控制

没有战略的组织就像没有舵的船,只会在原地打转。

——乔伊尔·罗斯

# 第 9 章
# 企业战略制定与选择

**在本章中，我们将要学习：**
- 企业战略的制定过程
- 理解不同类型和不同规模的企业战略制定差异
- 理解交互战略规划过程
- 影响企业战略制定的因素
- 企业战略方案的选择

 **导入案例**

### 越美集团"走向非洲"的战略选择

越美集团有限公司（以下简称越美）创办于1992年，是一家集纺织印染、国际贸易、房产开发、境外投资、金融服务、商贸市场等产业并行发展的国际化大型民营企业集团，总部位于中国浙江省诸暨市，注册资本20 000万元人民币，下辖企业20多家，总资产突破35亿元人民币。

成立初期，越美依附贸易中间商，不能独立掌握销售渠道。1992—1999年，越美年销售收入不足2 500万元人民币，平均利润率仅为5%，在激烈的竞争中面临经营困境。自2000年至今，越美始终坚持"走向非洲"战略，在采取了"间接出口—在非建立销售公司直接出口—在非开设加工贸易公司—在非兴办工业园区—参与非洲大陆资源配置—在非开拓现代服务业新领域"的战略选择后，2014年越美年销售收入达到40亿元人民币，利润率高达25%，获得了中国民营企业500强、中国民营企业国际竞争力50强、中国最具竞争力民营企业等称号。

【资料来源】 徐巧琦，黄家欢，夏泽宇. 中国企业"走向非洲"的战略选择：以越美集团为例. 中国市场，2016（29）：202-203.

企业战略管理就是企业在符合和保证实现其使命的条件下，利用环境中存在的各种机会，规避各类威胁，协调企业与外部环境的关系，确定企业的业务范围、成长方向和竞争对策，合理地调整组织结构和配置企业的全部资源。战略制定就是分析外部环境中的机会和威胁，分析企业内部的优势和劣势，进而选择和确定企业目标，选择和制定实现目标的行动方案的全过程。

# 9.1 企业战略制定

不同的企业和不同的管理者制定战略的方式不尽相同。小型企业的战略制定往往不规范，通常是最高管理者依靠个人的经验、价值观和自己掌握的信息来规划，战略方案也很少以文字形式展现，主要存在于管理者个人脑海中。而在大型的企业里，战略制定是由专门的组织依照特定的程序进行的，通常要收集数据与综合分析，对特定的问题作深入的研究，通过研讨会来探索、质疑和筛选备选战略方案，最后制定出各个层次的战略。此外，大型企业的战略方案也比较详尽和正式。

## 9.1.1 战略制定过程

战略制定是企业的最高决策机构，按照一定的程序和方法，为企业选择合适的经营战略的过程。制定战略的一般过程如下所述。

(1) 企业外部环境分析

调查、分析和预测企业的外部环境是企业战略制定的基础。通过外部环境分析，了解未来一段时期社会、政治、经济、文化等因素的动向及其对本企业所在行业产生的影响，觉察现有和潜在竞争对手的图谋和未来的行动方向，认清本企业所面临的主要机会和威胁。战略制定者通常可以采用 PEST、SCP 和"五力模型"等模型进行外部环境分析。

(2) 企业内部条件分析

通过与行业水平和竞争对手情况对比，分析企业内部状况来明晰企业的优势和劣势。一般可以对比成本结构（固定/可变成本分配）、成本行为（导致成本的因素）、收入结构（考虑竞争者的定价）、顾客关系、生产系统、与供应商和分销商的关系等要素。

(3) 明晰企业使命和价值观

因为企业的使命和价值观不同，即使他们处于相同的环境并具有相似的资源，他们也会制定和选择不同竞争战略。

(4) 设定企业目标

战略制定者在充分理解内外环境的基础上确定符合本企业价值观的目标。一般情况下，企业目标可能是：

① 股东价值最大化；

② 相关群体利益最大化；

③ 其他非财务目标，如风险系数、市场份额、额度满意度、社会福利等。

(5) 定义经营单元

通过明确产品、顾客群体、技术、成本结构、竞争地域 5 个因素定义经营单元。

(6) 设计备选战略方案

根据企业的发展要求和经营目标，依据企业所面临的机会与威胁，结合企业内部优势与劣势，列出所有可能达到的经营目标的备选战略方案。

(7) 测试动态影响

此步骤包括分析企业的战略执行能力，判断竞争者对本企业战略的可能反应，判断消费者的可能反应，预测每个备选方案的成败概率和收益大小。

(8) 确定战略方案

在评价和比较方案的基础上，企业选择一个最满意的战略方案作为正式的战略方案。有时为了增强企业战略的适应性，企业往往还选择一个或多个方案作为战略预备方案。

## 9.1.2 交互式战略规划

集团式大型企业的战略制定过程中，为了保证企业总目标与各业务单元目标的一致性，往往采用自上而下和自下而上相结合的交互式战略规划过程。

在自上而下的过程中，首先，总部制定整个企业的未来战略方向及长远目标；其次，总部将整体战略目标根据战略优先顺序分解到各个经营中心；各经营中心根据规划制定本中心的战略规划；最后，经营中心再将战略分解到各个业务单元，由各个业务单元制定本单元战略规划。

在自下而上的过程中，首先是各业务单元将业务单元规划输入到经营中心并接受经营中心的审核；其次，各经营中心将各中心规划向最高领导层汇报，接受指导和审查；最后，最高领导层根据企业战略目标审核各经营中心的战略规划，确保各经营中心战略与企业总体战略目标一致。

在制定战略规划时，企业不同层次的战略规划侧重点各不相同。企业本身关注的是企业使命、长期目标、业务群、业务单元组合及大的发展机遇；企业的经营中心关注的则是具体的业务单元组合、相关增长机遇、协同效应的创造和利用；更下一级的业务单元关注的是发展何种产品，在哪个市场，哪个地域竞争，如何竞争，竞争优势来源和相关增长机遇等问题。

## 9.1.3 战略制定过程中的基本点

(1) 以经营单位为中心

企业的一部分如果具有以下几个特点，它就是一个经营单位，也就应该成为战略规划的一个中心。具体的特点有：

① 具有一个明确的市场定位；

② 对企业负有利润效益的责任；

③ 在企业政策允许范围内拥有关键性的财务和人事决策权。

(2) 效益驱动

战略规划的目标是实现企业效益最大化和可持续发展，企业效益是企业战略的出发点。

(3) 高层领导的重视

高级领导层在业务群和业务单元战略规划中扮演重要角色，高层领导应积极参与业务群和业务单元战略规划过程，如可口可乐公司要求他的部门经理们至少每半年要花3天的时间和总经理及高级管理层讨论战略规划，其次高层还应创造一个严格的质询环境。

(4) 由负责实施的人来具体领导战略制定流程
(5) 将经营目标责任渗透到组织的各级各层之中
(6) 依靠完善的数据资料来制定战略和业绩目标并加以评估
(7) 通过真正的对话来进行
即战略规划应在公司上下很好的沟通，使员工对其充分了解。

**小资料**

### 诺基亚的战略规划

总部在芬兰赫尔辛基的诺基亚公司近年来快速成长，业绩骄人。它的成功大多归功于它的战略规划流程，这个流程后来被证明能够灵敏地预测客户的需要。

这个战略规划流程的形成可以追溯到诺基亚的CEO约玛·奥莱拉（Jorma Ollila）那里，在他成为诺基亚首席执行官不久，他觉得诺基亚应该成为一个全球性的通信和相关行业的重量级企业。这个最基本的使命一直到今天还在指引着诺基亚的发展战略。

由于行业复杂多变，奥莱拉的运营战略目标是为了让企业能够对国际市场环境的变化作出快速反应。例如，当诺基亚认为数字电话将快速渗透美国市场时，奥莱拉马上放手让由高层管理者组成的独立"突击队"来处理这个问题。

诺基亚还运用同样的方法努力预测未来发展趋势，调整战略以适应这些发展趋势。诺基亚定期将其分布在世界各国的管理者集中起来，分成小组召开头脑风暴会议，以确认给诺基亚各个市场带来机会的新兴趋势。公司同时提供配需，让他们了解当地客户。

诺基亚公司觉得，让直线经理直接参与将可以获得前所未有的想法。诺基亚每月一次通过高层管理者组成的"战略小组"对这些头脑风暴提出的观点进行评审。

这种战略规划流程近年来在一定程度上帮助诺基亚取得了一些可喜的成果。

# 9.2 战略选择

## 9.2.1 战略选择的影响因素

企业总体战略的选择是一项十分复杂的管理工程，需要有一整套方法与技术，帮助企业管理者进行分析和决策。同时，管理者也往往受到企业文化、组织结构和其他方面因素的影响，使其战略选择行为发生变化。

在战略选择过程中，还有一些影响战略的因素会对决策产生重要的影响。

1. 影响战略选择的行为因素

战略选择是确定企业未来战略的一种决策。一般来说，决策者经常面临多个备选战略方案，往往很难作出决断。在这种情况下，影响战略选择的行为因素很多。其中，较为重要的有以下5个方面。

1) 企业过去战略的影响

在开始进行战略选择时，首先要回顾企业过去所执行的战略。因为过去战略的效果对未来战略选择有极大的影响。现在的战略由过去某一有影响的领导者所制定的战略演化而来。这个独特的、紧密一体化的战略对以后的战略选择是主要的影响因素。官僚化的管理组织使战略得以贯彻和实施，即原决策者推出这个战略并向下属说明，而后低层管理人员将这个战略得以实施。当这个战略由于条件变化而开始失效时，企业总是将新的战略嫁接到这个老战略上来。仅在以后才会探索一种全新的战略。这种选择与过去战略相似和沿袭的倾向已渗透到企业组织之中。当外部环境变化更大时，企业才开始认真地考虑采取防御战略、组合战略或发展战略。

研究表明，在计划过程中低层管理人员认为，战略的选择应与现行战略相一致，因为这种战略更易被人接受，推行起来阻力较小。在改变过去的战略时，往往需要更换高层管理人员，因为新的管理者较少地受到过去战略的约束。

2) 企业对外界的依赖程度

在战略选择中，企业必然要面对供应商、顾客、政府、竞争者及其联盟等外部环境因素。这些环境因素从外部制约着企业的战略选择。

企业对外部环境依赖程度越高，企业战略选择的灵活性就越小：

① 企业依赖于少数几个股东的程度越高，它战略选择的灵活性就越小；

② 企业依赖于其竞争对手的程度越高，则它越不可能选择进攻性的战略；

③ 企业的成功和生存越依赖于少数几个顾客，则企业对他们的期望越应作出较快的反应；

④ 企业越是依赖于政府和社区，则它对市场状况和股东的要求越不具有灵敏的反应。

企业经营面对的市场的易变程度，影响着战略选择。市场中的情况变化程度越大，企业的战略选择需要的灵活性就越大。企业对外界的依赖程度越大，其战略选择的范围和灵活性就越小。

如果企业高度依赖于其中一个或多个因素，其最终选择的战略方案就不能不迁就这些因素。因此，企业战略决策者在进行最终战略方案选择时，必须考虑源自企业任务环境各利益集团的压力，考虑企业的用户与股东、潜在职工、地方社团、一般社会公众、供应商、政府机构等对企业的期望与要求。

3) 企业对待风险的态度

企业对待风险的态度也能影响战略选择的范围。任何一个战略方案通常都是带有风险的，而且一般来说，战略方案吸引力的大小部分地与这些方案的风险性大小存在着正相关的关系。这就是说，盈利潜力大的方案往往所包含的风险也大。这里的"风险"不仅是指战略方案实现的可能性，而且还包括战略方案所需的资源大小、回收投入资源所需的时间长短等方面的风险性。战略方案所涉及的资源量越大，回收所需的时间越长，则企业战略决策者对于战略成功可能性的要求就越高。由于对于战略成功可能性的估计严重依赖于个人的主观价值判断，所以企业战略方案的最终选择将在很大程度上取决于企业管理阶层对待风险的态度。企业管理者如果对风险持欢迎态度，战略选择的范围和多样性便会得到拓展，风险大的战略也能被人接受；反之，企业管理者对风险持畏惧、反对态度，战略选择的范围就会受到限制，风险型战略方案就会受到排斥。冒险型管理人员喜欢进攻性的战略，保守型管理人员则喜欢防守性的战略。表9-1举出了两种企业对待风险的不同态度。

表 9-1　两种类型企业的特征

| 愿承担风险的企业的一般特征 | 规避风险的企业的一般特征 |
| --- | --- |
| • 在迅速变化的产业环境中经营 | • 在稳定的产业环境中经营 |
| • 寻求风险大、潜力大的投资环境 | • 规避风险大、潜力大的投资环境 |
| • 可能采取进攻性的发展战略 | • 可能采取防御性的稳定发展战略 |
| • 考虑广泛的战略方案 | • 考虑很少的战略方案 |
| • 频繁地推出全新产品或进入新市场 | • 缓慢地推出新产品或进入新市场 |

4）时间因素

时间因素主要从以下几个方面影响战略选择。

第一，外部的时间制约对管理部门的战略选择影响很大。如外部时间制约紧迫，管理部门就来不及进行充分的分析评价，往往不得已而选择防御性的战略。

第二，作出战略选择必须掌握时机。实践表明，好的战略如果出台时机不当，可以带来灾难性后果。

第三，战略选择所需的超前时间同管理部门考虑中的前景时间是相关联的。若企业着眼于长远的前景，则战略选择的超前时间就长。

5）竞争者的反应

在进行战略的选择时，高层管理人员往往要全面考虑竞争者对不同选择可能作出的反应。例如，若企业采用增长型战略，主要竞争者会作出什么反击行为，从而对本企业打算采用的战略有什么影响；如果选择的是直接向某一主要竞争对手挑战的进攻性战略，该对手很可能采用进攻性战略进行反击。企业高层管理人员在选择战略时，必须考虑到竞争者的这类反应，其反应的能量及它们对战略成功可能产生的影响。

在寡头垄断型的市场结构中，或者市场上存在一个极为强大的竞争者时，竞争者的反应对战略选择的影响更为重要。例如，IBM公司的竞争行为会反应强烈地影响着计算机行业的所有公司的战略选择。而美国各汽车巨头也都必须紧盯其他巨头的竞争反应以确定自己的战略。

2. 战略选择中的文化因素

企业文化和战略的选择是一个动态平衡、相互影响的过程。企业在选择战略时，不可避免地要考虑企业文化对自身的影响。公司的文化越强势，它越有可能影响公司所采取的战略行动，有时甚至会左右公司对战略的选择。不同的企业文化会支持相应的战略类型成为企业的发展方向，而且当企业战略得到价值观、企业精神等文化因素的支持时，很容易获得预期的成功。企业未来战略的选择只有充分考虑到与目前的企业文化与未来预期的企业文化相互包容和相互促进的情况下，才能被成功地实施。

3. 影响战略选择的社会、政治因素

社会和政治等方面的因素也会对企业及其管理者的战略选择产生影响。

1）社会环境的影响

企业存在于特定的社会环境中，因而其战略选择受到社会环境因素的制约。比如，社会的环境生态意识在世界各国有很大的差别，在社会发展的不同阶段也有明显的不同。因此，当企业的战略选择涉及社会的环境生态问题时，必须十分重视决策所带来的正面或负面影响。又如，社会生活的安定情况也是企业决策者进行战略选择时必须考虑的问题。特别是当社会处于生活不安定的情况下，企业采取撤退战略时，就必然涉及工人的就业问题，对此所造成的社会影响，必须加以关注。

2) 社会道德观念的影响

当今的企业界已充分认识到企业利益与社会伦理道德保持一致性，是企业正常发展的必要条件。

在企业的发展中，必须对企业所有者、股东、职员、顾客和供应商等利益相关者负有责任。同时，企业还应对社区的发展承担一定的社会责任。如涉及防火及公共安全、废弃物处理、街道及道路保养等方面的问题，都会对社区居民带来影响，企业在战略选择中应加以充分考虑。

3) 政治法律方面的影响

企业在制定战略时，也必须充分考虑到国际及国内政治方面的因素，以及法律法规方面诸多因素的影响。

在加入WTO后的新形势下，中国企业的战略选择将变得更加复杂。不仅要考虑原先企业环境的诸多因素，而且更需要面对世界经济一体化的格局所产生的各种新的变化情况，考虑企业的生存和发展。同时，加入WTO后法律问题也更加突出。WTO实际上是一整套国际法律体系，我们必须在其法律体系的框架下运作，才能得到充分的保护。比如，有关反倾销、反补贴、保障措施和技术标准立法等方面，都会有一系列的因素影响到企业的生存和发展，企业在制定和实施战略时，必须予以充分的重视。因此，面对复杂多变的国际、国内形势，企业必须做好充分的准备，才能做出较为适当的战略选择。

## 9.2.2 战略方案评价

战略评价的主要目的是衡量哪个备选战略方案更适合本企业。英国战略学家理查德·努梅特（Richard Rumelt）提出了可用于战略评价的4条标准，即一致、协调、优越和可行。协调（consonance）与优越（advantage）主要用于对企业的外部评估，一致（consistency）与可行（feasibility）则主要用于内部评估。

1. 一致性

一个战略方案中不应出现不一致的目标和政策。努梅特提出帮助确定组织内部问题是否由战略间的不一致所引起的三条准则：

① 尽管更换了人员，管理问题仍持续不断，如果这一问题是因事而发生而不是因人而发生的，那么可能存在战略的不一致；

② 如果一个组织部门的成功意味着或被理解为另一个部门的失败，那么战略间可能存在不一致；

③ 如果政策问题不断地被上交到最高领导层来解决，可能存在战略上的不一致。

2. 协调性

协调性是指在评价时既要考查单个趋势，又要考查组合趋势。在战略制定中将企业内部因素与外部因素相匹配的困难之一，在于绝大多数变化趋势都是与其他多种趋势相互作用的结果，对此必须综合考查。

3. 可行性

一个好的经营战略必须做到既不过度耗费可利用资源，也不造成无法解决的派生问题。对战略的最终的和主要的检验标准是其可行性。即依靠自身的物力、人力及财力资源能否实施这一战略。企业的财力资源是最容易定量考察的，通常也是确定采用何种战略的第一制约因素。人员及组织能力对于战略选择实际上更为严格，但它们是定量性差一些的制约因素，因此在评价战略时，很重要的一点是要考察企业在以往是否已经展示了实行既定战略所需要的能力、技术及人才。

4. 优越性

经营战略必须能够在特定的业务领域使企业创造和保持竞争优势。竞争优势通常来自三方面的优越性：

① 资源；
② 技能；
③ 位置。

良好位置的主要特征是：它使企业从某种经营策略中获得优势，而不处于该位置的企业则不能类似地受益于同样的策略。因此，在评价某种战略时，企业应当考察与之相联系的位置优势特性。

### 9.2.3 不同阶段的战略选择

影响企业战略选择的一个因素是行业所处的生命周期阶段，与产品的生命周期类似，一个企业或行业也要经历萌芽阶段、成长阶段、成熟阶段和衰退阶段，每一阶段各有自己的特点，并对企业的战略形成制约。如处于萌芽期的行业特点是需求快速增长，技术变化加快，并且在不断吸引新顾客；相反，衰退的行业需求下降，竞争者数目减少，并且产品种类很少。下面来进一步分析处于不同竞争地位时企业应该采取的战略。

1. 市场领先者战略

当市场领先者的经营范围较小时，它可能难以抵御其他企业的绕道进攻，而若其经营范围过大，则又难以在所有产品市场上取得明显竞争优势，可能会受到其他企业的侧翼进攻。总之，其他企业经常会同市场领先者的实力挑战或者利用它的弱点。为了继续巩固已有地位和保持现有优势，市场领先者必须在多方面做出不懈的努力。

第一，继续采取主动出击的策略，通过扩大总市场需求的办法来巩固和加强已有的竞争地位，因为总市场的扩大会给市场领先者带来最大的利益。其中最常用的战略就是密集型战略，即领先者可以通过寻找其产品的新用户，或说服现有顾客更多地使用其产品来扩大销售。若行业处于萌芽期，企业很容易通过这种努力实现自然增长。

第二，采取坚守战略，通过各种预防措施保护自己的现有业务不受其他竞争对手的侵蚀，从而保证企业获得较丰厚的利润。

① 通过各种多角化战略来保护现有产品的市场地位，如生产着世界将近一半的软饮料的可口可乐公司，通过进入酒类市场和兼并水果饮料公司等措施保护其现有地位；我国的杭州娃哈哈公司在保护其儿童饮料的市场地位时也采取了类似的战略；一家大的高档食品店可以通过

销售和经营资源充足的廉价食品或增加新的品种或特定口味的食品来对付其他竞争者的介入。

② 在竞争对手发动市场进攻之前通过主动出击或心理攻势来使竞争对手处于防守地位或撤出它们的进攻力量，如当市场领先者知道有竞争者将建立一个工厂生产与自己相同的产品时，可以向竞争者发出自己企业将降低产品售价和扩大生产规模的战略信号以阻止其进入市场，尽管其本身并不一定真的降低价格和扩大生产规模。有时，市场领先者可以通过较高的营销支出和地区扩张来阻塞竞争对手接近分销渠道或供应商的各种途径，甚至可以通过影响政府政策来提高行业的进入障碍以巩固其市场地位。值得注意的是，在需求下降的市场内，市场领先者可能需要通过收购竞争者来应对需求下降带来的威胁。

2. 市场挑战者战略

市场挑战者的市场地位虽然不如市场领先者那样强大，但它仍然可以通过灵活的战略去进攻市场领先者，以扩大自己的市场份额。当然，它也可能进攻实力较弱的企业同时保护自己的阵地不受后者的侵犯。在选择战略目标和竞争对手以后，市场挑战者就可以采取某些方式攻击已选定的目标。

（1）正面进攻

所谓正面进攻，是指集中兵力向对方的实力而不是其弱点发起攻击，当企业具有比对方更强的竞争实力或市场领先者没有明确的防御战略时，就可以针对对手的产品、价格和促销等发动攻击，如通过发动降价和产品创新等夺走其市场份额。例如，在1996年到1997年上半年，针对我国计算机市场上外国品牌价格过高，而众多小的"攒机商"的产品质量差的格局，联想公司连续6次较大幅度地降低价格，从而大大提高了其市场占有率。我国的长虹集团在对付国外品牌的竞争时，也采取过同样的战略。

（2）侧翼进攻

所谓侧翼进攻，是指"集中优势兵力打击对方弱点"的战略。市场挑战者采取这种战略攻击领先者时首先要对市场进行细分，然后再根据细分市场的特点去组织自己的生产和销售。如通过市场开发去占领一些市场领先者无暇顾及或力量薄弱的地理区域，或者通过产品创新寻找未被市场领先者服务所覆盖的市场需求，如北京海燕——优美加体育器材有限公司通过开发生产标准美式台球桌去满足机关团体、学校等对快速打法的需求，与市场领先者——星伟体育用品有限公司开展竞争。

（3）绕道进攻

所谓绕道进攻，是指避开竞争对手现在已占有比较稳固的产品市场，而用某种方式开辟一个自身具有某种优势的市场，是一种最间接的进攻战略。如通过多样化来经营无关联产品，向市场领先者发起不被其注意和警觉的攻击，或者通过开发新的技术或工艺的办法，而获得进攻的优势。采取这一战略的主要目的是在自己实力不如竞争对手的情况下避免与其发生正面冲突，而是通过间接的方式去积蓄力量，待时机成熟时再向对手发动全面进攻。

3. 市场追随者战略

处于防守地位的企业和市场挑战者在没有把握的情况下最好选择追随市场领先者，而非进攻它的战略。在某些资本密集的同质产品行业，如钢铁、肥料和化工，由于产品差异化和形象差异化的机会很低，服务质量常常相仿，而且价格的敏感性很高，任何试图抢占市场份额的努力都很容易招来对方的报复，所以市场追随者应当效仿市场领先者，为顾客提供相似的产品或服务。

市场追随者的追随方式可分为三类。

第一是紧紧追随。即在尽可能多的细分市场中模仿市场领先者，而并不是积极地通过产品创新和促销去刺激市场需求，它们要做的仅仅是模仿领先者的产品或服务。为了实现上述目标，追随者最好在行业增长阶段进入行业，这是因为在这一阶段市场领先者不能或不愿满足那么多的需求。美国20世纪80年代早期家庭计算机系统的增长和扩散，我国20世纪90年代中期个人计算机、手机销售的快速增长都是很好的例子。在增长速度很快的行业内，追随者一般都能通过模仿市场领先者的战略而得到很好的发展，东方通信的快速成长就是这方面的典型例子。

第二是保持一段距离的追随。即追随者并不是在所有细分市场上效仿市场领先者，而只是在主要市场、价格和分销上追随市场领先者。

第三是有选择地追随。即追随者在某些产品上紧跟领先者，但在另外一些方面又有自己的特点和创新。事实上，在成熟的行业内，追随者能够采取的最好战略是差异化战略，以避开与市场领先者的竞争。在需求下降期间，这种战略尤为重要。如前所述，这是日本企业在全球化过程中常采用的一种战略。采取这种战略的企业常常能成长为未来的挑战者。

还应该看到，市场追随者虽然处于防守地位，并常常采取追随而非进攻的战略，但正因为如此，它们往往在市场份额较低的情况下有较高的盈利，这是因为它们可以不必冒产品开发的风险，从而降低了产品成本。我国的很多小型企业都曾成功地采用过这一战略。

4. 市场补缺者战略

这是处于虚弱和无活力地位的企业为维持生存或在撤出市场前为避免更大损失而常采取的一种战略。所谓市场补缺是通过专业化，即市场集中战略为那些可能被大企业忽略或放弃的狭小市场提供产品或服务。而专业化可以通过多种方式来实现，如将目标集中在特定种类的产品、特定的顾客群体或特定的地理区域。如果通过市场补缺还不能奏效，处于这一地位的企业，尤其是当行业处于成熟阶段时可能需要采取放弃战略或收获战略，即退出现有业务领域或短期内尽可能增大利润，然后再逐步退出市场。

---

**小资料**

A市是一个地级市，市区有40余万人口，本地的B企业牢牢地控制着当地的牛奶市场，市场占有率达到90%。B企业每天向市场供应12万袋牛奶，其中消毒鲜牛奶的销量占比达到40%~50%，价格是0.75元/袋，相当具有竞争力。在渠道方面，B企业自建20个分销中转站，为下面的食杂店、奶点配送，这些终端只能零售，不能开展预售性的订奶与送奶上户业务，同时也不能兼营其他品牌的同类产品；公司自建送奶上户渠道，直接控制最终用户。目前，这两条渠道的销量各占一半。

现在，一个做同类产品的企业想进入A市，它的主类品项价格高于B品牌，它亟待解决的问题是：(1) 如何抑制B品牌主力品项的价格优势；(2) 采取怎样的手段分化B品牌的零售商；(3) 采取怎样的渠道组合策略。

---

这个例子焦点在于：怎样进入竞争者的根据地市场。

这时必须思考一个问题：怎样才能使我们达到预定的目标呢？这就需要科学地选择行之有效的竞争战略。

## 9.3 战略选择模型

企业战略选择模型主要有 SWOT 分析模型、战略选择矩阵、战略聚类模型 3 种。

### 9.3.1 SWOT 分析模型

如本书第 4 章所述，SWOT 分析是一种广泛使用的战略分析和选择方法。SWOT 分析法将企业面临的外部机会和威胁，与企业内部具有的优势和劣势进行对比，得出 4 种组合方式，分别可用图 9-1 中的 4 个区域表示。

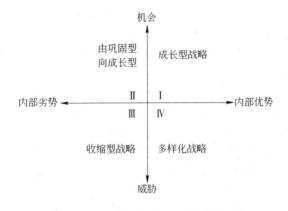

图 9-1 SWOT 战略选择模型

象限 Ⅰ 中企业外部有众多机会，又具有强大内部优势，是机会和优势最理想的结合。这时的企业业务面临许多机会，并有较多方面的内部优势，使企业足以利用外部机会。在这种情况下，企业倾向于采取成长型战略，以充分利用环境机会和内部能力优势。

象限 Ⅱ 中企业外部虽有机会，但内部实力不佳，其性质类似处于发展-份额矩阵中的问号业务。这些业务的战略可先采用巩固型战略，然后再采取成长型战略。

象限 Ⅲ 中企业外部有威胁，内部状况又不佳，是最不理想的内外部因素的结合。处于该区域中的企业在其相对弱势处恰恰面临巨大的环境威胁。在这种情况下，企业应采取收缩型战略。

象限 Ⅳ 中企业拥有较强的实力，而外部却存在一定威胁。企业对这种情况可持两种态度。一种是利用现有强势在其他产品或市场上建立长期机会，这是具有其他发展机会的企业常采取的态度。需要注意的是，只有在企业可以将其优势利用于新业务的条件下才宜于采取这种态度。改变服务对象、进入新的产品细分市场、改变经营地区等都是可以采取的有效方式。中国一些企业采取的"人无我有，人有我优，人优我廉，人廉我走"的战略同样反映了这种态度。另一种态度是以企业的优势正面克服环境设立的障碍。一体化战略和多样化战略就是实现克服环境威胁目的所常采取的战略。不过，企业只有在优势十分突出，企业实力较强，特别是财力很强时才适于采取与环境直接正面斗争的态度。因为如果失败，企业将受到更大的伤害。

## 9.3.2 战略选择矩阵

这是用于指导企业进行战略选择的一种模型。企业应结合自身的优劣势情况和内外部资源的运用情况，选择适合企业的战略。其战略选择矩阵模型见图9-2。

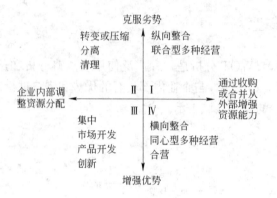

图9-2 战略选择矩阵模型

在象限Ⅰ中，企业会认为自己当前生产经营业务的增长机会有限或风险大，应采取纵向一体化战略来减少原材料供应或向产品下游延伸的不确定性带来的风险，或采用联合型多种经营战略。这样既能获利，管理部门又不用转移其对原有经营业务的注意力。但必须注意的是，从外部获得资源和能力耗费的时间和资金量都很大。因此必须防止在克服一种劣势时又造成另一种劣势。

在象限Ⅱ中，企业可以采取较保守的办法来消除企业的劣势，即将业务范围进行收缩，将资源集中于有竞争优势的业务。在保持基本使命不变的情况下，企业将内部资源从一种经营业务转向另一种经营业务，加强有竞争优势的经营业务的发展。尤其是当某种业务劣势已对企业构成重大障碍或克服这一劣势耗费甚大或成本效益太低时，必须考虑采用分离战略，把这种业务分离出去，同时获得补偿。当该项业务已经白白耗费组织资源并可能导致企业破产时，可考虑采取清理战略。

在象限Ⅲ中，一方面企业拥有相当优势，且需要扩大生产规模来达到规模经济和一定的市场份额，另一方面又能从内部增加所需要的资金投入和其他资源，则可以从市场渗透、市场开发、产品开发及技术创新中选择一种战略。企业如果认为能用这4种战略建立获利能力，并希望从内部增强优势，就可以进行选择。集中即市场渗透，全力倾注于现有的产品和市场，力求通过再投入资源，增强优势以巩固自己的地位。市场开发和产品开发都是要扩展业务，前者适用于现有产品拥有新顾客群的情况，后者适用于现有顾客对与企业现有产品相关的产品感兴趣的情况。产品开发也适用于拥有专门技术或其他竞争优势的情况。例如，如果企业优势在于创造性的产品设计或独特的生产技术，可以不断推出新产品，则可采用创新战略。

在象限Ⅳ中，企业通过积极扩大业务范围来增强优势，需要选用其中一种注重外部的战略。横向整合可使企业迅速增加产出能力。同心型多种经营战略中，原有业务与新业务相关，可以使企业平稳而协同地发展。合资经营也是从外部增加资源能力的战略，可以使企业将优势拓展到原来不敢独自进入的竞争领域。合伙者的生产、技术、资金或营销能力可大大减少金融投资,并增加企业获利的可能性。

当然,没有哪一个企业会始终坚持某一种战略,当其外部条件变化或内部强、弱势发生变化时,就需要适时地调整战略。

### 9.3.3 战略聚类模型

战略聚类模型是由小汤普森(A. A. Thompson)与斯特里克兰(A. J. Strickland)根据波士顿矩阵修改的一种战略聚类模型,如图 9-3 所示。

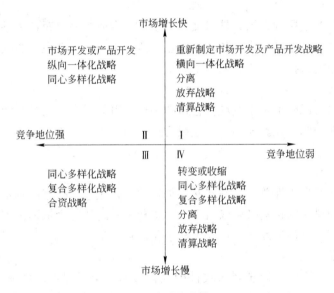

图 9-3 战略聚类模型

在象限Ⅰ中,企业必须认真评估其现有战略,找出效益不理想的原因,判断有无可能使竞争地位转弱为强。4 种可能的选择是重新制定市场开发或产品开发战略、横向一体化、分离和清理。一般来说,在迅速增长的市场中,即使弱小的企业也往往能找到有利可图的机会,因此应首先考虑重新制定市场开发或产品开发战略。如企业通过上述措施仍无力获得成本效益,则可考虑采取一体化战略,若再无力增强竞争地位,可考虑退出该市场或产品领域的竞争。若企业生产的产品品种较多,则可分离出耗费大、效益低的业务。最后,当某些业务很难盈利时,可以采取清理战略,以避免拖延造成更大的损害。

在象限Ⅱ中,企业处于最佳战略地位,宜继续集中力量经营现有的业务,不宜轻易转移其既有的竞争优势。但如果企业资源除扩大现有业务外还有剩余,则可考虑采用纵向一体化战略。也可以采用同心型多种经营战略,以减少经营面过窄而带来的风险,同时继续大量投资于有效益的现有主要的经营领域。

在象限Ⅲ中,企业相对竞争地位较强,但市场增长却比较缓慢。可以采用同心型或联合型多角化战略来分散经营风险,同时利用原有的竞争优势。在这种情况下,跨国经营的企业最好采取合资战略,通过与东道国企业的合作,可以开拓有前途的新领域。

在象限Ⅳ中,企业相对竞争地位较弱,同时面对一个增长较慢的市场,企业可以采用以下几种战略:转变或收缩、同心型多角化、联合型多角化、分离和清理。其中收缩战略既能得到转移投资所需资金又能促使雇员提高工作效率；同心型或联合型多角化战略便于企业进入有前途的竞争领域。如果能找到持乐观态度的买主，则可以采取分离或清理战略。

## 9.4 企业战略选择的原则与战略选择误区

### 9.4.1 企业战略选择的原则

企业战略是企业发展的蓝图，其意义在于规定了企业在一定时期内基本的发展目标，以及实现这一目标的基本途径，指导和激励企业全体员工为实现企业经营战略目标而努力。因此，企业经营战略的选择一般要遵循以下原则。

（1）长远性原则

企业经营战略考虑的不是企业经营管理中一时一事的得失，而是企业在未来相当长一段时期内的总体发展问题。经验表明，企业经营战略通常着眼于企业未来3～5年范围乃至更长远的目标。

（2）现实性原则

企业经营战略的长远性总是以现实性为基础的。企业经营战略的制定，离不开对企业未来发展的预测，而科学的预测必须以历史的事实和现实的状况为依据。因此，企业必须从现实的主观因素和客观条件出发，合理地选择企业经营战略。

（3）竞争性原则

在市场竞争中，企业可以选择进攻性的经营战略，也可以选择防御性的经营战略。但是，无论企业选择什么样的经营战略，都应当是在审时度势、全面衡量各种因素的基础上，为在激烈的市场竞争中求生存、求发展所作出的决定，其目的是克"敌"制胜，在竞争中战胜竞争对手。

（4）适应性原则

适应性是指企业经营战略必须与企业管理模式相适应。一方面，企业经营战略指导和制约着企业管理模式。企业一旦选择确定了企业经营战略，企业最高管理层就应当根据企业经营战略的要求来选择和调整企业的管理模式，即企业管理模式必须服从于企业经营战略。这是因为，企业经营战略需要一定的管理模式为其服务，才能最终实现企业战略目标。包括企业的组织机构的设置、人财物等资源的配置、管理方法与手段的选择等都需要围绕企业经营战略来进行。另一方面，企业战略目标的提出与战略的制定，必须建立在企业现实可行的管理模式的基础上，不能超越管理模式的现实可行性。否则，就无法落实和实现企业战略目标。例如，一旦选择确定发展高科技产品的经营战略，企业管理层必须设法使企业职工队伍的素质与之相适应，没有一支高素质的职工队伍，实现发展高科技产品的经营战略是不可想象的。

### 9.4.2 战略选择陷阱

在企业战略的选择过程中，必须注意防止出现由于指导思想不正确、分析不周及缺乏膽测等现象，造成最终战略实施上的严重失误。在实际管理实践中，战略管理者往往容易犯一些共同的毛病，造成战略态势选择的失误。实验表明，以下是一些企业非常容易犯的战略选择错误，必须注意加以避免。

(1) 盲目跟随

盲目跟随是指企业没有仔细分析企业特有的内外部环境条件和自身的资源情况，而是盲目地追随市场领先者或目前流行的战略态势，从而造成失误。盲目跟随他人往往发生在市场前景较为乐观，经济较为景气的时期。片面效仿行业中领先企业的做法，而忽视了行业中同类产品市场可能已趋饱和、很难再打入的现实情况。我国市场上曾经出现的一阵风搞彩电、一阵风上空调，结果造成生产能力过剩、产品积压，就是这种盲目跟随战略的典型例子。此外，盲目跟随战略的另一种表现形式是：在社会上风行企业兼并、收购、联合时，不顾企业自身实力与对方企业的具体情况，甚至不惜购进衰退行业中的弱小企业，这必然会使企业未来发展背上沉重的包袱。

(2) 墨守成规

由于开发成功了一个新产品，并取得了巨大的成功，就期待再次交好运。趋向于按照同样的思路去再开发出另一个成功的新产品。结果往往是第二次开发出来的新产品不再能够给企业带来较高的利润。类似的，已被过去经验证明是成功的战略，如果不加创新，在开拓新业务时，墨守成规，采取守株待兔的做法，希望能够取得再次成功，则结果也往往是令人失望的。

(3) 军备竞赛

为了增加企业的市场份额，而置可能引发的价格战于不顾，针锋相对地与另一家企业展开白热化的市场争夺战，这样做的结果或许能够为企业带来销售收入的增长，但却可能由于广告、促销、研究、开发、制造成本等方面费用的更大增长而使得企业的盈利水平下降，结果两败俱伤、得不偿失。

(4) 多方出击

在企业面临许多有发展前途的机会时，往往会自觉或不自觉地希望抓住所有的机会，以实现广种薄收的目的，而结果常常会由于企业内部时间、精力、资金等方面的制约，实际上很难同时兼顾所有项目的发展需要，最终必然是蜻蜓点水、面面俱到，尽管在许多市场上建立了弱小地位，但却没有一个市场的地位是强大巩固的。

(5) 孤注一掷

当企业在某一战略上投入大量的资金后，企业高层管理者往往难以接受战略不成功的现实，总希望出现奇迹，所以在战略决策上就倾向于认为既然已经投入了这么多的资金，就绝不能随便放弃、半途而废，而应该再投入一些力量以争取成功，结果在最后失败时浪费了更多的资源。

(6) 本末倒置

在市场开拓与产品促销上投入大量的资金，而不在解决产品质量及性能上下功夫。将研究开发精力放在企业力量单薄的产品上，而不是放在企业有实力的产品上。将降低现有产品成本摆在中心工作地位上，而忽视了怎样抓住机会，以便在选定的市场中建立较强的竞争地位。

(7) 克服缺点

许多面临困境的企业往往倾向于将更多的精力用于改正缺点，而不是想方设法利用自己的优点来获益。事实上,每个企业任何时候都会有缺点存在,同样也有优点存在。而对一个企业来说,由于受资源条件所限,通常很难做到既能从优点中获益,又能对缺点有所改正。考虑到改正缺点至多是起到减少失误的作用,而利用优点则有可能从中受益。所以,对于企业来说,比较积极的态度应该是努力抓住机会,以免企业在不断解决沉积问题中丧失各种发展机会。

## 案例分析

### 联想与华为不同战略选择

2016年4月25日,中国IT界迎来空前盛事——龙芯中科公司正式发布了"龙芯二代"全系列产品,国产CPU代表"龙芯"在产品开发与产业化进程方面取得进展。无独有偶,联想集团同样从事过芯片研发并在当年实现产业化。然而,联想早年的技术创新成果却没有发扬光大,更没有在技术创新道路上坚持下来,令人不胜惋惜。然而,比联想晚三年创办的华为,与联想一样,都是在创业四年后开始芯片研发的,坚持一条路走到底,以实业发展至今,华为的业绩引起全球震惊。

第一阶段:联想"技工贸",华为"贸工技"(1985—1995)

1. 联想:"技工贸"战略创造无数IT辉煌

联想在创办初期的前十年,采取"技工贸"战略,取得了一系列成就,创造了无数IT业辉煌,联想也成为中国民族产业的一面旗帜。

(1)汉卡为联想挖掘第一桶金。联想创办初期,计算所从人力、物力、财力、科技成果以及无形资产等诸多方面给予了大量支持。第一桶金就来自计算所的研究成果——联想式汉卡(联想式汉字输入系统),它为初创期的联想贡献了上亿元利税。

(2)联想286微机在汉诺威展一炮打响。1989年3月,联想286微机在德国汉诺威的CeBIT博览会上一举扬名,掀起了国内第一次微机热潮,成为拉动国内市场的巨手;1990年北京联想集团公司在国内市场上推出了联想自己品牌的微机,产品采用自己设计制造的主板,成为当时国内四家自有品牌微机的公司之一(长城、联想、浪潮、东海)。

(3)联想程控交换机实现产业化,建成技工贸一体化的产业结构。1994年元旦,第一台联想程控交换机LEX5000在河北廊坊开局成功,早于华为拿到入网许可证,可大规模进入市场。第二台程控交换机被中办、国办机关所采购使用。经过短短的三年,该联想程控交换机项目不但完全收回了几十万元的开发投入,还为联想创造了286万元的纯利润。1995年5月,联想总裁室发布《联想之路百题问答》,总结联想集团的"第一个战略目标"是"建成技工贸一体化的产业结构"。

2. 华为:"贸工技"战略艰辛起家

初创阶段的华为还处于混沌状态,基本上是什么赚钱做什么……

(1)"二道贩子"掘得第一桶金。偶然的机会,华为进入通信领域代理交换机产品,三四年下来积累了几百万元。华为最早期的产品是买散件自行组装,打上"华为"品牌,再找全国代理商销售的。由于服务好、销价低，产品在市场上供不应求，可散件断货又收了客户的钱，却没有货可发，产品、客户、订单、现金流，甚至公司的命运受制于人。于是，任正非决心自主研发。

(2) 华为核心研发始于芯片。许多人未必知道，华为研发的根基与内核，恰恰是芯片研发。1994年，华为已成功设计了30多款芯片，这些芯片正式投放使用在华为各种交换机设备中，而且实践证明这些芯片稳定可靠。

(3) 程控交换机是华为的救赎。1993年下半年，在研究掌握国际最新技术和器件成果的基础上，华为严格按国标、部标要求，自行开发设计的新一代数字C&C08200门程控交换机投向市场。此后，华为每年的业绩都翻番，在通信市场崛起，与跨国巨头过招屡屡获胜。从1987年12月创办到1995年，华为实现了从"贸工技"到"技工贸"的华丽转身，通过ICT（IT+CT，信息技术与通信技术）融合进入企业高速发展时期。

第二阶段：联想"贸工技"，华为"技工贸"（1996年至今）

1. 联想：二十年战略十数次调整

1995年6月30日，联想集团免去倪光南总工程师职务，与此同时撤掉总工程师职位，原来研发中心所有人员全部下放到事业部的研发部门，由事业部总经理领导。

(1) "贸工技"战略的提出。1998年3月30日，联想从此由"技工贸"发展战略彻底转到"贸工技"发展战略，联想所有的研发几乎都被取消了。而以"贸工技"起家的华为开始改弦易辙，实施"技工贸"发展战略。根据2006年至2015年财报显示，联想历年的研发支出中，仅2015年的研发收入占比达到2.6%，其余年份均低于1.9%。同年，华为研发投入596亿元，研发收入占比15%。

(2) "贸工技"战略等于无战略。"联想"的"贸工技"战略其实仅有"贸"而无"工技"。联想PC主要靠"贴牌"或组装生产，其核心组件操作系统、处理器、硬盘、液晶显示器等始终缺乏自主技术研发，只能靠进口或其他供应商提供来组装。从2004年开始，联想进行了一系列并购，希望通过并购的方式实现技术的升级换代，以替代自主研发技术。然而，联想买来的都不是核心技术或最前沿的技术，而是些很容易遭到淘汰的技术，这就面临很大风险。

2. 华为：二十年"技工贸"战略不动摇

华为随着研发的逐渐深入，产品的技术含金量逐步增大，利润也同步增长，最后完成了由"贸工技"到"技工贸"的华丽转身。

(1) 华为芯片不断扩大设计品种。华为自行设计的芯片随着产品设备的扩展而不断扩大设计品种，在某领域开始产品研发时就同步启动该领域自主芯片的研发设计。华为的产品很快占据了市场的重要地位，甚至是主导地位。华为"技工贸"道路越走越宽阔，从农村发展到城市，从中国走到全球。

(2) 华为海思芯片撑起一片天空。1996年，海思（华为的全资子公司）第一块十万门级ASIC研发成功之后，海思芯片研发升级换代，进入规模化、产业化时期。

华为自主研发的成功经验表明：中国企业是可以在芯片设计等领域掌握关键核心技术的；在国际竞争中，如果企业既想有成本优势，又要有可观的利润，就应当像华为一样在价值链上做得更深层，完全把控住核心技术的主要方面，拥有自己研发的"芯"脏。

【资料来源】陶勇. 联想与华为不同战略选择的启示. 企业管理，2017（7）：68-71.

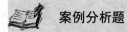
### 案例分析题

1. 通过分析案例，谈谈联想更适合什么样的发展战略？
2. 结合案例回答为什么联想和华为一个做大、一个做强？
3. 联想与华为，都是在创业四年后开始芯片研发的，然而当初联想为什么忽略核心技术研发，华为却坚持一条路走到底？

# 本章习题

## 一、判断题

1. 在制定战略规划时，企业的经营中心关注的是具体的业务单元组合、相关增长机遇、协同效应的创造和利用。（　　）
2. 战略规划的目标是实现社会效益最大化和可持续发展，社会效益是企业战略的出发点。（　　）
3. 采取坚守战略是在竞争对手发动市场进攻之前通过主动出击或心理攻势来使竞争对手处于防守地位或撤出它们的进攻力量的战略形势。（　　）
4. 企业相对竞争地位较强，但市场增长却比较缓慢时可以采用同心型或联合型多角化战略来分散经营风险。（　　）
5. 合资经营也是从外部增加资源能力的战略，可以使企业将优势拓展到原来不敢独自进入的竞争领域。（　　）

## 二、选择题

1. 影响战略选择的行为因素有（　　）。
   A. 企业过去战略的影响　　B. 企业对外界的依赖程度
   C. 企业对待风险的态度　　D. 竞争者的反应
2. 市场挑战者的战略选择有（　　）。
   A. 坚守战略　　B. 正面进攻　　C. 侧翼进攻　　D. 绕道进攻
3. 企业战略选择的原则有（　　）。
   A. 长远性原则　　B. 现实性原则
   C. 竞争性原则　　D. 有效性原则
4. 企业经营战略的长远性总是以（　　）为基础的。
   A. 长远性　　B. 有效性　　C. 现实性　　D. 竞争性
5. 企业相对竞争地位较弱，同时面对一个增长较慢的市场，那么企业可以采用的战略是（　　）。
   A. 转变或收缩　　B. 同心型多角化
   C. 联合型多角化　　D. 分离和清理

### 三、思考题

1. 哪些因素影响着企业战略选择？
2. 企业战略选择的误区有哪些？
3. 分析比较 SWOT 分析模型、战略选择矩阵、战略聚类模型 3 种战略选择模型的优点与缺点。
4. 美国西北航空公司对付一家小航空公司的价格竞争是反击式防御的一个好例子。美国西北航空公司从明尼阿波立斯到亚特兰大的航线是一条最有利可图的航线，但一家小航空公司却发动了一次大幅度的机票削价和大量的广告宣传活动，以扩大其在这一市场的份额。美国西北航空公司的反击策略是降低明尼阿波立斯到芝加哥的机票价格，而这条航线恰是这家小航空公司收入的主要来源。由于主要的收入来源受到损害，这家小公司只得把其从明尼阿波立斯到亚特兰大的机票价格恢复到正常水平。试评析美国西北航空公司的战略。

**参考答案**

一、1. √  2. ×  3. √  4. √  5. √

二、1. ABCD  2. BCD  3. ABC  4. C  5. ABCD

# 第 10 章

# 企业战略实施

**在本章中，我们将要学习：**
- 组织结构基本类型，组织结构与战略相互关系
- 企业文化是战略实施重要保证
- 企业资源合理分配是战略实施的必要条件
- 战略实施的绩效管理方法
- 领导在战略实施过程中的作用

 **导入案例**

## 从乐视危机看企业多元化经营

今年以来，乐视资金危机爆发，到目前结局仍未彻底明朗。乐视集团雄心勃勃提出要打造"七大生态"，起初从视频网站到电影行业，再到电视，可以说是稳步扩张。但从乐视体育开始，花费巨额资金购买体育赛事版权，收入却十分有限；迷信"硬件亏本可以通过内容、服务盈利"模式，手机业务巨亏近百亿元。尤其是毫无基础却执意进入资金需求巨大、跟原有的核心产业相关性不高而前景又暂时不明的电动汽车行业。即便作为这个行业的先行者和佼佼者——特斯拉，自2003年成立以来，其绝大部分时间处于亏损状态。2016年，特斯拉净亏损6.75亿美元，最近刚公布的2017财年第二季度财报显示，净利润亏损4.01亿美元。持续的亏损必须要靠持续的融资来弥补，如果没有强大的号召力，就难以为继。即使从长远来看电动汽车行业可能有光明的前景，但以乐视的实力现在强行进入电动汽车行业，只能说太任性。

近年来，市场上一些人觉得只要自己有受追捧的新概念、能吸引资本就无所不能。互联网和风投确实在拓展新经济业态、促进经济转型升级和企业创新发展方面发挥了巨大作用，然而，经济发展和企业成长的规律并没有多大变化，都必须追求可持续增长。对企业来说，不管是传统企业还是新经济业态企业，谋求技术优势、资源优势、品牌优势和管理优势等才是需要长期追求的目标，也是稳步发展的基础。反之，热衷于炒概念，盲目追求不切实际的发展目标和多元化经营，衰亡是必然的。

目前，乐视开始调整思路，以利润为导向，围绕主业，大规模收缩原有的业务线，由激进扩张向稳健谨慎转变。如能熬过难关，东山再起、卷土重来也未可知。

【资料来源】http://finance.jrj.com.cn/2017/09/16052023124036.shtml. 2017-9-16.

企业战略方案一经选定，管理者的工作重心就要转到战略实施上来。战略实施是贯彻执

行既定战略规划所必需的各项活动的总称,也是战略管理过程的一个重要部分。显而易见,如果精心选择的战略不付诸实施,或不认真地组织实施,则以前的努力就会付诸东流;反之,如果战略实施做得好,不但可以保证好的战略取得成功,而且还可以克服原定战略方案中的不足,使之不断完善而获得成功。

## 10.1 企业战略与组织结构

战略与组织结构的有效结合是企业生存和发展的关键因素之一。一个企业的成功就在于能制定适当的战略,同时能建立适当的组织结构以贯彻其战略。企业战略的变化往往会导致组织结构的变化,组织结构的重新设计又能够促进企业战略的实施,企业的战略与组织结构之间是一个动态的匹配过程。孤立地制定战略或进行组织结构设计都很难奏效,只有将两者视为一个有机整体,并放在不断地变化着的环境中去考量,才可能有效地促进企业健康持续的发展。

**小资料**

在科技、社会日新月异的今天,企业要想生存和发展,就必须根据内外环境的变化,及时调整组织结构。在短短十几年时间里,联想的组织结构变了好几次:从大船结构到舰队模式;从众多的事业部到整合为六大子公司;从北京联想、香港联想分而治之到统一平台……联想几乎每年都在变。但经过几次"折腾",联想已经摆脱了大多数民营企业小作坊式的经营模式,走向大集团、正规化、协同作战的现代企业管理模式。通过调整,联想不断打破阻碍自己发展的"瓶颈",从而不断走向成熟。

### 10.1.1 组织结构的基本类型

组织是为实现某些特定目标,通过分工与合作,由不同层次的权力和责任制度而构成的人的集合。组织结构是表明组织各部分排列顺序、空间位置、聚散状态、联系方式及各要素之间相互关系的一种模式。没有一成不变的、普遍适用的、最佳的组织模式,不同的企业及同一个企业的不同发展阶段,都应当根据当时的企业内部条件和外部环境(即权变因素)来设计与之相适应的组织结构。组织结构因企业环境、企业战略、企业技术、人员状况、企业规模、企业寿命周期等因素的不同而有所不同。

常见的组织结构形式有:直线型组织结构、职能型组织结构、直线-参谋型组织结构、直线-职能参谋型组织结构、事业部制组织结构和矩阵结构。

1. 直线型组织结构

直线型组织结构也称为单线型组织结构,是最早使用、也是最为简单的一种组织结构类型。"直线"是指在这种组织结构中职权从组织上层"流向"组织的基层。如图10-1所示。

这种组织结构的特点是:每个主管人员对其直接下属

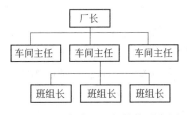

图10-1 直线型组织结构示意图

有直接管理权；每个人只能向一位直接上级报告；主管人员在其管辖的范围内，有绝对的管理权或完全的管理权。

其优点是：结构比较简单，责任与职权明确，上层主管作出决定可能比较容易和迅速。

其缺点是：在组织规模较大的情况下，业务管理比较复杂，所有的管理职能最终都集中到一个人，因此对最高管理者的能力要求较高；而当该"全能"管理者离职时，难以找到合适的替代者；部门间协调差。

该种组织结构类型一般只适用于那些没有必要按职能实行专业化管理的小型组织或应用于现场作业管理。

2. 职能型组织结构

职能型组织结构也称为多线型组织结构。其特点是采用按职能分工实行专业化的管理来代替直线型的全能管理。如图 10-2 所示。

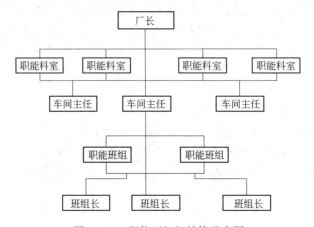

图 10-2 职能型组织结构示意图

其优点是：具有适应管理工作分工较细的特点，能充分发挥职能机构的专业管理作用；由于吸收专家参与管理，减轻了上层主管人员的负担，使他们有可能集中注意力以履行自己的职责。

其缺点是：由于存在多头领导，妨碍了组织的统一指挥，易造成管理混乱，不利于明确划分职责与职权；各职能机构往往不能很好地配合，横向联系差；在科技迅速发展、经济联系日益复杂的情况下，对环境发展变化的适应性差；强调专业化，使主管人员忽略了本专业以外的知识，不利于培养上层管理者。

在实际工作中，很少有纯粹的职能型组织结构。

3. 直线-参谋型组织结构

也叫直线-职能制。它是在直线型和职能型的基础上，取长补短，吸取这两种形式的优点而建立起来的，目前绝大多数企业都采用这种组织结构形式。这种组织结构形式把企业管理机构和人员分为两类：一类是直线领导机构和人员，按命令统一原则对各级组织行使指挥权；另一类是职能机构和人员，按专业化原则从事组织的各项职能管理工作。直线领导机构和人员在自己的职责范围内有一定的决定权和对所属下级的指挥权，并对自己部门的工作负全部责任；而职能机构和人员，则是直线指挥人员的参谋，不能对直接部门发号施令，只能进行业务指导。如图 10-3 所示。

其特点是：按组织职能来划分部门和设置机构，实行专业分工，并实行统一指挥；将管理机构和人员分为两类，一类是直线指挥部门和人员，另一类是参谋部门和人员；实行高度集权。

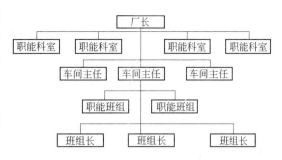

其优点是：各级直线主管人员都有相应的职能机构和人员作为参谋和助手，因而能对本部门进行有效管理；而每个部门都由直线人员统一指挥，满足了现代组织活动需要统一指挥和实行严格的责任制度的要求。

图 10-3  直线-参谋型组织结构示意图

其缺点是：下级部门主动性和积极性的发挥受到限制；部门之间缺乏沟通，不利于集体决策；各参谋部门和直线指挥部门之间不统一时，易产生矛盾，使上层主管的协调工作量大；难以从组织内部培养熟悉全面情况的管理者；整个组织的适应性较差，反应不灵敏。

该组织结构对中、小型组织较适用，但对于规模大、决策时需要考虑的因素复杂的组织则不太适用。

4. 事业部制组织结构

事业部制组织结构是由美国的斯隆在 20 世纪 20 年代初担任美国通用汽车企业副总经理时研究和设计出来的，故被称为"斯隆模型"。

其管理原则是"集中政策，分散经营"，即在集中领导下进行分权管理。企业按产品、地区或经营部门分别成立若干个事业部。该项产品或地区的全部业务，从产品设计直到产品销售，全部由事业部负责。各事业部实行独立经营、单独核算。高层管理者只保留人事决策、财务控制、规定价格幅度及监督等大权，并利用利润等指标对事业部进行控制。事业部的经理根据企业最高领导的指示进行工作，统一领导其所管辖的事业部和研制、技术等辅助部门。事业部制组织结构适合大型的或跨国的企业。如图 10-4 所示。

图 10-4  事业部制组织结构示意图

其优点是：有利于采用专业化设备，并能使个人的技术和专业化知识得到最大限度的发挥；每一个产品部都是一个利润中心，部门经理承担利润责任，这有利于总经理评价各部门的政绩；在同一产品部门内有关的职能活动协调比较容易，比完全采用职能部门管理更具弹性；容易适应企业的扩展与业务多元化要求。

其缺点是：需要更多的具有全面管理才能的人才，而这类人才往往不易得到；每一个产品分部都有一定的独立权力，高层管理人员有时会难以控制；对总部的各职能部门，例如，人事、财务等，产品分部往往不会善加利用，以致总部一些服务不能被充分地利用。

5. 矩阵结构

这是在组织结构上，既有按职能划分的垂直领导系统，又有按项目划分的横向领导系统的结构。如图 10-5 所示。

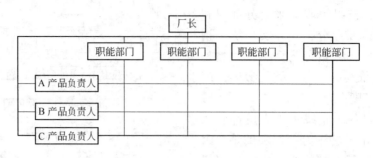

图 10-5 矩阵结构示意图

其优点是：灵活性、适应性强；有利于把组织的垂直联系与横向联系更好地结合起来，加强各职能部门之间的协作。

其缺点是：稳定性较差；实行双重领导，可能会出现多头指挥现象。

企业组织结构要处理好三大类因素：

① 信息结构，是指公司的各个层次和职务之间的信息分布和流动的结构，例如，公司总部需要了解什么样的信息，而不应该了解什么信息；

② 决策权力的分配，是指公司在各个层次，各个岗位，以及以什么方式分配各种决策权力，包括正式或者非正式的权力；

③ 评价和激励机制，包括部门和员工的绩效评价机制、管理激励机制和文化约束机制。

## 10.1.2 企业战略影响组织结构

企业战略影响组织结构的两个方面。一是不同的战略要求不同的业务活动，从而影响组织职能和部门的设计。具体地表现为战略收缩或扩张时企业业务单元或业务部门的增减等。二是战略重点的改变会引起组织工作的重点改变，从而导致各部门与职能在企业中重要性的改变，并最终导致各职能和部门之间关系的相应调整。对于组织战略目标的实现而言，组织是一个强有力的工具，而且战略的成功，也往往取决于其组织结构是否与战略相适应。

传统的组织理论强调工作分工与专业化、严格的权力等级、统一指挥、正规化和正式的报告系统。近几年来随着市场环境的变化所有这些观念也都在变化，相对于传统的、高耸的、机械式的组织结构，人们正在试图建立一种扁平化的、有机式的组织结构。传统组织与现代组织的比较见表 10-1。

表 10-1 传统组织与现代组织的比较

| 传统的、高耸的、机械式组织 | 现代的、扁平化的、有机式组织 |
| --- | --- |
| • 以垂直结构为主导 | • 以水平结构为主导 |
| • 强调分工和工作专业化 | • 任务的共享 |
| • 任务是刚性界定的 | • 任务通过工作小组来调整和重新界定 |
| • 严格的权力等级，众多的规章制度 | • 松散的等级，较少的规章制度 |
| • 垂直沟通和报告系统 | • 水平的、面对面的沟通 |
| • 很少的团队、任务小组 | • 众多的团队、任务小组 |
| • 集中决策 | • 决策的分权化 |

企业组织结构是企业主管根据企业战略制定的。例如，19世纪晚期，技术和市场的发展为一些行业和企业提供了前所未有的规模经济和范围经济机会。一些企业对这些机会作出了迅速反应，它们投资于大规模的生产设施，并让某些以前完全独立的企业为它们承担销售与分销活动，与此同时，它们发展了管理层级组织。这些早期的层级式企业首先采用的典型组织结构是直线-职能型结构。这种组织结构使得企业能够对劳动进行专业化分工，并有助于实现制造、营销和分销活动中的规模经济。

到1900年，许多大企业的战略开始发生转变。为了继续挖掘出规模经济与范围经济的潜力，企业把目光从单一行业或单一市场中移开。例如，杜邦公司和宝洁公司通过产品的多元化来实施其扩张战略，到1920年杜邦公司的产品已经扩大到涂料和油漆、燃料及人造纤维等领域。

企业战略上的变迁——从着眼于单一行业和产品到产品多元化——逐步显露出直线-职能型组织结构的严重缺陷。在多元化企业中，如果高层经理试图去监督职能部门，就会导致管理超负荷，因此管理者不得不去寻找一种可以替代的组织结构模式。

1920年以后，美国就出现了多部门结构或称事业部制结构。这是多元化经营针对直线-职能型结构的局限性而在组织结构上的一种反应。新的组织结构使得高层经理与部门经理之间产生了劳动分工，从而使得高层经理人员不再卷入到职能部门的运营细节中，而专门致力于制定战略决策和长期计划。部门经理则专门负责监督所管理的职能部门的运营活动，并根据各自部门的业绩受到奖励。

总之，企业组织结构的调整，并不是为调整而调整，而是要寻找、选择与经营战略相匹配的组织结构，切不可生搬硬套。企业是按产品设置组织结构还是按职能设置组织结构，是按地理区域设置分公司还是按用户设置分部，是建立事业部结构还是采用更为复杂的矩阵结构，一切必须以与战略相匹配为原则，以提高企业沟通效率、激励员工参与为目标。埃德森·斯潘赛说："在理想的企业结构中，思想既自上而下流动，又自下而上流动，思想在流动中变得更有价值，参与和对目标分担比经理的命令更为重要。"对特定战略或特定类型的企业来说，都应该有一种相对理想的组织结构。

## 10.1.3 组织结构对战略具有限制作用

在实际的企业经营管理中，组织结构并不是完全由战略决定；相反，组织结构还在一定程度上对战略的制定和实施起着限制作用。

1. 战略不能与现有组织结构脱节

当一个企业的组织结构已经确立，人员已经配备，规章已经制定后，企业往往会力图避免过多地更改企业的组织结构，因为它会带来组织混乱，分散企业的资源甚至造成企业运行的停顿。因此，企业在制定战略时会或多或少地考虑到组织结构的因素。一个完全与现有组织结构脱节的战略也不是一个好战略。

2. 组织结构提供信息传递方式

在一个大企业中，重要的知识和决策能力是分散在整个企业之中的，而并非集中于高层管理人员。"一个企业的结构将决定低层决策者们以什么样的方式和顺序把信息汇集在一起，为企业战略决策服务，即组织结构为高层管理人员制定战略决策设定了一个议程。"

3. 组织结构影响传达的战略实施信息

"企业的组织结构还会影响那些传达到高层管理人员有关战略实施的信息",从而影响高层管理人员对战略实施的评价,进而影响高层管理人员对企业战略的修正。

企业战略的变化将导致组织结构的变化,组织结构的重新设计又能够促进企业战略的实施。企业战略与组织结构是一个动态变化的过程。孤立地制定战略或进行组织结构设计都是无效的,也是不可能成功的。只有将两者视为一个有机整体,放在激烈地变化着的环境中去考察,才可能有效地促进企业持续健康的发展。

### 10.1.4 未来企业的组织特点

1. 组织的扁平化

信息技术的迅猛发展使社会各层面的活动量显著增加,信息流量大大加速,时间的压力要求组织作出快速反应和决策以保持企业的竞争力。传统的等级制严重地阻碍了这种反应和决策。正是企业计算机技术及互联网技术的应用,使企业内外的信息传递更为方便、直接,原有组织内大量中间层面得以删除,管理层次的减少有助于增强组织的反应能力。企业的所有部门及人员更直接地面对市场,减少了决策与行动之间的延迟,加快了对市场和竞争动态变化的反应,从而使组织变得柔性化,反应更加灵敏。

2. 组织的网络化

在管理组织中,既强调等级,更强调协调。网络化组织的中心有个由关键人物组成的小规模内核,他们为组织提供着持久的核心能力。网络经济条件下可以充分利用互联网强大的整合资源能力,进行网络化的管理。通过互联网的开发,将企业所面临的众多分散的信息资源加以整合利用,通过一个界面观察到很多不同的系统,从而实现迅速而准确的决策。

3. 组织的无边界化

组织更多的不是表现为一种有形的障碍,其界限越来越趋向于无形。企业再也不会用许多界限将人员、任务、工艺及地点分开,而是将精力集中于如何影响这些界限,以尽快地将信息、人才、奖励及行动落实到最需要的地方。"无边界化"并不是说企业就不需要边界了,而是不需要僵硬的边界,是使企业具有可渗透性和灵活性的边界,以柔性组织结构模式替代刚性模式,以可持续变化的组织结构替代原先那种相对固定的组织结构。

伦敦商学院的管理发展学教授查尔斯·汉迪也有同样的观点。他提出,"存在着一些通用的组织原则。组织必须是透明的,无疑是其中之一。""组织既要集中化,同时又要分散化;既是紧密的,又是松散的;它们必须既作长远计划,又保持灵活性;它们的工作人员一方面应具有自主性,另一方面更应具有集体主义精神。"

4. 组织的多元化

企业不再被认为只有一种合适的组织结构,企业内部不同部门、不同地域的组织结构不再是统一的模式,而是根据具体环境及组织目标构建不同的组织结构。目标决定战略,而战略决定结构。管理者要学会利用每一种组织工具,并且有能力根据某项任务的业绩要求,选择合适的组织工具,从一种组织转向另一种组织。

"组织"是战略执行中最重要、最关键的要素。完善而有效的"组织"不仅为"资源"

或"要素"的运行提供最为适当的空间，而且可以部分地补足或缓解资源、要素等方面的缺陷。只有战略与组织结构达到最佳配合时，才能有效实现战略目标，但由于战略的前导性和组织结构的滞后性使组织结构的变革往往跟不上战略实施的需要，因此组织工作的首要任务就是在经营战略的基础上选择适宜的组织结构。当前企业面临更为动态的市场环境，经营战略的调整和变革均比以前更快，致使企业组织工作也处在动态之中。我国企业通常是制定了新的战略和目标，而组织结构依然如故，"脱胎不换骨"，战略实施的结果也就可想而知。

**小资料**

## IBM的战略与组织

IBM面对着国内外新增的劲敌，特别是同时受到来自日本、欧洲共同体和美国国内3方面挑战的压力，公司不得不从整体上进一步调整原先的战略。

在1983年，公司提出20世纪80年代的新战略，主要包括4个方面的重要目标。

（1）在信息产业的所有领域都能实现同行业的增长率。

（2）在所有领域都有证明IBM的产品在技术的价值和质量方面的卓越性，并发挥领导作用。

（3）在生产、销售、服务和管理的所有业务活动上，实现最高的效率。

（4）确保企业成长所需要的高利润，以便在世界信息处理产业中建立起牢固的地位。要实现这一新的战略目标，必须按照专业化、效率化、科学化、民主化和智能结构合理化的要求，调整和改革领导体制。

1983年，卡里主动辞去董事长的职务，到董事会经营委员会当议长，推荐奥佩尔总裁任董事长，艾克斯担任总裁。

于是按照既定战略要求，IBM开始了历史上从未有过的大规模领导体制改革，着手建立20世纪80年代的"现代经营体制"。

IBM的领导体制改革过程，大致分成3个阶段：第一阶段，进行组织改革试点，在公司设立"风险组织"；第二阶段，全面调整与改革总公司的领导组织，形成新的领导体制；第三阶段，调整与改革子公司的领导体制。改革从1980年至1984年，历时4年。

早在1980年，IBM就开始在公司内设立"风险组织"的试验。3年内，先后建立了15个专门从事开发小型新产品的"风险组织"。这种组织有两种形式：一是独立经营单位（IBU），一是战略经营单位（SBU）。它们都是拥有较大自主权的相对独立的单位。独立经营单位，是IBM公司在1979年的首创，直属总公司专门委员会领导。

总公司除了提供必要的资金和审议其发展方向外，不干涉其任何经营活动，故有"企业内企业"之称。它可以设立自己的董事会，自行筹集资金和决定经营策略等，在产销、财务、人事等方面被授予较大的自主权。设立这种组织的目的，在于激发个人的创造性和企业家精神，使大企业在组织上具有活动力，能在小型机和微型机等急剧发展的高技术领域不断地开发出有竞争力的新产品和有未来前途的产品。

独立经营单位，由于既有小企业的灵活性，又有大公司的实力（奖金、技术、营销系统)，故而较一般独自创办的风险企业有较大的优越性。IBM将这一组织形式运用于个人计算机开发，仅用了 11 个月就完成了通常需要 4 年的从研制到生产的全过程。

1984 年，IBM 个人计算机销售达 50 亿美元，占公司总销售额的 10%，占美国市场的 21%。

战略经营单位，是美国西屋电气公司创建而被 IBM 于 1980 年引入采用。这是一种战略组织措施，其地位等同于事业部或集团。但事业部一般是以产品或地域为中心的组织，而战略经营单位则是以经营为中心的组织，是公司内属关键性的经营核算单位。"风险性组织"的试验成功，使 IBM 得到启发，现代大企业必须重视分权管理，同时要加强战略指导。

到 1983 年，IBM 着手改组最高决策层和总管理层，建立战略领导体制。

(1) 改善最高决策组织。把原来仅由董事长和总裁两人组成的企业办公室与作为协议机构的经营会议合并改组为企业管理办公室，使正式成员由原来的 6 人增加到 16 人，新增成员有董事会经营委员会会议长、副董事长、常务副总裁、主管科学组织和研究开发的副总裁及地区总公司经理。这一改组是为了吸收更多的人参与最高决策，从而改进决策层智力结构，加强集体决策机制。

(2) 建立政策委员会和事业营运委员会。政策委员会由董事长、总裁、副董事长和两名常务副总裁 5 个人组成，负责长期战略决策。事业营运常委会由参加政策委员会的一名常务副总裁负责，外加主管公司计划财务的副总裁、分管事业部门的常务副总裁及分管地区总公司的常务副总裁和其他副总裁等 10 人组成，负责短期战略决策。政策委员会是企业管理办公室决策的战略指导核心，事业营运委员会是企业管理办公室决策的战略指导核心，事业营运委员会是企业管理办公室决策机构。

(3) 调整总管理层。IBM 的行政指挥系统共由 4 级组成：总公司—事业部组织（执行部）和地区性公司—事业部和地区子公司—工厂。其中，总公司、事业部门组织和地区性公司属总管理层。总公司管理层的改组，是通过成立企业管理办公室、政策委员会和事业部营运委员会完成的。而副业部门组和地区性公司的，则是通过大规模改组进行的。IBM 原有的数据市场组、数据产品组和通用商业组 3 个事业部组，经改组成为信息系统和技术组、信息系统和库存组、信息系统和产品组及信息系统通信组等 5 个事业部门。

改组中，IBM 突出了信息和通信事业部的重要地位，并按专门化、效率化等原则对下属事业部进行增减、合并或调整，强调了向个人计算机、中小型计算机通信系统产品发展的新方向。

IBM 原有 3 个地区性公司：IBM 世界贸易总公司、IBM 世界贸易美洲—远东公司和 IBM 世界贸易欧洲—中东—非洲公司，分别由 IBM 贸易总公司统一协调，管理着 130 多个国家和地区的子公司。这些子公司并列接受地区性公司指挥，没有中间领导层次，管理跨度很大。改组中，IBM 根据地区、市场和产品专业化等情况，建立自主经营的事业体，把各国的子公司合理集中起来，以加强指导管理。例如，IBM 世界贸易欧洲—中东—非洲公司的 85 个国家和地区的子公司改组为 5 个事业体，IBM 世界贸易美洲—远东公司的 46 个国家和地区的子公司重组为 3 个事业体：亚洲和太平洋集团（亚太集团）、加拿大 IBM 及中南美洲 IBM。

其中，亚太集团是根据以对日本战略为中心的要求组建的战略事业体，反映了这些 IBM 体制改革的重要特点。这样，就在最高决策组织和决策执行组织之间，通过政策委员会、企业管理办公室和事业营运会等机构，建立了一个以战略为中心的领导体制新形式。

IBM 在建立新的领导体制和改组原有地区公司的基础上，积极实行管理授权与分析，分层次有秩序地扩大授权范围和推进分析管理。

一是给总公司事业营运委员会以较大的自主权，使它能根据市场需要能动地发展风险事业。

二是允许某些事业部扩大销售职能，如新建的信息系统组增设了地区销售部。

三是对新地区事业体系采取分散化管理原则，使它在开发、生产和销售等方面比原子公司具有更大的经营自主权，以提高竞争能力。

四是授予亚太集团的战略事业体的核心主力（日本 IBM）在组织上和经营上的完全自主权，并由总公司派出得力的副总裁直接担任最高领导，发挥亚太集团特别是日本 IBM 在实现公司战略中的尖兵作用。

奥佩尔的这些改革与放权措施，在 IBM 历史上是前所未有的。通过调整、改组、改革和授权，把分散的子公司适当集中，对集中起来的事业体实行分散管理。IBM 不仅建立起了一个战略领导体制，而且形成了一个集中与分权相统一的管理体制，从而使它有可能用集中决策与分散经营相结合等方式来适应激变的市场环境。

为了提高领导体制的适应性，IBM 还进一步改善了其支持系统。

（1）健全咨询会议和董事会下的各种委员会，聘请社会名流参加咨询、担任董事、组成有威望的咨询班子、工作班子和监督班子。

（2）严格执行业务报告制度，建立评价与指标系统，普及五步决"THINK"，即一切职员都必须经常向直属上司报告工作，上级和下级要通过定期总结，评价立法改进工作，各级在决策处理问题时都必须做到看、听、分析、综合和做明确判断等。

（3）实行"门户开放"政策，建立"进言"制度。董事长和总裁敞开办公室大门，欢迎职工来访。遍设保密意见箱，鼓励下属直言上诉，认为这种"进言"制度是一种很好的沟通，可以缓和职工不满情绪，有利于防止官僚主义。

（4）坚持 IBM 的宗旨，即"尊重""服务""追求卓越"。所谓"尊重"，是指倡导尊重个人的权利和尊严，激发员工的进取精神；所谓"服务"，是指强调提供世界上最出色的服务，树立良好的信誉；所谓"追求卓越"，是指所有的工作都要以最优秀的方式完成，其最终目的就是要保证产品和服务完美无缺。

【资料来源】考研加油站，http://www.kaoyan.com，2004-09-05.

# 10.2 企业战略与企业文化

## 10.2.1 企业文化概述

企业文化是指企业全体员工在长期的生产经营活动中培育形成并共同遵守的最高目标、价值标准、基本信念及行为规范。企业文化是一种管理文化、经济文化及微观组织文化。

1. 企业文化结构

企业文化结构大致可以分为 3 个层次,即物质层、制度层和精神层。

(1) 物质层

这是企业文化的表层部分,是形成制度层和精神层的条件,其往往能够折射出企业的经营思想、经营管理哲学、工作作风和审美意识。它主要包括厂容厂貌、产品的外观及包装、企业技术工艺和设备特性 3 个方面,从这 3 个方面中往往能折射出企业的经营思想、经营哲学、工作作风及审美意识,反映出企业文化的个性色彩。

(2) 制度层

这是企业文化的中间层次,主要是指对企业员工和企业组织行为产生规范性、约束性影响的部分,它集中体现了企业文化的物质层及精神层对职工和企业组织行为的要求。制度层主要是规定了企业成员在共同的生产经营活动中应当遵循的行为准则,主要应该包括企业的工作制度、责任制度和特殊制度(主要是指企业的非程序化制度)3 个方面,这 3 个方面主要是规定了企业成员在共同的生产经营活动中应当遵循的行为规范。

(3) 精神层

主要是指企业的领导和员工共同遵守的基本信念、价值标准、职业道德及精神风貌,它是企业文化的核心和灵魂,是形成企业文化的物质层和制度层的基础和原则。企业文化的精神层主要包括企业的经营哲学、企业精神、企业风气、企业目标及企业道德等方面,企业文化中有没有精神层是衡量一个企业是否形成了自己的企业文化的一个标志和标准。

**小资料**

### 美国国际商用机器公司的经营哲学

(1) 尊重个人。这虽是一个简单的概念,但在我们公司,它却占去了管理者的大部分时间。我们在这方面所做的努力超过了其他任何方面。

(2) 我们希望在世界上的所有公司中,给予顾客最好的服务。

(3) 我们认为,一个组织应该树立一个信念,即所有工作任务都能以卓越的方式去完成。

在华森表述这 3 条基本信念 20 年后,该公司董事长 F. 卡里(Frank Cary)说:"我们的工艺、组织、市场经营和制造技术已经发生了若干次变化,并且还会继续发生变化,但是在所有这些变化中,这 3 条基本信念依然如故。它们是我们顺利航行的指路明灯。"

2. 企业文化的作用

企业文化具有以下 5 个方面的作用。

1) 导向作用

即把企业员工个人的目标引导到企业所确定的目标上来。在激烈的市场竞争中,企业如果没有一个自上而下的统一的目标,很难参与市场角逐,更难在竞争中求得生存与发展。在一般的管理理念中,为了实现企业的既定目标,需要制定一系列的策略来引导员工,而如果有了一个适合的企业文化,员工就会在潜移默化中接受共同的价值理念,形成一股力量向既定的方向努力。

企业文化就是在企业具体的历史环境条件下，将人们的事业心和成功的欲望化成具体的目标、信条和行为准则，形成企业职工的精神支柱和精神动力，为企业共同的目标而努力，因此优秀的企业文化建立的实质是建立企业内部的动力机制。这一动力机制的建立，使广大员工了解了企业正在为崇高的目标而努力奋斗，这不但可以产生出具有创造性的策略，而且可以使员工勇于为实现企业目标而做出个人牺牲。

2) 约束作用

作为一个组织，企业常常不得不制定出许多规章制度来保证生产的正常运行，这当然是完全必要的，但即使有了千万条规章制度，也很难规范每个员工的行为，而企业文化是用一种无形的文化上的约束力量，形成的一种行为规范，制约员工的行为，以此来弥补规章制度的不足。它使信念在员工的心理深层形成为一种定势，构造出一种响应机制，只要外部诱导信号发生，即可得到积极的响应，并迅速转化为预期的行为。这就形成了有效的"软约束"，它可以减弱硬约束对职工心理的冲撞，缓解自治心理与被治理现实形成的冲突，削弱由此引起的一种心理抵抗力，从而使企业上下左右达成统一、和谐和默契。

3) 凝聚作用

文化是一种极强的凝聚力量。企业文化是一种黏合剂，能把各个方面，各个层次的人团结在本企业文化的周围，对企业产生一种凝聚力和向心力，使员工个人思想和命运与企业的安危紧密联系起来，与企业同甘苦、共命运。

4) 激励作用

企业文化的核心是要创造出共同的价值观念，优秀的企业文化就是要创造出一种人人受重视、受尊重的文化氛围。良好的文化氛围，往往能产生一种激励机制，使每个成员作出的贡献都会及时得到职工及领导的赞赏和奖励，由此激励员工为实现自我价值和企业发展而献身。

5) 辐射作用

企业文化塑造企业形象。优良的企业形象是企业成功的标志，包括两个方面：一是内部形象，它可以激发企业员工的自豪感、责任感和崇尚心理；二是外部形象，它能够更深刻地反映出该企业文化的特点及内涵。企业形象除了对本企业具有很大的影响之外，还会对本地区乃至国内外的其他一些企业产生一定的影响。因此，企业文化有着巨大的辐射作用。

**小资料**

## 联 想 文 化

联想自成立以来，走过一条曲折的道路，更取得了令世人瞩目的斐然成绩。这些佳绩的赢得，与其优秀的企业文化是分不开的。优秀的企业文化是企业的核心竞争力所在，是企业在激烈市场竞争中屡屡胜出的原因。不断创新发展的历程，为联想积淀了宝贵的文化财富。行家用"12345"高度概括了联想的企业文化与管理思想的内涵，即一种文化、两种意识、三个三、四个四、五个转变。

"一种文化"，即建立统一的企业文化，统一思想、统一行动、统一形象。

两种意识，即客户意识和经营意识。

三个三，即管理三要素：建班子、定战略、带队伍；做事三准则："如果有规定，坚决按规定办"，"如果规定有不合理处，先按规定办并及时提出修改意见"，"如果没有规定，在请示的同时按照联想文化的价值标准制定或建议制定相应的规定"；处理投诉三原则：第一是"首先处理好与用户的界面，给用户一个满意的处理"，第二是"找到相关的责任人并分析问题的性质，进行批评和处罚"，第三是"触类旁通分析问题的根源，制定改进的措施"。

四个四，即"联想精神四个字、联想员工四天条、管理风格四要求、问题沟通四步骤"。联想精神四个字：求实进取。联想员工四天条："不利用工作之便牟取私利""不收受红包""不从事第二职业""工薪保密"。管理风格四要求：认真、严格、主动、高效。问题沟通四步骤：一是"找到责任岗位直接去沟通"，二是"找该岗位的直接上级沟通"，三是"报告自己上级去帮助沟通"，最后就是"找到双方共同上级去解决"。

五个转变：一是由被动工作向主动工作转变，二是由对人负责向对事负责转变，三是由单向负责向多向负责转变，四是由封闭管理向开放管理转变，五是由定性管理向定量管理转变。

## 10.2.2 企业战略与企业文化的关系

在战略管理中，企业战略与企业文化的关系主要表现在以下3个方面。

(1) 优秀的企业文化是企业战略制定并获得成功的重要条件

优秀的文化能够突出企业的特色，形成企业成员共同的价值观念，而且企业文化具有鲜明的个性，有利于企业制定出与众不同、克敌制胜的战略。

(2) 企业文化是战略实施的重要手段

企业战略制定以后，需要全体成员积极有效地贯彻实施，企业文化的导向、约束、凝聚、激励及辐射等作用，激发了员工的热情，统一了企业成员的意志和愿望，使全体员工心向一处想，劲往一处使。

(3) 企业文化与企业战略必须相互适应和相互协调

严格地讲，战略制定之后，企业文化应该随着新战略的制定而有所变化。但是，一个企业的文化一旦形成后，要对企业文化进行变革难度很大。也就是说，企业文化具有较大的刚性，而且它还具有一定的持续性，并在企业发展过程中具有逐渐强化的趋势。因此从战略实施的角度来看，企业文化要为实施企业战略服务，又会制约企业战略的实施。当企业制定了新的战略要求企业文化与之相配合时，企业的原有文化变革速度非常慢，很难马上对新战略作出反应，这使企业原有的文化就有可能成为实施新战略的阻力。因此在战略管理的过程中，企业内部新旧文化的更替和协调是战略实施获得成功的保证。可以将企业文化与企业战略相适应的关系分为4种形式，见图10-6。

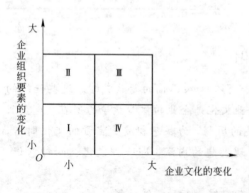

图10-6 企业文化与企业战略相适应的关系

图 10-6 中 Ⅰ 象限是指企业实施一个新战略，企业组织要素变化不大，而且这种变化与企业原有文化一致。在这种情况下，高层管理者主要考虑两个问题：①利用目前的有利条件，巩固和加强企业自己的企业文化；②利用企业文化相对稳定及持续性的特点，充分发挥企业文化对企业战略实施的促进作用。

图 10-6 中 Ⅱ 象限是指企业实施一个新战略，企业的组织要素会发生很大的变化，但这些变化与企业的原有文化有潜在的一致性。这种情况大多是以往企业的效益就比较好，他们根据自己的实力，寻找可以利用的机会，以求得更大的发展，或者他们总是试图扩大自己的主要产品和市场，以求得发展。总之，这种企业处于一种非常有前途的地位，他们可以在企业原有文化的大力支持下，实施新的战略。在这种情况下，企业处理战略与企业文化关系的重点有以下 4 个方面。

① 企业进行重大的变革时，必须考虑与企业的基本性质和地位的关系问题，即企业的基本性质与地位是确定企业文化的基础。高层管理人员在处理战略与企业文化关系的过程中，一定要注意到企业的任务可以发生变化，但这种战略的变化并没有从根本上改变企业的基本性质和地位，因而仍然与企业原有文化保持着不可分割的联系。

② 要发挥企业现有人员的作用，由于这些人员保持着企业原有的价值观念和行为准则，这样可以保证企业在原有文化一致的条件下实施变革。

③ 在必须调整企业奖惩制度的时候，要注意与目前企业的奖励措施相连接。

④ 企业高层管理者要着重考虑与企业原有文化相适应的变革，不要破坏企业已经形成的行为准则。

图 10-6 中 Ⅲ 象限是指企业实施一个新的战略，企业的组织要素变化不太大，但这些要素的变化却与企业原有的文化不太协调。在这种情况下，企业的高层管理者往往在生产经营中，在不影响企业总体文化一致的前提下，对某种经营业务实施不同的文化管理，但同时要注意加强全局性协调。因此，企业在对于企业文化密切相关的因素进行变革时，根据文化的不同要求进行分别管理是一个重要手段。

图 10-6 中 Ⅳ 象限是指企业实施一个新的战略，企业的组织要素发生了很大的变化，而这些变化与企业原有的文化很不一致。在这种情况下，企业就必须考虑采取以下 4 个方面的措施：

① 企业的高层管理者应下定决心进行变革，并向全体员工讲明变革企业文化的意义；

② 为形成新的企业文化，企业要招聘一批具有新的企业文化意识的人员，或在企业内部提拔一批与新企业文化相符的人员；

③ 企业要奖励具有新企业文化意识的分部或个人，以促进企业文化的转变；

④ 要让全体员工明确新企业文化所需要的行为，要求企业员工按照变革的要求工作。

企业高层管理者应该认识到改变企业文化的难度是相当大的。原有企业文化持续时间越久，则企业文化变革就越困难；企业规模越大、越复杂，则企业文化的变革就越困难；原有企业文化越深入人心，则企业文化变革就越困难。但不管改变企业文化的难度如何，如果实施的战略与原有的文化不相匹配，就必须要考虑对策，企业高层管理者应该认识到，急剧的、全面地改变企业文化在多数情况下难以办到，但逐步地调整也不是不可能的。当然，这是一个费时费力的过程。因此有人主张，改变企业文化的最方便的办法是更换人员，甚至是更换企业高层管理者，即当企业确有必要实行新的战略，而渐进式的改变企业文化的措施又不能立即取得预期的效果，这时企业只能作重大的人事变动，更换领导人员，聘用新的工作人员,并对他们灌输新的价值观念。对企业职工要加强教育和培训,抓住每一个机会不断使员工理解实施新战略的必要性及重大意义,最终使新战略与员工的价值观念达成一致,从而实现企业文化的变革。

## 10.3 战略实施与资源配置

### 10.3.1 企业战略资源的内容

企业推行战略前的准备,除了进行组织结构调整之外,战略资源的配置优劣将直接影响到战略目标的实现。

企业战略资源是指企业用于战略行动及其计划推行的人力、财力、物力等的总和。这其中也包括时间与信息,因为时间与信息是无形的,因此较少被人关注,而时间和信息在某种条件下也会成为影响企业战略实施的关键性战略资源。企业这些战略资源是战略转化为行为的前提条件和物资保证。具体来讲,战略资源包括以下几个方面。

(1) 采购与供应实力

企业是否具备有利的供应地位,与自己的供应厂家关系是否协调,是否有足够的渠道保证,能否以合理的价格来获取所需的资源。

(2) 生产能力与产品实力

企业的生产规模是否合理,生产设备、工艺是否能够跟得上潮流,企业产品的质量、性能是否具有竞争力,产品结构是否合理。

(3) 市场营销与促销实力

企业是否具备了开发市场的强大实力,是否有一支精干的销售队伍,市场策略是否有效等。

(4) 财务实力

企业的获利能力与经济效益是否处于同行前列,企业的利润来源、分布及趋势是否合理,各项财务指标及成本状况是否正常,融资能力是否强大等。

(5) 人力资源的实力

企业的领导者、管理人员,技术人员等素质是否一流,其知识水准、经验技能是否有利于企业的发展,其意识是否先进,企业的内聚力如何等。

(6) 技术开发的实力

企业的产品开发和技术改造的力量是否具备,企业与科研单位、高校的合作是否广泛,企业的技术储备是否能在同行业中处于领先地位。

(7) 管理经营的实力

企业是否拥有一个运行有效、适应广泛的管理体系,企业对新鲜事物的灵敏度如何,反应是否及时、正确,企业内是否有良好的文化氛围,在企业内是否形成良好的分工与合作,能否进行有力的组织等。

(8) 时间和信息等无形资源的把握能力

企业是否能充分去获取、储备和应用各种信息,时间管理是否合理等。

企业的这些战略资源的整合基本上就构成了竞争实力。战略资源本身也具有以下特点。

① 战略资源的流动方向和流动速度取决于战略规划。

② 企业中可支配的资源总量和结构具有一定的不确定性，在战略实施的过程中，资源的稀缺程度和结构会发生各种变化。

③ 战略资源的可替代程度高。由于战略实施周期长，随着科学技术的进步，原来稀缺的资源可能会变得十分丰裕，也可能发生相反的变化。

④ 无形资源的影响程度难以准确地料定。例如，企业的信誉资源对企业获取公众的支持、政府的帮助会产生很大的影响。正因为如此，企业的战略管理者在实施战略时，必须充分了解这些战略资源的内在特质，并做出适当的预防措施，只有这样方能保证战略的平稳运行。

## 10.3.2 战略与资源的关系

企业在实施战略的过程中，必须对所属资源进行优化配置，才能充分保证战略的实现。战略与资源的关系主要表现在以下几个方面。

1. 资源对战略的保证作用

战略与资源相适应的最基本的关系，是指企业在战略实施的过程中，应当有必要的资源保证。而在现实中没有资源保证的战略，又没有充分认识到其危险性的企业不在少数。究其原因，大致可以归纳为以下几点：

① 战略制定在思考程序上存在缺陷，没有注意确保资源的必要性，从而制定了"空洞"的战略；

② 必要的资源难以预测而导致偏差，由于预测不准，结果造成缺乏资源保证的战略；

③ 没有把握本企业资源，尤其因看不见的资源而出错误，造成尚未预料的损失。

2. 战略促使资源的有效利用

即使企业有充足的资源，也不是说企业就可以为所欲为。过度滥用企业资源，会使企业丧失既得利益，也会使企业丧失应该得到更多利益的机会。因此，企业采用正确的战略后，就可以使资源得到有效的利用，发挥其最大效用。更有甚者，战略可以促使企业充分挖掘并发挥各种资源的潜力，特别是在人、财、物上体现出来的看不见的资源。

3. 战略可以促使资源的有效储备

由于资源是变化的，因此在企业实施战略的过程中，通过现有资源的良好组合，可以在变化中创造出新资源，从而为企业储备资源。所谓有效储备，是使必要的资源以低成本、快速度、在适宜的时机来进行储备。战略可以通过两种类型来实现这一目的：

① 战略推行的结果可以附带产生新的资源；

② 这种新资源可以成为其他战略必要的资源而经常被及时地使用。

## 10.3.3 企业战略资源的分配

企业战略资源的分配是指按照战略资源的原则方案，对企业所属战略资源进行具体分配。企业在推进战略的过程中的战略转换往往就是通过资源分配的变化来实现的。由于企业战略资源中，无形资源很难把握，而除人力资源之外的有形资源均可以用价值形态来衡量，因此企业战略资源的分配一般可以粗略地分为人力资源和资金的分配两种。

1. 人力资源的分配

人力资源的分配一般有以下 3 个方面的内容：

① 为各个战略岗位配备管理和技术人才，特别是对关键岗位的关键人物的选择；

② 为战略实施建立人才及技术的储备，不断为战略实施输送有效人才；

③ 在战略实施的过程中，注意整个队伍的综合力量的搭配和权衡。

2. 资金的分配

企业中一般采用预算的方法来分配各种资金资源。而预算是一种通过财务指标或数量指标来显示企业目标、战略的文件。通常采用以下几种预算方式。

(1) 零基预算

它不是根据上年度的预算编制，而是将一切经营活动都从彻底的成本—效益分析开始，以防止预算无效。

(2) 规划预算

它是按规划项目而非职能来分配资源。规划预算的期限较长，常与项目规划期同步，以便直接考察一项规划对资源的需求和成效。

(3) 灵活预算

它允许费用随产出指标而变动，有助于克服"预算游戏"及增加预算的灵活性。

(4) 产品生命周期预算

在产品的不同生命周期中有着对资金的不同需求，而且各阶段的资金需求有不同的费用项目。这时产品生命周期预算就根据不同阶段的特征来编制各项资金的支出计划及原则。

在资金的分配中，应该遵循两项基本原则：

① 根据各单位、各项目在整个战略中的重要性来设置资金分配的优先权，以实现资源的有偿高效利用；

② 努力开发资金在各战略单位的潜在协同功能。

### 10.3.4 战略与资源的动态组合

企业在发展过程中，在不同的阶段将其战略不断推陈出新，战略资源也在不断地积累。企业在制定现行战略时，应该充分预测将来的环境、资源的变化，并对资源进行必要的、合理的配置。在这个过程中应当注意，资源的配置不是单纯的资源配置，而是应该与战略联成一体，形成密不可分的关系。因此，战略资源的配置、动态组合实际上也就是指战略与资源的动态组合。

伴随着战略的展开，资源被不断储备，新的资源与现有资源的储备交织在一起，形成了将来的资源储备。企业以这些新的储备为基石，将来再进一步展开战略。因此，处于现在战略和将来战略中间的新的资源储备，也就成为连接这两个战略的媒介。当现有战略为将来的战略开展有效地积累资源时，将来的战略也能够有效地利用这些积累资源，这就形成了企业中的战略与资源的动态组合过程。为了实现这个动态过程，企业首先必须考虑两个问题：一是现在的战略应该怎样；二是将来的战略应该怎样。然后才能在两者之间调配适当的资源，而资源在这个过程中将起到动态相辅和动态相乘的效果。

1. 动态相辅效果

动态相辅效果可以划分为物的动态相辅效果和资金的动态相辅效果两大部分。

1) 物的动态相辅效果

这是指企业的现有战略与将来的战略能在多大程度上共同利用物的资源，或者是现在战略运行中储备的战略资源能在多大程度上作用于将来的战略。在这个意义上讲，有转化可能的物的资源储备是较好的。企业在选择现有产品和市场战略等基本战略时，应预先设定使这种转化成为可能的某个相关的未来战略，这时采取与将来联系较多的战略是十分必要的。例如，企业在建立生产线时，必须考虑这种专用线是否能够及时被用于其他生产领域。如果这种可能性没有，企业则要在竞争时必须做好更新这条专用线的人事、劳务、设备等方面的准备。

2) 资金的动态相辅效果

这里说的"资金"指的是流动资金，因为流动资金对于企业的日常经营是至关重要的，其影响面会更大。企业必须在战略上制定出资金的投入与回收这两方面的相辅效果。

企业在现在的战略与将来的战略之间，首先应该制定出资金的组合效应。企业在现有的战略上，会同时经营诸多领域，这从企业发展的眼光来看是无可厚非的，但是数年之后这些领域若同时需要大量的资金，企业应当如何处置？这需要企业动态地考虑这个问题。企业这时候应该做好现有战略发展后的资金储备，以应不时之需。另外，一个领域中的流动资金，在时间序列上会表现出不同的形式。这要求企业能在某一领域内实现资金的动态权衡。决定上述流动资金变化形式的因素有4个：产品的生命周期阶段、企业的竞争战略、市场规模和成长速度、竞争中的优势。

实现资金流动的动态相辅效果，要求企业在现有产品和市场机制上，必须同时具有不同类型的资金流动的产品与市场领域，在此基础上实现资金的流动平衡。

2. 动态相乘效果

这是指企业将来的战略能有效地使用现在战略运行中产生的看不见的资源的效果。也就是说，企业现在某个领域中所使用与产生看不见的资源期间，如果能够和将来领域利用这种相同资源的期间重叠，则能够形成强有力的动态相乘效果。

看不见的资源在战略实施过程中被储备。企业在现实的市场角逐中，如果努力开展事业活动，则会为将来积累更多的看不见的资源。

动态相乘效果是企业的本质。当人们在描述保证企业长期成长的战略时，动态相乘效果常常是其中的新内容。这是因为：

① 企业之所以能够适应不断变化的环境，就在于能够动态组合企业活动中的无形资源；
② 在动态相乘的某两个领域之间，资金的动态相辅的效果容易产生。

那么，企业应当如何构筑其动态相乘效果呢？这里给出3条思路：

① 企业在战略选择上，应该选用无形资源较易积累的领域的战略；
② 战略设计不能忽视动态的企业活动阶段及程序；
③ 为了实现动态相乘的良性循环，现在有必要选择一些表面上不合理、在一定程度上缺乏资源保证的战略，这样有助于培养企业的内在动力，反其道而行之，常常可以获得意想

不到的成功。

# 10.4 战略实施的绩效管理

企业的战略业绩评价系统可分为 3 个基本层次：第一个层次是企业所有者（投资者）对高层管理人员的战略业绩评价；第二个层次是高层管理者对中层管理人员（或分公司、战略经营单位）的战略业绩评价；第三个层次是中层管理者对基层管理人员与各员工的战略业绩评价。企业经营管理者只有从企业战略出发，采用一系列具体、可控的财务与非财务指标，向企业各级管理人员及全体员工传递各自的目标与责任，并对其进行业绩计量与考核，才能确保企业战略目标的实现。

## 10.4.1 平衡计分卡

依据平衡计分卡的思想，把组织的战略分成 4 个纬度：财务战略、客户战略、内部业务流程战略、学习与创新战略，其中客户战略是核心。组织战略的设计，是围绕着如何满足客户的价值取向来进行的。从财务战略来说，只有满足了客户的需求，才能获得更好的财务结果。从内部业务流程战略来说，内部业务流程的设计，是为了更好地满足客户的价值取向。从学习和创新战略来说，学习和创新是为了不断地改善内部的业务流程，以满足客户的需要。

1. 财务战略

财务战略回答的是为了使股东满意，企业需要达到什么样的财务目标。财务战略是结果，它体现股东最关心的是什么样的财务指标，是企业努力的方向。增加股东价值可以从两个方面入手，即增加收入和降低成本。增加收入可以从客户和市场上来获得，降低成本则可以通过内部的优异运作来实现。

2. 客户战略

为了达到预期的财务目标，企业需要给客户提供什么样的价值。只有不断地满足客户的价值取向，才可能获得更好的财务结果。根据开普兰教授等人的研究，客户的价值取向一般有密切的客户关系、产品领先、优异运作。企业不是慈善机构，不断地满足客户的价值取向自然是为了从客户那里获取更多的利润。客户的价值取向，从产品、形象、服务作为切入点来分析。对于客户来说，不管他是哪种价值取向，产品的形象——品牌都是客户关注的焦点。这也从一个方面反映出品牌对于一个企业的重要性。如果客户的价值取向是密切的客户关系，那么客户更关心的是服务；如果客户的价值取向是产品领先，那么客户更关注产品的创新性及功能；如果客户的价值取向是优异运作，那么客户更关心产品的价格、质量、交货时间等。

3. 内部业务流程战略

内部业务流程战略回答的是为了满足股东和客户的需要，企业需要什么样的内部业务流程。

上面提到了客户的 3 种价值取向。内部业务流程的设计就是针对客户的这 3 种价值取向来进行的：客户管理流程、创新流程、运营流程。一个企业很难在这 3 个方面同时满足客户的需要，因为一个企业的资源是有限的，所以企业要根据目标客户的价值取向，对企业的内部业务流程做出有侧重的安排。

4. 学习与创新战略

学习与创新战略回答的是为了达到企业的目标，企业如何进行学习和创新。

学习和创新是整个组织运行的驱动器，是实现企业战略的基本保障。学习和创新战略要明确以下几点：为了实现企业战略员工应该具备什么样的素质？为了实现企业的战略组织需要什么样的企业文化？为了实现企业的战略组织需要什么样的技术支持？比如，信息情报系统等。如果组织能很好地回答以上几个问题，也就知道了为了达到组织的目标，需要什么样的学习和创新，如何进行学习和创新。

## 10.4.2 用平衡计分卡实现战略实施和绩效管理

当企业完成了战略的描述，下一步工作便是要让组织的战略变得可测量可管理。这就是计分卡要完成的任务。企业战略可以看成是组织的战略目标。通过将组织的目标转化成可衡量的指标，实现从战略到平衡计分卡的过渡。比如，组织的战略目标是提高某产品在某一区域市场的市场占有率。那么衡量的指标就可以设为市场占有率。从战略到计分卡，使战略变得可测量，从而可以很好地进行管理。

每个企业都是独具特色的，在具体应用平衡计分法时都应有各自不同的做法，但其共性的东西还是大量存在的。一般而言，企业要建立平衡计分测评指标体系需经过下面几个步骤。

1. 准备阶段

包括说明远景、沟通和联系、设计测评指标。

设计出初步的平衡计分测评指标体系后，要在组织内外进行沟通和联系，使相关各方了解平衡计分测评指标体系。与企业内部员工进行沟通，一方面要促使员工了解平衡计分测评指标体系，另一方面更要听取员工对内部业务流程和创新与发展测评指标的建议。与大股东进行会谈，了解他们对经营单位财务绩效的期望；还可以与一些重要顾客进行会谈，了解他们对企业产品的期望。然后综合各方面的意见，对初步平衡计分测评指标体系进行修改。沟通与联系的过程可重复进行几次，直至最后在 4 个角度测评指标之间达到平衡，能全面反映企业战略目标，最后确定平衡计分测评指标体系中的各项测评指标。

**小资料**

1. 财务类指标

平衡计分卡财务类指标见表 10-2。

表 10-2  平衡计分卡财务类指标

| 关键绩效指标 | 计算公式 | 数据来源 |
| --- | --- | --- |
| 部门费用预算达成率 | (实际部门费用/计划费用)×100% | 部门费用实际及预算资料 |
| 项目研究开发费用预算达成率 | (实际项目研究开发费用/计划费用)×100% | 项目研究开发费用实际及预算资料 |
| 课题费用预算达成率 | (实际课题费用/计划费用)×100% | 课题费用实际及预算资料 |
| 招聘费用预算达成率 | (实际招聘费用/计划费用)×100% | 招聘费用实际及预算资料 |

续表

| 关键绩效指标 | 计 算 公 式 | 数 据 来 源 |
| --- | --- | --- |
| 培训费用预算达成率 | (实际培训费用/计划费用)×100% | 培训费用实际及预算资料 |
| 新产品研究开发费用预算达成率 | (实际新产品研究开发费用/计划费用)×100% | 新产品研究开发费用实际及预算资料 |
| 人力成本总额控制率 | (实际人力成本/计划人力成本)×100% | 财务部 |
| 附加佣金占标准保费比率 | (附加佣金/营销标准保费)×100% | 财务部 |
| 续期推动费用率 | (续期推动费用/"孤儿单"佣金)×100% | 财务部 |
| 业务推动费用占标准保费比率 | (业务推动费/标准保费)×100% | 财务部 |
| 公司总体费用预算达成率 | (公司实际总费用/预算总费用)×100% | 管理费用实际及预算资料 |
| 公司办公及物业管理费用预算达成率 | (实际数/预算数)×100% | 财务部 |
| 车辆费用预算达成率 | (实际数/预算数)×100% | 财务部 |
| 党办管理费用预算达成率 | (实际数/预算数)×100% | 财务部 |
| 党办、工会费用预算达成率 | (实际数/预算数)×100% | 财务部 |
| 日常办公费用预算达成率 | (实际数/预算数)×100% | 财务部 |
| 办公费用预算达成率 | (实际数/预算数)×100% | 财务部 |
| 会务、接待费用达成率 | (实际数/预算数)×100% | 财务部 |
| 专项费用预算达成率 | (实际专项费用/预算专项费用)×100% | 财务部 |
| 销售目标达成率 | (实际销售额/计划销售额)×100% | 销售报表 |
| 销售目标达成率（资产管理中心） | (实际直接销售资产管理产品收入/计划收入)×100% | 综合管理部 |

**2. 客户类指标**

平衡计分卡客户类指标见表10-3。

表10-3　平衡计分卡客户类指标

| 关键绩效指标 | 指标定义/计算公式 | 数 据 来 源 |
| --- | --- | --- |
| 解决投诉率 | (解决的投诉数/投诉总数)×100% | 投诉记录及投诉解决记录 |
| 客户投诉解决速度 | 年客户投诉解决总时间/年解决投诉总数 | 投诉记录 |
| 营销计划达成率 | (营销实际标保/营销计划标保)×100% | 财务部 |
| 13个月代理人留存率 | (服务满12个月的人数/12个月前入职的人数)×100% | 财务部 |
| 出租率 | 出租的面积/应出租的面积 | 物控中心 |
| 市场知名度 | 接受随机调查的客户对公司知名度评分的算术平均值 | 问卷调查 |
| 媒体正面曝光次数 | 在公众媒体上发表宣传公司的新闻报道及宣传广告的次数 | 公众媒体 |
| 危机公关出现次数及处理情况 | 总公司级危机事件在中央级、全国性媒体出现的产生重大负面影响的报道次数及处理情况 | 公众媒体、上级领导评价 |

续表

| 关键绩效指标 | 指标定义/计算公式 | 数 据 来 源 |
|---|---|---|
| 公共关系维护状况评定 | 与媒体、保险学会及社会保持良好沟通和合作的状况 | 上级领导评价 |
| 网站用户满意度 | 对客户进行随机调查的网站满意度评分的算术平均值 | 支持满意度调研 |
| 客户满意度 | 接受随机调研的客户和代理人对服务满意度评分的算术平均值 | 客户满意度调研 |
| 客户投诉解决的满意率 | (客户对解决结果满意的投诉数量/总投诉数量)×100% | 客户投诉记录 |
| 服务推广数量的达成率 | (服务实际推广数量/服务计划推广数量)×100% | 服务统计资料 |
| 新客户增加数量 | (本期新客户数/总客户数)×100% | 本期新客户数,客户总数 |
| 最终客户数量 | (本期老客户数/客户总数)×100% | (本期老客户数/客户总数)×100% |
| 直销客户满意度 | 对直销客户进行随机调查的满意度评分的算术平均值 | 综合管理部组织评估 |

3. 内总运营类指标

平衡计分卡内总运营类指标见表 10-4。

表 10-4 平衡计分卡内总运营类指标

| 关键绩效指标 | 指标定义/计算公式 | 数 据 来 源 |
|---|---|---|
| 书面的流程和制度所占的百分率(ISO标准) | (书面化的流程和制度数目/所有需要制定的流程和制度总数)×100% | 需书面化的流程与制度规定 |
| 工作目标按计划完成率 | (实际完成工作量/计划完成量)×100% | 工作记录 |
| 报表数据出错率 | (查出有误报表数量/提交报表总数)×100% | 报表检查记录 |
| 文书档案归档率 | (归档文档数/文档总数)×100% | 文档记录 |
| 项目可行性分析报告质量 | | 项目可行性分析报告质量认证/上级评定 |
| 财务报表出错率 | (查出有误的财务报表数量/提交的财务报表总数)×100% | 财务报表检查记录 |
| 财务分析出错率 | (有误的财务分析数量/提交的财务分析总数)×100% | 财务分析记录 |
| 各部门预算准确率 | (1-超出或未达成预算/部门预算)×100% | 各部门费用预算达成率 |
| KPI辞典更新的及时性 | 将新生成的KPI第一时间放入KPI辞典 | KPI辞典 |
| 策划方案成功率 | (成功方案数/提交方案数)×100% | 策划方案提交与成功记录 |
| 提交项目管理报告及时性 | (按时提交管理报告/报告总数)×100% | 项目管理报告记录 |

续表

| 关键绩效指标 | 指标定义/计算公式 | 数据来源 |
|---|---|---|
| 管理委员会对办公室服务满意度 | 管理委员会对办公室服务工作的满意度调查的算术平均值 | 满意度调查 |
| 内部客户满意度 | 接受民主测评的相关部门对被测评部门所提供服务的满意度 | 内部客户满意度民主测评结果 |
| 招聘空缺职位所需的平均天数 | 空缺职位总数/招聘空缺职位所用的总天数 | 招聘天数记录 |
| 员工晋升评审活动的及时有效开展 |  | 晋升评审记录及员工对晋升意见记录 |
| 员工工资发放出错率 | 错误发放的工资次数/发放的工资次数 | 工资发放记录 |
| 绩效考核数据准确率 | (实查有误数据/考核数据总数)×100% | 投诉记录 |
| 绩效考核按时完成率 | (按时完成的绩效考核数/绩效考核总数)×100% | 绩效考核记录 |

4. 学习与成长类指标

平衡计分卡学习与成长类指标见表10-5。

表 10-5　平衡计分卡学习与成长类指标

| 关键绩效指标 | 指标定义/计算公式 | 数据来源 |
|---|---|---|
| 个人培训参加率 | (实际参加培训次数/规定应参加培训次数)×100% | 培训出勤记录 |
| 部门培训计划完成率 | (部门培训实际完成情况/计划完成量)×100% | 部门培训计划记录 |
| 提出建议的数量和质量（鼓励创意性指标） | 领导认可的新产品建议的数量和质量 | 上级领导的评价 |
| 公司内勤培训规划的制定及实施 | 制定公司总体及各岗位的培训规划，并组织实施 | 上级领导的评价 |
| 团队建设成功率 |  |  |
| 员工自然流动率 | (离职人数/现有人数)×100% | 人力资源部 |
| 员工合作性 |  |  |
| 创新建议采纳率 | (被采纳的创新建议数量/部门建议总数量)×100% | 创新建议采纳记录 |
| 新技术掌握运用程度 |  |  |
| 培训种类 | 培训种类总计 | 培训种类记录 |
| 员工培训与激励满意度（包括培训计划完成率、员工激励等） | 下属员工用满意度调查表评分 | 中心综合管理部组织评估 |
| 研究开发部员工满意度 | 满意度调查问卷评估 | 中心综合管理部组织评估 |
| 研究项目创新及项目规划、组织 | 中心总经理评估标准 | 中心综合管理部组织评估 |
| 培训与研讨参与率 | (实际参加培训与研讨的员工数/规定应参加培训与研讨的总人数)×100% | 培训研讨出勤记录 |

续表

| 关键绩效指标 | 指标定义/计算公式 | 数据来源 |
| --- | --- | --- |
| 培训参与率 | （实际参加培训的员工数/规定应参加培训的总人数）×100% | 培训出勤记录 |
| 内部员工满意度 | （综合管理部经理评估标准） | 综合管理部组织评估工作 |

2. 实施阶段

根据企业具体情况选择合适的信息系统，建立数据库。在测评指标与数据库和信息系统之间建立联系。在整个企业内宣传平衡计分法，鼓励和帮助下属经营单位开发出二级指标。这一过程的最终结果是构造出全新的执行信息系统，把最高级经营单位的测评指标向下贯彻，与各下属单位和各现场的经营指标联系起来。在这一阶段中，另外一件重要的事项是要将员工报酬计划与测评体系中的测评指标联系起来，促使员工尽一切努力去实现企业平衡计分测评体系中的各项测评指标，进而实现企业的战略目标。

3. 定期考察，完善阶段

平衡计分法并不能保证企业战略目标的实现，它只是帮助执行最高管理层的战略构想。若平衡计分法的各项测评指标未能选择那些能真正反映企业战略目标实现的指标，平衡计分法就无法帮助企业实现其战略目标。因此，企业应定期对平衡计分法的实施情况进行考察，看其是否真正有助于企业实现战略目标，找出其中存在的问题，并提出解决问题的方法。必要时，可根据实际情况变动测评指标，完善平衡计分指标体系，使其更好地为企业战略管理服务。

## 10.4.3 关键绩效指标法

关键绩效指标（KPI）法是通过对企业内部流程的输入端、产出端的关键参数进行设置、取样、计算、分析，来衡量流程绩效的一种目标式量化管理方法，是把企业的战略目标分解为可操作的工作目标的工具，是企业绩效管理的基础。KPI法可以使各部门主管明确本部门的主要责任，并以此为基础，明确员工的绩效指标。

关键绩效指标（KPI）法符合一个重要的管理学原理——"二八原理"。在一个企业的价值创造过程中，存在着"20/80"的规律，即20%的骨干人员创造企业80%的价值；而且在每一位员工身上"二八原理"同样适用，即80%的工作任务是由20%的关键行为完成的。因此，必须抓住20%的关键行为，对之进行分析和衡量，这样就能抓住绩效评价的重心。

1. 关键绩效指标含义

建立明确的切实可行的关键绩效指标体系，是做好战略实施管理的关键。它有以下几层含义。

第一，关键绩效指标是用于评估和管理被评估者绩效的定量化或行为化的标准体系。也就是说，关键绩效指标是一个标准体系，它必须是定量化的，如果难以定量化，那么也必须是行为化的。如果定量化和行为化这两个特征都无法满足，就不是符合要求的关键绩效指标。

第二，关键绩效指标体现了对企业战略目标有增值作用的绩效指标。也就是说，关键绩效指标是针对对企业战略目标起到增值作用的工作产出而设定的指标，基于关键绩效指标对绩效进行管理，就可以保证真正对企业有贡献的行为受到鼓励。

第三，通过在关键绩效指标上达成的承诺，员工与管理人员就可以进行工作期望、工作表现和未来发展等方面的沟通。关键绩效指标是进行绩效沟通的基石，是企业中关于绩效沟通的共同辞典。有了这样一本辞典，管理人员和员工在沟通时就可以有共同的语言。

2. 关键绩效指标的类型

通常来说，关键绩效指标主要有4种类型：数量、质量、成本和时限。

表 10-6 列出了常用的关键绩效指标的类型、一些典型的例子及获得验证这些指标的证据来源。

**表 10-6 关键绩效指标的类型**

| 指标类型 | 举例 | 证据来源 |
|---|---|---|
| 数量 | 设备正常运行时间 | 生产记录 |
| | 销售额 | 财务数据 |
| | 利润 | 财务数据 |
| 质量 | 故障率 | 生产记录 |
| | 独特性 | 客户评估 |
| | 信令接通率 | 生产记录 |
| 成本 | 百元人工成本创造的收入 | 财务数据 |
| | 用户欠费率 | 财务数据 |
| 时限 | 及时性 | 上级评估 |
| | 上市时间 | 客户评估 |

3. 确定关键绩效指标的原则

确定关键绩效指标有一个重要的 SMART 原则。SMART 是5个英文单词首字母的缩写。

S 代表具体（specific），指绩效考核要切中具体的工作指标，不能笼统；

M 代表可度量（measurable），指绩效指标是数量化或者行为化的，验证这些绩效指标的数据或者信息是可以获得的；

A 代表可实现（attainable），指绩效指标和标准在付出努力的情况下可以实现，避免设立过高或过低的目标；

R 代表现实性（realistic），指绩效指标是实实在在的，可以证明和观察；

T 代表有时限（time-bound），指注重完成绩效指标的特定期限。

4. 关键绩效指标（KPI）的制定方式

建立 KPI 体系的过程，实际上是把公司、事业部的年度战略规划向战略实施层层落实的过程，而且是目标指向非常明确一致的落实过程，形成整个企业的价值场，所有的目标都指向企业战略目标，KPI 指标制定过程如图 10-7 所示。

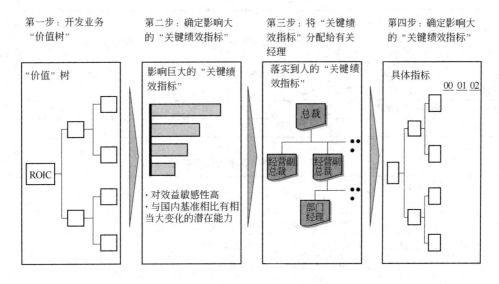

图 10-7 KPI 指标制定过程

**小资料**

1. 财务类指标

计划费用支出率指标含义解析见表 10-7，人均成本贡献率指标含义解析见表 10-8，存货周率指标含义解析见表 10-9，采购成本下降率指标含义解析见表 10-10。

表 10-7 计划费用支出率指标

| 指标名称 | 计划费用支出率 | 指标属性 | 组织效率 | 指标编号 | B-F-01 | 数据来源 | JHCW |
|---|---|---|---|---|---|---|---|
| 指标诠释 | 设立此目标是为了合理配置企业的现金流降低财务费用提高企业的计划能力 | | | | | | |
| 指标目的 | 设立此项指标是为了强化资金计划管理，把管理费用控制在适度的区域 | | | | | | |
| 指标测度 | 实际费用/目标计划费用 | | | | | | |
| 测度时间 | 月度测度 | | | | | | |
| 备 注 | 此项指标使用于各系统、各部门 | | | | | | |

表 10-8 人均成本贡献率指标

| 指标名称 | 人均成本贡献率 | 指标属性 | 组织效率 | 指标编号 | B-F-02 | 数据来源 | JHCW |
|---|---|---|---|---|---|---|---|
| 指标诠释 | 反映了基于组织目标的最大费用支付能力，反映了组织以最低的代价取得最大的效益 | | | | | | |
| 指标目的 | 设立此目标是为了将成本费用控制在适度的范围内，以支持业务的实现 | | | | | | |
| 指标测度 | 采购支出/部门费用/人；营销费用/部门费用/人；IT支出费用（维修维护费、软件开发费用、硬件设备费）/部门费用/人 | | | | | | |
| 测度时间 | 季度或半年测度 | | | | | | |
| 备 注 | | | | | | | |

### 表 10-9　存货周率指标

| 指标名称 | 存货周率/次 | 指标属性 | 控制能力 | 指标编号 | C-F-01 | 数据来源 | JHCW |
|---|---|---|---|---|---|---|---|
| 指标诠释 | 反映了企业存货的流动性及合理性，深刻地揭示了企业对市场的预测能力、采购能力、营销能力、运营管理等各种能力的协同性 | | | | | | |
| 指标目的 | 设立此目标是为了降低库存、增加商品的销售量，向市场提供畅销对路产品和最新产品 | | | | | | |
| 指标测度 | 销售成本/平均存货成本 | | | | | | |
| 测度时间 | 季度或半年测度 | | | | | | |
| 备　注 | | | | | | | |

### 表 10-10　采购成本下降率指标

| 指标名称 | 采购成本下降率 | 指标属性 | 控制能力 | 指标编号 | C-F-02 | 数据来源 | JHCW |
|---|---|---|---|---|---|---|---|
| 指标诠释 | 反映了企业供应商管理的水平，最终体现为企业对成本的控制能力 | | | | | | |
| 指标目的 | 设立此目标是为了评估采购的效率，采购方式的科学性 | | | | | | |
| 指标测度 | （采购成本基准值－当期采购成本）/采购成本基准值 | | | | | | |
| 测度时间 | 月度或季度测度 | | | | | | |
| 备　注 | 采购成本基准值为一定时间内的采购成本平均值 | | | | | | |

**2. 客户类指标**

单位供应商采购金额增长率指标含义解析见表 10-11，供应商满意度增长率指标含义解析见表 10-12，供应商信息更新率指标含义解析见表 10-13，会员卡卡均消费增长率指标含义解析见表 10-14。

### 表 10-11　单位供应商采购金额增长率指标

| 指标名称 | 单位供应商采购金额增长率 | 指标属性 | 渠道能力 | 指标编号 | D-C-01 | 数据来源 | JHCW |
|---|---|---|---|---|---|---|---|
| 指标诠释 | 反映了企业所经销商品结构的合理性，建立良好的供应商资源，最终提高企业的获利能力 | | | | | | |
| 指标目的 | 设立此目标是为了确定合理的供应商结构，提高采购效率，降低采购成本 | | | | | | |
| 指标测度 | ［（当期采购总金额/当期供应商数量－上期采购总金额/上期供应商数量）/上期采购总金额］/上期供应商数量 | | | | | | |
| 测度时间 | 月度或季度测度 | | | | | | |
| 备　注 | | | | | | | |

### 表 10-12　供应商满意度增长率指标

| 指标名称 | 供应商满意度增长率 | 指标属性 | 组织效率 | 指标编号 | G-C-01 | 数据来源 | XZQH |
|---|---|---|---|---|---|---|---|
| 指标诠释 | 反映了企业在商业活动中的信誉 | | | | | | |
| 指标目的 | 设立此目标是为了建立良好的战略合作伙伴关系，构建坚实的供应链 | | | | | | |
| 指标测度 | 问卷调查 | | | | | | |
| 测度时间 | 月度或季度测度 | | | | | | |
| 备　注 | | | | | | | |

表 10-13　供应商信息更新率指标

| 指标名称 | 供应商信息更新率 | 指标属性 | 渠道能力 | 指标编号 | G-C-02 | 数据来源 | XZWL |
|---|---|---|---|---|---|---|---|
| 指标诠释 | 反映了企业采购的专业化程度，采购的成本，最终反映企业经营成本的降低 ||||||||
| 指标目的 | 设立此目标是为了保持供应商信息库的全面性、及时性，提高采购的效率 ||||||||
| 指标测度 | 更新信息量/总信息数量 ||||||||
| 测度时间 | 月度或季度测度 ||||||||
| 备　注 | 供应商评价、供应商覆盖面 ||||||||

表 10-14　会员卡卡均消费增长率指标

| 指标名称 | 会员卡卡均消费增长率 | 指标属性 | 策划能力 | 指标编号 | H-C-01 | 数据来源 | JHCW |
|---|---|---|---|---|---|---|---|
| 指标诠释 | 反映了顾客的忠诚度，对此种经营模式的认可程度，对企业的认知度 ||||||||
| 指标目的 | 设立此目标是为了提高会员对销售收入的贡献度，以便为增加会员服务的项目决策提供依据 ||||||||
| 指标测度 | (当期卡均消费－上期卡均消费)/上期卡均消费 ||||||||
| 测度时间 | 月度或季度测度 ||||||||
| 备　注 | ||||||||

## 10.4.4　目标管理法

> **小资料**
>
> 　　目标管理改变了经理人过去监督部属工作的传统方式，取而代之的是主管与部属共同协商具体的工作目标，事先设立绩效衡量标准，并且放手让部属努力去达成既定目标。此种双方协商一个彼此认可的绩效衡量标准的模式，自然会形成目标管理与自我控制……
> 　　　　　　　　　　　　　　　　　　　　　　　　　　　　——德鲁克

　　目标管理法是以目标的设置和分解、目标的实施及完成情况的检查、奖惩为手段，通过员工的自我管理来实现企业经营目的的一种管理方法。

　　企业为了完成其战略目标，通过授权让其管理层和各级员工根据公司上级经理的目标，按照自己的岗位职责以自己的方式进行业务或管理活动，以完成公司的总体目标。管理者在目标管理的过程中关注的是共同目标的达成状况，而不是将主要关注点放在下属的执行过程中。

　　目标管理适应群体是以知识型员工为主要管理对象的管理活动，要求员工根据自己的岗位职责自动分解上级经理的目标。目标管理有别于过程管理，管理者要求员工主动承担责任，而非采用听命式管理的方法，它的设计完全是以知识型员工的特点为依据，要求员工在岗位上主动工作的一种管理方法。

　　目标管理的核心是建立一个企业的目标体系，全体员工各司其职、各尽其能，推进组织目标的达成。在一个企业的目标体系中，总经理的目标、事业部经理的目标、部门主管的目标是各不相同的，但他们的目标都和企业整体目标息息相关。企业整体目标的实现，有赖于各部门目标的顺利实现。从管理员工的角度来说，要让员工自己当老板，自己管理自己，变

"要我干"为"我要干"。

1. 目标管理的工作实施的5个程序

（1）制定目标

制定目标包括制定企业的总目标、部门目标和个人目标，以及达到目标的方法和完成这些目标所需要的条件等多方面的内容。

（2）目标分解

建立企业的目标网络，形成目标体系，通过目标体系把各个部门的目标信息显示出来，就像看地图一样，任何人一看目标网络图就知道工作目标是什么，遇到问题时需要哪个部门来支持。

（3）目标实施

要经常检查和控制目标的执行情况和完成情况，以观察在实施过程中有没有出现偏差。

（4）检查实施结果及奖惩

对目标按照制定的标准进行考核，目标完成的质量应该与个人的收入和升迁挂钩。

（5）信息反馈及处理

在考核之前，还有一个很重要的问题，即在进行目标实施控制的过程中，会出现一些不可预测的问题。如目标是年初制定的，年尾发生了金融危机，那么年初制定的目标就不能实现。因此在实行考核时，要根据实际情况对目标进行调整和反馈。

**小资料**

某机床厂在实施目标管理过程中，为了充分发挥各职能部门的作用，充分调动1 000多名职能部门人员的积极性，该厂首先对厂部和科室实施了目标管理。经过一段时间的试点后，逐步推广到全厂各车间、工段和班组。几年的实践表明，目标管理改善了企业经营管理，挖掘了企业内部潜力，增强了企业的应变能力，提高了企业素质，取得了较好的经济效益。

按照目标管理的原则，该厂把目标管理分为3个阶段进行。

第一阶段：目标制定阶段。

（1）总目标的制定

该厂通过对国内外市场机床需求的调查，结合长远规划的要求，并根据企业的具体生产能力，提出了19××年三提高、三突破的总方针。所谓三提高，就是提高经济效益、提高管理水平和提高竞争能力；三突破是指在新产品数目、创汇和增收节支方面要有较大的突破。在此基础上，该厂把总方针具体化、数量化，初步制订出总目标方案，并发动全厂员工反复讨论、不断补充，送职工代表大会研究通过，正式制定出全厂19××年的总目标。

（2）部门目标的制定

企业总目标由厂长向全厂宣布后，全厂就对总目标进行层层分解，层层落实。各部门的分目标由各部门和厂企业管理委员会共同商定，先确定项目，再制定各项目的指标标准。其制定依据是厂总目标和有关部门负责拟定、经厂部批准下达的各项计划任务，原则是各部门的工作目标值只能高于总目标中的定量目标值，同时为了集中精力抓好目标的完成，目标的数量不可太多。为此，各部门的目标分为必考目标和参考目标两种。必考目标包括厂部明确下达目标和部门主要的经济技术指标；参考目标包括部门的日常工作目标或主要协作项目，其中必考目标一般控制在2～4项，参考目标项目可以多一些。目标完成标准由各部门以目标卡片的形式填报厂部，通过协调和讨论最后由厂部批准。

(3) 目标的进一步分解和落实

部门的目标确定了以后，接下来的工作就是目标的进一步分解和层层落实到每个人。

① 部门内部小组（个人）目标管理，其形式和要求与部门目标制定相类似，拟定目标也采用目标卡片，由部门自行负责实施和考核。要求各个小组（个人）努力完成各自目标值，保证部门目标的如期完成。

② 该厂部门目标的分解是采用流程图方式进行的。具体方法是：先把部门目标分解落实到职能组，任务级再分解落实到工段、工段再下达给个人。通过层层分解，全厂的总目标就落实到了每一个人身上。

第二阶段：目标实施阶段。

该厂在目标实施过程中，主要抓了以下 3 项工作。

(1) 自我检查、自我控制和自我管理

目标卡片经主管副厂长批准后，一份存企业管理委员会，一份由制定单位自存。由于每一个部门、每一个人都有了具体的、定量的明确目标，所以在目标实施过程中，人们会自觉地、努力地实现这些目标，并对照目标进行自我检查、自我控制和自我管理。这种自我管理，能充分调动各部门及每一个人的主观能动性和工作热情，充分挖掘自己的潜力，因此完全改变了过去那种上级只管下达任务、下级只管汇报完成情况，并由上级不断检查、监督的传统管理办法。

(2) 加强经济考核

虽然该厂目标管理的循环周期为一年。但为了进一步落实经济责任制，即时纠正目标实施过程中与原目标之间的偏差，该厂打破了目标管理的一个循环周期只能考核一次、评定一次的束缚、坚持每一季度考核一次和年终总评定。这种加强经济考核的做法进一步调动了广大职工的积极性，有力地促进了经济责任制的落实。

(3) 重视信息反馈工作

为了随时了解目标实施过程中的动态情况，以便采取措施、及时协调，使目标能顺利实现，该厂十分重视目标实施过程中的信息反馈工作、并采用了两种信息反馈方法。

① 建立工作质量联系单来及时反映工作质量和服务协作方面的情况。尤其当两个部门发生工作纠纷时，厂管理部门就能从工作质量联系单中及时了解情况，经过深入调查，尽快加以解决，这样就大大提高了工作效率，减少了部门之间不协调现象。

② 通过修正目标方案来调整目标：内容包括目标项目、原定目标、修正目标及修正原因等，并规定在工作条件发生重大变化需修改目标时，责任部门必须填写以修正目标方案提交企业管理委员会，由该委员会提出意见交主管副厂长批准后方能修正目标。

该厂长在实施过程中由于狠抓了以上 3 项工作，因此不仅大大加强了对目标实施动态的了解，更重要的是加强了各部门的责任心和主动性，从而使全厂各部门从过去等待问题找上门的被动局面，转变为积极寻找和解决问题的主动局面。

第三阶段：目标成果评定阶段。

目标管理实际上就是根据成果来进行管理的，故成果评定阶段显得十分重要，该厂采用了自我评价和上级主观部门评价相结合的做法，即在下一个季度第一个月的 10 日之前，每一部门必须把一份季度工作目标完成情况表报送企业管理委员会（在这份报表上，要求每一部门自己对上一阶段的工作做恰如其分的评价）。企业管理委员会核实后，也给予恰当的评分。如必考目标为30分，一般目标为15分。每一项目标超过指标3%加1分，以后每增加3%再加1分。一般目标有一项未完成而不影响其他部门目标完成的，扣一般项目中的3分，影响其他部门目标完成的则扣分增加到5分。加1分相当于增加该部门基本奖金的1%，减1分则扣该部门奖金的1%。如果有一项必考目标未完成则扣至少10%的奖金。

该厂在目标成果评定工作中深深体会到：目标管理的基础是经济责任制，目标管理只有同明确的责任划分结合起来，才能深入持久，才能具有生命力，达到最终的成功。

【资料来源】http://www.beidabiz.com.

2. 提高业绩型目标管理的技巧

① 提高企业战略目标的正确度。

② 中层领导用协调和说服的方式做好"承上启下"工作（与高层领导协调，承接目标与方针，同时说服下属承接自己的目标），保证目标链的系统性。

③ 保证下属对上级目标的知情权和制定个人目标的自主权，如果要调整下属目标，必须与下属沟通、讨论。

④ 目标实施过程中，领导应该把控制重点放在目标链的结点上，协调上下左右的关系，加强关联部门间的合作。

⑤ 员工自主完成目标往往会遇到困难，越下层的员工遇到的困难往往越多，因此要加强对员工能力的培养。可以采用渐进的方法，开始时只要求某一层次以上的员工制定个人目标并自主完成。在这部分员工能力提高之后，再逐层往下推进，直到每一个员工。

运用提高业绩型目标管理法时，其中最关键的是：企业要有正确的战略目标，中层领导要做好承上启下工作，每个员工要发挥制定和实施目标的自主性。

# 10.5 领导与战略管理

## 10.5.1 战略管理对企业领导者的要求

随着全球经济一体化的推进，企业管理面临许多严峻的挑战，它既要应付捉摸不定的环境变化，又要认真对待消费者对产品越来越苛刻的要求和科学技术浪潮的挑战。这时，企业若想在竞争中获取优势并保持之，必须制定与推行适宜的企业战略，企业管理已经进入战略管理时代。而战略管理的实行必须要有其核心力量，这就是企业领导者。企业战略并不是什么样的领导者都能推行的，它对领导者提出了更高的要求。

战略管理要求具有机智果敢、勇于创新、远见卓识、知识广博、富有经验同时有独特的管理魅力的人来担任企业领导者，他们一定是战略家。只有这样，企业战略才会在制定过程中不产生偏差。同样，战略管理要求企业管理者不能等同于一般的管理人员，它要求企业领导者超脱于一般管理，能站得高，看得远，能超脱于企业的日常经营管理工作，有精力与条件去运用自己的知识、经验、技能为企业制定出创新的战略,并能积极有效地去推行战略。企业一般管理人员常常不具备这种战略管理的素质,即使他们拥有战略管理能力,在实际运行中,他们也只是参与或辅助推进企业战略。真正的重任必将落到企业主要领导者的肩上。战略管理还要求企业管理者真正能够统领全局,领导和激励全体员工为实现企业的战略而努力。这就要求企业领导者在关键时刻发挥出关键作用,确保战略的平稳实施,并为企业指引生存与发展的方向。

## 10.5.2 领导者应该具备的战略素质

领导者应该具备的战略素质包括以下 7 个方面。

1. 道德与社会责任感

一个企业战略管理者的道德与社会责任感是指他们对社会道德和社会责任的重视程度。因为企业的任何一个战略决策都会不可避免地牵涉到他人或社会集团的利益,因此企业领导者的道德和社会责任感对这些战略决策的后果会产生十分重要的影响。企业的战略会影响以下团体利益:政府、消费者、投资者、供应商、内部员工和社区居民。而企业战略常常不能同时满足各个团体的利益,企业领导者对各个集团利益的重视程度也不同,这就决定了不同的领导者对不同的战略会持不同的看法。此时重要的原则是,企业领导者应该综合平衡各方面的利益。

2. 着眼未来的素养

企业的领导者不仅要着眼于企业的"今天",更应该放眼企业的明天,按企业未来的发展要求作出战略决策。领导者的远见卓识取决于他广博的知识和丰富的经验,来自对未来经济发展的正确判断,取自于企业全体员工的智慧。当领导者对未来有了科学的判断之后,还应该迅速转化为行动,即采取"领先一步"的做法来及早获取竞争优势。同时,作为一个领导者,应该时刻关注竞争格局,经常分析竞争对手的状况,逐项将自己与竞争对手比较,只有全面了解对手,才能谈得上"扬长避短",国内许多企业的产品之所以能够胜人一筹,原因就在于能在研究别人的产品时突破一点,结果大获全胜。人们经常说的"手上拿一个,眼中盯一个,脑里想一个",讲的就是这个道理。

3. 随机应变的能力

它可以定义为接受、适应和利用变化的能力。在今天和未来的世界中,唯一不变的东西就是变化。因此,企业的领导者必须能够迅速理解并接受变化,积极主动地根据内外变化来调整自己的思想和企业战略,以及善于利用变化来调整自己的思想和企业战略,善于利用变化把不利因素转化为有利因素,以达到发展企业的目的,最终获得成功。

4. 开拓进取的品格

一个企业要想发展壮大,企业领导人一定要有"敢"字当头的精神,敢于在市场上,敢于在未知领域中,敢于在与竞争对手的较量中,保持一种积极开拓,顽强拼搏的气概。

5. 丰富的想象力

想象是从已知世界向未知世界的拓展,是在对现有事物的想象之后创造出来的。具有丰富想象力的领导者可以帮助企业创造和利用更多的机会,可以协助企业进行自我改进和自我完善,并能帮助企业适应千变万化的环境。

#### 6. 具有一定程度的执着

英特尔的总裁格罗夫在《只有偏执狂才能生存》一书中提到，有些因素会使企业的结构发生戏剧性的变化，从而决定企业的生存状态，这6类因素是：

① 目前的竞争对手；

② 潜在的竞争对手；

③ 供应链上游企业；

④ 客户和消费者；

⑤ 和本企业有关的互补性企业；

⑥ 关键技术。

这些因素的影响力和动态变化均不受本企业的控制，却能制约企业经营的根本格局。其中任何一个发生剧变，竞赛的规则就会随之大变，竞争状况也就不可同日而语。因此这种状况要求企业领导者能随时保持某种程度上的偏激心态，一旦时机显现，能够抢占有利地位，捕捉机会或者逃离陷阱。

**小资料**

美国最具影响力媒体之一的《时代周刊》每年要选出一位本年度最能引起关注的风云人物作为其年终的封面人物。荣登《时代周刊》1997年度封面风云人物的是多年来"神龙见首不见尾"的计算机行业巨子——英特尔公司总裁安德鲁·格罗夫。

格罗夫之所以能获取此项殊荣，在某种意义上说，是因为他具备了风险投资对企业家要求的基本素质。而这些基本素质在他的一生中（格罗夫于1936年9月2日生于匈牙利的布达佩斯，从小就饱经风霜，历尽艰辛，磨炼了坚强的意志），尤其是在领导英特尔公司的奋斗生涯中得到淋漓尽致的体现。

#### 7. 具有一定的风险投资家的风范

风险投资对企业家素质要求较高，主要包括以下几个方面。

① 忠诚正直。包括正直可信、守法、公平。

② 成就感。能为实现既定目标而艰苦奋斗。

③ 精力充沛。必须具有完成投资计划规定任务的坚定信念，具有驱动力的奋斗热情，首创精神。

④ 天资过人。善于认识复杂的局面，认清事物的本质，在充分分析的基础上作出正确的判断，进而进行最优决策。

⑤ 学识渊博。学识，不仅指受过良好的高等教育，更重要的是丰富的经验，对所从事的行业所积累的经验。

⑥ 领导素质。包括自信、自强和一定程度的以自我为核心。领导能力既表现为独立处理问题的能力，更表现为组织他人共同解决问题的能力。

⑦ 创新能力。企业家应很机敏，遇到意外的事件时能创造性地解决问题。

### 10.5.3 领导者的战略思考逻辑

一般来讲，当面对具体问题或事件时，领导者总是先将其分解为若干部分，弄清楚每部分构成要素的特点，然后进行归类，在理解各部分意义的基础上，尽可能利用知识、智力的灵活性，按设想中的最优方式把各要素重新组合起来，使之能对环境变化作出实际的反应，以求得企业内外的平衡。这就是所谓的战略思考。企业领导者制定战略是为了获得竞争优势，而绝对的竞争优势是不存在的。因此，企业仅能获得相对于竞争对手的优势。因而在领导者的战略思考过程中，应该能够以以下 4 个方面为基础来构造战略思考的逻辑框架。

1. 确定关键的战略因素

确定关键的战略因素，需要从外部环境的机遇和威胁分析到企业内部的优势与劣势，从原材料到产品售后服务的整个经营过程的评估。当然，对于企业领导者来讲，面面俱到不太可能，主要的是要控制其中几个关键的环节，分析关键因素，抓住战机，及时将有限的资源集中于一个具有战略影响的功能中，迅速进入行业领先地位，然后利用这一领先地位所产生的效应，加强其他功能，从而成为行业的主导企业。

2. 开辟战略自由度

关键战略因素有时指某一战略领域，范围过大，概念比较笼统。因此，战略领导者还应该围绕一个特定的关键战略因素所属的领域而采取战略行动的自由度思考，以选择一个特殊的方向来探求成功的战略。

所谓"战略自由度"，是指能由问题的成因所引导出的切实可行的战略方向线簇。一般是由若干战略方向线构成。其概念的基本要素是目标，即领导者期望战略要素所能够获得的最大的值或者变量。其概念的基本功能是在关键的战略因素领域内，为确保竞争优势所采取的战略行动的自由程度，即可行的主要战略行动，其中方向线可能是单向的，也可能是多向的。因此，战略自由度的选择与确认，在某种程度上是对战略关键因素的进一步细化。

开辟战略自由度的程序有：

① 确认竞争中战略发展的主攻方向；
② 在主方向中抽象出几条主轴线，即战略自由度的方向线；
③ 沿着每一条战略自由度的方向线找出关键点；
④ 对每一个点进行成本——效益分析；
⑤ 对每一个竞争对手可能在每个战略自由度方向线上的活动及顺序进行预测，完成完整的战略自由度选择分析图，为确定企业的最后战略行动方案打下基础。

3. 确定相对竞争优势

一般来讲，竞争中的各个企业都会在争夺关键战略要素和开辟战略自由度方面做努力。但是，因为各企业的内部条件存在差异，因此许多企业不可能与强大的竞争对手做持久的抗衡。此时，高明的领导者有时会避开正面冲突，进行创新思考，另辟蹊径，建立相对竞争优势。例如，在价格竞争中，如果单纯从降价（成品）出发，未必就是一条好措施；相反，如果在售后服务上大做文章，可能会另创出一片新天地。

4. 积极主动的进攻

创新，无疑为企业获得领先地位做出了重大的贡献。但当企业发展到一定程度后，无论做何种努力，企业都不会取得明显的进步，呈现出一定的僵局。领导者必须采取一些果断措施，主动积极地出击，向普遍接受的常识提出彻底的挑战，另辟一条生路。

### 10.5.4 战略领导小组的组建及激励

1. 战略领导小组的组建原则

(1) 确认首要领导的原则

即根据环境的变化和企业要实施的战略的要求,选择合适的首要领导,再结合首要领导的素质与能力,让其发挥企业战略实施的核心作用。

(2) 由首要领导组阁的原则

即由已经确定的首要领导来确定战略领导小组的其他成员。再配以适当的监督机制,以保证战略领导小组的万无一失。

(3) 能力相配的原则

指战略领导小组内部成员的能力应该相互补充、相互匹配。即要根据战略管理对领导能力的要求和企业内外环境的变化,选择具有首要领导不具备的能力的人进入领导小组,以弥补首要领导的不足。

(4) 协作原则

即在组建领导小组时应该考察其成员的合作性,选择具有合作性的人员进入领导小组,以建立小组内部和谐的人际关系,增添必要的润滑剂。

(5) 优化组合原则

即在组建领导小组时,可能会有众多的人员搭配方案,这时应该选择最佳或满意的方案来实现组建目标。这样,便于实现能力匹配的要求和有利于战略的制定及有效的执行。

2. 组建战略领导小组的途径选择

根据已经确定的战略领导小组的组建原则,就可以着手进行具体的组建。由于各个企业的实际情况不同,由此产生了不同的组建途径。

(1) 调整现存的领导小组成员,使之成为新的战略领导小组的成员

依靠现存的领导小组来负责新的战略领导职能,对其只做局部的调整和必要的培训,以适应新的要求。这样做的优点在于:

① 现有的领导小组成员熟悉内部情况,便于开展工作;

② 领导小组内成员相互了解,便于合作;

③ 可以保持企业领导的连贯性,也可以树立典范,增强企业的凝聚力。

(2) 选聘新人来组建新的战略领导班子

这是在企业内部不具备合适的人选时才做出的选择。在一定的条件下,它反而会更好更快地贯彻新的战略。采用这种途径的好处在于:挑选对新战略有信心的外部人员,能够避免现任领导成员面临的障碍,可以使他们更加顺利地进入新的角色和履行新的使命;同时,新的工作会使新的人选产生新鲜感,极易激发人的活力,使之创造性地完成使命;另外,新人选受企业人际关系和旧秩序的影响较少,可以更加超脱地推行新战略。当然,选用新人选也会有一些弊端,例如,新人选对环境不熟悉,需要花费大量的时间、精力去了解情况;另外,新选人员容易受到原来领导成员或企业其他员工的排斥。因此,该途径应该在详细、审慎、妥善的分析与安排之后,并配合一定的时机,才能够使用。

### 3. 对战略领导小组人员的激励

战略领导人员是实施企业战略的关键因素。战略领导人员的积极性将直接关系到企业管理的成效。实践已经证明，即使干劲十足的领导人员也需要激励。只有激励，才会强化战略领导人员的战略行动，促使其进行各种创新性的变革。因此，激励在战略管理中具有非常重要的作用。

对战略领导人员的激励，其目的就在于促使企业战略领导人员对长期目标、战略计划和创业精神有足够的重视，鼓励其及时创造性地调整战略行为，以调动和维持战略领导人员实施战略管理的积极主动性。激励的形式一般可以分为物质的和非物质的。物质的激励如增加工资、发放奖金、提高其生活待遇（如住房、福利）等；非物质激励指表扬、记功、颁发奖状等精神奖励。在实际运作中，把激励程度和战略活动绩效挂钩，根据绩效的大小来确定具体的激励措施。这样，正确地衡量战略管理人员的绩效，便成为激励的关键。由于企业日常经营活动常常与战略活动交织在一起，因此要将战略活动和作业活动进行正确地区分，建立双重结构、双重预算和双重绩效评估系统，以便正确实施对战略行动方面的激励。

为了对战略行动进行必要的激励，应该做好以下几个方面的工作：
① 正确区分战略实施阶段，明确具体工作步骤和责任；
② 根据战略目标，确立各个阶段应该取得的成果及应该达到的程度；
③ 按照战略考核标准进行多方式的评价、考核；
④ 对战略实施过程中领导人行为的努力程度进行正确地评价，给予奖励，以强化这种行为。

## 案例分析

### 中粮集团多元化战略实施策略

中粮从一个单一的进出口贸易商转型进入了多元化、实业化的发展阶段，并取得了相当大的成功，这和中粮集团的协同多元化发展战略是分不开的。

从粮油食品贸易加工起步，中粮在这些年的发展过程当中，为了更好地开展自身业务，紧密关注国际经济形势，学习成功企业的发展经验，围绕于客户和社会需求以及潜在的发展机遇，决定建立多元化的发展模式。并采取"协同多元化"，即"集团有限相关多元化，业务单元专业化"的策略实施多元化战略。这个实施策略具有两方面的含义。

（1）集团不搞过度多元化，多元化各行业之间要具备相关、协同性，要有逻辑关系，以便互相支持，形成合力。

中粮从进出口贸易商转型进入实业化发展阶段以来，目前所从事的主要行业有：食品制造业、房地产业、酒店业、金融业、保险业、生物能源等，这些业务之间都是一种协同关系，如根据公司的战略定位及各业务之间的协同效应，对公司现有业务及集团相关业务进行评估和检讨，通过内部成长和外部扩张的方式获取长期成长动力，对公司内部进行资源整合，包括品牌、渠道、研发、生产、物流、采购以及组织架构等。

一系列的并购和重组都突出了中粮在资源方面的整合运作,有些是为了拓展产品线、有些是为了控制上游原材料、有些是为了进入成长性的行业,能够与企业的发展形成协同,形成具有协同效益的价值链和供应链整体。

(2) 集团明确自身定位,发展主营业务核心能力,保证各行业的专业性。

首先,企业多元化战略必须以核心能力为依托,企业的相关多元化要围绕这一核心能力开展。例如佳能公司利用其在光学镜片、成像技术和微重量控制技术方面的核心能力,成功地进入了复印机、激光打印机、照相机、成像扫描仪、传真机等20多个市场领域,而且都取得了一定的市场地位。核心能力可以使企业以不变应万变,既保证了企业多元化经营上的稳定性,又可以通过调整其外部因素,增强企业经营的灵活性。此外,依托核心能力能有效降低多元化经营的风险,让企业能够在进行新产品新市场的开发过程中,把新老组织资源有机结合起来,产生一种抵御市场风险的协同能力,达到风险与收益的均衡。

企业的发展战略选择是一个"专业化—多元化浪潮—专业化"回归的过程。专业化的基本点是将企业集团的资源优势聚合于某一特定的产业或产品领域。资源的集合意味着企业集团在特定的市场上优势的集中,可将规模经济发挥得淋漓尽致,谋取特定市场的领导地位,而这种领导地位也能使风险系数大大降低。中粮集团就正在经历这一历程。中粮"集团有限相关多元化,业务单元专业化"的发展战略实施策略充分体现了其经营者智慧、有策略的经营理念。

当然,中粮现在比起国际上其他一些强大的企业,还有很多需要发展和改进的地方,如中粮竞争手段较少,竞争重点主要局限于产能、布局上,而缺乏对供应链各环节管理、人才、产品、品牌、技术、资源等要素的完整整合,并且营利模式、供应链竞争、公司治理与管理系统、企业文化模式等核心竞争力的缺失也是中粮目前的劣势。尽管如此,只要有明确的发展方向和发展战略,相信中粮集团一定可以在不久的将来得到更好、更快的发展。其他中国企业应该深刻学习和研究中粮的发展理念,把中粮的发展历程结合自身的经验整合起来,从而推动自身企业乃至整个中国企业界的发展。

【资料来源】 依据总裁学习网作者整理。

### 案例分析题

1. 中粮集团多元化发展战略实施策略的含义是什么?
2. 中粮集团目前还存在哪些问题,如何改进并得到进一步的发展?
3. 中粮集团进入多元化发展阶段与单一发展模式相比有哪些优势?

# 本章习题

## 一、判断题

1. 事业部制组织结构是由美国的斯隆在20世纪20年代初担任美国通用汽车企业副总经理时研究和设计出来的,故被称为"斯隆模型"。(　　)

2. 矩阵结构的特点是稳定性较差；实行双重领导，可能会出现多头指挥现象。(　　)
3. "组织"是战略执行中最重要、最关键的要素。(　　)
4. 战略资源的流动方向和流动速度取决于组织结构。(　　)
5. 动态相辅效果是指企业将来的战略能有效地使用现在战略运行中产生的看不见的资源的效果。(　　)

## 二、选择题

1. 未来企业的组织特点有（　　）。
   A. 组织的扁平化　　　　　　B. 组织的网络化
   C. 组织的无边界化　　　　　D. 组织的虚拟化
2. 平衡计分卡指标体系包括（　　）。
   A. 财务类指标　　　　　　　B. 客户类指标
   C. 内部运营类指标　　　　　D. 学习与成长类指标
3. 战略实施的必要条件是（　　）。
   A. 企业资源合理分配　　　　B. 合理的组织结构
   C. 领导者的能力　　　　　　D. 良好的组织环境
4. 战略与资源的关系主要表现在如下哪几个方面？（　　）
   A. 资源对战略的保证作用　　B. 战略促使资源的有效利用
   C. 战略可以促使资源的有效储备　　D. 战略可以促使资源的有效开发
5. 平衡计分卡的核心是（　　）。
   A. 财务战略　　　　　　　　B. 组织战略
   C. 内部业务流程战略　　　　D. 客户战略

## 三、思考题

1. 企业战略与企业组织结构的相互关系如何？
2. 企业文化对企业战略实施有什么作用？
3. 如何用平衡计分卡来考核战略实施的效果？
4. 企业资源的配置与战略的关系是什么？
5. 企业主要领导在战略制定和实施中的地位和作用是什么？

**参考答案**

一、1. √　2. √　3. √　4. ×　5. ×
二、1. ABC　2. ABCD　3. A　4. ABC　5. D

# 第 11 章 企业战略控制

**在本章中,我们将要学习:**
- 管理控制的种类
- 战略控制的类型
- 企业战略实施控制系统
- 战略控制的作用

 **导入案例**

### 加多宝集团郑重宣布战略调整

加多宝集团在全体员工的共同努力和社会各界朋友的支持下,经过近五年多时间的悉心经营,已将加多宝打造成为名副其实的凉茶行业领导品牌。

加多宝集团为了实现进一步的跨越式发展,现已启动上市计划。为此,2018年3月19日,加多宝集团董事局任命资深高管李春林先生担任集团总裁,全面负责加多宝及昆仑山全部业务。3月21日,李春林总裁召集集团管理层开会,确定集团未来经营战略方针,并郑重宣布集团战略目标:二次创业,开源节流,整合优势资源,三年内实现公司成功上市。

加多宝集团启动上市计划,将对经营思路、经营架构、管理体系等进行重大调整,重新部署,整合优势资源,实现二次创业。

2018年将作为加多宝跨入发展新阶段的里程碑,集团在继续着力做好国内业务的同时,积极响应国家"一带一路"战略指引,将在未来几年进一步加大海外业务拓展力度,集团在泰国、越南、日本等地的合作项目已陆续深入展开。加多宝将以坚定的文化自信承担起在国际舞台上弘扬中国凉茶文化的使命,向世界宣传中国凉茶文化,为开创新时代新局面贡献力量。

作为民族品牌传承者,加多宝集团将牢记"共创健康时尚饮品,传承中华传统文化"的使命,保持谦卑、敬畏和感恩之心。同时,感恩社会各界一直以来的支持,感恩朋友们的信任与合作,感恩公众赋予的期望和责任。企业将不忘初心,牢记使命,在新的时代书写发展新篇章。

【资料来源】 http://jiaju.sina.com.cn/zixun/20180322/6382448063684084459.shtml,2018-03-22.

战略控制主要是指在企业经营战略的实施过程中,检查企业为达到目标所进行的各项活动的进展情况,评价实施企业战略后的企业绩效,把它与既定的战略目标和绩效标准比较,发现现实与理想之间的差距，分析产生偏差的原因，纠正偏差，使战略实施更好地与企业当前所处的内外环境、企业目标协调一致，则企业战略得以实现。

## 11.1 管理控制基础

### 11.1.1 控制的类型

1. 从控制时间来看

从控制时间来看，企业的战略控制可以分为以下 3 类。

1) 事前控制

在战略实施之前，要设计正确有效的战略计划。该计划要得到企业高层领导者的批准后才能执行，其中重大的经营活动必须通过企业领导者的批准才能开始实施，所批准的内容往往就成为考核经营活动绩效的控制标准，这种控制多用于重大问题的控制，如任命重要人员、签订重大合同、购置重大设备等。

由于事前控制是在战略行动成果尚未实现之前，通过预测发现战略行动的结果可能会偏离既定的标准。因此，管理者必须对预测因素进行分析与研究。一般有 3 种类型的预测因素。

① 投入因素，即战略实施投入因素的种类、数量和质量，将影响产出的结果。

② 早期成果因素，即依据早期的成果，可预见未来的结果。

③ 外部环境和内部条件的变化，对战略实施的控制因素。

2) 事后控制

这种控制方式发生在企业的经营活动之后，把战略活动的结果与控制标准相比较，这种控制方式工作的重点是要明确战略控制的程序和标准，把日常的控制工作交由职能部门人员去做，即在战略计划部分实施后，将实施结果与原计划标准相比较，由企业职能部门及各事业部定期地将战略实施结果向高层领导汇报，由领导者决定是否有必要采取纠正措施。

事后控制方法的具体操作主要有联系行为和目标导向等形式。

(1) 联系行为

即对员工战略行为的评价与控制直接同他们的工作行为联系挂钩。他们比较容易接受，并能明确战略行动的努力方向，使个人的行动导向和企业经营战略导向一致；同时，通过行动评价的反馈信息调整战略实施行动，使之更加符合战略的要求；通过行动评价，保证合理地分配，从而强化员工的战略意识。

(2) 目标导向

即让员工参与战略行动目标的制定和工作业绩的评价，使员工既可以看到个人行为对实现战略目标的作用和意义，又可以从工作业绩的评价中看到成绩与不足，从中得到肯定和鼓励，为战略推进增添动力。

3）事中控制

即过程控制，企业高层领导者要控制企业战略实施中的关键性过程或全过程，随时采取控制措施，纠正实施中产生的偏差，引导企业沿着战略的方向进行经营，这种控制方式主要是对关键性的业务流程要进行实时控制。

应当指出，以上3种控制方式所起的作用不同，因此在不同的控制点上有所不同。

另外，也有人把战略实施过程中的控制系统分为以下4种：

① 信念系统，利用该系统鼓励和指导探寻新的机会；

② 边界系统，利用该系统为探寻机会的行为确立界限；

③ 诊断控制系统，利用该系统推动、监控和奖励某一特定行动所取得的绩效；

④ 交互式控制系统，利用该系统激发组织不断进取并促进新创意、新战略的诞生。

2. 从控制主体的状态来看

从控制主体的状态来看，战略控制可以分为如下两类。

1）避免型控制

即采用适当的手段，避免不适当行为的产生，从而实现从人为控制到程序控制的目的。如通过自动化使工艺过程的稳定性得以保持；通过与外部组织共担风险来减少控制；或者转移或放弃某项活动，以此来消除有关的控制活动。

2）开关型控制

开关型控制又称为事中控制或对错的控制。其原理是：在战略实施的过程中，按照既定的标准检查战略行动，确定行与不行，类似于开关的打开与关闭。

开关控制方法的具体操作方式有多种。

（1）直接领导

管理者对战略活动进行直接领导和指挥，发现差错并及时纠正，使行为符合既定标准。

（2）自我调节

执行者通过非正式的、平等的沟通，按照既定的标准自行调节自己的行为，以便和协作者配合默契。

（3）共同愿景

组织成员对目标、战略宗旨认识一致，在战略行动中表现出一定的方向性和使命感，从而达到殊途同归、和谐一致，最终实现既定目标。

开关控制法一般适用于实施过程标准化的战略实施控制，或某些过程标准化的战略项目的实施控制。

3. 从控制的切入点来看

从控制的切入点来看，企业的战略控制可以分为以下5种。

（1）财务控制

这种控制方式覆盖面广，是用途极广的非常重要的控制方式，包括预算控制和比率控制。

（2）生产控制

即对企业产品品种、数量、质量、成本、交货期及服务等方面的控制，可以分为产前控制、过程控制及产后控制等。

（3）销售规模控制

销售规模太小会影响经济效益，太大会占用较多的资金，也影响经济效益，为此要对销售规模进行控制。

(4) 质量控制

包括对企业工作质量和产品质量的控制。工作质量不仅包括生产工作的质量，还包括领导工作、设计工作、信息工作等一系列非生产工作的质量。因此，质量控制的范围包括生产过程和非生产过程的其他一切控制过程，质量控制是动态的，着眼于事前和未来的质量控制，其难点在于全员质量意识的形成。

(5) 成本控制

通过成本控制使各项费用降低到最低水平，达到提高经济效益的目的。成本控制不仅包括对生产、销售、设计、储备等有形费用的控制，而且还包括对会议、领导、时间等无形费用的控制。在成本控制中要建立各种费用的开支范围和开支标准，并严格执行，同时要事先进行成本预算等工作。成本控制的难点在于企业中大多数部门和单位是非独立核算的，因此缺乏成本意识。

## 11.1.2 管理控制系统模式

罗伯特·西蒙在其《授权时代的控制》一文中提出了4种管理控制系统模式。

(1) 边界控制系统（boundary control systems）

边界控制系统的目的，就是规定组织可接受的活动范围，即这些活动应限制在信任系统确定的机会之内，而不能超出这个范围。边界控制保证组织中所有人员都明确哪些事不能做。

(2) 诊断控制系统（diagnostic control systems）

诊断控制系统是被用于监督结果、纠正偏差的控制系统。诊断控制系统的工作如同飞机驾驶室的仪表刻度盘，驾驶员通过它观察不正常迹象，及时操作以保证飞机不偏离正确航线。企业经营中运用诊断控制系统帮助经理人追踪个体、部门或生产线是否背离企业的战略目标，经理人运用诊断控制系统进行计量、比较、调整，以监控目标的实现。

(3) 信任控制系统（belief control systems）

信任控制系统与边界控制系统相对应，信任控制系统可看作是中国"阴阳学说"中的阳，而边界控制可看作是"阴阳学说"中的阴。信任控制系统的目的是激发和指导企业或组织去探索、发现和追求企业或组织的核心价值。信任控制系统要吸引企业的所有参与者去关心企业的价值创造。

(4) 交互控制系统（interactive control systems）

交互控制系统是一个重视未来和变化的系统。交互控制系统具有不确定性，从而使高级经理一直保持清醒；交互控制系统注重持续变化的信息，使高级经理考虑战略重点之所在。

## 11.1.3 企业内部控制

1. 企业控制环境

企业控制环境包括董事会、企业管理者的素质及管理哲学、企业文化、组织结构与权责分派体系、信息系统、人力资源政策及实务等。控制环境直接影响到企业内部控制的贯彻和执行，以及企业经营目标及整体战略目标的实现。完善企业的控制环境，最主要的就是建立良好的企业治理结构。为此，第一，企业不但要从形式上建立健全董事会、监事会、总经理班子，而且要切实发挥以董事会为主体和核心的内部控制机制。第二，要形成一个比较成熟且具有长远控制、约束、监督与激励经理人员的机制。第三，要加强管理阶层的管理哲学、管理风格、操守及价值观等软控制的培养与建设，塑造长期、全面、健康的企业文化氛围，使其成员能自觉地把办事准则和职业道德放在首位。第四，要强化企业组织结构建设，界定关键区域的权责分配，建立良好的信息沟通渠道，使企业具有清晰的职位层次顺序、流畅的意见沟通渠道、有效的协调与合作体系，为企业内部控制提供良好的环境条件。

### 2. 全方位、宽领域的控制

作为企业整个管理控制系统的主要组成部分，内部控制是一个更宽泛的概念，除了与会计相关的控制，如货币资金、实物资产、投资、工程项目、筹资、担保、销售与回款、采购与付款等硬控制外，人员品行及价值观、员工能力培养、管理哲学、人事政策等软控制也是至关重要的。要在企业实施有效的内部控制，必须从企业整体的角度来考虑内部控制问题、从企业整体角度来定义和设计内部控制体系，打破传统企业内部控制的狭隘性，由局部的会计控制、财务控制扩展到整个企业治理权控制、企业资源和运营控制，真正构建起完整的企业内部控制系统。

### 3. 企业内部管理制度

内部控制制度是企业管理制度的重要组成部分，企业管理制度建设必然会促进内部控制制度的建设。通信企业应在遵守法律法规的前提下，结合实际情况，建立健全内部管理制度，制定规范严密的企业章程，设置科学高效的管理和监督机构，订立科学严密的管理制度和操作规程，使内部控制工作有得力的组织和制度保障。建立健全包括两个相对独立层次的内部控制制度体系，第一层次是组织制度。该制度是为防范风险、保护投资者的利益，为投资者服务的，与企业的产权结构相对应，通过建立适当的委托、代理契约关系，保证企业外部投资人的利益能够得到企业内部代理人的有效维护。第二层次是管理制度，该制度是为管理者服务的，是帮助管理者完成委托人交给的管理责任，同时证明自己有效履行了受托责任，应对开发、维护和评价内部控制制度负责。层次化的内部控制体系是通过明确各方关系人的权利和责任实现的，使得每个群体或个人的行为都处在他人的监督和控制之下，避免出现控制的真空地带或控制盲点，而使控制流于形式，难收成效。

### 4. 建立内部控制评价标准体系

企业不定期或定期地对自己的内部控制系统进行有效性及实施效率效果的评估，以期能更好地达成内部控制的目标。控制自我评估可由管理部门和职员共同进行，用结构化的方法开展评估活动，密切关注业务的过程和控制的成效，了解缺陷的位置及可能引致的后果，然后自我采取行动改进。已上市的通信企业应将由第三方所做的内部控制评价报告在企业年度报告中予以公布。

# 11.2 战略控制的过程

## 11.2.1 企业的战略控制

企业战略管理中的一个基本矛盾是既定的战略同变化着的环境之间的矛盾。企业战略的实施结果并不一定与预定的战略目标相一致,产生这种偏差的原因很多,主要有3个方面的原因。

① 制定企业战略的内外环境发生了新的变化。如果在外部环境中出现了新的机会或意想不到的情况,企业内部资源条件发生了意想不到的变化,导致原定企业战略与新的环境条件不相配合。

② 企业战略本身有重大的缺陷或者比较笼统,在实施过程中难以贯彻,企业需要修正、补充和完善。

③ 在战略实施的过程中,受企业内部某些主客观因素变化的影响,偏离了战略计划的预期目标。如某些企业领导采取了错误的措施,致使战略实施结果与战略计划目标产生偏差等。

对以上企业活动与预定的战略目标偏离的情况,如果不及时采取措施加以纠正,企业的战略目标就无法顺利实现,要使企业战略能够不断顺应变化着的内外环境,除了使战略决策具有应变性外,还必须加强对战略实施的控制。

企业的战略控制模型见图11-1。从图11-1中不难看出,企业的战略控制过程有3项基本要素:确定评价标准,评价工作成绩,反馈。这3项要素对保证有效的控制是必不可少的。

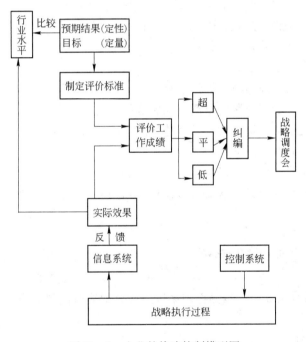

图 11-1 企业的战略控制模型图

① 确定评价标准:确定定性的和定量的目标,并与产业内优秀的企业相比较,根据目标制定出评价标准。

② 评价工作成绩:经过比较后反映出来的偏差,以及针对偏差采取的纠正行为。

③ 反馈:执行过程中经过信息反馈回来的实际效果来进行控制。

战略评价标准是进行战略控制的首要条件。评价标准采用定量和定性相结合的方式。无论是定量还是定性指标,都必须与企业的发展过程作纵向比较,还必须与行业内竞争对手、产业内业绩优异者,其他参照企业进行横向比较。

评价工作成绩是将实际的成果与预定的目标或标准进行比较。通过比较就会出现3种情况:一种是超过目标和标准,即出现正偏差,在没有特定要求的情况下,出现正偏差是一种好的结果;第二种是正好相等,没有偏差,这也是好的结果;第三种是实际成果低于目标,出现负偏差,这是不好的结果,应该及时采取措施纠偏。

国外学者将战略发生偏差(负偏差)的主要原因分析归纳为以下几个方面:
① 目标不现实;
② 为实现企业目标而选择的战略错误;
③ 用以实施战略的组织机构的错误;
④ 主管人员或作业人员不称职或玩忽职守;
⑤ 缺乏激励;
⑥ 组织内部缺乏信息沟通;
⑦ 环境压力。

实际工作成果是战略在执行过程中实际达到目标水平的综合反映。通过信息系统把各种战略目标执行的信号汇集起来,这些信号必须与战略目标相对应。要获取实际的准确成果,必须建立管理信息系统,并采用科学的控制方法和控制系统。

有效的控制方法和控制系统必须满足以下几个基本要求:
① 控制系统和方法必须是节约的;
② 控制系统和方法必须是有意义的;
③ 控制系统和方法必须适时地提供信息;
④ 控制系统和方法必须能测量出活动和职能的真实性;
⑤ 控制系统和方法应该提供关于发展趋势的定性的信息;
⑥ 控制系统必须有利于采取行动;
⑦ 控制系统及报告应该力求简单化。

战略控制的管理人员应该根据以上原因,结合控制过程中的实际情况,采取相应的措施。

### 11.2.2 企业的战略实施控制系统

战略实施控制系统由3个基本的控制系统组成,即战略控制系统、业务控制系统和作业控制系统。

(1) 战略控制系统

战略控制系统是以企业高层领导为主体,它关注的是与外部环境有关的因素和企业内部的绩效。这一部分战略控制职能由企业战略领导小组的战略规划部门负责,主要是对企业业务战略的目标和标准的完成情况和战略环境进行监督和审计。

(2) 业务控制系统

业务控制系统是指对企业的主要下属单位及主要战略职能的控制,包括战略经营单位和职能部门两个层次,它关注的是企业下属单位在实现构成企业战略的各部分策略及中期计划目标的工作绩效,检查是否达到了企业战略为他们规定的目标。这一部分战略控制由战略领导小组的其他分组分别监控相关的战略职能实施情况，并提出改进措施，主要是对各职能战略的目标和标准的完成情况和战略环境进行监督和审计。

（3）作业控制系统

作业控制系统是对具体负责作业的工作人员的日常活动的控制，他们关注的是员工履行规定的职责和完成作业性目标的绩效，作业控制由各级各层主管人员在日常工作中进行，战略领导小组只是负责检查和监督。

战略控制一般主要由高层管理者执行，业务控制主要由中层管理者执行。战略控制具有开放性，业务控制具有封闭性。战略控制既要考虑外部环境因素，又要考虑企业内部因素，而业务控制主要考虑企业内部因素。

### 11.2.3 企业战略控制内容

对企业经营战略的实施进行控制的主要内容有以下 5 个方面。

（1）设定绩效标准

根据企业战略目标，结合企业内部人力、物力、财力及信息等具体条件，确定企业绩效标准，作为战略控制的参照系。

（2）绩效监控与偏差评估

通过一定的测量方式、手段、方法，监测企业的实际绩效，并将企业的实际绩效与标准绩效对比，进行偏差分析与评估。

（3）采取纠偏措施

设计并采取纠正偏差的措施，以顺应变化着的条件，保证企业战略的圆满实施。

（4）监控外部环境的关键因素

外部环境的关键因素是企业战略赖以存在的基础，这些外部环境的关键因素的变化意味着战略前提条件的变动，必须给予充分的注意。

（5）激励控制主体

激励战略控制的执行主体，调动其自我控制与自我评价的积极性，以保证企业战略得以切实有效地实施。

### 11.2.4 战略控制的作用

企业经营战略控制在战略管理中的作用主要表现在以下几个方面。

（1）企业经营战略实施控制是企业战略管理的重要环节

它能保证企业战略的有效实施。战略决策仅能决定哪些事情该做，哪些事情不该做；而战略实施控制的好坏将直接影响企业战略决策实施的效果与效率，因此企业战略实施控制虽然处于战略决策的执行地位，但对战略管理是十分重要的，必不可少的。

（2）企业经营战略实施的控制能力与效率的高低又是战略决策的一个重要制约因素

它决定了企业战略行为能力的大小。企业战略实施的控制能力强，控制效率高，则企业高层管理者可以作出较为大胆的、风险较大的战略决策；若相反，则只能作出较为稳妥的战略决策。

（3）企业经营战略实施控制与评价可为战略决策提供重要的反馈

它帮助战略决策者明确决策中哪些内容是符合实际的、是正确的，哪些是不正确的、不符合实际的，这对于提高战略决策的适应性和水平具有重要作用。

(4) 企业经营战略实施控制可以促进企业文化等企业基础建设

它为战略决策奠定良好的基础。

### 11.2.5 战略控制的基本要求

战略控制的基本特征主要有以下几个方面，这是对战略控制的一些基本的要求。

(1) 保证适宜性

判断并保证企业战略是适宜的，首先要求这个战略具有实现企业既定的财务和其他目标的良好的前景。因此，适宜的战略应处于企业希望经营的领域，必须具有与企业道德哲学相协调的文化。如果可能的话，必须建立在企业优势的基础上，或者以某种人们认同的方式来弥补企业现有的缺陷。

(2) 保证可行性

可行性是指企业一旦选定了战略，就必须认真考虑企业能否成功地实施。其前提是，企业是否有足够的财力、人力或者其他资源、技能、技术诀窍和组织优势，换言之，企业是否具有有效实施战略的核心能力。如果在可行性上存在疑问，就需要企业将战略研究的范围扩大，进而研究是否并购具有本企业所缺乏资源的其他组织，或者通过与其他组织联合达到目的。特别是管理层必须确定实施战略要采取的初始的实际步骤。

(3) 保证可接受性

可接受性强调的问题是：与企业利害攸关的人员，是否对推荐的战略非常满意，并且给予支持。一般来说，企业越大，对企业有利害关系的人员就越多。要保证得到所有的利害相关者的支持是不可能的，但所推荐的战略必须经过最主要的利害相关者的同意，而在战略被采纳之前，必须充分考虑其他利害相关者的反对意见。

(4) 调节整体利益和局部利益、长期利益和短期利益的不一致性

企业的整体是由局部构成的。从理论上讲，整体利益和局部利益是一致的，但在具体问题上，整体利益和局部利益可能存在着一定的不一致性。企业战略控制就是要对这些不一致性的冲突进行调节，如果把战略控制仅仅看作是一种单纯的技术、管理业务工作，就不可能取得预期的控制效果。

(5) 适应多样性和不确定性

战略具有不确定性。企业的战略只是一个方向，其目的是某一点，但其过程可能是完全没有规律、没有效率和不合理的，因此这时的战略就具有多样性。同时，虽然经营战略是明确、稳定和权威的，但在实施过程中由于环境变化，战略必须适时地调整和修正，因而也必须因时因地地提出具体控制措施，即战略控制具有适应多样性和不确定性的特征。

(6) 保持弹性和伸缩性

战略控制中如果过度控制，频繁干预，容易引起消极反应。因而针对各种矛盾和问题，战略控制有时需要认真处理，严格控制；有时则需要适度的、弹性的控制。战略控制中只要能保持正确的战略方向，应尽可能地减少干预实施过程中的问题，尽可能多地授权下属解决自己范围内的问题。对小范围、低层次的问题不要在大范围、高层次上解

决,反而能够取得有效的控制。

## 案例分析

### 诺基亚的衰败

诺基亚的历史最早始于1865年。当时,采矿工程师弗雷德里克·艾德斯坦在芬兰坦佩雷镇的一条河边建立了一家木浆工厂。工厂位于芬兰和俄罗斯帝国的交界处,并以当地的树木作为原材料生产木浆和纸板。1967年,诺基亚成为了一家芬兰国内跨产业的大型公司,其产业包括造纸、化工、橡胶、电缆、制药、天然气、石油、军事等多个领域。从1962年到20世纪70年代中期,诺基亚在芬兰电信市场所占份额不断增加。1982年,诺基亚(当时叫Mobira)生产了第一台北欧移动电话网移动电话Senator。随后开发的Talkman,是当时最先进的产品,该产品在北欧移动电话网市场中一炮打响。20世纪90年代中期,诺基亚因涉及产业过多而濒临破产,当时的诺基亚总裁以及高层果断地将其他所有产业舍弃,并拆分了传统产业,只保留下诺基亚电子部门,将其他所有传统产业出售,诺基亚集团开始两年的分裂,而此刻的诺基亚作出了自己历史上最重要的战略抉择。只剩下"手机电信"产业的诺基亚经过5年的时间逐渐摆脱了破产的境况,由于专注于传统功能手机产业的研发,诺基亚功能手机在当时具有极佳的用户品牌效应。1995年,诺基亚开始了它的辉煌时期,它的整体手机销量和订单剧增,公司利润达到了公司前所未有的高度。如今,诺基亚为何走向失败了呢?

1. 反应迟缓,延误时机

诺基亚是智能手机市场的先锋军。2002年,诺基亚发布了运行Symbian 60系列平台的智能手机。接下来的五年之间内,Symbian系统的智能手机轻松占据智能手机领域的领军位置。然而到了2007年,苹果公司发布了iPhone手机。带着全触屏界面以及基于应用的操作系统,iPhone改写了智能手机的定义。

但是诺基亚忽视了用户随之而改变的消费需求。随着iOS和Android系统的相继出现,Symbian系统越来越无法跟上时代的步伐。与此同时,智能手机市场也日益成熟——越来越多的手机用户想要追求更好的智能手机体验,厌倦了无聊的WAP浏览器。

2. 执行是关键

三星做得比诺基亚和许多其他厂商要好的地方,就是执行。三星试验了多种智能手机操作平台,包括Android和Windows Phone,甚至还开发了自己的Bada操作系统,最终,Android完美胜出。而且三星还借鉴苹果的策略,用其高端旗舰产品Galaxy S Android手机征服了消费者。而诺基亚在与微软合作之前,一直将重心放在Symbian系统上面。

3. 诺基亚已经没有噱头

诺基亚的经典款直板机以及贪吃蛇游戏都能给消费者带来怀旧的感觉,但这恰恰是问题所在——消费者们(尤其是新兴市场的消费者们)会因此觉得诺基亚已经成为历史。而在当今市场上,拥有最新款、最炫目的手机才是最吸引他们的。

【资料来源】 https://www.cnblogs.com/xiaoyesoso/p/4257752.html, 2017-01.

**案例分析题**

1. 诺基亚是如何进行战略控制摆脱了第一次的破产境况的？
2. 结合案例，分析诺基亚如今走向衰败的原因有哪些？
3. 你认为诺基亚应该采取什么策略走出困境？

# 本章习题

**一、判断题**

1. 开关型控制又称为事中控制或对错的控制。其原理是：在战略实施的过程中，按照既定的标准检查战略行动，确定行与不行，类似于开关的打开与关闭。（   ）
2. 作业控制系统是对具体负责作业的工作人员的日常活动的控制，他们关注的是员工履行规定的职责和完成作业性目标的绩效。（   ）
3. 信任控制系统与边界控制系统相对应，信任控制系统可看作是中国"阴阳学说"中的阳，而边界控制可看作是"阴阳学说"中的阴。（   ）
4. 交互控制系统是一个重视现在和变化的系统。（   ）
5. 战略具有不确定性。企业的战略只是一个方向，其目的是某一点，但其过程可能是完全没有规律、没有效率和不合理的，因此这时的战略就具有多样性。（   ）

**二、选择题**

1. 罗伯特·西蒙在其《授权时代的控制》一文中提出了（   ）四种管理控制系统模式。
   A. 边界控制系统  B. 诊断控制系统  C. 信任控制系统  D. 交互控制系统
2. 战略实施控制系统由（   ）等基本的控制系统组成。
   A. 战略控制系统  B. 业务控制系统  C. 作业控制系统  D. 职能控制系统
3. 对你企业的主要下属单位及主要战略职能的控制，包括战略经营单位和职能部门两个层次是采取（   ）控制系统。
   A. 战略控制系统  B. 作业控制系统  C. 业务控制系统  D. 职能控制系统
4. 使各项费用降低到最低水平，达到提高经济效益的目的的控制属于以下（   ）控制。
   A. 财务  B. 生产  C. 销售规模  D. 成本
5. 开关控制方法的具体操作方式有（   ）。
   A. 直接领导  B. 自我调节  C. 共同愿景  D. 共同使命

**三、思考题**

1. 企业管理中有哪些控制类型？
2. 4种管理控制系统模式是什么？
3. 战略控制的内容有哪些？
4. 战略控制有什么作用？

5. 战略控制的基本要求是什么？

**参考答案**

一、1. √  2. √  3. √  4. ×  5. √

二、1. ABCD  2. ABC  3. C  4. D  5. ABC

# 第 12 章

# 战略管理咨询

**在本章中,我们将要学习:**
- 管理咨询对企业的意义
- 管理咨询的过程
- 如何才能充分发挥"外脑"的作用

 **导入案例**

### 以战略咨询铺就油气行业发展之路

油气资源是重要的原料物资,除了自身的能源属性,还具备金融、政治等多重属性,对保障经济社会的持续健康发展起着十分重要作用。基于这一行业特点,中国石油咨询公司自成立以来就非常重视战略咨询研究。2013 年、2014 年中国工程院作为国家工程技术界最高荣誉性、咨询性学术机构,先后设立了"中国油气供给发展战略研究""一带一路油气合作战略"两个重大咨询项目。前者旨在通过研判国际油气供需态势,分析我国油气供给安全战略支点,提出我国中长期油气供给与管道发展战略问题;后者重点研究如何发挥好油气产业在"一带一路"的先行作用和带动功能,服务于国家"一带一路"倡议设想的推进,以及油气企业自身如何抓住战略机遇,在"一带一路"的万里画卷上再绘新篇。中国石油咨询公司意识到这两个战略研究课题的重大意义和深远影响,立刻组织力量开展前期研究,最终凭借在油气战略咨询研究中的良好口碑、优秀业绩,获得了工程院这两个重大咨询项目。

"中国油气供给发展战略研究"和"一带一路油气合作战略"项目是站在国家和行业的高度开展全产业链的战略研究,要求必须做到立意高、视野广,要有深度和前瞻性。在中国石油咨询公司的科学谋划、精心组织、扎实推进下,经过三年不懈努力,2015 年、2016 年,"中国油气供给发展战略研究""一带一路油气合作战略"先后通过工程院组织的验收。

全面深化改革,必须战略先行,能源行业更是如此。过去的五年,中国石油咨询公司把握了这一机遇,深度参与国家战略研究和行业战略规划,持续探索油气行业发展方向,做到了以咨询践行国家战略、以咨询谋划行业蓝图、以咨询服务现场生产,还将继续以油气咨询行业领头羊的态势,稳步前行。

【资料来源】何文渊,李丰,廖群山,等. 抓住机遇,迎接挑战,以战略咨询铺就油气行业发展之路. 中国工程咨询,2017(10):10-12.

# 12.1 管理咨询服务

## 12.1.1 管理咨询

管理咨询是由咨询专家运用科学的管理咨询理论与方法，对企业的管理现状进行系统的调查、分析，找出管理上存在的问题，提出具体的改善方案，并指导实施，以提高企业经营管理水平和经济效益的智力服务活动。

## 12.1.2 管理咨询程序

管理咨询服务程序一般分为 5 个阶段，即接洽阶段、签署合同阶段、正式咨询阶段、辅助实施阶段和追踪完善阶段。

1. 接洽阶段

接洽阶段是服务的第一阶段，该阶段的目标和任务是通过洽谈和协商，明确双方是否有合作的意向。

在正式洽谈前双方安排初次接触，其目的是建立初步了解和信任。正式洽谈一般在客户方举行，咨询公司派出知识和经验丰富的高级咨询人员，希望在短暂的接触中理解客户的要求和意图、介绍咨询工作、衡量受理能力、判断受理条件，正式会晤一般要求客户企业的主要决策人参加。为深入理解客户的要求，咨询顾问也会要求对方企业提供相关资料。此外，咨询公司为作出正确判断，咨询顾问除了与客户直接接触之外，还会做一些间接调查。客户也会对咨询公司进行适当的考察和评价。当有合作意向时，咨询公司会向客户提出双方合作的初步方案，供客户考虑。

2. 签署合同阶段

该阶段的目标和任务是通过快速、全面的调查，明确客户的基本情况和要求，为双方确定正式的合作关系做准备。如果客户有意进一步深入合作，双方将在咨询公司提交的项目建议书基础上进行咨询合同的谈判，并签署正式咨询协议。

为了确定咨询课题和方式要进行一次短期的综合性调查，咨询公司通过预调研，咨询顾问将制订咨询计划，包括工作方法、日程安排、咨询人员、工作时间、预期目标、大致的费用等，并以书面形式（通常称之为咨询建议书）提交客户，作为双方咨询合同商讨的基础。咨询双方以咨询建议书为基础商谈，在达成一致意见后，形成咨询合同书，并正式签订合同。

3. 正式咨询阶段

在签订正式咨询合同后，咨询公司成立专门的咨询小组，进入正式咨询阶段。该阶段的目的和任务是通过深入全面的调查，准确分析问题及原因，提出系统、可行的方案，并为方案的实施作必要的思想和组织准备。

在预备调查的基础上，围绕咨询课题展开深入调查以弄清问题的细节和各因素之间的关系。咨询人员要分步确定调查目标、制订调查方案、界定调查范围，经咨询组长审核并协调后执行。咨询组长负责指导调查工作，控制调查进度等。在此期间客户方应提供最大程度的配合。分析问题的实质，分析发生问题的根本原因；同时分析解决问题的可能性与条件，为制订改善方案打下基础。

在弄清问题实质及其根本原因的基础上，为解决问题制订各种改善方案，并对其可行性和实效性进行评价，对方案进行修改，使其更完善。把正式咨询调查分析的成果及改善方案撰写成文字简练、图表清晰的咨询报告，提交给客户。咨询报告的撰写，要在小范围内审查，听取客户有关部门的意见，检验咨询报告发表的效果，以便作最后的修改与补充。

4. 辅助实施阶段

辅助实施阶段是咨询的第四阶段，也是咨询过程中的一个重要阶段。该阶段的目的和任务是帮助客户企业实施对策方案，使整个咨询工作产生实效。

在这个阶段，将与客户共同努力，对行动方案进行宣讲和落实。一个真正成功的咨询结果不但能够在会议上被接受，而且能够付诸实施并取得良好的效果。在实施阶段将培训客户的员工，与客户共同监督实施过程中组织的反应和环境的变化，并协助客户克服实施过程中遇到的各种困难。咨询公司将对整个实施工作进行总结，作出评价，并对咨询成果中需要完善的部分进行加工。

5. 追踪完善阶段

咨询任务的结束并不代表咨询公司与客户关系的结束，咨询公司还将为客户提供后续的服务。包括在任务结束后，定期对客户进行短暂的访问。在访问的过程中评述实施的进程，对实施过程中遇到的各种问题给予及时解答，协助客户采取需要的纠正措施，研究是否有新的问题出现及确定新的咨询合作内容。

### 12.1.3 管理咨询服务的特点

1. 独创性

管理咨询强调的是对症下药，量体裁衣。每一个客户的自身情况不同，面临的问题也不同，咨询顾问必须有针对性地提出一套解决问题的办法才能保证咨询质量。因此，需要咨询顾问不断地用新的思维方式、新的观点去观察一个又一个客户企业，分析其存在的问题及原因，并以科学的态度和创新精神，去设计切实可行又有所突破的咨询方案。

2. 系统性

在管理咨询活动中，咨询顾问要用系统的观点去分析客户企业，全面地把握客户的内外情况，在分析问题原因时，充分注意各方面的相互关系；在提出变革方案时，充分考虑到某一方面变革对其他方面乃至整个企业的影响，兼顾企业局部利益和整体利益、短期利益和长远利益的要求，力求达到整体效果最佳。

3. 独立性

咨询顾问所从事的工作不为企业领导人的意见或企业职工的情绪所左右；他们根据自己的调查研究、科学分析得出结论。咨询人员独立地思考工作方法，贯穿于整个咨询过程。

4. 科学性

管理咨询工作的整个过程都建立在科学分析的基础上，这种科学分析不仅必须运用科学的理论、知识和方法，而且必须按照严格的工作程序来进行。

## 12.1.4 咨询机构的选择

目前我国管理咨询业的从业公司数量较多，业务范围和服务水平差别很大，总体上可分为3个层次，并按其层次的不同，咨询市场分配额比例也不尽相同，见图 12-1。

第一梯队为以麦肯锡为领头和典型代表的跨国公司，以其丰富的经验和优秀的人才等占领了市场的主体。麦肯锡、安达信、罗兰贝格等国际咨询公司，占据市场份额的 50% 以上。

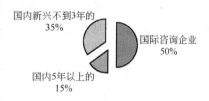

图 12-1 咨询市场份额分配

第二梯队为国内有 5 年以上从业历史的比较成形稳定的咨询公司，构成了目前中国咨询公司的主力。包括北大纵横、新华信、中信咨询和派力营销等咨询公司。在第二梯队的公司中，也正在进行分化，有些公司由于战略明确而发展迅速，有些公司则由于各种原因而进入缓慢发展期。

第三梯队为国内众多新兴的成立不到三年的公司，数量众多，市场细分相对明确，这些公司可以分为：专门从事风险投资相关咨询的咨询公司；专门从事 IT 计算机相关技术的咨询公司；专门从事人力资源的公司；专门从事营销策划的公司；专门从事培训的公司，约占市场份额的 35%。

咨询效果的好坏取决于咨询机构的实力和服务意识，因此在选择咨询机构时有必要全面清晰地了解管理咨询公司的背景、业务专长、服务领域，以及项目咨询人员的水平、潜力、创新精神和能力、服务意识等情况，以下方面应着重考虑。

(1) 管理咨询公司的主要负责人的成长背景如何

通过了解其成长背景，可以大致推测出其成立管理咨询公司的动机和企业是否具有适宜或帮助本企业发展的使命。

(2) 管理咨询公司里有多大比例的成功管理咨询项目案例

接受过它的管理咨询服务的企业现在管理和发展状况怎样；管理咨询公司的业绩在目前咨询市场不健全的情况下，管理咨询公司做过的管理咨询项目及业绩的表现不在多，而在精。

(3) 管理咨询师的能力和潜力、创新精神和创新能力是否与本企业的现实和将来的发展需求相对应

作为管理咨询公司来讲，面对的是多种企业及其多种需求，没有足够创新技能的咨询人员是做不好管理咨询的。

(4) 过去的业绩只能说明过去

管理咨询公司里有过较大比例成功案例的、真正受企业欢迎的管理咨询人员是否还在该公司，如果这些骨干和有真才实学的人员离开了管理咨询公司，又没有适应的人员替补上时，如果想和该公司建立合作关系，一定要和该管理咨询公司的那些骨干人员沟通，如果该

管理咨询公司不愿提供其联系方法或没有了联系，那就值得"三思"了。

(5) 规模或名气大的咨询公司也存在不足

规模或名气大的咨询公司固然具备一定竞争实力，但可能会因为业务多，关键和主要的咨询人员放不到你的项目上来，一个人或几个人的工作室尽管规模小，如果思路、创新精神、投入精力、方法、意识等具有适应本企业需求的优势，当属可取的优选合作伙伴。

(6) 咨询收费是否与企业收益挂钩

管理咨询公司报价方案中收费的方法是否具有与企业客户结成命运共同体的意识，咨询收费是否与企业的收益增长挂钩。

(7) 窥一叶，知全貌

如果某管理咨询公司的主要人员和较大比例的人员具有欺骗、剽窃、窃取等不道德劣迹，该公司的经营理念一定是不健康的。

## 12.2　战略咨询服务

作为管理咨询的重要分支——战略咨询，是在20世纪40—50年代产生并逐步发展起来的，最初是以战略的方法为企业制定简单的目标，到60—70年代随着西方战略管理在企业中的逐步应用，战略咨询也随之被广泛地接受。同时，战略咨询从过去简单的战略计划的制订演变成为一门集有效的信息收集、科学的工具分析和帮助正确实施于一身的体系性的管理咨询业务，并已经成为企业权重最大的部分，其范围也由过去的发展战略咨询深入到职能战略咨询，甚至覆盖企业的全部范围。近几年西方的战略咨询更趋近于科学化、技术化、体系化和信息化，主要表现在咨询方法的科学化与技术化。早在60年代西方就已经有以迈克尔·波特为代表的诸多研究企业战略的专家与组织，同时一些优秀的战略技术工具，如波士顿矩阵、PEST分析、SWOT分析在企业中得到广泛的认同与应用。从60年代至今，西方战略咨询的开发更接近企业的实际需要，在战略咨询中越来越重视技术上的科学化、专业化。

国际上最著名的战略咨询公司是麦肯锡，在该领域内的著名咨询公司还有波士顿、罗兰贝格等。

### 12.2.1　战略咨询研究内容

战略管理咨询中咨询专家组研究的内容包括10个方面。

① 集团公司整体战略分析，包括：目标确定原则、方法选择、参与制定者、制定时间、更新修正因素、价值链构成、核心利润能力、市场竞争优势。

② 业务单元（BU）分战略和功能单元（FU）分战略分析，包括：业务单元战略制定的依据、公司功能战略制定的依据、公司整体战略和BU战略的关系、公司整体战略和FU战略的关系。

③ 组织结构分析，包括：组织结构设置的原则、功能的划分、功能业务流程的分析、部门间相互关系、部门职能分析。

④ 财务管理，包括：财务管理运行体系、应收账款与信用管理、业务财务分析、管理

财务分析。

⑤ 投资管理，包括：投资原则、投资项目的提出、投资决策程序、投资管理。

⑥ 人力资源管理，包括：人员的招聘、人员的培训、人员的内部沟通、人员的绩效考核、人员的激励机制、人员的个人职业发展、人员的管理与监督。

⑦ 信息管理，包括：决策、经营、财务、市场、人力资源信息流的运转体系、信息管理平台、信息系统开发和管理部门的情况、合作伙伴。

⑧ 生产制造，包括：生产厂家、生产能力、人员数、生产管理、发展计划。

⑨ 研究开发，包括：远期新技术研究开发的管理、产品更新换代研究开发的管理、研究开发的力量、合作伙伴。

⑩ 企业文化，包括：企业宗旨、经营理念、核心价值观。

## 12.2.2 咨询公司战略规划评估工具

战略规划工具包括 10 个方面的内容，每项都是实现战略规划效果最大化的一个重要方面。每一项又包括一系列分类，构成评估组织战略规划的完整标准。

依据工具提供的标准可以进行战略规划评估。首先，根据提供的标准对组织具体情况进行打分，分值为 1~7 分不等，然后在空格里记录下分值。除了进行打分，还应仔细分析原因，尤其是对分数比较低的项目，理性的思考不仅可以为统计结果找到原因，更重要的是帮助管理者下定决心采取行动，提高绩效。

1. 战略定位

表 12-1 所列标准用于确定组织在发展重点、资源调动及区别于竞争对手的特定领域是什么。

**表 12-1　战略定位评估标准**

| 评 估 标 准 | 得 分 | 评 论 |
| --- | --- | --- |
| 价值定位：<br>明确的组织战略能帮助其在特定市场实现增值 | | |
| 经营重点的取舍：<br>面面俱到是一般企业无法做到的。战略规划中应明确规定组织在一至两个方面力争最优，比如创新能力、客户联系及管理效率 | | |
| 本年度核心目标：<br>要知道在短短一年内以组织的现有人力、物力达到 5 个以上的目标是不太可能的，所以应制定 2~5 个年度目标 | | |
| 核心战略措施：<br>制定 2~3 项核心策略，激励组织按照既定方向发展 | | |
| 内部协调机制：<br>为了确保整个组织的战略重点一致，组织内的沟通方式、标准化工具及行事方式，应该能够确保各部门的工作与组织的整体规划协调一致 | | |
| 明确"非核心业务"：<br>为防止资源和人员精力的浪费，战略规划应明确指明非核心业务 | | |
| 价值链的重点环节：<br>战略规划还应指明组织价值链中的着重点就是那些投入小、产出大的领域（价值链是指一种产品或服务在特定链条上运行时产生增值的系列活动。价值链因行业不同而不同，但在系列活动的高级链条端却是相似的，即产品设计、开发、生产和销售） | | |

## 2. 组织定位

表 12-2 所列标准用于评估组织为什么存在及正在努力达到的目标是什么。

**表 12-2  组织定位评估标准**

| 评 估 标 准 | 得 分 | 评 论 |
| --- | --- | --- |
| 远景目标：<br>组织对于未来 3~20 年后产业会发展成什么样，会有什么样的外部影响力（如在全球、机会市场及所在行业的影响），要有清晰的远景目标（例如，每张桌子上都有一台个人计算机） | | |
| 使命：<br>组织对于自身成立的核心原因的表述<br>（例如，麦当劳公司的使命是为全球人士提供他们付得起钱的优质食品和优质服务） | | |
| 价值观：<br>组织明确规定管理规则和成员行为规范。规定一旦发布，就应成为组织成员的行事原则（例如，我们中的每个人都不比整个集体更聪明，客户是我们做一切事情的核心） | | |
| 组织文化：<br>组织必须明确在战略实施过程中企业文化对哪些要点有促进作用。一旦确定了这些要点，就应利用现有条件，激活并强化这些要点（例如，我们提倡冒险是因为它能导致创新和突破；我们利用直截了当的谈话及面对面的交流为的是更快地了解现实、制定对策） | | |
| 传播组织定位信息：<br>组织应将有关自己定位的信息通过市场营销、广告或其他方式向组织外场合传播 | | |

## 3. 考察外部条件及计划

表 12-3 所列标准用于评估组织从外部世界搜集相关信息、制订计划以应对或（在某些情况下）影响外部世界的效率。

**表 12-3  外部条件及计划评估标准**

| 评 估 标 准 | 得 分 | 评 论 |
| --- | --- | --- |
| 评估竞争者：<br>组织考察并评估已知竞争者的优势、劣势、机会和挑战 | | |
| 评估潜在竞争者：<br>组织考察并评估潜在竞争者的优势、劣势、机会和挑战 | | |
| 评估客户：<br>组织考察并评估主要目标客户的优势、劣势、机会和挑战 | | |
| 评估非客户：<br>组织考察并评估那些拒绝购买其产品和服务的机构或个人的优势、劣势、机会和挑战；组织考察并评估那些被认为不是自己潜在客户的个人或机构的优势、劣势、机会和挑战 | | |
| 不可控制但却重要的因素：<br>组织考察并评估那些本组织不能直接控制、但却与组织的命运息息相关的外部因素。如经济、社会人口因素、国际形势、科技发展及政府法规等因素 | | |
| 合作关系的建立和维持：<br>组织与客户、供应商建立高效、双赢的战略合作伙伴关系。在此基础上，组织将精心维护这种良好关系 | | |

### 4. 考察内部条件及计划

表 12-4 所列标准用于评估组织内部运营状况，通过搜集信息，将内部信息与外部信息进行整合，制订组织内部变革的行动计划。

**表 12-4　内部条件及计划评估标准**

| 评 估 标 准 | 得 分 | 评 论 |
| --- | --- | --- |
| 核心能力的确认：<br>组织能够提供有别于竞争者的、超群的客户服务能力，同时具备了在将来创立类似客户服务功能的平台 |  |  |
| 核心能力的管理：<br>（确认组织是否具有核心能力的条件）<br>• 将自己具有的能力当作资产来积极管理<br>• 对具有组织渴望得到的能力的员工提供特别奖励<br>• 提供足够的培训，确保现有能力资源不过时 |  |  |
| 领导能力：<br>（确认组织的领导能力的因素）<br>• 管理层的领导风格与组织的战略相一致<br>• 组织尝试在内部各级员工中挖掘具有领导才能的人<br>• 撤换那些领导风格与组织文化不一致的管理者 |  |  |
| 组织结构：<br>• 组织结构是为实施战略目标而设计的<br>• 组织成立各种团队，为实现公司战略服务<br>• 工作上的决策应由工作的实施者作出<br>• 尽可能共享信息，进行相互交流，避免组织结构重叠，效率低下 |  |  |
| 战略性补偿和奖励：<br>• 根据员工对组织的贡献，对员工进行补偿；如果员工掌握的能力与组织的价值观一致，那么员工应得到适当的补偿<br>• 当员工行为符合团队利益的时候，应该有奖励<br>• 奖励那些拥有各种技术和能力、为实现公司目标作出贡献的员工<br>• 组织运转良好，有赖于所有成员都参与其中的某些工作<br>• 对业绩突出、具有特殊才能的员工给予一次性奖励，而不是增加工资<br>• 奖励不仅为好的结果、也为好的行为而设立 |  |  |
| 成本模式：<br>• 组织了解为客户及客户集体提供服务的真实成本<br>• 组织了解提供产品及服务的真实成本<br>• 组织对出售什么产品、免费提供什么产品给客户有战略性考虑<br>• 组织将所有非战略性活动以低成本外包 |  |  |
| 信息技术：<br>• 组织内的信息技术设备能够为公司战略提供支持<br>• 组织对哪些信息系统活动应该外包进行评估<br>• 公司战略确定后，信息技术能为提高企业竞争力助一臂之力 |  |  |

### 5. 产品和服务

表 12-5 所列标准用于评估组织在产品和服务开发上是否有满足战略需求的能力。

表12-5 产品和服务评估标准

| 评 估 标 准 | 得 分 | 评 论 |
|---|---|---|
| 产品和服务战略<br>组织已经为特定产品和服务制订出战略计划，制订这些计划时组织考虑：<br>• 选定市场的增长率<br>• 在选定市场中的占有率<br>• 选定市场及相关市场中与组织的产品和服务有关的周期性趋势<br>• 与组织相关的竞争者的优势、劣势、机会和挑战 | | |
| 留住客户<br>• 组织采取积极措施留住现有客户，并将其作为拓展客户群的基础 | | |
| 客户评估<br>• 利用组织所掌握的客户信息，对现有产品和服务及将要推出的产品进行系统化考察 | | |
| 非客户评估<br>• 组织考察并评估了那些拒绝购买其产品和服务的机构或个人的情况<br>• 组织考察并评估了那些被认为不是自己的潜在客户的个人或机构的情况 | | |
| 不可控制但却重要的因素<br>• 组织考察并评估那些不能直接控制、但却与组织的命运息息相关的外部因素。相关例子，如经济、社会人口因素、国际上不稳定因素、科技发展及政府法规等 | | |

## 6. 创新与调整

表12-6所列标准用于评估组织适应外部环境的能力。

表12-6 创新与调整评估标准

| 评 估 标 准 | 得 分 | 评 论 |
|---|---|---|
| 设想与信念：<br>• 组织确认去年战略计划中的设想，并对之提出挑战。组织尤其看中那些在过去几年中为自己的成功有贡献的设想和信念。（例如，未来的计算机都是以大型机为主） | | |
| 观察与分析筛选：<br>• 组织是否在戴着有色眼镜、用过去的设想与信念来看待外部世界（例如，汽车制造商认为20年前日本汽车销售上扬只不过是暂时现象，历史不会重演） | | |
| 信息畅通：从内部到外部<br>• 组织内机制或程序能够确保内部成员与外部世界之间的信息交流畅通无阻；重要的市场趋势能够被迅速识破并传递到组织内相关人员那里以便采取行动 | | |
| 信息畅通：组织内各级部门之间<br>• 组织内机制或程序能够确保有关战略规划的信息在内部成员之间自由流动，无论其级别高低（例如，百货商店店员向高级管理层暗示：客户购买习惯的变化其实比传统方法预测出来的要快） | | |
| 对组织所在行业如何找到发展业务的新途径展开讨论<br>• 每年至少讨论一次整个行业发展业务的新路子 | | |

## 7. 绩效考察

表12-7所列标准用于评估组织将战略规划变成可以衡量的、易于操作的目标的能力。

表12-7 绩效考察评估标准

| 评 估 标 准 | 得 分 | 评 论 |
|---|---|---|
| 均衡的衡量方式：<br>• 组织强调要有均衡的财政、客户服务、程序改善及员工学习等各方面的目标 | | |
| 程序：<br>• 组织内存在将目标任务从高级部门传递给低级部门的程序 | | |
| 绩效考察是管理体系的一个组成部分：<br>• 组织的绩效考察不仅仅是提供些"数字"，而是因为绩效考察是如何让组织运转良好的整个管理体系的一个组成部分 | | |
| 行为和设想管理反馈：<br>• 组织内存在通过学习对现有衡量工具进行必要变革的机制 | | |
| 交流、讨论、谈判基本规则：<br>• 组织明确规定实现业绩目标是各部门之间传播信息、讨论和谈判的基础 | | |
| 根据高层的战略目标制定本部门目标：<br>• 各团队根据收到的组织高层发布的相关信息制定自己部门的目标 | | |

## 8. 领导能力

表12-8所列标准用于评估领导帮助组织生存和发展的能力如何。

表12-8 领导能力评估标准

| 评 估 标 准 | 得 分 | 评 论 |
|---|---|---|
| 一定要有远景目标：<br>• 领导者一定要确保组织今后对于世界将有什么样的影响有一个远景目标（注：某些情况下，组织的最高决策者不需要亲自制定远景目标，但要保证这样的目标确实存在） | | |
| 认清现实：<br>• 领导者对外部情况及如何与外部世界互动有清楚的认识。领导者不会受现有的设想和信念蒙蔽，并且还可以帮助别人认清现实存在的机会和挑战 | | |
| 调动资源：<br>• 领导者能够认清应该优先发展的领域，以及那些投入小、回报高的领域，确保资源（财力、人力、时间）向这些领域流动 | | |
| 在各级员工中培养领导人才：<br>• 组织有计划地在各级部门，而不只是在高层中培养领导人才 | | |
| 同时对上下级负责：<br>• 组织的各级领导应该认识到他们不仅要对上级负责，也要对下级负责 | | |
| 权力与责任的分配 | | |
| 领导者要积极寻求整个组织内部决策能力和决策权力的分配方式 | | |

## 9. 制定战略步骤的效率

表12-9所列标准用于评估组织制定战略规划的效率。

表 12-9  制定战略步骤效率的评估标准

| 评 估 标 准 | 得 分 | 评 论 |
|---|---|---|
| 考虑到客户和市场现实：<br>• 组织机制能够确保市场现状和趋势被列入制订战略计划的考虑之内 | | |
| 战略计划与行动计划：<br>• 除了制订战略计划，组织还应该制订行动计划，以便实施这些战略 | | |
| 集体参与：<br>• 战略计划及相关的行动计划应该由一个有核心成员出席的集体共同制订 | | |
| 给足时间制订计划：<br>• 组织的战略规划不是一两个小时就能决定的，通常要花 2~3 天的时间，只有这样参与者才能集中精力和注意力制订战略计划 | | |
| 回顾历史与设想：<br>• 战略计划制订小组花时间了解一下哪些因素促使组织发展成今天的样子，并重点回顾一下组织成功是基于当时的哪些设想 | | |
| 关于战略计划的交流：<br>• 战略计划制订小组拟订关于如何就计划进行交流，以便使各级员工了解如何安排自己的工作最好，为实现组织战略做贡献 | | |
| 监督行动计划：<br>• 建立机制，确保日常的工作压力不至于影响战略行动计划的实施 | | |
| 持续关注外部环境与重新计划：<br>• 组织了解到，市场的本质是动态的，因此应该随时观察外部环境的变化，而不是每年只考察一次。组织内建立了能迅速确认市场主流趋势及客户购买习惯变化的程序，并将这些因素体现在战略计划的制订上 | | |

# 案例分析

## 晋中银行携手上海融至道启动战略咨询合作项目

晋中银行与国内知名战略咨询公司——上海融至道投资管理咨询有限公司签署了合作协议，以强化顶层设计为着力点，围绕"战略规划＋战略落地"的全方位战略咨询服务方式，为晋中银行未来的发展谋篇布局。

今年以来，晋中银行以布局转型、机制转型、资产转型、运营转型为推动力，提出了"全力实现资产总额在未来三年达到 500 亿元、800 亿元、1 000 亿元的三步跨越"发展目标。如何实现以上目标，晋中银行以国际化的视野、全球化的眼光，决定聘请国内顶级咨询团队，为银行发展制定专项规划，前瞻性地谋划好晋中银行长远的发展方向、发展目标和发展路径。国内知名的战略咨询公司——上海融至道投资管理咨询有限公司，这家由银行和金融机构中高级管理经验丰富的多位实战精英共同构筑的国内最具有银行实战经验的咨询、培训团队，可为晋中银行的发展提供卓越的智力支持。

此次上海融至道由行业专家和资深咨询顾问组成顾问团队，与晋中银行战略咨询专项人员组成联合工作团队，本着优势互补、合作共赢的原则，重点对晋中银行战略环境分析、诊断与评估、经营与管理现状诊断与分析、未来五年发展规划、业务定位与区域布局、战略落地支撑体系建设建议、战略实施安排等内容进行研讨，预计在明年一季度完成战略规划。

晋中银行董事长刘海滨表示，作为支撑地方经济发展的主力军，晋中银行签约上海融至道是抓改革促转型的实质性举措，也是贯彻城商行年会规范创新发展，敢为人先、敢于突破、勇于承担的有力体现。站在新的起点上，晋中银行将以更高的标准、更深的服务，推动金融事业不断进入新境界，顺利完成弯道超车、流程再造、转型发展，更好地服务地方经济。

【资料来源】 王文安. 晋中银行携手上海融至道启动战略咨询合作项目. 晋中日报，2016-11-03 (1).

### 案例分析题

1. 你认为一个优秀的战略咨询公司应该具备哪些条件？
2. 结合案例分析晋中银行为什么选择上海融至道为公司做战略咨询？

# 本 章 习 题

## 一、判断题

1. 管理咨询是由咨询专家运用科学的管理咨询理论与方法，对企业的管理现状进行系统的调查、分析，找出管理上存在的问题，提出具体的改善方案，并指导实施，以提高企业经营管理水平和经济效益的智力服务活动。（    ）
2. 辅助实施阶段的目的和任务是通过深入全面的调查，准确分析问题及原因，提出系统、可行的方案，并为方案的实施作必要的思想和组织准备。（    ）
3. 在选择咨询公司时应格外注重公司过去的业绩。（    ）
4. 管理咨询公司报价方案中收费的方法是否具有与企业客户结成命运共同体的意识，咨询收费是否与企业的收益增长挂钩。（    ）
5. 如果某管理咨询公司的存在人员具有欺骗、剽窃、窃取等不道德劣迹，该公司的经营理念一定是不健康的，你最好离他远远一点。（    ）

## 二、选择题

1. 管理咨询服务的特点是（    ）。
   A. 独创性　　　B. 系统性　　　C. 独立性　　　D. 科学性
2. 财务管理研究的内容包括：（    ）。
   A. 财务管理运行体系　　　　　B. 应收账款与信用管理
   C. 业务财务分析　　　　　　　D. 管理财务分析
3. 战略管理咨询中咨询专家组研究的内容包括：（    ）。
   A. 组织结构分析　B. 投资管理　C. 信息管理　D. 生产制造
4. 组织定位评价标准有（    ）。
   A. 远景目标　　B. 组织文化　　C. 价值观　　D. 组织结构

5. 管理咨询强调的是对症下药，量体裁衣。每一个客户的自身情况不同，面临的问题也不同，咨询顾问必须有针对性地提出一套解决问题的办法才能保证咨询质量，体现了咨询服务的（　　）特点。

  A. 独创性　　　　B. 系统性　　　　C. 独立性　　　　D. 科学性

### 三、思考题

1. 简述战略咨询对提高企业战略管理水平的重要性。
2. 如何选择咨询公司？
3. 管理咨询服务的特点是什么？
4. 战略咨询研究的内容有哪些？

**参考答案**

一、1. √　2. ×　3. ×　4. √　5. ×

二、1. ACD　2. ABCD　3. ABCD　4. ABC　5. D

# 参考文献

[1] 张承耀. 企业经营管理评论：教学案例. 北京：经济管理出版社，2001.
[2] 汤姆森，斯迪克兰德. 战略管理. 段盛华，王智慧，译. 北京：北京大学出版社，2000.
[3] 王璞. 战略管理咨询实务. 北京：机械工业出版社，2003.
[4] 董大海. 战略管理. 大连：大连理工大学出版社，2000.
[5] 王新驰. 现代企业战略管理. 北京：中国商业出版社，2002.
[6] 金占明. 战略管理：超竞争环境下的选择. 北京：清华大学出版社，1999.
[7] 约翰逊，斯科尔斯. 公司战略教程. 金占明，贾秀梅，译. 北京：华夏出版社，1998.
[8] 达夫特. 组织理论与设计. 北京：清华大学出版社，2003.
[9] 李令德. 企业战略管理新编. 上海：华东理工大学出版社，2002.
[10] 王光甫，靳钟，王筝. 企业战略管理. 北京：中国财政经济出版社，2000.
[11] 格兰特. 企业战略管理. 北京：光明日报出版社，2001.
[12] 蒋运通. 企业战略管理. 北京：企业管理出版社，1996.
[13] 甘亚平. 现代企业战略管理. 北京：经济科学出版社，1999.
[14] 席西民. 战略管理教程及学习指导. 北京：高等教育出版社，2000.
[15] 王玉. 企业战略管理. 上海：上海财经大学出版社，2000.
[16] 宋新宇. 赢在战略. 杭州：浙江人民出版社，2003.
[17] 邹昭晞. 企业战略分析. 北京：经济管理出版社，2001.
[18] 江辛. 企业营销战略管理. 北京：中国物资出版社，2002.
[19] 郭跃进. 战略管理. 深圳：海天出版社，2002.
[20] 楚尔. 电子服务：电子商务生存战略. 陈齐美，译. 南京：东南大学出版社，2001.
[21] 波特. 竞争战略. 陈小悦，译. 北京：华夏出版社，1997.
[22] 蓝海林. 迈向世界级企业：中国企业战略管理研究. 北京：企业管理出版社，2001.
[23] 戴伊. 动态竞争战略. 孟立慧，译. 上海：上海交通大学出版社，2003.
[24] 徐二明. 企业战略管理. 北京：中国经济出版社，1998.
[25] 许晓明. 企业战略管理教学案例精选. 上海：复旦大学出版社，2002.
[26] 湖南大学工商管理学院工商管理系列教材编委会. 企业战略管理：战略选择与核心能力. 长沙：湖南大学出版社，2003.
[27] 王革非. 战略管理方法：企业成功从战略开始. 北京：经济管理出版社，2002.
[28] 周三多. 战略管理新思维. 南京：南京大学出版社，2002.
[29] 徐二明，王智慧. 企业战略管理教程及学习指导. 北京：高等教育出版社，1999.
[30] 王方华，吕巍. 企业战略管理. 上海：复旦大学出版社，1997.
[31] 刘冀生. 企业经营战略. 北京：清华大学出版社，1995.